Frauenforschung

Sektion Frauenforschung in den
Sozialwissenschaften in der DGS (Hg.)

Frauenforschung

Beiträge zum 22. Deutschen Soziologentag,
Dortmund 1984

Campus Verlag
Frankfurt/New York

CIP-Kurztitelaufnahme der Deutschen Bibliothek

Frauenforschung : Beitr. zum 22. Dt. Soziologen=
tag, Dortmund 1984 / Sekt. Frauenforschung in d.
Sozialwiss. in d. DGS (Hg.). – Frankfurt/Main ;
New York : Campus Verlag, 1985.
  ISBN 3-593-33484-4

NE: Deutscher Soziologentag <22, 1984,
Dortmund>; Deutsche Gesellschaft für Soziologie /
Sektion Frauenforschung in den Sozialwissenschaf=
ten

Copyright © 1985 Campus Verlag GmbH, Frankfurt/Main
Umschlaggestaltung: Atelier Warminski, Büdingen
Druck und Bindung: Weihert-Druck GmbH, Darmstadt
Printed in Germany

INHALT

Wie bereits in den vergangenen Jahren veröffentlichen wir auch diesmal einen Dokumentationsband der Beiträge der Sektion Frauenforschung zum Deutschen Soziologentag. Von den Publikationen früherer Jahre unterscheidet sich dieser Band dadurch, daß er nicht mehr in hektographierter Form erscheint, sondern als Verlagspublikation. Wir stellen mit diesem Band die in der Sektion Frauenforschung vertretene Vielfalt von Themen, Forschungseinrichtungen und wissenschaftlichen Ansätzen vor, erheben allerdings keineswegs den Anspruch, Frauenforschung in ihrer ganzen Breite darstellen zu wollen oder auch nur zu können.

Eine Vorstellung der Themenkomplexe, die dieser Band umfaßt, erübrigt sich an dieser Stelle; jeder Themenkomplex wird jeweils von den Moderatorinnen der Veranstaltungen vorgestellt und eingeleitet.

Noch einige Worte zur Gliederung dieses Bandes. Sie entspricht der zeitlichen Reihenfolge und der thematischen Zusammenfassung, in der die Beiträge auf dem Soziologentag gehalten wurden, beginnend mit dem Plenarreferat und den Ko-Referaten der Sektion Frauenforschung im Rahmen der Gemeinschaftsveranstaltung von Familiensoziologie, Sozialpolitik, Stadt- und Regionalsoziologie und Frauenforschung; gefolgt von den Beiträgen der Gemeinschaftsveranstaltung von Industrie- und Betriebssoziologie und Frauenforschung. Daran schließen sich die Veranstaltungen der Sektion Frauenforschung an, am Schluß des Bandes veröffentlichen wir die Referate von Frauenforscherinnen, die ihre Beiträge in anderen Sektionen der Deutschen Gesellschaft für Soziologie vorgestellt haben.

Wir möchten an dieser Stelle all denjenigen danken, die an der Gestaltung des Soziologentages 1984 mitgearbeitet haben - insbesondere Hilde v. Balluseck als vormaliger 1. Sprecherin - und ebenso denjenigen, die an der Herausgabe dieses Bandes beteiligt waren. Unser besonderer Dank gilt Brigitte Stüker, die das Typoskript erstellte, und Beate Koglien, die uns verlegerisch betreute. Burkhart Lutz danken wir sehr herzlich für die Genehmigung zum Abdruck der Plenarbeiträge.

Februar 1985

Sprecherin und Sektionsrätinnen der Sektion Frauenforschung in den Sozialwissenschaften in der Deutschen Gesellschaft für Soziologie:

Ursula Beer
Johanna Beyer
Margrit Brückner
Kerstin Dörhöfer
Petra Glöß
Carol Hagemann-White
Birgit Meyer
Ilona Ostner
Maria S. Rerrich

Ursula Beer

GESELLSCHAFTLICHE ENTWICKLUNG VON LEBENSZUSAMMENHÄNGEN - EINLEITUNG

Unter diesem Thema standen die Plenarbeiträge der Sektion "Familiensoziologie", "Stadt- und Regionalsoziologie", "Sozialpolitik" und "Frauenforschung", in ihnen sollten jeweils Forschungsbefunde und -perspektiven vorgetragen und zur Diskussion gestellt werden. Als übergreifendes Leitmotiv für die Beiträge der vier Sektionen sind drei Aspekte zu benennen: 1. der Rückblick auf die soziologische Forschung der 50er und 60er Jahre, 2. die Einschätzung von deren prognostischem Stellenwert angesichts der heutigen gesellschaftlichen Entwicklung - dies auch im Anschluß an die Thematik des 21. Deutschen Soziologentags in Bamberg 1982 "Krise der Arbeitsgesellschaft?" -, und 3. die Identifizierung derjenigen gesellschaftlichen Probleme, zu deren Lösung soziologische Forschung einen Beitrag zu leisten aufgerufen ist.

Eingeleitet und moderiert wurde dieses Plenum von Eckart Pankoke (Sektion Sozialpolitik) (1). Obwohl selbst Referentin, übernehme ich es für diesen Band, die drei Beiträge der Sektion Frauenforschung einleitend und in ihrem übergreifenden Zusammenhang darzustellen, dies besonders auch im Hinblick auf die Ko-Referate. Denn zum Verständnis der Argumentation von Marianne Weg und Helgard Ulshoefer ist es wichtig, die zentralen Thesen des Referats von Fritz Böhle (Sektion Sozialpolitik), auf den sich Marianne Weg bezieht, und von Kurt Lüscher (Sektion Familiensoziologie), zu dem sich Helgard Ulshoefer äußert, kurz vorzustellen.

Wo liegt die Bedeutung dieser Gemeinschaftsveranstaltung für die Sektion Frauenforschung? Wir traten hier zum ersten Mal in den fachöffentlichen Dialog mit Vertretern der main-stream-Soziologie, die den Themen und Belangen von Frauenforschung bislang wenig Aufmerksamkeit widmete. Schon die Vorbereitung dieses Plenums zeigte, welch weite Wegstrecke noch zu überwinden ist, um Soziologie und soziologische Frauenforschung einander anzunähern. Uns- als Vertreterinnen der Sektion Frauenforschung - bot die Form der Gemeinschaftsveranstaltung die Möglichkeit, anhand gemeinsamer Problemstellungen ganz konkret aufzuzeigen, wo Soziologie noch immer zu kurz greift; zu hoffen ist, daß der einmal begonnene Dialog nicht wieder im Tagesgeschäft versickert, sondern produktiv fortgesetzt wird.

Bei der Auswahl des Gegenstandsbereichs, auf den sich die Sektion Frauenforschung in ihrem Plenarbeitrag beziehen wollte, fiel die Wahl auf den Komplex unentgeltlicher Frauenarbeit. Die folgenden Beiträge beziehen sich darauf auf unterschiedliche Weise.

Im Plenarreferat wird unter Rückgriff auf familiensoziologische Forschung und ihr verwandte sozialwissenschaftliche Disziplinen versucht, den gesellschaftlichen Stellenwert unentgeltlicher Frauenarbeit herauszustellen und deren Institutionalisierung als nicht-marktförmig organisierte Arbeit als Erfordernis der Entwicklung von Industriegesellschaften herauszuarbeiten. Heutzutage, angesichts der Verknappung von Erwerbsarbeit und der Erosion traditioneller Lebenszusammenhänge in Beruf und Familie droht Familienarbeit, die ja Isolation in der Kleinfamilie und Ausschluß von - monetären und nicht-monetären - Gratifikationen einschließt, auf massive Weise zum Erhalt der bestehenden Gesellschaftsorganisation in den Dienst genommen zu werden. Theoretisch deutete sich diese Entwicklung bereits in den 60er Jahren an, als in den USA damit begonnen wurde ,die Theorie des Nutzenkalküls auf unentgeltliche Familienarbeit zu übertragen (2).

Marianne Weg als Ko-Referentin Fritz Böhles bezieht sich auf die Bedeutung des Zusammenhangs geschlechtlicher Arbeitsteilung mit Sozialpolitik für Forschung.

1. Erwerbsarbeit generiert Risiken hinsichtlich der Arbeitsfähigkeit von Individuen, die sich im Verlauf der Industrialisierung durch Mechanisierung und Automatisierung des Produktionsprozesses von überwiegend physischen hin zu psychisch-nervlichen Belastungen verlagerten. Dies brachte neue Risiken für die Erwerbstätigen selbst und für Sozialpolitik hervor. 2. Die Gefährdung der Arbeitsfähigkeit schlägt auf die gesamte Lebenssituation der Erwerbstätigen durch und kann zum Herausfallen aus Erwerbsarbeit insgesamt führen. Sozialpolitik war von Anfang an auf den Erhalt von Erwerbsarbeitskraft ausgerichtet; unter heutigen Bedingungen muß sie das gesamte Lebensspektrum der Erwerbstätigen einbeziehen. 3. Der Einsatz und die Nutzung von Erwerbsarbeitskraft im Betrieb ist zugleich Ursache der Gefährdung des Arbeitsvermögens. Diese Gefährdungen schlagen sich heute subtiler und vor allem außerhalb des Produktionsbereichs nieder und sind dem einzelnen kaum noch als Folge der Arbeitsbedingungen erkennbar.

Sozialpolitik - so die Folgerung Fritz Böhles - hat sich seit ihren Anfängen nicht vom Problem der Lohnarbeit zu emanzipieren vermocht. Stand im 19. Jahrhundert das Arbeitsverhältnis im Zentrum von Sozialpolitik, verlagerte sich dies zusehends auf die Bewältigung von Risiken außerhalb dieses Bereichs. Damit geriet eine Vielzahl von Ursachen der Entstehung dieser Risiken aus dem Blick. Zugleich orientierte sich Sozialpolitik an der Gewährung von Leistungen im Sinne von Lohnersatz, Dienst- und Sachleistungen dienten der Ergänzung marktwirtschaftlicher Versorgung. Sozialpolitik sei bislang nicht in der Lage, alternative Lebensformen zur Erwerbsarbeit zu schaffen oder deren Entstehung zumindest abzusichern; sie trage vielmehr dazu bei, die durch Lohnarbeit geprägten gesellschaftlichen Normalstandards auf Dauer zu stellen.

Für die Zukunft fordert er die radikale Um- und Neuverteilung von Erwerbsarbeit, einschließlich grundlegender Verkürzungen der wöchentlichen und täglichen Arbeitszeit. Ebenso müßten Fragen der Arbeitsgestaltung weiterentwickelt werden, um außer der Neuverteilung von Erwerbsarbeit deren zeitliche und physisch-psychische Belastung zu vermindern. Alternative Formen der Arbeit müßten auch durch Sozialpolitik gefördert werden, so daß diese nicht auf bestimmte Personengruppen begrenzt wird, die dann wiederum marginalisiert werden können (vgl. den Plenarvortrag von Barbara Riedmüller).

Marianne Weg zeigt in ihrem Ko-Referat auf, daß Fritz Böhles Sozialpolitikanalyse der Differenzierung und Ergänzung bedarf. Nicht allein
Erwerbsarbeit habe im Zentrum von Sozialpoltik und -forschung zu stehen,
sondern alle Formen gesellschaftlicher Arbeit, einschließlich ihrer
unentgeltlichen Formen. Auch die Geschlechtszugehörigkeit eines Indi-
viduums sei keineswegs eine für Sozialpolitikanalyse belanglose Kategorie, sie werde von Fritz Böhle dennoch vernachlässigt. Unter diesen
Voraussetzungen stimmt Marianne Weg den Thesen Fritz Böhles zu, die gesellschaftliche Organisation der Arbeit bestimme die Probleme und Lösungsstrategien von Sozialpolitik.

Helgard Ulshoefer als Ko-Referentin Kurt Lüschers (Sektion Familiensoziologie), bezieht sich auf die von diesem konstatierte Vielfalt
unterschiedlicher Formen familialen Zusammenlebens und befaßt sich
deshalb mit den Voraussetzungen staatlicher Sozialpolitik in Bezug auf
"Familie". Kurt Lüschers zentrale Thesen lauten:
1. Bei der Konstitution familialer Lebensformen in Gegenwartsgesell-
schaften kommt subjektiven und privaten Gesichtspunkten gegenüber
öffentlichen und religiösen verstärkte Bedeutung zu, begünstigt durch
die allgemeinen Lebensverhältnisse. Diese Entwicklung findet ihren
Niederschlag im zunehmenden Pluralismus familialer Lebensformen.
2. Traditionelle Ansätze der Familienforschung analysieren Familien
vorzugsweise im Hinblick auf Einzelaspekte und vernachlässigen infol-
gedessen die Interdependenz familialer Aufgaben und Perspektiven. Dies
begünstigt eine einseitige Auffassung von Familie, in dem etwa eine
fundamentale Krise der Familie oder die ungebrochene Geltung sogenannter traditioneller Werte behauptet wird. Die Folgerung Kurt
Lüschers lautet, daß ein Großteil familiensoziologischer Analysen vor
der realistischen Untersuchung aktueller Familienformen versage, eben
weil sie deren Bedeutung entweder über- oder auch unterbewerte. Er
wendet diese Thesen auf die Untersuchung der neueren Entwicklung familialer Lebensformen an und konstatiert anhand empirischen Materials
eine zunehmende Bedeutung der eingangs erwähnten subjektiven und
privaten Perspektiven. Er fragt weiter, ob es Sachverhalte gäbe,
die diese Entwicklung provozieren und nennt das Eindringen wirtschaftlicher Rationalität in die Familie: die zunehmende Bedeutung von Kon-
sumentscheidungen und von unterhaltsrechtlichen Regelungen, die Erwerbstätigkeit der Frau und die Forderung nach Anerkennung ihrer häuslichen Arbeit. Weitere von ihm identifizierte Sachverhalte sind die
wachsende Bedeutung des "Familienklimas", die hohe Nutzung von Massen-
medien im familialen Bereich, deren Auswirkungen auf die familiale
Sozialisation.Da dies auf alle Formen familialen Zusammenlebens zu-
treffe, habe eine der Wirklichkeit angemessene Familienforschung ihr
ausgeprägt institutionelles Verständnis von Familie infragezustellen.
Familien, so seine Forderung, müßten in ihrer unterschiedlichen Gestalt und in ihren konkreten Verhältnissen die Lebensbedingungen
der betroffenen Frauen, Männer und Kinder in den Blick nehmen.

Helgard Ulshoefer stellt in ihrem Ko-Referat dar, daß von staatlicher
Seite keineswegs alle Formen familialen Zusammenlebens gleichermaßen
honoriert werden. Sie vertritt die These, Familienrecht, Familien-

und Sozialpolitik begünstigen die institutionalisierte Familienform und erläutert dies anhand des Arguments von Kurt Lüscher, in die Familie dringe zunehmend eine wirtschaftliche Rationalität ein, so in Form steuer- und unterhaltsrechtlicher Regelungen.

Zusammenfassend: die drei Referate der Sektion Frauenforschung betonen auf je unterschiedliche Weise die gesellschaftliche Bedeutung geschlechtlicher Arbeitsteilung. Familienrecht, Familien- und Sozialpolitik sind bislang daran ausgerichtet, diese besondere Form gesellschaftlicher Arbeitsteilung zu stützen; eine Veränderung dieses Zustandes ist nicht allein gesellschaftlich geboten, sie wäre auch im Interesse von Frauen und Männern.

Anmerkungen

1) Die Einleitung von Eckart Pankoke und alle hier erwähnten Plenarreferate und Ko-Referate sind abgedruckt in: Lutz, B. (Hg.), Soziologie und gesellschaftliche Entwicklung. Verhandlungen des 22. Deutschen Soziologentages in Dortmund 1984, Frankfurt/New York 1985.

2) Vgl. Becker, G.S., Der ökonomische Ansatz zur Erklärung menschlichen Verhaltens, Tübingen 1982, mit Übersetzungen der wichtigsten theoretischen Beiträge dieses Autors aus den 60er Jahren. Zur Einschätzung dieser Theorie in familiensoziologischer Perspektive vgl. Goode, W.J., Comment: The Economics of Nonmonetary Variables, in: Schultz, T.W., (Hg.), Economics of the Family. Marriage, Children, and Human Capital, Chicago/London 1973, S.345-351; in ökonomischer Perspektive vgl. Frank, J., Markt versus Staat. Zur Kritik einer Chicago-Doktrin, in: de Gijsel, P., u.a., (Hg.), Ökonomie und Gesellschaft. Jahrbuch 1. Frankfurt/New York 1983, S. 257-298.

Marianne Weg

SOZIALPOLITIK UND GESCHLECHTSSPEZIFISCHE ARBEITSTEILUNG: FÜR EINEN
VOLLSTÄNDIGEN BLICK DER SOZIALPOLITIKFORSCHUNG AUF DIE GESELL-
SCHAFTLICHE ORGANISATION DER ARBEIT

Ko-Referat zum Referat von F. Böhle: Die gesellschaftliche Organisation von Arbeit als Problem der Sozialpolitik

Meine Anmerkungen zum Beitrag von Fritz Böhle sollen exemplarisch
verdeutlichen, daß es für die Weiterentwicklung soziologischer Forschung notwendig und produktiv ist, theoretische Prämissen und ana-
lytische Ergebnisse der Frauenforschung aufzugreifen, um zu angemessenen Analysen auch und gerade für Themenbereiche zu kommen, die
nicht explizit "Frauen und" benannt sind. Das gilt für Ansätze der
Sozialpolitik-Analyse, aber genauso z.B. für die Industriesoziologie, etwa Belastungsforschung (vgl. Becker-Schmidt 1983).

Mit vielen zentralen Aussagen in Böhles Ansatz hinsichtlich der ri-
sikohaften Entwicklungen im Beschäftigungssystem, beim Umfang und
Struktur der Lohnarbeit, bin ich völlig einig. Ich teile auch
Böhles Ausgangsthese, daß (die) zentrale(n) Impulse für die Entwicklung der Sozialpolitik aus Problemen der Lohnarbeit kamen und kommen.

Ich stelle aber fest, daß diese These und der auf ihr gründende Ansatz einer Sozialpolitik-Analyse erstens differenzierungsbedürftig
ist und zweitens ergänzt werden muß.

Geschlecht - weiblich, männlich - und gesellschaftliche Arbeit in
allen Formen - Lohnarbeit, nichtentlohnte Hausarbeit und ehrenamtliche Sozialarbeit - sind keine für die Sozialpolitik-Analyse belang-
losen Kategorien. Forschungsansätze, die für sich Allgemeinheit beanspruchen, müssen sie berücksichtigen. Sonst geraten sie in die
Gefahr einer faktisch androzentrischen Sichtweise, die Wahrnehmungs-
und Erkenntnisdefizite und entsprechende Handlungsdefizite mit sich
bringt.

Kurz: Der Ansatz der Sozialpolitik-Analyse, den Böhle vorgetragen
hat, müßte von der Frauenforschung lernen und eine Reihe ihrer Prämissen, Thesen und bereits gewonnener Erkenntnisse, die ein wesentliches Strukturprinzip unserer Gesellschaft, die geschlechtsspezifische Arbeitsteilung betreffen, aufnehmen. Das kann nicht ausgeglichen werden durch forschungsmäßige "Spezialisierung" und quasi
Delegierung der "Frauenaspekte" im Zusammenhang sozialpolitischer
Forschungsaufgaben an die Frauenforschung, die sich damit beschäftigen soll. Vielmehr müssen Ansätze der Frauenforschung bei der
Weiterentwicklung der "allgemeinen" Sozialpolitik-Analyse integriert werden.

Wie hätte das auszusehen?
Gerade heute, angesichts der "Krise der Arbeitsgesellschaft" muß
dringender denn je der Begriff gesellschaftlicher Arbeit vollständig

gefaßt und differenziert werden, und zwar in Erwerbsarbeit und in nicht erwerbs-/marktorganisierte Arbeit. In diesem Zusammenhang ist der klassische Begriff der Reproduktionsarbeit kritisch zu wenden und breiter zu sehen (vgl. zu dieser Debatte Beer 1983, 136 ff.). Es geht nicht nur um die unentgeltlich, "privat" geleistete Arbeit zur Reproduktion der Arbeitskraft für das Kapital, sondern um sämtliche für die Gesellschaft produktiven Arbeitsleistungen zur Sicherung der Lebensbedürfnisse ihrer Mitglieder in Form privater Subsistenzarbeit. Die Erkenntnis, daß es verschiedene Bereiche gesellschaftlicher Arbeit gibt, geleistet von unterschiedlichen Gruppen und Individuen innerhalb der Gesellschaft, ist den Frauen geläufig, die ja in allen Feldern beteiligt sind und vor allem in einem der Felder die Hauptlast, wenn nicht die alleinige Last tragen. Sie ist in Arbeiten der Frauenforschung mittlerweile differenziert herausgearbeitet worden. Inzwischen dringt sie - wenngleich langsam - auch in die links-alternative Diskussion um die "Zukunft der Arbeit" und der "Arbeitsgesellschaft" ein (vgl. den Entwurf der Bundestagsfraktion der Grünen zu einem neuen Arbeitszeitgesetz).

Dies vorausgeschickt, stimme ich Böhle also zu, daß die gesellschaftliche Organisation der Arbeit die Probleme der Sozialpolitik und auch ihre Lösungsstrategien bestimmt. Zugrundegelegt werden muß jedoch dieser erweiterte und differenzierte Arbeitsbegriff: Sozialpolitik hat nicht nur zu tun mit den Voraussetzungen und Folgen der Organisation von Lohnarbeit, vielmehr hat sie genauso zu tun mit der gesellschaftlichen Organisation der unbezahlten Arbeit im Familien- und Sozialbereich. Kriterien dieser ganz spezifischen Organisationsform sind: "privat", familial, in Teilbereichen auch außerfamilial, ehrenamtlich, d.h. nicht marktförmig und vor allen in geschlechtsspezifischer, hierarchischer Arbeitsteilung.

Relevant sind also die gesellschaftlichen Organisationsformen der Lohnarbeit und der Nicht-Lohnarbeit in der Familie und in ehrenamtlichen, sozialen Arbeitsbereichen und zwar nicht bloß nebeneinander, sondern in ihrem Verhältnis zueinander. Die letzteren können nicht als im Lohnarbeitsbegriff stillschweigend berücksichtigt gelten, indem ihre Strukturen und Entwicklungen auch als auf die Lohnarbeit sich auswirkend gedacht werden: Das wäre ein black-box-Denken, das dringend anstehende Erkenntnisfortschritte verhindert. Die Wissenschaft würde hiermit nachvollziehen, anstatt aufzudecken, was schon immer und bis heute geschieht: Wer in der Gesellschaft aus dem Bereich der Lohnarbeit herausfällt, fällt auch aus der öffentlichen Wahrnehmung heraus.

Wenn Sozialpolitik allein die Voraussetzungen und Strukturen der Lohnarbeit ins Auge faßt und an ihnen gestaltend anknüpft bzw. dies tun würde (sie tut es ja nicht so ausschließlich!), dann würde sie ex ante Chancengleichheit und soziale Gleichstellung für die Hälfte der Bevölkerung, verfehlen: für die Frauen, die entweder wegen ihrer Familienarbeit von Lohnarbeit vollständig ausgeschlossen sind, oder die, wenn sie Erwerbsarbeit leisten, eine systematische Lohndiskriminierung erfahren (Kurz-Scherf/Stahn-Willig 1981).

14

Die Bedeutung der geschlechtsspezifischen Arbeitsteilung und der ge=
samten gesellschaftlichen Arbeit der Frauen für die Sozialpolitik
und somit auch für die Sozialpolitikforschung wird an Beispielen unmittelbar einsichtig:

- Zu fragen ist, welche der sozialen Risiken und Lebensbedürfnisse,
die aus der Organisierung der Lohnarbeit resultieren, die Sozialpolitik abdeckt, und welche Risiken sie nicht abdeckt, sondern dem
sog. "privaten Sektor", konkreter: den Familien, noch konkreter:
den Frauen überläßt. Das heißt etwa für aktuelle Tendenzen der Sozialpolitik: Warum und wie soziale Risiken zunächst durch Sozialpolitik zumindest partiell vergesellschaftet wurden (werden mußten)
und nun im Rahmen konservativer Haushaltsstrategien reprivatisiert
werden (können), hängt mit Strukturen und Entwicklungen der geschlechtsspezifischen Arbeitsteilung zusammen. Von Interesse ist dabei auch das ideologische Substrat der Sozialpolitik.

- Wichtige Aspekte sozialer Lebensbedürfnisse wie z.B. Bildung für
Kinder, soziale Kommunikation für Hausfrauen oder für Alte, Schutz
vor familialer Gewalt, scheint im "Reproduktionssektor" auf, die
Gegenstand von Sozialpolitik sind und die nicht oder nicht direkt
mit der Organisation von Erwerbsarbeit zu tun haben.

- Bei gegenwärtigen Strategien sowohl kompensierender als auch wie-
dereingliedernder Arbeitsmarktpolitik wird zwar nirgendwo die Ausgrenzung von Frauen ausdrücklich formuliert. Gleichwohl ist sie
systematisch nachweisbar (Weg 1984, a, b). Die Ausgrenzungen resultieren nicht aus allgemeinen Strukturen der Lohnarbeit, sie hängen
mit Lohnarbeit nur insoweit zusammen, als bei dieser die Familien-
belastung der Frauen diskriminierend gegen sie gekehrt wird. Restriktive Arbeitsmarktpolitik knüpft also daran an, daß Frauen unter
den Bedingungen geschlechtshierarchischer Arbeitsteilung die unbezahlte Arbeit leisten. Diese Verteilungsstruktur der gesellschaftlichen Arbeit wird gegenwärtig durch die Kürzungen im Sozialbereich und die Ideologie der "neuen Mütterlichkeit" weiter verfestigt.

Im übrigen trifft es Frauen systematisch häufiger, daß sie jahre-
lang Sozialversicherungsbeiträge gezahlt haben, dafür aber weder
Arbeitslosenunterstützung noch Rente erhalten: Die Zuweisung der
Familienarbeit und die geschlechtsspezifische Arbeitsteilung innerhalb des Erwerbsbereichs macht Frauen so zu besonders "kostengünstigen" Arbeitslosen oder Rentnern.

Wohlgemerkt: Für Einzelfragestellungen der Sozialpolitik-Analyse,
etwa die historische Entwicklung der Sozialversicherungssysteme,
die Funktion restriktiver Arbeitsmarktpolitik hinsichtlich der industriellen Reservearmee usw. liefert Böhles Ansatz zutreffende
und relevante Ergebnisse. Trotzdem bleiben Fragen offen, etwa nach
dem Stellenwert von Frauenerwerbsarbeit und Frauenarbeit insgesamt
für diese Entwicklungen. Nicht analysierbar sind jedoch von Böhles
Grundthese aus Probleme wie die folgenden:

- Sozialpolitik geht, mit expliziten oder impliziten gesellschafts-
politischen Prämissen, über die Anknüpfung an die Organisierung der
Lohnarbeit hinaus und knüpft de facto an Reproduktionsarbeit an.
Das geschieht, indem sie diese als Leistung von Müttern, Schwestern,
Töchtern für die Reproduktion der männlichen Arbeitskraft offen
oder stillschweigend voraussetzt.

- In Einzelfällen greift Sozialpolitik die Familienarbeit positiv
auf, d.h. Sozialtransferleistungen für Frauen bewirkend. Ein Beispiel hierfür ist die Anerkennung von Erziehungszeiten in der Rentenversicherung. Auch bei Wiedereingliederungsmaßnahmen im Arbeits-
förderungsgesetz (§2, Ziffer 5 des AFG nennt als Ziel ausdrücklich
die berufliche Wiedereingliederung von Frauen) oder bei der Inva-
lidenrente finden sich solche Ansätze. Genau diese sind aber im
Zuge der konservativen Wende der Sozialpolitik zurückgeschnitten
worden.

- Von grundlegender theoretischer und praktischer Bedeutung wären
Forschungsarbeiten zur Frage, welche quantitative oder qualitative
Bedeutung Sozialpolitik und unbezahlte Arbeit (der Frauen) wechselseitig füreinander haben, und wie die Bezüge zum frauen- und sozialpolitischen Ziel der Chancengleichheit sind (vgl. Plenarreferat
von Barbara Riedmüller).

- Bei einer Analyse des Mutterschaftsurlaubs zeigt sich die Verschränkung von Erwerbsarbeitsorganisation und Familienarbeitsorga-
nisation als Ausgangspunkt sozialpolitischer Gestaltung. Die Gestaltung ist dabei eindeutig ein "Bis-hierher-und nicht weiter":
Erleichterung, aber nicht Abbau der geschlechtsspezifischen Arbeitsteilung; letzteres hätte einen Elternurlaub verlangt.

Die Beispiele zeigen, in welchen Richtungen von einem lohnarbeits-
zentrierten Ansatz der Sozialpolitik-Analyse aus die Gefahr von
Themenausblendungen bzw. von unzutreffenden bzw. allenfalls partiell relevanten Ergebnissen bestehen:

Die besondere Betroffenheit von Frauen von positiven/expansiven wie
von restriktiven Strategien der Sozialpolitik könnte weder gesehen
noch erklärt werden. Aber es könnten auch die von hier aus sich
spiegelbildlich für die Männer ergebenden Folgen nicht thematisiert
werden: Privilegien im Berufsausgleich, gleichzeitig aber auch De-
fizite in der Teilhabe an Familie, über Ehe und Familie als Zwangs-
einrichtungen laufende Disziplinierungen, Mitbetroffenheit von ver-
schärften Arbeitsbedingungen, die die Unternehmen mittels der besonderen Ausbeutbarkeit der Frauen durchsetzen.

Bestimmte Themen würden somit nicht explizit zur Analyse anstehen.
Darüberhinaus ist kritisch festzustellen, daß auch relevante Aussagen, die mit dem bisherigen Ansatz gewonnen werden, u.U. nur für
gut 60% der Erwerbstätigen, nämlich die männlichen Lohnarbeiter,
nicht aber in gleicher Weise auch für die Frauen Gültigkeit beanspruchen können. Selbst wenn die Sozialpolitik-Analyse nur z.B. nach

16

den Auswirkungen sozialpolitischer Konzepte und tatsächlicher Maßnahmen für Erwerbstätige fragen will, ist plausibel und in verschiedenen Arbeiten nachgewiesen (Weg 1984a, Westphal-Georgi 1982), daß
es neben offen geschlechtsspezifischen Maßnahmen (z.B. Kürzungen
des Mutterschaftsurlaubsgeldes) Regelungen gibt, die, obwohl formal
geschlechtsneutral, für Frauen und Männer massiv unterschiedlich
wirken (z.B. Renten- und Arbeitslosengeld/-hilfekürzungen, die zu
Sozialhilfebedürftigkeit führen; keine Wiedereingliederungsmaßnahmen der Arbeitsförderungspolitik für Nichtleistungsempfänger).

Meine These ist, daß restriktive und regressive, individualisieren-
de Prinzipienwechsel und Maßnahmenveränderungen der Sozialpolitik
stärker gegen Frauen als gegen Männer wirken, und daß umgekehrt im
Bereich positiver Hilfen (etwa Garantie einer materiellen Grundsicherung), Sozialpolitik weniger effektiv ist als für Männer. Beides sehe ich in der geschlechtsspezifischen Arbeitsteilung begründet. Dies wären wichtige Fragestellungen für die Sozialpolitik-For-
schung.

Sozialpolitik-Analyse sollte den folgenden Ansprüchen genügen:

1. Sie soll aussagerelevant für die Bedeutung der Sozialpolitik
   für Frauen und Männer sein. Forschung, die gesellschaftspolitisch relevant sein will, darf nicht rund 40% der Erwerbstätigen,
   bzw. die Hälfte der Bevölkerung ausklammern.

2. Sie soll differenziert alle wesentlichen Ursachen, Bedingungen
   und Folgen historischer und gegenwärtiger Sozialpolitikkonzepte
   und Maßnahmen untersuchen, und nicht nur diejenigen Ursachen,
   Bedingungen und Folgen, die mit dem erwerbswirtschaftlichen Sektor der Gesellschaft zusammenhängen.

3. Sie soll Grundlagen zur konzeptionellen Weiterentwicklung der
   Sozialpolitik liefern, und zwar in der Richtung, die auch Böhle
   für eine Neuorientierung fordert: Die einzige Chance für die Zukunft der Arbeitsgesellschaft, und für die Zukunft von Männern
   und Frauen in ihr, ist eine radikale Umbewertung und Umorganisa-
   sation der Erwerbsarbeit und genauso der unbezahlten Arbeit:
   Gleichverteilung der reduzierten Volumina von Erwerbsarbeit,
   Erweiterung und Gleichverteilung von Möglichkeiten zu selbstbe-
   stimmter Arbeit in familialen, sozialen, kulturellen und politischen Zusammenhängen. Das muß bei materieller Grundsicherung und
   bei Chancen auch zur Revidierung von individuellen Lebens- und
   Arbeitsverteilungskonzepten für beide Geschlechter, für alle sozialen Gruppen möglich sein.

Literatur:

Becker-Schmidt, R., 1983: Arbeitsleben - Lebensarbeit. Konflikt und
   Erfahrungen von Lohnarbeiterinnen, Bonn.

Beer, U., 1983: Marxismus in Theorien der Frauenarbeit. Plädoyer für eine Erweiterung der Reproduktionsanalyse, in: Feministische Studien 2, S.136-147.

Kurz-Scherf, I., Stahn-Willig, B., 1981: Gleiche Arbeit! Gleicher Lohn! - wer macht die Hausarbeit?, in: WSI-Mitteilungen 4.

Weg, M., 1984a: Dienen und Verzichten: Sozialabbau statt Gleichstellung der Frauen, in: WSI-Mitteilungen 1.

Weg, M., 1984b: Sozialabbau und "neue Mütterlichkeit": Das Patriarchat verteilt die Arbeit um, in: MEMO-Forum, Zirkular der "Arbeitsgruppe Alternative Wirtschaftspolitik" Nr.4, Bremen, Oktober 1984.

Werlhof, C., von, Bennholdt-Thomsen, V., Mies, M., 1983: Frauen, die letzte Kolonie, Reinbek.

Westphal-Georgi, U., 1982: Der Abbau sozialstaatlicher Maßnahmen in seinen Auswirkungen auf Mädchen. Expertise zum 6.Jugendbericht, Juni 1982.

Helgard Ulshoefer

SOZIALPOLITIK UND FAMILIE, ODER: WIE FINDEN DIE NEUEN FAMILIALEN
LEBENSFORMEN EINGANG IN DIE STAATLICHE FAMILIENPOLITIK?

Ko-Referat zum Referat von K. Lüscher: Neue familiale Lebensformen
als Herausforderung der Soziologie

Lüscher hat ausgeführt, daß sich die gegenwärtig anzutreffende
Vielfalt familialer Lebensformen auch in einer Normenvielfalt bei
den subjektiven und privaten Perspektiven der einzelnen Menschen
niederschlägt. Ich sehe meine Aufgabe darin, zu zeigen, daß sich
staatliches Handeln gegenüber dieser Vielfalt familiären Zusammenlebens nicht neutral verhält, sondern durch institutionelle Regelungen - mit Hilfe des steuerlichen Ehe- und Familienlastenaus-
gleichs und des Sozialversicherungssystems - ganz bestimmte Formen
des Zusammenlebens und des generativen Verhaltens, d.h. der Fami-
lienbildung, belohnt und damit die von Lüscher als öffentlich be-
zeichnete Perspektive repräsentiert.

Die institutionell erwünschte familiäre Lebensform werde ich unter
Verwendung der in der feministischen Wissenschaft entwickelten
Begrifflichkeit analysieren, d.h. ich werde die Familienarbeit, die
sich zusammensetzt aus Beziehungsarbeit, Hausarbeit und Erziehungsarbeit in Relation setzen zu den Formen öffentlicher "Belohnung"
und dabei aufzeigen, welche Arbeit finanziell gefördert wird und
welche nicht.

Wie das staatliche Unterstützungssystem, das aus Art. 6 GG abgeleitet wird (Ehe und Familie stehen unter dem besonderen Schutz des
Staates), funktioniert, will ich zunächst an meiner eigenen familiären Lebensform deutlich machen: Ich lebe mit einem 23jährigen "Kind"
zusammen, das studiert und deshalb von mir und dem Vater zu unterhalten ist (ob der Vater Unterhalt leistet oder nicht, interessiert
für den Familienlastenausgleich überhaupt nicht). Ich erhalte daher
50,-- DM Erstkindergeld - und das maximal bis zum 27. Lebensjahr
des Kindes - und im indirekten steuerlichen Familienlastenausgleich
über den Kinder- und Ausbildungsfreibetrag in der Steuerklasse II,1
weitere 50,-- DM. D.h. ich werde mit 100,-- DM entlastet für Aufwendungen, die sich - gemessen als Bundesausbildungsförderungsgesetz -
auf mindestens 760,-- DM belaufen. Falls ich auf der Rückfahrt vom
Soziologentag tödlich verunglücke, erhielte mein Kind Unterhaltsersatz aus meiner Rentenversicherung bis zum 25. Lebensjahr.

Wenn ich dagegen gestern einen gleich alten, d.h. 23jährigen Studenten geheiratet hätte, den ich genauso unterhalten müßte wie mein
Kind, würde ich im steuerlichen Ehelastenausgleich - bei einem
Jahreseinkommen von 70.000 DM (und diese Jahreslohnsumme erreichen
die Beamten der Besoldungsgruppen A 13 bis 15 bzw. C1 bis C3 und
die Angestellten von BAT IIa bis Ia) - monatlich 750,-- DM weniger
Lohnsteuer zahlen denn als Ledige. Würde ich aus dieser familiären

Lebensform Ehe auf der Rückfahrt vom Soziologentag tödlich verunglücke, erhielte mein Ehemann Unterhaltsersatz aus meiner Rentenversicherung bis an sein Lebensende.

Für welche Art von Familienarbeit wird der Ehelastenausgleich geleistet? Nicht für Hausarbeit und nicht für Erziehungsarbeit, sondern einzig und allein für Beziehungsarbeit! Dank des kirchlichen Dogmas von der Unauflöslichkeit der Ehe wird meinem Ehemann als Witwer solange Beziehungsarbeit honoriert, bis er wieder heiratet. Die dann noch fälligen zwei Jahresrenten "vergolden" den Verstoß gegen das Dogma.

Die Ehe ist eine Erwerbs- und Wirtschaftsgemeinschaft. Deshalb wird im Steuerrecht davon ausgegangen, daß beide Ehepartner zu gleichen Teilen das Jahreseinkommen erwirtschaftet haben, auch wenn nur ein Ehegatte erwerbstätig war. Das Jahreseinkommen wird nominal durch zwei geteilt und erst dann wird der entsprechende Steuersatz angewandt. Dieses sog. Ehegattensplitting kostet zur Zeit 40 Mrd. DM. Für Kindergeld werden rd. 17 Mrd. DM (siehe Sozialberichte der Bundesregierung) ausgegeben.

Da feministische Wissenschaft immer auch feministische politische Strategie beinhaltet, muß ich an dieser Stelle alle Ehefrauen auffordern, sich die Hälfte des Jahreseinkommens auch anzueignen, d.h. auf ihr eigenes Konto überweisen zu lassen. Solange nicht erwerbstätige, teilzeitbeschäftigte und mit der Steuerklasse V erwerbstätige Ehefrauen sich mit Haushaltsgeld - und sei es noch so reichlich - begnügen, werden sich Ehemänner einbilden, daß sie allein den Familienunterhalt verdienen, daß sie Familienernährer seien.

Nur durch Einsicht in eine Lohnsteuertabelle oder durch Konsultation einer Steuerberaterin erfahren sie, wieviel des monatlich ausgezahlten Lohnes Erwerbseinkommen und wieviel Steuerersparnis aus dem Ehegattensplitting sind. Während Kinder dem Staat - unterschieden nur nach der Stellung in der Geschwisterreihe - gleich viel wert sind, d.h. für Erst- und Einzelkinder werden immer 50,-- DM Kindergeld im Monat gezahlt, erstattet der Staat für Ehegatten inzwischen bis zu 1.300,-- DM monatlich, d.h. je höher das Einkommen, desto mehr reduziert sich die Steuerschuld, desto wertvoller wird die Beziehungsarbeit bewertet.

Nur dann, wenn die Ehefrauen sich die Hälfte des Erwerbseinkommens angeeignet haben, können sie sich als nächstes ihre Erziehungsarbeit anrechnen lassen. Denn ein Elter kommt seiner Unterhaltspflicht durch Pflege und Erziehung des Kindes nach, der andere leistet Barunterhalt - solange keine Gleichverteilung der mütterlichen und väterlichen Aufgaben stattgefunden hat. Das klingt verwegen, wenn der erwerbstätige Vater aus seinem Einkommen Kindesunterhalt an die Mutter zahlen soll, die gleichzeitig seine Ehefrau ist. Aber in einer Gesellschaft, in der zunehmend mehr Ehen durch Scheidung enden, können sich die Ehepartner nicht früh genug an die Realitäten gewöhnen.

Wenn die Ehegatten im Falle einer Scheidung aus der privilegierten Steuerklasse III herausfallen und zurückgestuft werden in die Steuerklasse I oder II, weil keine Beziehungsarbeit mehr stattfindet, die allein ja den Ehelastenausgleich begründet, dann muß ja auch festgelegt werden, wieviel Kindesunterhalt derjenige zu zahlen hat an den Elter, der die Erziehungsarbeit leistet. Ist diesem sorgeberechtigten Elter eine Erwerbsarbeit nicht zuzumuten, muß Unterhalt für Erziehungsarbeit gezahlt werden.

Von Wahlfreiheit zwischen Familie und Beruf kann überhaupt nicht die Rede sein. Das Scheidungsfolgenrecht versucht ganz im Gegenteil festzulegen, wann der sorgeberechtigten Mutter wieviel Erwerbstätigkeit zuzumuten ist, um die Unterhaltpflicht des Mannes zu senken.

An dieser Stelle können wir der Frage nachgehen, wann eine Frau über den Heiratsmarkt ihren Lebensunterhalt besser sichern kann als auf dem Arbeitsmarkt, wann die ökonomische Verführung zur Eheschließung anfängt - bei einem monatlichen Einkommen von 4.000 DM, das der Mann erzielt. Ich will damit nicht sagen, daß Frauen heute aus ökonomischen Gründen heiraten, sondern lediglich deutlich machen, daß sie ihren Kinderwunsch unter zeitweiser oder längerfristiger Aufgabe von eigener Erwerbstätigkeit nur unter solchen finanziellen Umständen realisieren können, weil im Ehelastenausgleich der Basisunterhalt (gemessen an Sozialhilfefällen) transferiert wird. Die von der Bundesregierung propagierte Wahlfreiheit zwischen Beruf und Familienarbeit besteht nur für solche Frauen. Da Hausarbeit im Ehelastenausgleich überhaupt nicht zählt (die berufsunfähig werdende Hausfrau ist auch im neuen Rentengesetz wieder nicht vorgesehen), ist es ein Kuriosum, daß Hausarbeit in dem Augenblick bewertbar ist, wo die geschiedene Ehefrau Hausarbeit bei einem anderen Mann leistet. Ihr Unterhalt kann nämlich zur Zeit um 400,-- DM gemindert werden!

Das ab 01.01.1986 geplante neue Rentengesetz sieht für alle dann in Rente gehenden Mütter ein rentensteigerndes Erziehungsjahr für jedes ihrer Kinder vor, sofern sie in den ersten 12 Monaten nach der Geburt nicht erwerbstätig waren. Die CDU/CSU hatten 5 Jahre vor Regierungsantritt versprochen, damit wenigstens jede Mutter einen eigenen Rentenanspruch bekommt, nachdem sie diesen den Hausfrauen bzw. allen Ehefrauen ohnehin nicht gewähren sollte. Nun haben wir ein Jahr erhalten, weil alle Macht habenden Männer sich einig waren, daß im Rentenrecht Ehezeiten keine Berücksichtigung erfahren sollen und den erwerbstätigen Ehemännern nicht zugemutet werden sollte, für die nicht erwerbstätige Ehefrau einen zusätzlichen Rentenbeitrag abzuführen. Auf diese Art und Weise sind die Kosten nicht nur für die alten Menschen, sondern auch für Witwen und Witwer im erwerbsfähigen Alter kollektiviert, während die Kosten für Kinder auch bei der Einführung eines Babyjahres als individualisiert angesehen werden müssen. Die Bewertung der Erziehung von Kindern wird sogar als systemwidrige Leistung im Rentensystem bezeichnet und soll deshalb aus dem allgemeinen Steueraufkommen finanziert werden.

Ursula Beer

UNENTGELTLICHE ARBEIT IM LEBENSZUSAMMENHANG VON FRAUEN UND DEREN REFLEXION IN DEN SOZIALWISSENSCHAFTEN

Unentgeltliche Frauenarbeit ist in letzter Zeit zu unerwarteten wissenschaftlichen und politischen Ehren gekommen: Probleme des Arbeitsmarkts und die Leere öffentlicher Kassen haben deren Entdeckung geradezu provoziert. Allerdings: "entdeckt" wird deren gesellschaftlicher Nutzen, nicht dagegen die hierzu in Widerspruch stehende Unentgeltlichkeit und deren Folgen für Frauen im System der sozialen Sicherung.

Zum Verständnis der Bedeutung der gegenwärtigen Diskussion um unentgeltliche Frauenarbeit wird in diesem Beitrag versucht, deren historischen Wandel in die Analyse einzubeziehen, erstens im Hinblick auf ihre Institutionalisierung, zweitens durch einen retrospektiven Blick auf die bundesdeutsche Nachkriegssoziologie, dem übergreifenden Thema des Forums "Gesellschaftliche Entwicklung von Lebenszusammenhängen". Vielleicht erlaubt diese doppelte historische Perspektive eine genauere Verortung des politischen und sozialwissenschaftlichen Stellenwerts dieser Form von Arbeit, als sie bisher möglich ist.

Zunächst drei Fragestellungen zum Thema: 1. Warum wird unentgeltliche Familienarbeit - denn von ihr ist im folgenden Text vorwiegend die Rede - in der Regel von Frauen erwartet und geleistet? 2. Wie ist sie institutionell abgesichert? 3. In welchem Sinne läßt sich von einem gesellschaftlichen Nutzen aus dieser Arbeit sprechen? Hierzu drei Thesen, die im folgenden erläutert werden: 1. Von Ehe- bzw. Familienhausfrauen wird unentgeltliche familiale Arbeit erwartet, weil deren biologische Fähigkeit zur Mutterschaft in die soziale Verpflichtung zur Versorgung von Kindern und anderen umgedeutet wird und weil diese und andere Formen von Familienarbeit hohen ökonomischen Wert besitzen. 2. Institutionell ist diese Form von Arbeit durch die juristische Verfügung über die Arbeitskraft von Ehefrauen und Müttern im Familien- und Unterhaltsrecht abgesichert. 3. Der gesellschaftliche und hier wiederum primär ökonomische Nutzen dieser Arbeit ist darin zu sehen, daß Frauen in der Familie Leistungen in Form von Kinderversorgung, Alten- und Krankenpflege zur Verfügung stellen, die über die Marktökonomie nicht finanzierbar sind. Deren gesamtgesellschaftlicher Nutzen unterliegt den Kriterien der Verfügung oder Nicht-Verfügung über Produktionsmittel.

Obwohl die Unentgeltlichkeit nicht-marktförmig organisierter Formen von Frauenarbeit in der aktuellen Diskussion eher am Rande behandelt wird, so durchzieht das Kalkül mit "umsonst" erbrachten Leistungen doch die gesamte Debatte. Die Ausweitung von Familienarbeit (Beck-Gernsheim 1984) und von ehrenamtlicher Sozialarbeit (Balluseck 1984) verspricht in dem Sinne zur Lösung von Arbeitsmarkt- und Fiskalproblemen des Staates beizutragen, daß der Rückzug verheirateter Frauen und Mütter vom Erwerbsleben den Arbeitsmarkt entlasten

22

und die Beschränkung von Frauen auf die Familie die Eigenleistung von Haushalten erhöhen könnte. Und eben diese Erwartung der Erhöhung der "Haushaltsproduktivität" ist verräterisch: ist sie doch nur möglich durch die gesteigerte Arbeitsleistung von Hausfrauen, d.h. durch den unentgeltlichen Einsatz von Familienarbeitskraft. Analoges gilt für ehrenamtliche Sozialarbeit. Auch hier soll unentgeltliche Arbeit partiell verberuflichte Sozialarbeit ersetzen, dies im Rahmen der Forderung, die Familienhausfrau möge sich - quasi als Berufsersatz - für ehrenamtliche Sozialarbeit zur Verfügung stellen, sofern und sobald sie nicht (mehr) mit Erziehungsaufgaben, Altenversorgung und/oder Krankenpflege in der Familie ausgelastet ist.

Es kann jedoch nicht darum gehen, das an Frauen gerichtete Ansinnen zu beklagen, sie möchten sich ehrenamtlicher Sozial- und Familienarbeit widmen, um Bund, Länder und Kommunen von drängenden sozialen Problemen und Aufgaben zu entlasten, nur um für Ehefrauen einen Schonraum zu fordern, in dem sie frei von außerhäuslichen gesellschaftlichen Verpflichtungen leben können: nicht ganz zu Unrecht wird die (kinderlose) Ehefrau gelegentlich als "an unjustified financial burden on the community" bezeichnet (Cuvillier 1979). Vielmehr geht es um den Hinweis auf Tendenzen, daß sich - so im Rahmen der Selbsthilfe-Diskussion - unter progressiven Vorzeichen eine Verstärkung der tradierten geschlechtlichen Arbeitsteilung anbahnt: Verberuflichte Leistungen sollen in die Familie "zurückgeholt" oder in Nachbarschaftshilfe erbracht werden, der Ausfall (z.B. Schüler-Bafög) oder die Minderung (z.B. Mutterschaftsgeld) von Transferzahlungen durch unentgeltliche Familienarbeit ausgeglichen werden. Selbst wenn sie nicht ausdrücklich erwähnt werden, gemeint ist die Arbeit von Frauen. Und mehr noch: deren unentgeltlicher Arbeit wird häufig den Selbsthilfe-Bestrebungen derjenigen zugeschlagen, die neue Formen der Arbeits- und Lebensgestaltung erproben. Indirekt ist der Bezug auf unentgeltliche Frauenarbeit insofern, als der Selbsthilfe-Potential der Familie in einem Atemzug mit individueller Selbsthilfe genannt wird; aber immer handelt es sich um jene Familienleistungen, die traditionell von Frauen erbracht werden, zumeist auch in neuen Lebensformen. Nicht sich selbst sollen die Frauen helfen, sondern die Institution Familie stärken (1). Kritik gilt vor allem auch den Bestrebungen liberal-konservativer Politik, unter Berufung auf familiale Formen der "Selbsthilfe" und auf das Subsidaritätsprinzip die öffentlichen Haushalte sanieren zu wollen (2).

Zu kritisieren ist jedoch noch ein zweiter Sachverhalt. In der konservativen Variante der Selbsthilfe-Diskussion wird unentgeltliche Frauenarbeit häufig als (kostengünstiges) Emanzipationspotential vorgestellt; der realen Entfremdung in der Arbeitswelt wird die Möglichkeit der Selbstverwirklichung in der Familie und in sozialen Diensten gegenübergestellt. Unter der Hand wird zugleich vermittelt, geschlechtliche Arbeitsteilung ermögliche Frauen deren Selbstverwirklichung, statt sie zu blockieren; so etwa der heutige Bundeskanz-

ler Kohl in einer Rede 1976: "... Es geht für die Frauen nicht darum, nach männlichen Maßstäben gleichzuziehen, sondern als der andere Mensch angenommen zu werden, der er eben ist. Die Frau hat
eigene Möglichkeiten der Erfüllung des Lebens, welche dem Mann
nicht gegeben sind." (Geißler 1979, S. 39, Herv. U.B.). Geschlechtliche Arbeitsteilung wird so zur anthropologischen Konstante der
Geschlechterdifferenz erhoben, ihre gesellschaftliche Bedeutung
verschleiert.

An dieser Entwicklung sind die Sozialwissenschaften nicht unbetei-
ligt, auch fehlt es schlicht an interdisziplinärer Forschung. Von
Ausnahmen abgesehen (Horkheimer 1936), wurde die Arbeit der Frau
in der Familie - als Erziehungs- und Pflegeleistung, als Hausarbeit,
als betriebliche Mitarbeit - von der Soziologie bis zur Durchsetzung der Frauenforschung sträflich vernachlässigt. Die Klage darüber
von einigen wenigen Familiensoziologen, Familienpolitikforschern
und Haushaltswissenschaftlern/innen reicht zurück bis in die 50er
Jahre, so bei König (1946), Egner (1952), Oeter (1954 und 1960),
Bühler (1961), Schmucker (1961).

Daß die familiale Ökonomie (3) seit kurzem politisch und wissenschaftlich aufgewertet wird, dürfte sich allerdings kaum dem spon-
tanen Bedürfnis nach Vervollständigung der volkswirtschaftlichen
Gesamtrechnung verdanken - sie wird neuerdings jedoch angestrebt
(4). Eher geht es darum, ihren Wert als unentgeltliche Leistungen
zu betonen und hervorzuheben. Das soziologische und volkswirtschaft-
liche Bestreben, unentgeltliche Frauenarbeit aus ihrem Schattenda-
sein herauszuholen, erzeugt jedoch auch Unbehagen. Sie scheint im
Begriff zu sein, zu einer neuen Selbstverständlichkeit zu werden.
War die Familienarbeit der Frau bis vor wenigen Jahren noch nicht
einmal als Arbeit definiert, wird sie heute emphatisch als Leistung
ersten Ranges gepriesen. Und eben dieses Lob macht mißtrauisch:
Etabliert sich unentgeltliche Frauenarbeit - etwa unter dem Begriff
der "Haushaltsproduktion" (Glatzer 1984) - als gleichgewichtiger
Beitrag zum Sozialprodukt neben marktvermittelten Gütern und
Dienstleistungen? Droht sich hier die Ideologie breitzumachen, unentgeltliche Leistungen seien in Tauschgesellschaften ebenso selbstverständlich wie entgeltliche, die daraus resultierende ökonomische
und soziale Abhängigkeit zwar bedauerlich, jedoch unvermeidlich?
Je selbstverständlicher eine Verhaltensweise, so Dieter Claessens
(1962), desto wichtiger der dahinter stehende gesellschaftliche
Wert; unter diesem Gesichtspunkt ist die bisherige wissenschaftliche Vernachlässigung unentgeltlicher Frauenarbeit kaum Gedankenlo-
sigkeit. Eher ist anzunehmen, daß auf dem Umweg der sozialpolitischen Diskussion um leere Kassen und fehlende Arbeitsplätze plötzlich ein Thema Eingang in die wissenschaftliche Diskussion findet,
das mit dem Grundkonsens tauschorientierter Industriegesellschaften
nicht kompatibel ist: die unentgeltlichen Leistungen von Frauen in
einer Gesellschaftsordnung, die als grundlegenden Wert die lei-
stungsgerechte Entlohnung jeder Arbeit (und jedes Produktionsfak-
tors) für sich in Anspruch nimmt. Um es noch einmal zu betonen:

Kritik gilt nicht der Tatsache, daß in dieser Gesellschaft nicht alle Leistungen entgolten werden, sondern daß eine Interdependenz zwischen entgeltlicher und unentgeltlicher Arbeit existiert - primär in der Familie -, die diejenigen von der Partizipation an monetären und prestige-trächtigen Gratifikationen ausschließt, die sie ausüben, und daß diese Trennungslinie zwischen den Geschlechtern verläuft.

In den Gründerjahren der deutschen Familiensoziologie sprach man noch emphatisch von der Frau als Sachverwalterin und Hüterin des Haushalts, vom Hauptberuf der Frau als Hausfrau und Mutter, von der Frau als Wahrerin der familialen Gesamtinteressen (Wurzbacher 1952, Schelsky 1953, Oeter 1954, Mayntz 1955). Lediglich René König fragte kritisch, wieso Mutterschaft und Hausfrauentätigkeit für die Frau ein Beruf sein soll: Indem man deren biologische Funktion zu einem Beruf erhob, habe das Verhältnis der Geschlechter die vielleicht verhängnisvollste Belastung der Geschichte erfahren (König 1967, S.34).

Die zunächst intuitive Verbindung von Hausfrauentätigkeit und Mutterschaft in Politik und Wissenschaft wurde von Soziologie und Haushaltswissenschaften in späteren Jahren aufgegriffen, so im Rahmen der Frage, warum es selbstverständlich ist, daß allein die Ehefrau und Mutter für Kinderversorgung und Haushalt als zuständig erklärt werde. Rosemarie v. Schweitzer wies wiederholt auf die Zeitgebundenheit dieses Sachverhaltes hin und betonte, durch die Geschichte hindurch sei zu beobachten, daß diese Arbeiten stets rangniederen Personen übertragen wurden (Schweitzer 1981, S.179).

Einer soziologischen Erklärung dieses Sachverhaltes bereitete Friedhelm Neidhardt den Weg, als er sich Anfang der 70er Jahre mit dem Bedarf an gesellschaftlichen Normen befaßte, die die für das Kind notwendigen Dauerpflegeleistungen als moralische Verpflichtung einer bestimmten gesellschaftlichen Gruppe definieren: Am leichtesten begründbar sei sie für die Mutter, denn diese habe schließlich das Kind in die Welt gesetzt (Neidhardt 1970). Mehr als zehn Jahre später erweiterte Hartmann Tyrell diesen Gedanken um die Fragestellung, wie stark eine Gesellschaft das Prinzip der "leiblichen Elternschaft" institutionalisiere und hierüber die Zuständigkeiten für die Kinderaufzucht reguliere. Die funktionale Differenzierung von Betrieb und Familie sei in der bürgerlichen Kultur mit familialer Arbeitsteilung verknüpft, die die Frau auf Haushalt und Kinder verweise, legitimiert über die natürlichen Mutterpflichten (Tyrell 1981). Dieses Argument ging über Neidhardts Position hinaus, indem der Bedarf an gesellschaftlichen Normen mit der Notwendigkeit institutioneller Arrangements zur Sicherung dieser Arbeitszuweisung verbunden wurde. In jüngster Zeit wurde - aus konservativer Perspektive - ein weiteres Argument vorgetragen, das möglicherweise zu aussagekräftigen Ergebnissen führt: Die Dauerpflegeleistungen von Müttern als Bestandteil familialer Funktionen seien eigentlich solche der Ehe (Siebel 1984).

Siebels Unterscheidung zwischen "Familie" und "Ehe" als einer Institution öffentlichen Charakters dürfte es erlauben, den inneren Zusammenhang von Mutterschaft und unentgeltlicher Familienarbeit nicht nur im Rahmen normativer Vorstellungen aufzuzeigen, sondern gleichzeitig deren gesellschaftliche Institutionalisierung und ihrem gesamtwirtschaftlichen Nutzen genauer auszuweisen. In der bürgerlichen Gesellschaft, so die hier vertretene These, erfolgt die Institutionalisierung dieser Arbeit über die rechtlich abgesicherte Verfügung des Mannes über die Arbeitskraft der Frau. Diese Form der Verfügung verlor im Zuge der Gleichberechtigungsgesetzgebung ihre Konturen, am materialen Gehalt hat sich demgegenüber nicht allzuviel geändert. Allerdings hat Jutta Limbach kürzlich davor gewarnt, die Orientierungskraft von Rechtsnormen zu überschätzen. Im Grunde genommen würden Sitte und Norm gesellschaftsprägenderen Einfluß ausüben als diese (5). Der Hinweis ist wichtig, um der naiven Gleichsetzung von Rechtsnormen mit deren faktischer Handhabung vorzubeugen. Gleichzeitig besteht unbestreitbar ein struktureller Zusammenhang zwischen Rechtsnormen, die die Nutzung familialer - weiblicher - Arbeitskraft zur Sicherung bestimmter familialer "Funktionen" regulieren, und der gesellschaftlichen Situation von Haus- bzw. Ehefrauen, der durch den Ausschluß vom Zugang zu Tauschmitteln gekennzeichnet ist: individuell und gesellschaftlich sind diese Rechtsnormen ähnlich folgenreich wie jene in Verbindung mit arbeitsvertraglichen Regelungen (ohne Arbeits- und Ehevertrag gleichsetzen zu wollen). Wenn ich diese Parallele hier ziehe, dann zur Akzentuierung einer sozial-ökonomischen Dimension der bürgerlichen Familie, die bisher wenig erforscht ist: Im folgenden werden Verbindungslinien zwischen der Ehe als einer Einrichtung von öffentlichem Charakter und der Institutionalisierung unentgeltlicher Familienarbeit skizziert; andere - ähnlich wichtige - Fragestellungen bleiben zunächst ausgespart (6).

Die Abhängigkeit des Familienrechts von den ökonomischen Bedingungen industrialisierter Gesellschaften wurde 1974 von Heinrich Dörner umfassend dargestellt; für die neuere Entwicklung sei auf die Ausführungen von Sachße/Tennstedt (1982) verwiesen. Ähnlich der Familiensoziologie, die mütterliche Sozialisationsleistungen zwar nicht mehr als "naturgegeben" betrachtet, allerdings nach wie vor die Frage nach den Gründen und Mechanismen geschlechtlicher Arbeitsteilung ausspart, vernachlässigen jedoch auch diese Autoren die Analyse des Sachverhalts, der hier zu akzentuieren versucht wird: daß Verfügungen über den Einsatz von Arbeitskraft nicht allein Merkmal der Markt-, sondern ebenso der Familien-Ökonomie sind.

Bereits im Allgemeinen Landrecht der Preußischen Staaten (ALR) galten Mütter als zuständig für die Kinderaufzucht, im Rahmen der Festlegung, daß Ehefrauen ihre Arbeitskraft der Familie (und deren "Oberhaupt") als Wirtschafts- und Lebensgemeinschaft zur Verfügung stellen mußten; die Ausübung außerhäuslicher Arbeit und eigene Gewerbstätigkeit unterlagen der Genehmigung durch den Ehemann. Die Arbeits- und Dienstpflicht der Ehefrau erstreckte sich insofern nicht allein auf den Haushalt im engeren Sinn, sondern zugleich auf das Gewerbe des Mannes, dem auch der Ertrag aus ihrer Arbeit zufiel. Als Gegenleistung stand ihr standesgemäßer Unterhalt zu. Dem ALR zufolge bildete die biologische Funktion der Frau, d.h. ihre Gebärfähigkeit, zusammen mit ihrem Arbeitsvermögen ein Potential, das der patriarchalen Haus- und Erwerbsgemeinschaft voll zur Verfügung stand.

Die unentgeltliche Dienstpflicht der Frau wurde ins Familienrecht des BGB übernommen, ebenso die Verpflichtung zur Kinderversorgung (7). Mit Recht weisen Sachße/Tennstedt darauf hin, daß die Systematik des Unterhaltsrechts auf die Bedürfnisse von Produktionsmittelbesitzern zugeschnitten war: Kinder wurden unterhalten, um im Alter den Lebensbedarf der Eltern zu sichern; freilich fehlt ihrer Argumentation der Hinweis, daß auch die im Familienrecht festgelegte Arbeits- und Dienstpflicht der Ehefrau deren Erfordernissen entsprach: sie trug durch ihre Arbeit zur Vermögensbildung bei, und das umso mehr, je stärker sie in das Gewerbe des Mannes eingebunden war.

Mit der Konstitution der Lohnarbeiterschaft im 19. Jahrhundert und der Beseitigung von Heiratsverboten und Ehebeschränkungen, mit der Gewinnung politischer Rechte insgesamt, wurden legale Familiengründungen auch dem Proletariat allgemein möglich. Formal unterlag die Proletarierin denselben Verfügungen über ihre Arbeitskraft wie die Bauers- oder Handwerkersfrau, allerdings mit unterschiedlicher gesellschaftlicher Zielsetzung. Sie sollten einerseits weiterhin die familiale Arbeitsteilung sichern, andererseits den Bedürfnissen der Industrie Rechnung tragen. Sofern die proletarische Familie auf den Verdienst der Ehefrau angewiesen war - und das war in der Regel der Fall -, konnte der Ehemann das ihm zugestandene Recht auf deren persönliche Dienstleistungen nur schwer durchsetzen, so daß von einer partiellen Verlagerung der ökonomischen Tätigkeit der Ehefrau aus der Familie in Industrie und Gewerbe gesprochen werden kann. Die familiale Arbeitsteilung wurde primär dadurch aufrechterhalten, daß nach wie vor die Frau allein für die Kinderversorgung verantwortlich blieb und Dienstleistungen im Rahmen ihrer Haushaltstätigkeit erbrachte. Sie dienten jedoch nicht der eigenen Altersversorgung und der familialen Vermögensbildung, wie noch in der agrarischen Familienökonomie oder in den Selbständigen-Haushalten des Industriezeitalters.

Der Vergleich von lohnabhängigen Ehefrauen mit den Ehefrauen von - oft bescheidenen - Produktionsmittelbesitzern zeigt, daß mit der Industrialisierung und dem auf dessen Erfordernisse abgestimmten Familien- und Unterhaltsrecht der familialen Verfügung über die Arbeitskraft von Frauen eine über die Familie hinausgehende Bedeutung zukam. Sie hatte Kinder und zugleich Arbeitskräfte für die Industrie großzuziehen, sie unterlag der häuslichen Arbeitspflicht und, meist aus ökonomischer Notwendigkeit, den Bedingungen von Erwerbsarbeit. Ihre Arbeitskraft verblieb partiell unter patriarchaler

Verfügung im Familienbereich und wurde gleichzeitig freigesetzt für kapitalistische Verwertungsinteressen. Hier lassen sich die Verflechtungen von einer patriarchal und kapitalistisch organisierten Gesellschaft deutlich identifizieren: Die patriarchale Verfügung über die Arbeitskraft der Ehefrau diente zweifellos zugleich Kapitalverwertungsinteressen - der Bereitstellung künftiger Arbeitskräfte, der Versorgung des lohnarbeitenden Ehemannes -, und umgekehrt läßt sich unschwer nachweisen, daß die industrielle Verfügung über die Arbeitskraft der proletarischen Frau (nicht nur der Ehefrau) durchzogen war von patriarchalem (individuellem und gesellschaftlichem) Interesse an der Aufrechterhaltung der Geschlechterhierarchie auch außerhalb des familialen Bereichs. (Auf den Zusammenhang zwischen familialer Vermögensbildung und Kapitalverwertungsinteressen in sog. Selbständigen-Haushalten kann an dieser Stelle nicht eingegangen werden. Dort sind patriarchale und kapitalistische Interessen an der Nutzung von Arbeitskraft auf noch andere Weise miteinander verknüpft (vgl. Beer 1984)).

An der rechtlich abgesicherten Verfügung über die Arbeitskraft von Ehefrauen änderte sich wenig bis in die Nachkriegszeit. Einen Einbruch in die patriarchale Familienverfassung versprach die Gleichberechtigungsgesetzgebung des Jahres 1957. Was sich änderte, war die Terminologie, nicht der Inhalt von Gesetzesbestimmungen. Die biologistische Begründung für die Zuordnung der Frau zum Haushalt qua Mutterschaft blieb erhalten, aus dem Gesetzestext verschwand dagegen der Hinweis auf die Arbeitspflicht der Frau im Haushalt und Gewerbe des Mannes. Sie wurde - durchaus einfallsreich - nunmehr als Unterhaltspflicht ausgewiesen. "Wir verstehen heute", so 1958 der angesehene Familienrechtler Gernhuber, "unter dem Begriff 'Unterhalt' nicht mehr nur eine Bedürfnisbefriedigung durch den Einsatz von Geld, so daß auch die Mitarbeit im Geschäft oder Beruf des Partners in Erfüllung der Unterhaltspflicht erfolgen kann, ohne notwendig eine Verbindung zum Unterhaltsrecht aufzuweisen" (Gernhuber 1958, S.247) (8). Und zur Umdeutung der Hausarbeitspflicht in eine Unterhaltsverpflichtung Eißer 1959: "Durch die Haushaltsführung erfüllt die Ehefrau ... im Regelfall ihre Verpflichtung, durch Arbeit zum Unterhalt der Familie beizutragen. Diese Wertung der Hausfrauenarbeit als Unterhaltsbeitrag für den Familienunterhalt bringt das Schaffen und Wirken der Hausfrau, das bisher nur nebenbei und ohne Beziehung auf die Unterhaltspflicht erwähnt war, zur verdienten rechtlichen Anerkennung" (Eißer 1959, S.179, Hervorh. kursiv). Auch hinsichtlich der Kinderversorgung hielten Familienrechtler an der traditionellen Arbeitsteilung fest: "Die Pflicht, für Kinder zu sorgen, wird bei der Kollision mit der Pflicht, durch Erwerbstätigkeit zum Familienunterhalt beizutragen, regelmäßig stärker sein. Die Frau ist die natürliche Betreuerin ihrer Kinder" (Brühl 1957, S.279). Ein Kommentar zur Gleichberechtigungsgesetzgebung des renommierten Familienrechtlers Bosch beseitigte mögliche Zweifel, es könne sich allzuviel ändern: "... der Kunstgriff der Umformung des Unterhaltsbegriffs - im Grunde nur eine Bestätigung der natürlichen Ordnung! -" verdanke sich

gesetzestechnischen Bedürfnissen; lakonisch stellte er fest: "...
gleiche Verpflichtung (ist) keineswegs "dieselbe" Verpflichtung;
Gleichberechtigung bedeutet nicht Identität der Rechtspositionen"
(Bosch 1958, S.83).

Diese Hinweise sind wichtig zum Verständnis der historischen Entwicklung der familialen Arbeitspflicht von Ehefrauen. In neutralen
Begriffen wurde die traditionelle Aufspaltung der Nutzung weiblicher
Arbeitskraft zwischen Familie und Erwerbswirtschaft festgeschrieben,
deren historische Wurzeln verschleiert, die noch in der agrarischen
und handwerklichen Familienökonomie voll dem Familienvorstand und
Eigentümer der Produktionsmittel zufiel und die partiell bis in die
50er Jahre erhalten blieb, heute jedoch rapide zurückgeht. Die Verfügung über und Nutzung von weiblicher Arbeitskraft verlagerte sich
im Laufe der Industrialisierung; in dem Jahrzehnt zwischen 1950 und
1961 wurde der Wandel in den Arbeitsbedingungen von Ehefrauen und
Müttern besonders deutlich. Die Erwerbsquote von Ehefrauen im erwerbsfähigen Alter stieg von 26,4% auf 36,5%. Im gleichen Zeitraum
fiel der Anteil der mithelfenden Ehefrauen an allen Ehefrauen von
15,4% auf 12,7%, gleichzeitig stieg der Anteil der marktförmig erwerbstätigen Ehefrauen an allen Ehefrauen von 9,6% auf 20,1% - Zeichen für den Rückgang familienförmig organisierter und für die Zunahme marktförmig vermittelter Erwerbstätigkeit von Ehefrauen. Im
Vergleich betrug 1980 der Anteil der marktbezogenen erwerbstätigen
Ehefrauen an allen Ehefrauen 35,9%, der Anteil der mithelfenden
Ehefrauen an allen Ehefrauen 4,7% (Müller/Willms/Handl 1983, S.35).

Die zunehmende Aufspaltung und gleichzeitige Mehrbelastung weiblicher
Arbeitskraft zwischen Familie und Beruf war in den 50er Jahren Anlaß
zu ersten familienpolitischen Interventionen. Durchaus in Übereinstimmung mit familiensoziologischen und -rechtlichen Positionen
sollte die Ehefrau und Mutter für Sozialisationsleistungen und Hausarbeit zur Verfügung stehen. Mit Recht beklagt wurde die finanzielle
Belastung von Familien mit Kindern, gefordert wurde die Umverteilung von Familienlasten auf diejenigen, die offensichtlich von den
Anstrengungen der Familien mit Kindern profitierten - Ledige und
kinderlose Ehepaare. Daß sie profitierten, ergab sich mühelos aus
der Systematik des Rentenversicherungsrechts. Die 1957 vollzogene
Umstellung auf ein Umlageverfahren der Aufwendungen, mit dem die
Erwerbstätigen die nicht mehr Erwerbstätigen über Transferzahlungen
"unterhielten", legte den Gedanken nahe, daß diejenigen, die Kinder
und damit künftige Beitragszahler aufziehen, eine Leistung zur
Sicherung des Gesellschaftsganzen und seiner Mitglieder erbringen,
der sich Kinderlose entziehen. Der - nicht honorierte - Beitrag der
Mutter durch unentgeltliche Leistungen wurde akklamativ herausge-
stellt, deren eigenständige soziale Sicherung jedoch nicht angestrebt. Folgerichtig entstanden erste Pläne für einen "Drei-Genera-
tionen-Vertrag" (9), der die finanzielle Entlastung von Familien
mit Kindern mit der Finanzierung von Altersrenten durch Erwerbstätige verbinden sollte. Heute sind diese Pläne wieder aktuell, auch
deshalb lohnt der Rückblick auf die damalige Diskussion.

Die Soziologie jener Jahre befaßte sich allenfalls mit Teilaspekten dieser Entwicklung (und unter verkürzten theoretischen Fragestellungen, auf die hier nicht eingegangen werden kann). Ihre Themen waren die zunehmende Müttererwerbstätigkeit (Pfeil 1961) oder die Einstellungen junger Frauen zu Familie und Mutterschaft in der richtungsweisenden Arbeit von Wurzbacher u.a. (1958). Der Schwerpunkt familiensoziologischer Forschung lag in der Analyse der Stabilitätsbedingungen der Familie und von deren Funktionsveränderungen. Sozialpolitische Fragestellungen wurden eher ausgeklammert, dasselbe gilt für die ökonomische Verflechtung von Familie und Gesellschaft (10). So war es nicht erstaunlich, daß der Aspekt der Verwertungsbedingungen weiblicher Familienarbeitskraft unter diesen Voraussetzungen überhaupt nicht in den Blick sozialwissenschaftlicher Forschung geriet.

Theoretisch lassen sich die zunehmende Erwerbstätigkeit von Hausfrauen und Müttern, die rechtliche Umgestaltung der familialen weiblichen Arbeitspflicht und familienpolitische Bestrebungen als Merkmale einer neuen Form der Vergesellschaftung der Arbeitskraft und des Gebärvermögens von Frauen deuten, denn familienpolitische Interventionen galten nicht allein dem Ziel, das Arbeitsvermögen der Frau der Familie zu sichern, sondern gleichzeitig einer weiteren Zielsetzung - der Sicherung einer stabilen Geburtenrate. In diesem Sinne wird unter "Vergesellschaftung" hier die gesellschaftliche Nutzung und Verfügung über diese Potenzen - Arbeits- und Gebärvermögen - verstanden. Beide dienten nur noch selten der Reproduktion einer auf Eigentum beruhenden Familienökonomie. Vollständige Familie und gesicherte Beschäftigung des Ehemannes vorausgesetzt, verblieb die Arbeitskraft der Ehefrau und Mutter entweder dem Haushalt nach dem Modell der Hausfrauenehe oder sie spaltete sich auf zwischen Haushalt und Beruf.

Indem der Staat seit Einführung der Sozialversicherung als Garant der Existenzsicherung der Besitzlosen im Alter auftrat, lag der Gedanke nahe, die Sozialisationsleistungen von Müttern (und die finanziellen Aufwendungen der "Familienvorstände") als deren Beitrag zum Erhalt des gesellschaftlichen Ganzen zu deuten. Die mit diesem Sachverhalt befaßte familienpolitische Literatur bedachte allerdings kaum, daß die Systematik des Rentenversicherungsrechts auf ein Umlageverfahren unter Lohnabhängigen abstellte, das über monetäre Leistungen die Reproduktion von Individuen und deren Arbeitskraft auf spezifische Weise sicherte. Eine materielle Anerkennung der Leistungen von Müttern war bei dieser Systemkonstruktion nicht möglich.

Bei der Berücksichtigung der Tatsache, daß Sozialleistungen über Steueraufkommen und Sozialabgaben finanziert werden, zeigt sich, daß auf Arbeitnehmerseite über direkte und indirekte Steuern und Sozialabgaben die Kosten der sozialen Sicherung innerhalb der Arbeitnehmerschaft umverteilt werden, während von Arbeitgeberseite Soziallasten als Lohnnebenkosten und Steuern über die Preisgestaltung auf die

Käufer von Produkten abgewälzt werden. Die Mittel zu sozialer
Sicherung werden allein aus den Erträgen durch Arbeit finanziert,
Kapital- und Bodenerträge sind, nach Abzug von Steuern, nicht da-
von betroffen. Mit einer Einschränkung: über direkte und indirekte
Besteuerung sind Kapital- und Bodenbesitzer persönlich an den
Kosten der sozialen Sicherung beteiligt. Rolf Zacher spricht in
diesem Zusammenhang von einem "Paradoxon der Arbeitnehmergesell-
schaft" (Zacher 1984).

Schon in den 50er Jahren wurde in der familienpolitischen Literatur
darauf hingewiesen, daß im System der sozialen Sicherung nicht allein
Kosten umgelegt werden, sondern daß dessen Funktionsfähigkeit zugleich von unentgeltlichen Leistungen abhänge (Sozialisationsleistungen, Altenbetreuung, Krankenpflege). Auch aus diesem Grund bietet
es sich an, für Industriegesellschaften von einer spezifischen Vergesellschaftung weiblicher, unentgeltlicher Arbeitskraft zu sprechen,
die nicht mehr entsprechend den Bedürfnissen einer handwerklichen
oder agrarischen Familienökonomie und ihrer Produktionsmittelbesit-
zer genutzt wurde. Als Nutznießer lassen sich letztlich die Pro-
duktionsmittelbesitzer einer anonymisierten, hochindustrialisierten
Gesellschaft identifizieren - ihnen bleibt die Nutzung von Arbeitskraft im erwerbsfähigen Alter, ohne daß sie mit den Kosten von deren Aufzucht und Erwerbsfähigkeit belastet sind. Als Nutznießer unentgeltlicher Frauenarbeit erweisen sich aber auch die männlichen
Lohnabhängigen insgesamt. Erstens kommen ihnen direkt die unentgeltlichen Arbeitsleistungen von Frauen zugute, die zugleich die
Hierarchie zwischen Erwerbstätigen und Nicht-Erwerbstätigen festigt,
zweitens profitieren sie in sehr viel stärkerem Maße als Frauen
durch das Umlageverfahren der Sozialversicherung, das nicht-erwerbstätigen Frauen und Müttern aufgrund der Unentgeltlichkeit ihrer
Arbeit nur "abgeleitete" und in der Regel mindere Ansprüche zuge-
steht.

Zusammenfassend: Institutionell abgesichert über Familien- und So-
zialrecht reproduziert die Familie durch die Arbeit der Ehefrau
und Mutter und das Lohneinkommen eines oder beider Ehepartner sich
selbst, gleichzeitig jedoch auch die Bedingungen einer auf privater
Aneignung von Reichtum basierenden Gesellschaft. Diese Reproduktion
beruht auf Mechanismen, in denen Kapitalverwertungsinteressen mit
patriarchalen Elementen durchsetzt sind. Mit den Transformationen
des Industriekapitalismus wandelte sich auch dessen Patriarchalismus. Der vorindustrielle, der sich bis weit ins Industriezeitalter
in der Familienökonomie als Einheit von Gewerbe und Haushalt erhielt, beließ Ehefrauen, deren Arbeitskraft und Gebärvermögen, in
dieser Wirtschaftseinheit. Er machte einem neuen Patriarchalismus
Platz, der sich nahtlos in die versachlichten Beziehungen der Industriegesellschaft einfügte. Dem in der Regel nunmehr lohnabhängigen Ehemann verblieb allein die persönliche Dienstleistung der Ehefrau, von den Sozialisationsleistungen der Mutter und von ihrer
eventuellen Erwerbstätigkeit profitierten andere - das staatliche

Sozialsystem und das Kapital. Nur in eingeschränktem Maße partizipierten Hausfrauen und Mütter - ob erwerbstätig oder nicht - an Sozialleistungen zur Sicherung ihrer Existenz.

Diese Veränderungen einer spezifischen Form des Patriarchalismus waren nicht Gegenstand soziologischer Forschung. Gerade der von der kritischen Theorie diagnostizierte (patriarchal-kapitalistische) Autoritarismus entwickelter Industriegesellschaften wurde von der Familiensoziologie bestritten (11). Im Anschluß an Wurzbachers berühmte Untersuchung von 1952, auf die sich alle bekannten Werke jener Zeit beriefen, wurde demgegenüber der Abbau des patriarchalischen Familienleitbildes gefeiert; verstanden wurde darunter jedoch nicht der Abbau traditioneller Geschlechterrollen und Arbeitsteilung, sondern - auch hier in Übereinstimmung mit anderen sozialwissenschaftlichen Disziplinen - deren "partnerschaftliche" Anerkennung.

Die sozio-ökonomische Situation von Frauen verbesserte sich in den folgenden Jahren ohne jeden Zweifel. Die 1977 vollzogene formal-rechtliche Gleichstellung von Eheleuten bildete eine weitere Zäsur in der Aufweichung der Verrechtlichung der familialen Arbeitspflicht der Frau, diesmal jedoch unter völlig veränderten gesellschaftlichen Bedingungen: zunehmende Verknappung von Erwerbsarbeit, zunehmende Scheidungsziffern, abnehmende Geburtenraten, abnehmende Heiratswilligkeit, Abbau öffentlicher Leistungen.

Im Vergleich zu den 50er Jahren gilt Frauenerwerbstätigkeit heute als Lebensperspektive; Frauen wollen beides, Beruf und Familie. Ehe und Familie bieten Frauen heute keine lebenslange ökonomische und soziale Absicherung mehr; die Bedingungen, die seit Beginn der Industrialisierung allein für Proletarierinnen galten, haben sich mittlerweile verallgemeinert. Neben Ehe und Familie haben sich andere Formen der Lebensgestaltung etabliert - das sog. Single-Dasein, Paar-Beziehungen außerhalb der Ehe, Wohngemeinschaften. Diese Lebensformen verweisen Frauen auf eigene Erwerbstätigkeit, jedoch auch im Falle der ehelichen Bindung ist die Existenzsicherung der Frau über den Ehemann nicht mehr gewährleistet: Erwerbslosigkeit, Kurzarbeit, Reallohnsenkungen wirken als ökonomische und soziale Unsicherheitsfaktoren, die den Drang von Frauen in die Erwerbstätigkeit verstärken. Deshalb erstaunt es nicht, daß sich der Anteil verheirateter an allen erwerbstätigen Frauen in den letzten 25 Jahren nahezu verdoppelte, der Anteil von Müttern mit Kindern unter 15 Jahren fast verdreifachte. Die berufstätige Frau "ist heute älter, verheiratet und Mutter" (Reichert/Wenzel 1984).

Der zunehmenden Erwerbsorientierung von Frauen entspricht keine gleichgewichtige Familienorientierung der Männer - so das Ergebnis einer Vielzahl neuerer Studien (Glatzer/Herget 1984, Born/Vollmer 1983). Auf erwerbstätigen Ehefrauen und Müttern lastet nach wie vor Familien- und Erwerbstätigkeit, obwohl die familienrechtliche Zuweisung der Arbeitskraft der Frau an Legitimität eingebüßt hat. Faktisch gilt die Mutter nach wie vor als angemessene Betreuerin

"ihrer" Kinder, rechtlich gilt die familiale Arbeitsteilung als
frei vereinbar unter Ehepartnern und Eltern. Vom Regelfall ab-
weichende Arrangements sind möglich - nur nicht häufig und konterkariert von gesellschaftlichen Rahmenbedingungen. Nach dem Aufbrechen der legalen Bindung unentgeltlicher Frauenarbeitskraft an
die Familie wird heute unterschwelliger über sie verfügt, Jutta
Limbach hat auf entsprechende juristische Praktiken hingewiesen
(Limbach 1981).

Institutionelle Arrangements zur Sicherung familialer Reproduk-
tionsleistungen existieren nach wie vor, Eltern sind für die Aufwendungen und Arbeitsleistungen der Kinderaufzucht verantwortlich.
Sie sind jedoch nicht mehr eindeutig und ausschließlich an die
Arbeitskraft der Ehefrau und Mutter gebunden. Diese Entwicklung
läßt sich als institutionelles Aufbrechen geschlechtlicher Arbeitsteilung interpretieren, begleitet von anderen gesellschaftlichen Veränderungen: Zunahme der Teilzeitarbeit von Ehefrauen,
Bewußtseinsveränderungen im Zuge der Frauenbewegung. Frauen sind
heute aber nach wie vor, allerdings subtiler, auf die Familie verwiesen: es gibt Mutterschaftsurlaub, nicht solchen für Väter,
Frauenarbeit ist schlechter bezahlt als Männerarbeit und unzureichend zur materiellen Existenzsicherung, Industrie und Gewerbe
rechnen nach wie vor mit der vollen Verfügung über Arbeitskraft,
die sich an der von Familienarbeit entlasteten männlichen Normalbiographie orientiert, Männer zeigen wenig Interesse an Familienaufgaben. Ehefrauen und Mütter unterliegen insofern einem unge-
brochenen strukturellen Zwang zur unentgeltlichen Arbeit. Allerdings sind sich Frauen der Konsequenzen heute durchaus bewußt:
Lücken in der Arbeits- und Rentenbiographie, verschlechterte Chancen des Zugangs zum Arbeitsmarkt, niedrige Bezahlung in unge-
schützten Beschäftigungsverhältnissen mit der Folge der Armut beim
Scheitern der Ehe und im Alter. Frauen durch Mutterschaft an die
Familie binden zu wollen, hat ebenso an Überzeugungskraft eingebüßt. So ist die Vermutung plausibel, daß Frauen, vor die Alternative "Mutterschaft oder Beruf" gestellt, sich für den Beruf und
gegen Kinder entscheiden werden, zumindest gegen mehr als ein Kind.

Gibt es einen Ausweg aus dem Dilemma? Nicht-marktförmig organisierte Arbeitsleistungen sind gesellschaftlich notwendig, daran kein
Zweifel. Um sie den Frauen nicht auch in Zukunft zuzuschreiben,
kann eine Lösung des Problems allein im sukzessiven Abbau und
letztlich in der Aufhebung geschlechtlicher Arbeitsteilung bestehen.
Nicht nur Frauen würden davon profitieren, auch Männer: die ökonomische Sicherung der Familie und die Arbeit in ihr würden auf beide
verteilt, dem Problem des nachehelichen Unterhalts die Schärfe genommen, die Integration der Frau ins Berufsleben neue Formen von
Partnerschaft ermöglichen. Kurzfristig geht es um Änderungen im
System sozialer Sicherung, die die Diskriminierung derjenigen beseitigen, die unentgeltliche Leistungen erbringen (z.B. Anerkennung
von Erziehungszeiten in der Rentenversicherung), um mehr familien-
ergänzende soziale Dienste, insgesamt um den Ausbau statt Abbau

des Sozialstaates. Langfristig sind Veränderungen der Arbeitsorganisation gefordert, insbesondere der Arbeitszeitregelungen, die sich bisher gegen eine familiengerechte Ausgestaltung des Arbeitslebens sperren, so daß Frauen und Männer Erwerbstätigkeit mit Familienaufgaben verbinden können. Dies wiederum bedingt eine Veränderung der Einstellung von Männern zum familialen Bereich, sie ist bislang nicht in Sicht.

Anmerkungen

Hilde v. Balluseck war an der Erarbeitung der familiensoziologischen Literatur der Nachkriegszeit beteiligt. Für Anregungen und Kritik des Manuskripts danke ich: Sabine Gensior, Carol Hagemann-White, Ulrike Helmer, Christel Rammert-Faber, Margret Steffen, Helgard Ulshoefer, Marianne Weg und Christof Wehrsig.

1) Kritisch zur Subsumierung von Familienarbeit unter Selbsthilfe Gross 1982a und 1984: er möchte Selbsthilfegruppen unterschieden wissen von Selbst-Hilfe als Eigenverantwortlichkeit im Sinne des bürgerlichen Individualismus. Zu den heterogenen politischen Zielvorstellungen und Erkenntnisinteressen in der Selbsthilfe-Diskussion vgl. Murswieck 1983, Deimer/Jaufmann/Kistler/Pfaff 1983, Michalsky 1984; zu Selbsthilfe-Projekten der Alternativ-Ökonomie vgl. die empirische Studie von Berger/Domeyer/Funder/Voigt-Weber 1984.

2) Kritisch aus politischer Sicht Martiny 1984 und Opielka 1984; aus wissenschaftlicher Perspektive Hofemann 1982, Windhoff-Heritiér 1982, Deimer u.a., 1983, Beywl/Brombach 1984, Bäcker 1979. Befürwortend: Hegner 1982, Gross 1982b.

3) Zur Definition: Unter familialer Ökonomie verstehe ich die Gesamtheit der Leistungen im Binnen- und Außenverhältnis von Wirtschaftseinheiten, deren Vermögensverhältnisse durch die Eheschließung reguliert sind, d.h. unterschieden nach Familienstatus und Geschlechtszugehörigkeit. Schweitzer unterscheidet zwischen Hausarbeit im engeren Sinn, als Familientätigkeit (sie schließt dann Kinderversorgung ein), als Selbstversorgung (sie schließt dann die Herstellung von Lebensmitteln und Gütern ein); vgl. Schweitzer 1981, S.172 f. Ich fasse diese drei Formen von Haushaltstätigkeit unter den - vorläufigen - Terminus "Familienarbeit", der zugleich die unentgeltliche Erwerbsarbeit der Ehefrau im Betrieb des Mannes bzw. der Familie einschließt (mithelfende bzw. mitarbeitende Angehörige). Anders als Hegner 1982, der zwischen familialen und ökonomischen Haushaltstätigkeiten unterscheidet und diese aufschlüsselt nach den Aktivitätsformen Arbeiten, Herstellen, Handeln und der keine geschlechtsspezifische Zuordnung vornimmt, wird hier versucht, Familien- oder Haushaltsaktivitäten im Rahmen geschlechtsspezifischer Zuweisungen zu identifizieren.

4) Zuletzt in: Das Parlament 35/36 (1984), bes. S.10 und 19 zum Problem der Feststellung des materiellen Werts der Hausfrauentätigkeit.

5) Diskussionsbeitrag anläßlich der Tagung "Wie männlich ist die Wissenschaft?", Zentrum für interdisziplinäre Forschung, Universität Bielefeld, 13.-15.12.1984.

6) So die Frage nach dem Prinzip der Reziprozität im Familienverband: welche Bindungen werden durch unentgeltliche Arbeit geschaffen, die entgeltliche Arbeit nicht hervorbringt? Wie ist unter diesem Gesichtspunkt die Verknüpfung der monetären (Markt-) Ökonomie mit der nicht-monetären (Familien-)Ökonomie zu denken? Der Hinweis auf die Notwendigkeit der Analyse der widersprüchlichen Folgen unentgeltlicher Familienarbeit stammt von Christof Wehrsig.

7) Kaufmann weist darauf hin, daß die höchstpersönliche Verantwortung der Mutter für die Kinderaufzucht sich erst im 19. Jahrhundert herausgebildet habe; vgl. Kaufmann 1981.

8) Die Mitarbeitspflicht wurde nicht im Unterhaltsrecht aufgenommen. Entscheidend bleibe, so Gernhuber, der Einzelfall. Gefordert war deren Aufnahme im Regierungsentwurf I und im Entwurf der FDP. In den Vorarbeiten zum Regierungsentwurf sei richtig erkannt worden, so Gernhuber weiter, daß die Mitarbeitspflicht eine über das Unterhaltsrecht hinausgehende Bedeutung habe. Vgl. Gernhuber 1958, S.247, Fußnote 29.

9) So plädierte Schreiber für einen "Solidarvertrag" der Arbeitnehmer, mit dem alle erwachsenen Erwerbstätigen eine "Kindheitsrente" zur Verfügung stellen sollten. Selbst herangewachsen, sollte der Erwerbstätige diese in Kindheit und Jugend erhaltene Rente zurückzahlen und damit die Kindheitsrente für die nächste Generation aufbringen; vgl. Schreiber 1955, S.31, dargestellt bei Bühler 1961. Vgl. auch Wingen 1964, S.234, der in seiner Würdigung des "Schreiber-Plans" denn auch eine Schwachstelle identifizierte: wie die verheiratete Frau und Mutter die in der Kindheit erhaltene Rente zurückzahlen solle, wenn sie selbst nicht erwerbstätig sei. Oeter entwarf ähnliche Pläne; er zog in seinen Schriften übrigens Parallelen zwischen der Verfügung und Nutzung von Arbeitskraft in der alten Familienwirtschaft und deren Übergang an die "Volkswirtschaft", jedoch nur bezogen auf Kinder und nicht auf Frauen. Vgl. Oeter 1954, S.54.

10) Vgl. v. Ferber 1977 und Kaufmann 1977 zum Verhältnis von Soziologie und Sozialpolitik. Zu den historischen Grundlagen und der Programmgeschichte von Sozialpolitik vgl. Pankoke 1977 und 1984.

11) Die Differenziertheit von Horkheimers Argumentation ging seinerzeit verloren. So unterschied dieser zwischen rational begründbarer und irrationaler Autorität. "Autorität" kennzeichne immer eine Abhängigkeitsbeziehung, könne jedoch der Förderung der In-

teressen der Betroffenen und der Entwicklung gesellschaftlicher Kräfte dienen. Herrschaft galt ihm nicht von vornherein als destruktiv, sie habe sich vielmehr auszuweisen durch ihre Mittel und Ziele. "Autorität" als legitime und begründbare Form von Herrschaft unterschied er von irrationaler, künstlich aufrechterhaltener und damit historisch überholter Autorität, die dem Interesse der Allgemeinheit an einer gerechten und lebenswerten Gesellschaft zuwiderlaufe. Diese Form von Autorität trete nicht offen zutage, sondern verhüllt unter dem Schein freier Vereinbarung (Arbeitsvertrag). Die bürgerliche Familie bilde den Transmissionsriemen zur Aufrechterhaltung von Klassenherrschaft, indem sie Individuen hervorbringe, die entgegen ihrem eigenen Interesse zur Aufrechterhaltung bestehender Autoritätsstrukturen beitrügen. Zugleich thematisierte Horkheimer das subversive Element familialer (Liebes-)Beziehungen, das diese Mechanismen unterlaufen könne. (Vgl. Horkheimer 1936).

Literatur:

Balluseck, H. von, 1984: Zum Verhältnis von unbezahlter und bezahlter Sozialarbeit in der Bundesrepublik Deutschland und Berlin (West) von 1950-1980, in: Soziale Arbeit 8/9, S.390-404.

Bäcker, G., 1979: Entprofessionalisierung und Laisierung sozialer Dienste - richtungsweisende Perspektive und konservativer Rückzug?, in: WSI-Mitteilungen 10, S.526-537.

Beck-Gernsheim, E., 1984: Frauen zurück in die Familie? Eine Diskussion der Leitlinien aktueller Familienpolitik in der Bundesrepublik Deutschland, in: WSI-Mitteilungen 1, S.223-32.

Beer, U., 1984: Theorien geschlechtlicher Arbeitsteilung, Frankfurt/ New York.

Berger, J., Domeyer, V., Funder, M., Voigt-Weber, L., 1984: Informeller Sektor und Alternative Ökonomie, Forschungsbericht des Forschungsschwerpunktes "Zukunft der Arbeit", Universität Bielefeld, Fakultät für Soziologie, Bielefeld.

Beywl, W., Brombach, H., 1984: Neue Selbstorganisation. Zwischen kultureller Autonomie und politischer Vereinnahmung, in: Aus Politik und Zeitgeschichte, B.11, S.15-29.

Born, C., Vollmer, C., 1983: Familienfreundliche Gestaltung des Arbeitslebens, Stuttgart/Berlin/Köln, Mainz.

Bosch, F.W., 1958: Freiheit und Bindung im neuen deutschen Familienrecht, in: FamRZ 3, S.81-88.

Brühl, 1957: Der Familienunterhalt nach dem Gleichberechtigungsgesetz, in: FamRZ 8/9, S.277-283.

Bühler, H.H., 1961: Familienpolitik als Einkommens- und Eigentumspolitik. Diskussion und staatliche Maßnahmen in der Bundesrepublik, Berlin.

Claessens, D., 1962: Familie und Wertsystem. Eine Studie zur "zweiten", sozio-kulturellen Geburt" des Menschen, Berlin 1962, zitiert nach der 2. überarbeiteten Auflage 1967.

Cuvillier, R., 1979: The Housewife: An Unjustified Financial Burden on the Community, in: Journal of Social Policy 1, S.1-26.

Deimer, K., Jaufmann, D., Kistler, E., Pfaff, M., 1983: Selbsthilfe in der Sozialpolitik - ein Lösungsansatz?, in: Aus Politik und Zeitgeschehen, B.34, S.14-29.

Dörner, H., 1974: Industrialisierung und Familienrecht. Die Auswirkungen des sozialen Wandels dargestellt an den Familienmodellen des ALR, BGB und des französischen Code civil, Berlin.

Egner, E., 1952: Der Haushalt. Eine Darstellung seiner volkswirtschaftlichen Gestalt, Berlin.

Eißer, G., 1959: Die Anerkennung der Persönlichkeit der Ehefrau im neuen Eherecht, in: FamRZ 5, S.177-188.

Ferber, C.v., 1977: Soziologie oder Sozialpolitik, in: Ferber, C.v., F.-X. Kaufmann, Hg., Soziologie und Sozialpolitik, Opladen, Sonderheft 19 der KZfSS, S.12-34.

Geißler, H., 1979: Grundwerte in der Politik, Frankfurt/Berlin/ Wien.

Gernhuber, J., 1958: Die Mitarbeit der Ehegatten im Zeichen der Gleichberechtigung, in: FamRZ 7, S.243-251.

Glatzer, W., 1984: Haushaltsproduktion, in: Glatzer, W., Zapf, W., Hg., Lebensqualität in der Bundesrepublik. Objektive Lebensbedingungen und subjektives Wohlbefinden, Frankfurt, S.366-390.

Glatzer, W., Herget, H., 1984: Ehe, Familie und Haushalt, in: Glatzer, W., Zapf, W., Hg., Lebensqualität in der Bundesrepublik. Objektive Lebensbedingungen und subjektives Wohlbefinden, Frankfurt, S.124-140.

Gross, P., 1982a: Der Wohlfahrtsstaat und die Bedeutung der Selbsthilfebewegung, in: Soziale Welt 1, S.26-48.

Gross, P., 1982b: Selbstbestimmung oder Fremdsteuerung der Familie, in: Kaufmann, F.-X., Hg., Staatliche Sozialpolitik und Familie, München/Wien, S.285-312.

Gross, P., 1984: Zur gegenwärtigen Diskussion um Sicherheit und Zukunft des "sozialen Netzes", in: Gegenwartskunde SH4, S.41-59.

Hegner, F., 1982: Haushaltsfamilie und Familienhaushalt: Vorüberlegungen zu einer Typologie der Verknüpfung familialer und ökonomischer Aktivitäten, in: Kaufmann, F.-X., Hg., Staatliche Sozialpolitik und Familie, München/Wien, S.23-47.

Hofemann, K., 1982: Weichenstellung in der Sozialpolitik. Alternativen zur Privatisierung des Sozialstaates, in: Soziale Sicherheit 12, S.373-379.

Horkheimer, M., Hg., 1936: Studien über Autorität und Familie. Schriften des Instituts für Sozialforschung, Bd.5, Paris.

Kaufmann, F.-X., 1977: Sozialpolitisches Erkenntnisinteresse und Soziologie. Ein Beitrag zur Pragmatik der Sozialwissenschaften, in: Soziologie und Sozialpolitik, Sonderheft 19 der KZfSS, Opladen, hrsg. v. C.v.Ferber, F.-X.Kaufmann, S.35-75.

Kaufmann, F.-X., 1981: Zur gesellschaftlichen Verfassung der Ehe - heute, in: Böckle, F. u.a., Hg., Enzyklopädische Bibliothek in 30 Teilbänden, Bd.7: Christlicher Glaube in moderner Gesellschaft, Freiburg/Basel/Wien, S.44-59.

König, R., 1946: Materialien zur Soziologie der Familie, Bern.

König, R., 1967: Die Stellung der Frau in der modernen Gesellschaft, in: Käser, O., Hg., Gynäkologie und Selbsthilfe, Bd.1, Stuttgart.

Limbach, J., 1981: Das Eheleitbild in der Jurisprudenz, in: Matthes, J., Hg., Lebenswelt und soziale Probleme. Verhandlungen des 20. Deutschen Soziologentages zu Bremen 1980, Frankfurt/New York, S.441-450.

Martiny, A., 1984: Plädoyer für eine realistische Familienpolitik, in: Aus Politik und Zeitgeschichte, B.20, S.15-27.

Mayntz, R., 1955: Die moderne Familie, Stuttgart.

Michalsky, H., 1984: Parteien und Sozialpolitik in der Bundesrepublik Deutschland, in: Sozialer Fortschritt 6, S.134-142.

Müller, W., Willms, A., Handl, J., 1983: Strukturwandel der Frauenarbeit 1880-1980, Frankfurt.

Murswieck, A., 1983: Handlungsspielräume einer konservativen Sozialpolitik, in: Soziale Sicherheit 9, S.276-282.

Neidhardt, F., 1970: Strukturbedingungen und Probleme familialer Sozialisation, in: Lüschen, G., Lupri, E., Hg., Soziologie der Familie. Sonderheft 14 der KZfSS, Opladen, S.144-168.

Oeter, F., 1954: Familienpolitik, Stuttgart.

Oeter, F., Hg., 1960: Familie im Umbruch, Gütersloh.

Opielka, M., 1984: Familien-Politik ist "Neue-Männer-Politik". Überlegungen zu einer ökologischen Familienpolitik, in: Aus Politik und Zeitgeschichte, Bd.20, S.34-46.

Pankoke, E., 1977: Sozialpolitik zwischen staatlicher Systematisierung und situativer Operationalisierung. Zur Problem- und Programmgeschichte sozialer Politik, in: Ferber, C.v., Kaufmann, F.-X., Hg., Soziologie und Sozialpolitik, Sonderheft 19 der KZfSS, Opladen, S.76-97.

Pankoke, E., 1984: Geschichtliche Grundlagen und gesellschaftliche Entwicklungen moderner Sozialpolitik. Von "guter Policy" zur "sozialen Politik", in: Gegenwartskunde SH 4, S.23-40.

Pfeil, E., 1961: Die Berufstätigkeit von Müttern, Tübingen.

Reichert, P., Wenzel, A., 1984: Alternativrolle Hausfrau? Eine Analyse von Ursachen und Auswirkungen der Frauenarbeitslosigkeit vor dem Hintergrund veränderter Lebensverhältnisse, in: WSI-Mitteilungen 1, S.6-14.

Sachße, C., Tennstedt, F., 1982: Familienpolitik durch Gesetzgebung: Die juristische Regulierung der Familie, in: Kaufmann, F.-X., Hg., Staatliche Sozialpolitik und Familie, München/Wien, S.87-130.

Siebel, W., 1984: Herrschaft und Liebe. Zur Soziologie der Familie, Berlin.

Schelsky, H., 1953: Wandlungen der deutschen Familie in der Gegenwart. Darstellung und Deutung einer empirisch-soziologischen Tatbestandsaufnahme, Stuttgart.

Schmucker, H. u.a., 1961: Die ökonomische Lage der Familie in der Bundesrepublik Deutschland, Stuttgart.

Schreiber, W., 1955: Existenzsicherheit in der industriellen Gesellschaft. Vorschläge zur Sozialreform, Schriftenreihe des Bundes Katholischer Unternehmer, Heft 3, Köln.

Schweitzer, R., von, 1981: Wert und Bewertung der Arbeit im Haushalt, in: Dies., Hg., Leitbilder für Familie und Familienpolitik, Festgabe für Helga Schmucker, Berlin, S.167-192.

Tyrell, H., 1981: Soziologische Überlegungen zur Struktur des bürgerlichen Typus der Mutter-Kind-Beziehung, in: Matthes, J., Hg., Lebenswelt und soziale Probleme. Verhandlungen des 20. Deutschen Soziologentages zu Bremen 1980, Frankfurt, S.417-428.

Windhoff-Heritiér, A., 1982: Selbsthilfe-Organisationen. Eine Lösung für die Sozialpolitik der mageren Jahre?, in: Soziale Welt 1, S.49-65.

Wingen, M., 1964: Familienpolitik. Ziele, Wege und Wirkungen, Paderborn.

Wurzbacher, G., 1952: Leitbilder gegenwärtigen deutschen Familienlebens, Stuttgart.

Wurzbacher, G. u.a., 1958: Die junge Arbeiterin, München.

Zacher, H., 1984: Der gebeutelte Sozialstaat in der wirtschaftlichen Krise, in: Sozialer Fortschritt 1, S.1-12.

Sabine Gensior

INDUSTRIELLE ENTWICKLUNG UND WANDEL DER FRAUENARBEIT - EINLEITUNG

Heutzutage, da die "Frauenfrage" bereits zu einem Modethema zu verkommen droht, ist es besonders wichtig, sich die historischen und sozialen Entwicklungsbedingungen der Frauenerwerbsarbeit in modernen Gesellschaften näher anzusehen.

Auf dem 22. Deutschen Soziologentag in Dortmund im Oktober 1984 ist mit der o.g. Veranstaltung der Versuch unternommen worden, dieser Modeströmung durch gründlich angelegte und thematisch zentrierte Analysen entgegenzuwirken. Gleichzeitig wurde mit diesem Versuch Neuland betreten, was den organisatorischen Rahmen betrifft: Die Veranstaltung war die erste gemeinsame der Sektion "Frauenforschung" und "Industrie- und Betriebssoziologie". Nach einer langen Zeit des Nebeneinander-Arbeitens beider Sektionen wurde mit dieser Gemeinschaftsveranstaltung ein erster Versuch gemacht, das Thema "Frauenerwerbsarbeit" in seinen historischen und strukturellen Durchsetzungsbedingungen <u>konzentriert in einer Sitzung</u> zu behandeln. Zielsetzung war es, eine schon länger klaffende Lücke zu schließen:

1. In der Sektion Frauenforschung ist bisher das Thema Frauenerwerbsarbeit nicht systematisch bearbeitet worden. Es überwog die punktuelle Beschäftigung mit einzelnen Ausschnitten aus diesem Themenkomplex. Ein historischer sowie strukturtheoretisch angelegter Überblick fehlte bisher - obwohl solche Arbeiten durchaus existieren.

2. In der Sektion "Industrie- und Betriebssoziologie" wurde, sieht man einmal von den vergangenen zwei Jahren ab, das Thema Frauenerwerbsarbeit systematisch unterschlagen. Die Ergebnisse der auf Frauen bezogenen industriesoziologischen Forschung wurden bisher in der Begriffs- und Theoriebildung der Industriesoziologie ignoriert, obwohl sie entscheidendes Strukturwissen vermittelten (vgl. hierzu meine Ausführungen, Gensior 1984). Der Grund ist wohl darin zu sehen, daß gemeinte Forschung sich "nur" auf Frauenarbeit bezieht (vgl. ebd.).

Da bisher beide Sektionen das Thema Frauenerwerbsarbeit unzulänglich behandelt haben, obwohl bereits genügend wissenschaftliche Grundlagen zu diesem Themenbereich vorhanden sind, stand eine Veranstaltung des o.g. Typs sozusagen 'auf der Tagesordnung'. Und es ist sicherlich kein Zufall, daß dies auf dem 22. Deutschen Soziologentag 1984 in Dortmund möglich wurde.

Die Frauenbewegung und mit ihr die Sektion Frauenforschung sind unterdessen ein nicht zu übersehender Faktor im Wissenschaftsbereich geworden, dem auch zunehmend Tribut gezollt wird. D.h. die Zusammenarbeit mit den Vertreterinnen der Frauenforschung ist in der Zwischenzeit salonfähig, um nicht zu sagen geradezu opportun geworden. - Denn wer möchte schon den 'Zug der Zeit' verpassen? Wird

40

doch gerade die Frauenfrage, nachdem sie in den Sozialwissenschaften allmählich als Randbereich akzeptiert wird, aktuell bereits
mit lautem Getöse vermarktet. Jeder Kongreß, jede Partei, der/die
etwas auf sich hält, schmückt sich mit dem Frauenthema. Und gerade
hierin liegt eine große Gefahr, der begegnet werden muß. Denn es
scheint zur Zeit durchaus möglich, daß die gesellschaftliche Eman-
zipationsbewegung der Frauen von jedermann "vernutzt" wird, ohne
daß die sozialen Forderungen, die diese Bewegung entwickelt und in
die Öffentlichkeit getragen hat, eingelöst werden.

Diese Gefahr ist nicht nur im politischen und gesellschaftlichen
Raum gegeben, sondern auch innerhalb der Sozialwissenschaften, wo
wohlfeile Antworten auf pauschale Fragen in Bezug auf das Thema
'Frau' im Moment jederzeit erwartet werden. Die hier zusammengestellten Beiträge sind daher auch als ein Versuch zu lesen, Bau-
steine einer gründlichen historischen, empirisch-analytischen und
theoretischen Untersuchung der Frauenerwerbsarbeit zusammenzutragen.

Der Bogen ist recht weit gespannt: Er reicht von der Analyse wissenschaftlicher Untersuchungen zur Frauenindustriearbeit und ihrer
unterschiedlichen Gewichtung über die Präsentation von Forschungs-
ergebnissen einer historisch-empirischen Untersuchung über die
arbeitsmarkt- und sozialpolitische Instrumentalisierung der Frauenindustriearbeit bis hin zu einem Versuch, in zunächst allgemein
fragender Weise, die spezifischen Verengungen industrie- und ar-
beitssoziologischer Konzeptionen anzusprechen. Dazwischen liegen
Analysen zweier Forschungsprojekte, das eine bezieht sich auf die
Arbeits- und Arbeitsmarktsituation von Frauen in einer frauenspezifischen Branche der Industrie, das andere auf die Chancen und Hemm-
nisse, die der beruflichen Integration von Frauen in nicht-femini-
sierten Einsatzbereichen entgegenstehen. - Zusammengenommen können
diese Beiträge verstanden werden als ein Versuch, der inflationären,
d.h. oberflächlichen Behandlung des Themas 'Frau und Technik' zu
begegnen. Sie verweisen darauf, daß eindimensionale Sichtweisen den
Blick auf geronnene Resultate gesellschaftlicher Entwicklung und
ihre früheren und derzeitigen Wirkungszusammenhänge eher verstellen
als öffnen. Mittelbar zeigen sie uns, daß eine sozialwissenschaftliche Betrachtungsweise die historischen, ökonomischen und sozialen
Gesetze dechiffrieren muß, die hinter den Oberflächenphänomenen,
wie sie uns auf den ersten Blick entgegentreten, verborgen sind.

Der erste Schritt zur Analyse des Wandels der Frauenarbeit in modernen bürgerlichen Gesellschaften, wie sie auch die unsere darstellt, ist damit zurückgelegt.

Literatur:

Gensior, Sabine, 1984: Arbeitskraft als unbestimmte Größe? Frauen-
    arbeit als Leerstelle in Forschung und Politik, in: Arbeitspoli-
    tik. Materialien zum Zusammenhang politischer Macht, Kontrolle

und betrieblicher Organisation der Arbeit, Jürgen U., Naschold, F., (Hg.), Leviathan-Sonderheft 5/1983, S.112-132.

Lappe, Lothar, 1981: Die Arbeitssituation erwerbstätiger Frauen. Geschlechtsspezifische Arbeitsmarktsegmentation und ihre Folgen, Frankfurt:New York.

Lappe, Lothar, 1984: "Leichte" Arbeit - schwerwiegende Folgen. Frauenarbeitsplätze in der Industrie, in: Was uns kaputt macht. Arbeitsmarkt und Arbeitsmedizin, Elsner, G., (Hg.), Hamburg, S.61-66.

Karin Jurczyk, Carmen Tatschmurat

LEBEN UND ARBEITEN DER INDUSTRIEARBEITERINNEN - EIN STÜCK FRAUEN-
FORSCHUNGSGESCHICHTE (1)

1983 schreibt Regina Becker-Schmidt:

"Wir haben in unserer Untersuchung versucht, den Lebenszusammenhang von Arbeiterfrauen unter zwei Perspektiven aufzuschließen.
Zum einen wollten wir die Mannigfaltigkeit der Erfahrungen aufzeigen, die aus ihrer - zwei Praxisbereiche umfassenden - Hier- und
Jetzt-Situation resultieren. Zum anderen sollte deutlich werden,
in welcher Weise soziobiographische Voraussetzungen die psychischen Reaktionen auf gegenwärtige Konfliktlagen beeinflussen." (S.15).

Ihre Studie wurde von vielen Frauen - auch von uns - geradezu enthu-
siastisch aufgenommen: erstmals - so dachten wir - wurden hier beide
Arbeitsbereiche der lohnarbeitenden Frau systematisch verknüpft und
in ihrer Widersprüchlichkeit und Ambivalenz aufeinander bezogen.
Erstmals wurde die Situation dieser Frauen umfassend beschrieben,
und zwar mit Empathie und gleichzeitig mit der nötigen Distanz. Wir
atmeten auf, unsere Studentinnen waren begeistert.

In einem anderen Zusammenhang haben wir uns Studien zur Frauenindustriearbeit aus den vergangenen 100 Jahren angesehen und zwar darauf-
hin, welche Fragestellungen die Autorinnen untersucht haben und mittels welcher Methoden sie zu ihren Ergebnissen gekommen sind. Und
nun wurde uns deutlich, daß das meiste, was heute gedacht und geforscht
wird, so neu ist: es gibt überraschend viele Forscherinnen, die
bereits vor 50, ja vor 80 Jahren ähnliche Gedanken hatten und ähnliche Wege gingen. Wir konnten für den untersuchten Zeitraum - aus dem
wir heute einen Ausschnitt gewählt haben - einige zentrale Gemeinsamkeiten entdecken. Inhaltlich und methodisch stehen vor allem die
früheren Arbeiten den neuesten Untersuchungen sehr nahe (wenn auch
in der Theorie weitaus weniger begrifflich präzisiert, dafür aber in
der Methode oft umfassender.)

Wodurch Frauenindustriearbeit im einzelnen gekennzeichnet ist, setzen
wir voraus. Erstaunlich für uns war, daß die wesentlichen Struktur-
merkmale auch damals schon erkannt wurden, wie ihre Unvollständigkeit,
Diskontinuität etc.

Das Lesen der frühen Studien konfrontierte uns zwangsläufig mit der
Frage, weshalb diese z.T. sehr sorgfältigen Arbeiten von Seiten der
Industriesoziologie nicht rezipiert wurden und selbst unter Frauen
so wenig bekannt sind und weshalb Forscherinnen immer und immer wieder von vorne anfangen (müssen?) - also mit der Frage nach unserem
eigenen Geschichtsbewußtsein innerhalb der Forschung von und über
Frauen.

Wir nennen zunächst die Gemeinsamkeiten, die - in historisch vari-
ierender Schwerpunktsetzung - alle von uns referierten Studien auf-

wiesen. Daran anschließend werden einige der Studien exemplarisch etwas genauer dargestellt. Es wird dann deutlich werden, daß sich die Einschätzung der Frauenindustriearbeit im Grunde seit Beginn des Jahrhunderts kaum geändert hat.

Abschließend wollen wir kurz auf die Interdependenz zwischen dem Gang der Wissenschaft - hier der Industriesoziologie - und der Frauenforschung - am Beispiel der Industriearbeiterinnen - eingehen. Wir wollen also auf einer allgemeineren Ebene das Problem formulieren, daß trotz relativ kontinuierlicher Behandlung des Themas Frauenindustriearbeit dieses doch für die Industriesoziologie immer marginal blieb.

Zunächst also zu den Gemeinsamkeiten. Es fielen uns vor allem zwei Punkte auf:

(1) Alle Industriearbeiterinnenstudien legen auf Frauen und Männer eine unterschiedliche Perspektive an: während Männerarbeit von vorneherein nur als betriebliche bzw. berufliche begriffen wird, wird Frauenlohnarbeit betrieblich und reproduktionsbezogen thematisiert. Wobei "Reproduktion" unterschiedliche Bedeutung hat: neben der privaten Wiederherstellung der Arbeitskraft des Mannes und der mitarbeitenden Kinder, geht es häufig auch um die Reproduktion des ganzes Volkes, also um die mit Frauenerwerbstätigkeit verbundenen Probleme hinsichtlich der Bevölkerungsentwicklung.

(2) Aus dieser umfassenden Thematisierung von Frauenarbeit ergeben sich dann Gemeinsamkeiten hinsichtlich des methodischen Vorgehens: Die Verfasserinnen gingen, soweit sie empirisch arbeiteten, immer in die Betriebe und in die privaten Lebensbereiche der Frauen.

Wenn wir uns nun genauer auf die Studien einlassen, werden wir allerdings im Detail interessante Unterschiede im Umgang mit dem Thema feststellen. Der umfassende Blick auf die Ambivalenzen und Widersprüche im Leben der Frauen öffnete auch jeder einseitig politischen Vereinnahmung Tür und Tor. Auch wenn sich jedoch die Legitimationsbasis für die Notwendigkeit von Frauenindustriearbeit änderte - die Notwendigkeit selbst wurde nie ernsthaft in Zweifel gezogen.

Wir haben den hier gewählten zeitlichen Ausschnitt - 1910-1945 - auf folgende zwei Hauptepochen begrenzt:
1. den Zeitraum vor und während des 1. Weltkrieges (1910-1920) und
2. den Zeitraum vor und während des 2. Weltkrieges (1928-1945). (2)

Die Phase von 1910 bis 1920

Die frühesten empirischen Studien zur Frauenindustriearbeit entstanden im Rahmen des 1872 gegründeten "Vereins für Sozialpolitik".

Marie Bernays untersuchte 1910 die Arbeiterinnen und Arbeiter einer Gladbacher Spinnerei (der größten und modernsten ihrer Art mit 56% Frauenanteil bei etwa 1.000 Beschäftigten). Rosa Kempf erforschte 1911 das Leben von 270 Fabrikmädchen zwischen 14 und 18 Jahren in München.

Marie Bernays fragt zunächst nach der Herkunft der Frauen, ihrem Berufsschicksal, ihrem Verhältnis zur Arbeit sowie nach dem außerberuflichen Leben. Im Anschluß daran untersucht sie die Fabrikarbeit selbst unter den Aspekten von Technik, Lohn, Arbeitszeit, Leistungsschwankungen und ihre Ursachen. Diese Themenbereiche lassen sich in etwa durch alle folgenden Untersuchungen nachweisen. Methodisch geht sie dabei folgendermaßen vor: sie arbeitete für einige Wochen in der Fabrik als Spulerin und legte dann den ihr mittlerweile bekannten Kolleginnen ihren Fragebogen vor. Ergänzt wurden die so erhaltenen Aussagen durch eigene Beobachtungen in den Sälen, Gespräche, Auszüge aus Lohnlisten, Arbeitsbücher usw.

Rosa Kempf interessiert sich über die Arbeit der Mädchen im engeren Sinn hinaus ebenfalls für deren Herkunftsfamilien (in denen sie meist noch lebten) und für deren Wohnverhältnisse. Dies geht von einer Aufstellung darüber, wieviel Personen pro Bett schlafen, über den durchschnittlichen Speisezettel bis hin zum Wäsche- und Kleidervorrat der Mädchen. Auch sie beschränkte sich nicht auf eine Befragung der Mädchen und eine Besichtigung des Arbeitsplatzes, sondern zog Aussagen der Erzieher, Eltern, Vorgesetzten bei und besuchte jedes der Mädchen zuhause.

In der Strenge, mit der sich diese beiden Arbeiten jeder Bewertung zu enthalten versuchen und auch in der äußerst gründlichen Vorgehensweise spiegeln sich die "methodischen Überlegungen" wider, die Max Weber den Untersuchungen des Vereins 1908 sozusagen ins Stammbuch schrieb.

So schließt Bernays mit den Worten:

"Worauf es mir bei diesem Versuch ankam, war vielmehr nur eines: zu zeigen, daß durch solche mit rein empirischer Methode geführten, auf zahlenmäßiger Grundlage beruhenden Untersuchungen, Resultate gewonnen werden k ö n n e n , die geeignet sind, uns die Lebensbedingungen verständlich zu machen, die die herrschende Macht unserer Zeit, die Technik, breiten Massen unseres Volkes schafft." (1910, S.417)

Weder Bernays noch Kempf stellen Frauenerwerbsarbeit generell in Frage. Worauf es beiden letztlich ankommt - und hier werten sie dann doch - ist die sittliche und kulturelle Entwicklung der Arbeiterinnen. Und diese kann sogar durch die Fabrikarbeit in ihrer damaligen Form gefördert werden.

Unerläßlich dazu sind sozialreformerische Schritte, die sich, wie Kempf ausführt, unter ganz verschiedenen Vorzeichen als notwendig erweisen:

"die einen...werden sie erkämpfen wollen im Interesse der Familienwirtschaft...weil nur die kurze Arbeitszeit der Fabrikarbeiterin dazu helfen kann, nebenbei einen Haushalt alten Stils zu führen; ..Die anderen werden die Verkürzung der Arbeitszeit für Frauen unter dem Gesichtspunkt betrachten, daß dadurch der Industrie geistig und körperlich leistungsfähigere Kräfte erwachsen sollen, d.h. Frauen, die durch Rast und Weiterbildung ihre Persönlichkeit und ihre Berufstüchtigkeit gehoben haben." (S.210)

Die sittliche und kulturelle Entwicklung der Frau ist, wie es die Zitate bereits anklingen ließen, nicht Selbstzweck, sondern wird gesehen im Rahmen der Hebung des Bildungsniveaus der gesamten Arbeiterklasse. Beide Autorinnen sind sich darüber einig, daß Frauenlohnarbeit selbst in der damaligen Form, vermittelt über die Hebung des Lebensstandards der Arbeiterfamilie, dazu einen Beitrag leistet.

Deutlich wird das z.B., wenn Kempf Haushalte schildert, in denen die Frau den ganzen Tag zuhause ist (meist natürlich der vielen Kinder wegen). Dort fand sie einen Grad von Verwahrlosung und Armut vor, der unvergleichbar war mit dem anderer Familien, in denen auch die Frau lohnarbeitet.

In diesem Zusammenhang erwähnenswert ist auch die Feststellung von Bernays, daß die "Gebärunwilligkeit", wie sie das nennt, der Arbeiterinnen Zeichen zunehmender Zivilisation sei und als solche letztendlich die "Sehnsucht nach Bildung" widerspiegele. (1916, S.104)

Dies ist für uns insofern interessant, als sich bereits hier die Ambivalenz andeutet, die trotz Ausbeutung und Entfremdung die Fabrikarbeit und die vermeintlich davon freie Privatsphäre kennzeichnet. Als innere Realität der Frauen selbst konnte sie freilich erst in den 70er Jahren von Becker-Schmidt nachgewiesen werden. Damals war es wohl eher die Perspektive der Forscherinnen und ging an der Wirklichkeit der Arbeiterin vorbei.

Überraschend für uns ist an diesen Studien auch, daß in beiden Untersuchungen kein übergreifendes Interesse durchscheint an der Erhaltung der Reproduktionsfunktion der Frau für den Staat. Ferner wurde Frauenlohnarbeit nirgends im Sinne der Lohndrückerei und Schmutzkonkurrenz für den Mann gesehen. Schon damals wurde im Gegenteil betont, daß es um die spezifischen Frauenarbeitsplätze in der Industrie keine Konkurrenz gäbe. Hier bestätigt sich also sehr früh die These von der geschlechtsspezifischen Segmentation des Arbeitsmarktes (vgl.Ingeborg Wegehaupt-Schneider in diesem Band.)

Dreißiger Jahre und Nationalsozialismus

Wir haben aus diesem Zeitraum drei Studien ausgewählt, über deren Gemeinsamkeiten und Unterschiede wir berichten möchten. Leider ist nur eine dieser drei Studien eine empirische, 1932 verfaßt, also vor der Machtübernahme der Nationalsozialisten. Betrachtet man/frau die politische und ökonomische Entwicklung im folgenden Jahrzehnt und insbesondere die Entfaltungsmöglichkeiten von Sozialwissenschaft in diesem Zeitraum, so zeigt sich, daß einerseits kein Raum mehr für qualitative, empirische Untersuchungen bleibt, andererseits aber die Sozialwissenschaften durchaus weiterleben. So ist ein Zweck unserer Aufarbeitung, die aktuellen Ansätze einer Geschichtsschreibung der Industriesoziologie weiterzuführen, die heute endlich auch den Nationalsozialismus umfaßt.

Die erste und beeindruckendste Studie die wir hier nennen wollen, ist von Elisabeth Franzen-Hellersberg, 1932 erschienen, mit dem Titel

46

"Die jugendliche Arbeiterin. Ihre Arbeitsweise und Lebensform". Sie ist neben Kempf diejenige, die Frauenindustriearbeit wirklich durchgängig im Zusammenhang mit dem Leben von Frauen betrachtet. Auch entspricht ihre eigene Vorgehensweise konsequent diesem Blick auf Frauenindustriearbeit. Selten - haben wir den Eindruck - ist an eine empirische Untersuchung mit soviel Sensibilität, Skrupeln und Wissen um methodische Schwierigkeiten und Fehlerquellen herangegangen worden.

Ausgangspunkt ihrer Untersuchung ist die häufig unterstellte "Ungeformtheit" der Arbeiterin, ihre "Gestaltlosigkeit", wie Gertrud Hermes sie 1926 im Gegensatz zum marxistischen Arbeiter, aber auch zum "einfachen" - stets männlichen - "Proletarier" kennzeichnet (S.7). Sie will eine "soziologische Physiognomie" der jugendlichen Arbeiterin erstellen, um sie zu zeichnen als "ganzen Menschen". Sie benutzt das Wissen um die Lebensumstände von Industriearbeiterinnen nicht instrumentalisierend, um ihre Arbeitseinstellung zu erklären, sondern sie will "Arbeitseinstellung und Lebenspraxis in ihrer Wechselwirkung erfassen" (S.2).

Sie geht aus von den Grundsätzen "Da es sich um Zusammenhänge handelt, kommt es auf die Ganzheit an, nicht auf Bruchteile" und "Es muß zu zeigen versucht werden: Ganzheit des Einzelpersönlichen, Ganzheit des sozialen Gebildes". Zur Gewinnung der "Kenntnis eines anschaulichen Lebenszusammenhanges" (!) wählt sie eine "kombinierende und relativierende Methode der Erkundung" (S.VII). Sie besucht Betriebe, Familien und Vergnügungsstätten, kontrastiert das Urteil der Mädchen mit dem von Betriebsleitern, Lehrern und Fürsorgern, sie bezieht - wenn auch mit Mißtrauen - Fürsorgeakten mit ein. Sie nahm manches Mal die Rolle einer schlafstättensuchenden Arbeiterin oder einer Fürsorgerin (S.13) an, ohne sich als Forscherin zu erkennen zu geben. Ihrer Meinung nach war ein solches Vorgehen sinnvoller, als das Leben und die Arbeit mit den jungen Frauen für kurze Zeit zu teilen.

Sie spricht in diesem Zusammenhang die unüberwindbare Kluft zwischen Forschern und Beforschten an. "Ob man sich interessiert oder helfend naht" - sagt sie - "man ist und bleibt Fremdling, Eindringling" (S.4). Die "Zukunftslosigkeit", das "Muß der Arbeit" bleibt dem Forscher fremd (S.8). Es liegt in der vermeintlich geteilten Erfahrung eine große Gefahr der Selbsttäuschung. Auch der Faktor der "Autoritätseinschätzung" auf Seiten der Beforschten verzerrt "objektive Eindrücke des proletarischen Lebens", "denn" - so sagt sie - "niemand ist frei einem anderen gegenüber, den er als von Natur überlegen erfahren hat" (S.5).

Immer wieder reflektiert sie ihren bürgerlichen Bias und kritisiert den Forschungshochmut gegenüber Proletariern. Insbesondere wird dies deutlich bei dem, was Teil ihrer Ergebnisse ist. So sieht sie die jugendliche Arbeiterin zwar insgesamt wesentlich defizitär, ringt aber bei der zentralen Bedeutung der Sexualität der Arbeiterinnen darum, deren "eigenen Lebensstil nicht als Manko zu begreifen", sondern zu verstehen als "vitalen Ausgleich, um ihr Leben überhaupt ertragen zu können" (S.64), als "natürliches Ventil" (S.86).

Ihr Versuch, besondere Maßstäbe für die weiblich-proletarische Exi-
stenzart zu finden, diese "verständlich zu machen" als Resultat
der Lebensumstände, und damit eine "Umwertung proletarischer Tatbe-
stände" (dies ist ihr Untertitel!) vorzunehmen, macht sie in den
Augen der Wissenschaftlerinnen im Nationalsozialismus unakzeptabel.
Der Versuch, die Situation der Industriearbeiterinnen weder zu glo-
rifizieren noch zu verwerfen, bringt ihr den Vorwurf der "Wertfrei-
heit" (!) ein und den Vorwurf, die Auflösung der Familie zu betreiben.
Sie zeichnet insgesamt ein negatives Bild der jungen Proletarierin
und sieht die problematischen Folgen der Industriearbeit für die
Frauen als Mütter und Ehefrauen durchaus, doch auch sie zieht keine
Folgerungen für die Abschaffung weiblicher Industriearbeit. Solche
verstehende Forschung scheint nach 1932 nicht mehr möglich, Franzen-
Hellersberg emigriert dann auch 1936 in die Vereinigten Staaten.

Bei der Untersuchung von Angelika Meister (1939) drängen sich, neben
einer grundlegenden Kontinuität, folgende Unterschiede zu der eben
genannten Studie auf. Zunächst: Sie ist keine empirische Untersuchung.
Ihr Blick ist weniger auf die Industriearbeiterin und ihre psychosoziale Typisierung gerichtet, sondern auf die weibliche Industriearbeit: Ihr Ziel ist, eine objektive und "umfassende Übersicht zu geben über das Werden und den gegenwärtigen Stand der gewerblichen Frauenlohnarbeit in der Industrie" (Vorwort). Uns beeindruckt die Studie
durch ein hohes wissenschaftliches Niveau im Hinblick auf Denkschärfe
und gründliche Rezeption weiterer Literatur zum Thema (letzteres ist
nicht die Regel!). Diese Genauigkeit verläßt sie leider bei der
Wiedergabe der methodischen Überlegungen von Franzen-Hellersberg,
deren Argumente sie übernimmt, ohne sich ausreichend auf diese zu beziehen. Zudem zieht sie aus ihnen den umgekehrten Schluß: Sie lehnt
es prinzipiell ab, in die Haushalte zu gehen und sogar Fragebögen zu
verschicken (S.IX, X).

Ihre Fragestellungen kreisen um die "inneren Zusammenhänge zwischen
Frauenindustriearbeit, Wirtschaft, Volk und Gesellschaft". Ausdrücklich geht es ihr um die Auswirkungen von Frauenindustriearbeit auf
bevölkerungspolitische Ziele. Lobende Hinweise auf Hitler's Person
und die Regierung fehlen nicht, obgleich sich die Arbeit ansonsten
durch extreme Nüchternheit, aber auch durch eine entschiedene Parteinahme für gleiche Entlohnung von Frauen und Männern auszeichnet.

Bei Meister und stärker noch im folgenden bei Martha Moers wurde uns
ein grundsätzliches Problem deutlich: daß nämlich die umfassende
Betrachtung des weiblichen Lebens, die "Ganzheitlichkeit" in Blick
und Methode, die heute auch die Frauenforschung fordert, zu einer
Gefahr der Funktionalisierung von Frauen werden kann, je nachdem in
welchem politischen Kontext sie vertreten wird.

Die Thematisierung von Frauenindustriearbeit als nur einem Teil weiblicher Arbeitsleistung ermöglicht einen Zugriff auf das ganze Leben
von Frauen, "sie kann immer nur verstanden werden" - sagt Meister -
"eingegliedert in den Gesamtaufgabenkreis der Frau" (S.82). Dennoch

lesen sich die Folgerungen Meister's differenziert: Ohne Zweifel stellt
zwar auch sie (wie fast alle anderen) die vorrangige Bedeutung des "Mut-
terberufs" im Frauenleben heraus, aber auch sie schließt aus ihrer kritischen Bestandsaufnahme nicht, daß Frauen aus dem industriellen Produktionsprozeß entfernt werden sollten. Sie betont sogar positive Auswirkungen der Frauenindustriearbeit auf die Familien und die Bevölkerungsentwicklung - nämlich durch die Hebung des Lebensstandards. So beläßt
sie ihre Einschätzung in einer eigentümlichen Ambivalenz. Diese gibt
in ihrer Widersprüchlichkeit u.E. exakt das allgemeine Dilemma von Politik und Ökonomie im Hinblick auf Frauenarbeit wieder, das im Nationalsozialismus nur besonders deutlich hervortritt. Von Politik und Ideologie als Mütter, von der Industrie als Arbeitskräfte gewünscht - diese
doppelte Instrumentalisierung von Frauen spiegelt sich in beiden Untersuchungen wider.
Die in sich widersprüchliche Notwendigkeit, in Kriegszeiten mehr Frau-
enarbeitskräfte zu gewinnen und Gebärfähigkeit und -willen der Frauen
zu erhalten, zeigt sich in der 1943 geschriebenen Abhandlung von Martha
Moers über den "Fraueneinsatz in der Industrie". Diese will die Frau
"in der Totalität ihres Seins" erfassen (S.11) und so den Zusammenhang zwischen "weiblich-seelischer Struktur" und Instriearbeit be-
leuchten. Qualifiziert hat sie sich hierfür durch ihr Buch "Das weibliche Seelenleben" (1941 erstmals erschienen, hatte es 1964 die 4.,
seit 1948 unveränderte Auflage!).

An der subjektiven und objektiven Notwendigkeit der Frauenindustriearbeit läßt auch sie keinen Zweifel. So überrascht ihr Buch durch eine
insgesamte positive, fast schon beschönigende Analyse. Das Bild der
Industriearbeiterin ist geprägt von "Anständigkeit und Sauberkeit",
ganz im Gegensatz zu Aussagen von Franzen-Hellersberg. Es ist interessant, daß sie diese - obgleich beide eine ähnliche Frage haben -
nicht als wissenschaftliche Arbeit rezipiert, sondern im Gegenteil
deren Realismus als gefährliche "Anschauung" denunziert (vgl. oben,
Moers, S.140). Im Gegensatz zu Meister betont sie die Fähigkeit der
Frauen zu einer "inneren Bindung" an ihre Arbeit und kritisiert auch
deren zu negative Einschätzung (S.30).
Diese Aufwertung der Frauenindustriearbeit als "Dienst am Volk" endet
allerdings da, wo ihre "Mutterschaftsschädigung" unübersehbar wird.
Moers jongliert nun mit verschiedenen Lösungen des Dilemmas von Mutterschaft und Industriearbeit hin und her, ohne sich klar zu entscheiden. Mal bedauert sie den Schaden, den die Frauen davontragen, findet
ihn aber unumgänglich im Dienst an der "höheren Sache" (S.79, 105,111).
Dann wieder schlägt sie eine Art Phasenmodell für Mütter (S.143) vor.
Letztlich propagiert sie, Frauen ab Ende 30 für die Industriearbeit
zu rekrutieren, weil diese - ihre "biologische" Mutterschaft beendet
haben. Diese "Lösung", deren Machbarkeit und Vorteil sie vehement vertritt, scheint allerdings direkt bedingt durch die politische Ver-
ordnung im Februar 1942 über den Arbeitseinsatz von Frauen bis zu
45 Jahren. Als letztes, vielleicht angehängtes Kapitel ist es in
seinem Konformismus peinlich.

Wir finden in den Untersuchungen von Meister und Moers zwar eine er-
staunliche Parteinahme für die gleichwertige Erwerbstätigkeit von
Frauen - bis hin zu der Forderung von Moers , Frauen sowohl für den
Beruf wie für die Familie auszubilden. Deutlicher aber als bei Bernays,
Kempf und anderen wird hier eine Anpassung an kurzfristige politische
und ökonomische Erfordernisse.

So sehr sich die beiden letztgenannten Untersuchungen von den vorher-
gehenden unterscheiden, gibt es doch eine zentrale Gemeinsamkeit: stets
wurden Frauen und ihre Arbeit für bestimmte, wenn auch unterschiedliche Zwecke funktionalisiert: für die Hebung des Lebensstandards, die
Aufrechterhaltung der Produktion im Krieg, den Wiederaufbau nach dem
Krieg, oder die Hebung der Geburtenrate. Frauen stehen immer im Dienst
für eine andere Sache, eine höhere; um sie selber "für sich", geht
es nicht. Keine der Forscherinnen geht von einem Selbstbestimmungs-
recht der Frauen aus. Frauen sind Gegenstand im Spiel von Wirtschaft
und Politik, nicht eigenständige Subjekte. Man (oder auch: frau - eben
die Frauenelite) muß für sie handeln.

Dies ändert sich erst heute in den Untersuchungen seit Mitte der
70er Jahre.

Zurück zur eingangs gestellten Frage: weshalb konnten wir die
Autorinnen der neueren Untersuchungen nicht in einer langen Reihe
von Vordenkerinnen sehen?

Wir stellten fest, daß wir selbst kein Wissen hatten über unsere Geschichte, über wichtige Untersuchungen und über unsere Vorgängerinnen.
Der Erwerb eines solchen Wissens wird allerdings im normalen Wissenschaftsbetrieb auch weitgehend unmöglich gemacht, denn das wissenschaftliche und geschichtliche Bewußtsein ist dadurch gekennzeichnet, daß
es weibliche Realitäten ausklammert. Uns wurde dies an zwei Punkten
deutlich:

1. So spielt zum einen in den Texten zur Geschichte der Industriesoziologie die A r b e i t e r i n als Forschungsgegenstand keine Rolle:
   Beispielsweise in dem Artikel von Lutz/Schmidt (1977) zur "Geschichte
   der Industriesoziologie" hat nur eine der im Text erwähnten Studien i h r e Arbeitssituation explizit zum Thema. Und das auf
   immerhin 125 Seiten. Im anschließenden Literaturverzeichnis haben
   wir von ca. 860 Titeln lediglich 15 ausmachen können, in denen die
   Arbeiterin untersucht wird. Dies spiegelt u.E. deutlich wider, daß
   Frauenarbeit in der Industriesoziologie ein Randbereich, ein Spe-
   zialistinnenthema ist. Die Entwicklung der Untersuchungen zur Frauenindustriearbeit und die "männliche" industriesoziologische Forschung liefen parallel, ohne voneinander Kenntnis zu nehmen,
   selbst da wo sie in die gleiche Richtung gingen oder gehen wollten.

   Andererseits fanden auch die historischen Veränderungen im Betrieb,
   die stets Gegenstand der industriesoziologischen Forschung waren,
   keinen Eingang in die Frauenuntersuchungen, im Gegenteil: hier fanden wir die dargestellte überraschende Kontinuität der Thematisierung der immer gleichen Problemfelder.

2. Und noch an einem weiteren Ort suchten wir vergebens: die "Irrelevanz" der Frauenstudien dokumentiert sich nicht nur in der marginalen Rezeption durch die männliche Fachöffentlichkeit, sondern auch in der Nichtexistenz der Forscherinnen in den zentralen biographischen Nachschlagewerken. Einige von ihnen fanden wir nach längerem Suchen dann doch noch, über einen Umweg: in den biographischen Angaben des - mehr oder weniger berühmten - Ehemannes oder Sohnes.

Vielleicht wird die Besonderheit der dargestellten Untersuchungen, die bisher zu ihrer Marginalisierung geführt hat, heute zur Chance: die hier geleistete systematische Verknüpfung von verschiedenen Arbeits- und Lebensbereichen des Subjekts könnte angesichts der sich abzeichnenden Veränderungen der Arbeitsgesellschaft allgemeine Relevanz gewinnen - und zwar auch für Männer.

Anmerkungen

1) Dieser Text basiert auf einer umfassenden Untersuchung über Interdependenzen zwischen der Thematisierung von Frauenindustriearbeit und allgemeinen industriesoziologischen Studien der vergangenen 100 Jahre, die gemeinsam mit Ilona OSTNER im Rahmen des SONDERFORSCHUNGSBEREICHES 101, München, erstellt wird (Arbeitstitel: 100 Jahre Frauenindustriearbeit im Spiegel der Sozialwissenschaften).

2) Daß wir insgesamt den interessanten und bewegten Zeitraum der 20er Jahre hier vernachlässigen, hat vorwiegend pragmatische Gründe; die kontinuierliche historische Verfolgung unserer Fragestellung einschließlich der parallelen Rezeption der "männlichen" Industriesoziologie bleibt weiteren Arbeitsschritten vorbehalten. Neben dem oben bereits genannten Anliegen, die Geschichte der Sozialwissenschaften auch für die Zeit des Nationalsozialismus zu schreiben, spricht für die Auswahl der Epoche der 30er Jahre zusätzlich, daß in diesem Zeitraum häufig eine Diskontinuität in der Frauenindustriearbeit und deren wissenschaftlicher Thematisierung unterstellt wird, die - dies versuchen wir zu zeigen - in dieser allgemeinen Weise nicht zu belegen ist. Diese beiden Stränge gründlich und systematisch über die verschiedenen historischen Phasen hinweg zu verfolgen, ist ein nächster, von uns geplanter Arbeitsschritt.

Literatur

Becker-Schmidt, Regina, u.a., 1983: Arbeitsleben- Lebensarbeit. Konflikte und Erfahrungen von Fabrikarbeiterinnen. Bonn.

Bernays, Marie, 1910: Auslese und Anpassung der Arbeiterschaft in der geschlossenen Großindustrie. Schriften des Vereins für Sozialpolitik, 133.Band, Leipzig.

Bernays, Marie, 1916: Zusammenhang von Frauenfabrikarbeit und Geburtenhäufigkeit in Deutschland, Berlin.

Franzen-Hellersberg, Elisabeth, 1932: Die jugendliche Arbeiterin. Ihre Arbeitsweise und Lebensform, Tübingen.

Hermes, Gertrud, 1926: Die geistige Gestalt des marxistischen Arbeiters, Tübingen.

Kempf, Rosa, 1911: Das Leben der jungen Fabrikmädchen in München. Schriften des Vereins für Sozialpolitik, 135. Band, Teil 2, Leipzig.

Lutz, Burkart, Schmidt, Gert, 1977: Industriesoziologie, in: Koenig, René, Hg., Handbuch der empirischen Sozialforschung, Bd. 8, 2.Aufl., Stuttgart.

Meister, Angela, 1939: Die deutsche Industriearbeiterin. Ein Beitrag zum Problem der Frauenarbeit, Jena.

Moers, Martha, 1941: Das weibliche Seelenleben. Seine Entwicklung in Kindheit und Jugend. (2.überarbeitete Auflage 1948, 4.Aufl. 1964), Berlin.

Moers, Martha, 1943: Der Fraueneinsatz in der Industrie. Eine psychologische Untersuchung, Berlin.

Weber, Max, 1908: Methodologische Einleitung für die Erhebungen des Vereins für Sozialpolitik über Auslese und Anpassung der Arbeiterschaft in der geschlossenen Großindustrie, in: Ders., Gesammelte Aufsätze zur Soziologie und Sozialpolitik, Tübingen.

Ingeborg Wegehaupt-Schneider

FRAUENINDUSTRIEARBEIT IN DEUTSCHLAND VON 1850 BIS 1945

Mit den folgenden Überlegungen beziehe ich mich auf meine historisch orientierte Untersuchung zur Entwicklung der Frauenindustriearbeit in Deutschland. Die als Dissertation angelegte Studie hatte
zum Ziel, die Herausbildung und Entwicklung des frauenspezifischen
Segments auf dem Arbeitsmarkt zu durchleuchten. Es ging mir im
wesentlichen darum, aufzuzeigen, ob in spezifisch historischen
Situationen Männer und Frauen um dieselben Arbeitsplätze konkurrieren, oder ob Männer- und Frauenarbeitsplätze in allen Phasen der
Geschichte undurchlässig gegeneinander abgeschottet sind.

Aktuell ist diese Frage umso bedeutsamer, als mit Verknappung der
Arbeitsplätze durch die gegenwärtige Krise und den verstärkten Einsatz von neuen Technologien - insbesondere der Mikroelektronik -,
von männlichen Arbeitnehmern, Parteien und Gewerkschaften befürch-
tet wird, daß eine Konkurrenz zwischen den Geschlechtern auf dem
Arbeitsmarkt auftreten könnte. Aus den Überlegungen von Staat und
Gewerkschaften in Bezug auf eine Überwindung der krisenhaften Entwicklung auf dem Arbeitsmarkt wird deutlich, daß eine solche Konkurrenz nicht zugunsten der Frauen ausgehen soll. Insbesondere die
staatlichen Institutionen versprechen sich eine Lösung der Ar-
beitsmarktprobleme durch die Perspektive "Frauen zurück an den
Herd". Männliche Arbeitskräfte sind für sie vorrangig, weibliche
gelten als Zusatzarbeitskräfte (CDA-Papier).

Ausgehend von einer kritischen Analyse der vorliegenden Theorien
zum geteilten Arbeitsmarkt, den Segmentationsansätzen auf der
einen Seite, dem Ansatz zum geschlechtsspezifischen Arbeitsvermögen auf der anderen Seite, konnte zunächst der Schluß gezogen werden, daß Frauenarbeit anderen Bedingungen unterliegt als Männerarbeit. Insbesondere wurde in der theoretischen Diskussion die Untersuchung von Lappe berücksichtigt, der den geschlechtsspezifischen
Arbeitsmarkt sowie die dazugehörige arbeitsorganisatorisch-tech-
nische Seite als Spezialfall von Segmentierung begreift und die
Arbeit von Ostner und Beck-Gernsheim, die aus der Zuordnung der
Frauen zum Reproduktionsbereich ableiten, daß die weiblichen Arbeitskräfte über spezifische Fähigkeiten und Fertigkeiten verfügen,
die sie zu einer besonderen Arbeitskräftegruppe machen und damit
für den Einsatz an bestimmten Arbeitsplätzen prädestinieren (Lappe
1981, Ostner 1978, Beck-Gernsheim 1976).

- Folgt man den Segmentationsansätzen, dann unterliegt der Fraueneinsatz ganz überwiegend den Bedingungen des sekundären bzw. ex-
  ternen Segments. Die Gründe für diese Zuordnung sind in der Diskussion weiblicher Beschäftigungsprobleme wiederholt genannt
  worden:

  o Beschäftigung in unteren Lohngruppen,

  o geringe Qualifikationsanforderungen;

o überdurchschnittliche Fluktuation;

o Beschäftigung in konjunkturanfälligen Branchen;

o Fehlen einer Lohnarbeiterorientierung.

- Folgt man dagegen den Ansätzen vom spezifisch weiblichen Arbeitsvermögen, dann ergibt sich die Notwendigkeit zur Abgrenzung eines frauenspezifischen Arbeitsmarktsegments, das nur z.T. im sekundären/externen Segment aufgeht. Der Begriff frauenspezifisches Segment würde beinhalten, daß die Betriebe Frauen nicht lediglich als eine Arbeitskräftegruppe mit unspezifischen Voraussetzungen neben anderen (Ausländer, Ungelernte, Behinderte, Jungarbeiter) beschäftigen, sondern gezielt auf bestimmte Eigenheiten des weiblichen Leistungsvermögens zurückgreifen.

Aus diesen theoretischen Ansätzen und den auf diese Ansätze bezogenen empirischen Arbeiten ließ sich für die Untersuchung folgende These herausfiltern:

Die Stellung der Frau im Beruf (z.B. Konzentration auf die unteren Bereiche der betrieblichen Hierarchie) ergibt sich nicht nur aus betrieblich-ökonomischen Interessen und Einsatzbedingungen, sondern auch aus der grundlegenden geschlechtsspezifischen Arbeitsteilung und den damit gegebenen Besonderheiten des weiblichen Leistungsvermögens.

Frauen stellen durch die Besonderheit ihres Lebenskonzepts für die Betriebe eine spezifische Arbeitskräftegruppe dar, die nur unter besonderen Bedingungen substituierbar ist. Die sich aus dem weiblichen Lebenszusammenhang ergebenden Bewältigungsstrategien äußern sich in Verhalten und Handeln der Frauen, wie Berufswahl, Art der inhaltlichen Berufsinteressen, Möglichkeiten eigene Interessen zu vertreten, größerer Belastbarkeit, hoher Disponibilität, hoher Distanz zur Leistungsideologie und starker Identifikation mit dem familialen Bereich. Von den Betrieben wird genau dieses Verhalten erwartet und genutzt. So reproduziert sich das weibliche Leistungsvermögen ständig durch die Politik der Betriebe. Der restriktive benachteiligende Einsatz von Frauen in der industriellen Produktion hängt demnach von der spezifischen Rolle der Frau in der Gesellschaft mit ihren institutionellen Regelungen und Absicherungen, von den weiblichen Handlungsstrategien (Interessenvertretung etc.) und den Bedingungen der Nachfrageseite ab.

Aus den beiden Ansätzen wurden so insgesamt vier Faktorenbündel ermittelt, die die Entwicklung der Frauenindustriearbeit in Ausmaß, Richtung und Struktur beeinflussen.

1. Die Bedingungen der Nachfrageseite, die sich in den Kapitalinteressen an der Integration billiger weiblicher Arbeitskräfte in den betrieblichen Arbeitsmarkt zeigen;

2. Der Staat, dem durch familien-, sozialpolitische und berufspolitische Maßnahmen Interventionsmöglichkeiten nicht nur auf dem Arbeitsmarkt, sondern auch im Reproduktionsbereich zur Verfügung stehen;

3. Die Interessen der organisierten Arbeiterschaft bzw. ihrer betrieblichen und überbetrieblichen Vertretungsorganisationen (Gewerkschaften), die sich z.B. in einer gewünschten Kontrolle des Arbeitsmarktes und einer Begrenzung des Arbeitskräftepotentials ausdrücken;

4. Die Interessen der Frauen selbst, die sich z.T. in ihrem Handeln manifestieren.

Im folgenden werde ich nun versuchen aufzuzeigen, wie die Herausbildung und Entwicklung des frauenspezifischen Segments auf dem Arbeitsmarkt sich im Laufe der Geschichte vollzieht. Dabei wird sich die Darstellung auf die Zeit von der Industrialisierung (von ca. Mitte des 19. Jahrhunderts) bis zum Ende des zweiten Weltkrieges beziehen und in fünf arbeitsmarktpolitisch und historisch unterschiedlichen Phasen beschrieben werden.

a) Die Phase von der Mitte des 19. Jahrhunderts bis zum Zweiten Weltkrieg

Als mit Verbreitung der Industrialisierung Ende des 19./Anfang des 20. Jahrhunderts die Zahl der erwerbstätigen Frauen zunimmt, ist damit keineswegs eine totale Auflösung der bisher vorherrschenden geschlechtsspezifischen Arbeitsteilung auf dem Arbeitsmarkt verbunden: Über zwei Drittel aller Industriearbeiterinnen sind in den drei Branchen eingesetzt, die die traditionellen Funktionen einer geschlechtsspezifischen Arbeitsteilung übernommen haben (Textil-, Bekleidungs-, Nahrungs- und Genußmittelindustrie). Zu Beginn des 20. Jahrhunders gewinnen auch andere Bereiche an Bedeutung für die Frauenbeschäftigung, vor allem die Metallindustrie sowie die Industrie der Maschinen, Instrumente, Werkzeuge und Apparate; hier sind jedoch nur ein Drittel aller Industriearbeiterinnen anzutreffen. Möglich wird die hohe Beschäftigung weiblicher Arbeitskräfte durch den ausgedehnten Einsatz von einfachen und leicht zu bedienenden Maschinen und vor allem durch die Verbreitung des Prinzips der arbeitsteiligen Produktion. Durch sie wird ein Großteil qualifizierter und/oder körperlich schwerer Arbeit, die nur Männern zugänglich war, auf eine Vielzahl körperlich leichter Arbeiten reduziert, die "nur" einfache Handgriffe, Geduld, Genauigkeit und Fingerfertigkeit verlangen. Frauen verrichten also vornehmlich Tätigkeiten, die dem weiblichen Leistungsvermögen entsprechen und sich von den männlichen Arbeiten unterscheiden. Während männliche Arbeiter körperlich schwere und/oder qualifizierte Tätigkeiten - häufig in durch Mechanisierung neu entstandenen Arbeitsbereichen - übernehmen, werden den weiblichen die körperlich leichten Tätigkeiten, die sich in den meisten Fällen durch ein geringes Mechanisierungsniveau auszeichnen, zugewiesen. In allen Industriezweigen ist die Tendenz festzustellen, alle leichtere Arbeit an kleineren Gegenständen, sei es bei Maschinenbedienung oder Handarbeit, den Frauen zu übertragen. Auch räumlich arbeiten Männer und Frauen nicht zusammmen. Die einzelnen Abteilungen sind entweder reine

Männer- oder reine Frauenabteilungen, wobei z.B. Männer Waren erzeugen, Frauen sie sortieren, zählen und verpacken; Männer schwere große Gegenstände bearbeiten, Frauen leichte und kleine; Männer qualifizierte Arbeiten ausführen, während weibliche Industriearbeiter Zuarbeiten leisten. Als strukturelle Merkmale von Frauenindustriearbeit bilden sich geringer Lohn, geringes Qualifikationsniveau, hohe spezifische Arbeitsbelastung, und besondere Arbeitszeitregelungen heraus. Diese strukturellen Merkmale bilden die Abgrenzungskriterien zur männlichen Arbeit.

Der geringe Lohn soll den Zuverdienststatus von Frauen manifestieren, ihre Nicht-Anerkennung als vollwertige Arbeitskraft auf dem Arbeitsmarkt deutlich machen. Damit ist die Minderbezahlung der Frauen bereits an sich eine konkurrenzmildernde Maßnahme. Mangelnde Ausbildung trägt ebenfalls dazu bei, Aufstiegschancen von Frauen zu verhindern und die Trennungslinie zwischen männlicher und weiblicher Arbeit nicht zu verwässern. Das weibliche Leistungsvermögen ist spezifisch genug, um Frauen an bestimmten Arbeitsplätzen mit hohen Belastungen einzusetzen.

An diesem Punkt entwickelt sich jedoch ein Interessenkonflikt zwischen der Nachfrageseite, dem Staat, den Gewerkschaften und den Frauen selbst. Sind sich Staat, Betriebe und Gewerkschaften - trotz anderslautender verbaler Forderungen von gewerkschaftlicher Seite - noch darin einig, Frauen geringer zu entlohnen und ihnen keine Qualifikationschancen einzuräumen, führt der verstärkte Einbezug von Frauen in die industrielle Produktion unter katastrophalen Arbeitsbedingungen Mitte des 19. Jahrhunderts dazu, gegen die Interessen der Betriebe Frauen im Produktionsprozeß besonders zu schützen.

Die Verminderung der Gebärfähigkeit der Frauen sowie die Verwahrlosung und hohe Sterblichkeit der Kinder als Folge von grenzenloser Ausbeutung der weiblichen Arbeitskraft führen zu einer von den Arbeiterorganisationen initiierten Bewegung, die Ende des 19.Jahrhunderts bestimmte Schutzgesetze für Frauen im Arbeitsbereich politisch durchsetzt, wie z.B. Beschränkung des Arbeitstages auf 11 Stunden, Beschäftigungsverbot für Untertagearbeit, Nachtarbeitsverbot, sowie eine Ruhezeit für vier Wochen nach der Entbindung. Nach 1890 werden diese Beschäftigungsverbote erweitert.

Durch diese Schutzbestimmungen wird zum einen die reproduktive Funktion der Frauen abgesichert und zum anderen die unterschiedliche Bewertung von männlicher und weiblicher Arbeit festgeschrieben. Durch die Ausschließung der Frauen von all jenen Tätigkeiten, bei denen der weibliche Organismus geschädigt werden könnte, wird prophylaktisch einer Auflösungserscheinung des geschlechtsspezifischen Arbeitsmarktes entgegengewirkt und eine Konkurrenz zwischen den Geschlechtern vermieden bzw. abgemildert. Der Angst, daß Frauen ihre männlichen Kollegen aufgrund von spezifischen Ausgangsbedingungen (niedrige Reproduktionskosten, von daher geringer Lohn) von ihren Arbeitsplätzen verdrängen und zu einem Rollentausch zwingen könnten (der Mann im Haus zuständig für Haushalt, Kindererziehung und Regeneration der Arbeitskraft; die Frau in der Fabrik) wird einschränkend vorgebeugt (Losseff-Tillmanns 1978, S.48 ff.).

b) Der erste Weltkrieg 1914 bis 1918

Während des ersten Weltkrieges ist eine Abgrenzung von Männer- und Frauenarbeitsplätzen nicht mehr in dem vorherigen Ausmaß notwendig. Denn Männer werden in den Krieg eingezogen, die freiwerdenden Arbeitsplätze mit Frauen besetzt. Durch die verstärkte Einbeziehung von Frauen in den Produktionsprozeß verändert sich die Verteilung der Frauen über die einzelnen Industriezweige: Die Textil-, Bekleidungs-, Nahrungs- und Genußmittelindustrie geben ihre ausschließliche Vorherrschaft als Frauenarbeitsbereiche an die sogenannten Rüstungsindustrien ab wie die Metall-, Maschinen-, Elektro- und Chemische Industrie. Rein quantitativ betrachtet scheint sich damit eine Auflösung des geschlechtsspezifisch segmentierten Arbeitsmarkts anzudeuten. Untersucht man die Ersetzungsstrategien von Männern durch Frauen genauer, so zeigt sich jedoch folgendes, an den Prinzipien eines weiblichen Arbeitsmarktes festhaltendes Bild: Unmittelbarer Ersatz von gelernter Tätigkeit findet quantitativ bedeutsam hauptsächlich in den drei traditionellen Frauenbranchen statt, während die Übernahme von gelernten Tätigkeiten in den anderen Bereichen - vor allem der Metallindustrie - zwar überall auffindbar ist, jedoch im wesentlichen Ausnahme bleibt. In allen Branchen ist dagegen ein unmittelbarer Ersatz von an- und ungelernten Tätigkeiten häufig festzustellen, wobei jedoch bei körperlich schwerer Arbeit keine unmittelbaren Austauschprozesse stattfinden.

Quantitativ häufiger dagegen ist ein mittelbarer Ersatz von gelernter durch an- oder ungelernte Arbeit. Durch Mechanisierung und arbeitsorganisatorische Veränderungen, insbesondere Taylorisierung der Arbeit, gelingt es, die von Frauen übernommenen Arbeitsplätze zu an- bzw. ungelernten Tätigkeiten zu dequalifizieren. Bedeutsam wird diese Umwandlung der Tätigkeiten für all jene Bereiche, in denen es gilt, körperlich schwere Arbeit mit Hilfe von Werkzeugen und Maschinen körperlich leichter zu gestalten.

Diese Beispiele zeigen, daß man nur partiell von einer Aufhebung des geschlechtsspezifischen Arbeitsmarktes sprechen kann. Denn in vielen Fällen übernehmen die weiblichen Industriearbeiter nicht die Arbeitsplätze von Männern, vielmehr werden diese Arbeitsplätze ihrer spezifischen Arbeitsleistung angepaßt. Die Interessen der Betriebe und der Gewerkschaften sind darauf gerichtet, die genannten strukturellen Merkmale von Frauenarbeit zu wahren. Weder verbessern sich ihre Qualifizierungschancen, noch erhalten sie einen angemessenen Lohn. Staatlich wird durch eine Quasi-Aufhebung der Schutzgesetze der Einsatz von Frauen in männlichen Arbeitsbereichen unterstützt; die Aufrechterhaltung der Kriegsproduktion rangiert vor der Aufrechterhaltung der Gebährfähigkeit der Frauen.

c) Weimarer Republik: 1918 bis 1933

Die Zeit nach dem ersten Weltkrieg zeigt eine Konkurrenz zwischen Männern und Frauen auf dem Arbeitsmarkt. Gemäß der größeren Bedeutung von männlichen Arbeitskräften in einer patriarchalen Gesellschaftsstruktur wird versucht, die kritische Arbeitsmarktsituation zugunsten von Männern zu lösen. Unter dem Druck von staatlichen Maßnahmen sollen Frauen ihre Arbeitsplätze für die kriegsheimkehrenden Männer freimachen. Die staatlichen Maßnahmen werden durch gewerkschaftliche Entlassungsstrategien unterstützt.

Durch steuerliche Begünstigungen und direkte Familienzulagen setzt ein Normalisierungseffekt des Frauenanteils in allen Branchen ein, wobei der Rückgang von weiblichen Industriearbeitern besonders stark in den Bereichen ist, die vor dem Krieg vornehmlich Männern vorbehalten waren und wo im Krieg ein Ersatz von Männer- durch Frauenarbeit stattgefunden hat, wie im Bergbau, bei der Eisen- und Metallgewinnung, der Chemischen Industrie, der Metallverarbeitung sowie der Industrie der Steine und Erden.

Sieht man von der Zeit der Weltwirtschaftskrise ab, in der sich kurzfristig ökonomische Interessen an billigen Arbeitskräften stärker durchsetzen können als solche, wie z.B. staatliche oder gewerkschaftliche, die das Prinzip einer branchenmäßig geschlechtsspezifischen Zuordnung wünschen, restauriert sich in der Weimarer Republik der weibliche und männliche Arbeitsmarkt quantitativ und qualitativ. Um keine Konkurrenz aufkommen zu lassen, werden Frauen von jenen Arbeitsplätzen, die sie im Krieg übernommen hatten, die aber vor dem Krieg eine Domäne der Männer waren, verdrängt und in die Familie bzw. an für sie "geeignete" Arbeitsplätze zurückgeschickt. Durch Rationalisierungsmaßnahmen verändern sich die Arbeitsstrukturen, wobei Tätigkeiten so vereinfacht werden, daß Frauen sie ausüben können. Die Tätigkeiten, die Frauen verrichten, zeichnen sich durch geringe kognitive Anforderungen, jedoch hohe psychische und nervliche Belastungen aus und sind im Hinblick auf Qualifikation und Belastung von den männlichen Arbeitsbereichen zu unterscheiden. Auch hier ist wieder festzustellen, daß Frauen nach wie vor als eine "lohndrückende Konkurrenz" arbeiten. In dieser Zeit bekommt auch der Frauenarbeitsschutz wieder seine Funktion. Die Abnahme der Geburtenhäufigkeit macht erneut gesetzliche Bestimmungen nötig. Um die biologische Reproduktion zu sichern, werden Arbeitszeitregelungen und Mutterschutzbestimmungen verabschiedet.

d) Die Zeit des Faschismus: 1933 bis 1945

1. Die Zeit von 1933 bis 1939

Die Zeit des Faschismus ist von staatlicher Seite aus von dem Versuch geprägt, weibliche Industriearbeiter vom Arbeitsmarkt zu verdrängen. Durch die Weltwirtschaftskrise ist wiederum eine verstärkte Konkurrenzsituation auf dem Arbeitsmarkt entstanden. Männer und Frauen kämpfen um eine beschränkte Anzahl von Arbeitsplätzen. Durch familienpolitische Maßnahmen sollen Arbeiterinnen an den heimischen Herd zurückkehren, um zum einen die Geburtenhäufigkeit zu steigern und zum anderen den Arbeitsmarkt zu entlasten. Durch Ehestandsdarlehen, Verbesserung der Schwangerschaftsberatung und Geburtenhilfe, repressive Maßnahmen gegen Geburtenkontrolle und Abtreibungen, Kinderbeihilfen sowie andere finanzielle und ideelle Anreize gleich zu Beginn der Machtergreifung durch die Nationalsozialisten (1933) steigt die Heirats- und Geburtenhäufigkeit. Gleichzeitig zeigt sich bis 1936 ein leichter Rückgang von Arbeiterinnen auf dem Arbeitsmarkt. Denn eine Inanspruchnahme der Ehestandsdarlehen impliziert den Verzicht auf außerhäusliche Beschäftigung. Betrachtet man jedoch die Statistiken der damaligen Zeit genauer, so stellt man fest, daß der leichte Rückgang der Erwerbsquote der Arbeiterinnen nicht durch eine Verdrängung von Frauen- durch Männerarbeit zu erklären ist, sondern sich aus einer stärkeren Zunahme von Arbeitskräften in männlich dominierten Arbeitsbereichen ableitet (Ausbau von Rüstungsindustrie, Vernachlässigung der übrigen Industriezweige).

Die staatlichen Interessen gehen dahin, Männer die Arbeit von Frauen übernehmen zu lassen. Hier zeigt sich jedoch, daß weder die Betriebe noch die Frauen selbst bereit sind, solchen staatlichen Vorstellungen zu folgen. Zwar sind anfänglich einige Versuche vorhanden, Frauen durch Männer zu ersetzen. Sie gelingen jedoch nur in Ausnahmefällen. Denn in den Bereichen, in denen die Frauenarbeit besonders wichtig ist, wie in der Textil-, Bekleidungs- und Papierverarbeitenden Industrie, der Elektro-, der Nichteisenmetallwarenindustrie und der Feinmechanik und Optik hat sich gerade aus den älteren, verheirateten Arbeiterinnen in den Betrieben ein eingearbeiteter Stamm von Facharbeiterinnen oder angelernten Arbeiterinnen gebildet, der durch ungelernte bzw. branchenfremde männliche Arbeitskräfte nicht ohne weiteres zu ersetzen ist. Abgesehen von den Lohnvorteilen, die die weiblichen Arbeitskräfte bieten, ist vor allem die höhere Leistungsfähigkeit der Frauen nach den Berichten der Gewerbeaufsichtsbeamten dafür ausschlaggebend. In vielen Fällen werden deshalb 1933 entlassene weibliche Arbeitskräfte kurze Zeit später wieder eingestellt (Winkler 1977, S.46 f.).

Als bestimmendes Merkmal von Frauenindustriearbeit wird hier auf das weibliche Leistungsvermögen verwiesen. Die Herausbildung von frauenspezifischen Tätigkeitsbereichen verhindert neben der wirtschaftlichen Notlage der Arbeiterfamilien eine Rückkehr von Frauen in die Familien. Sowohl das Angebot von unverheirateten und verheirateten Frauen, die zum Erwerb gezwungen sind bzw. arbeiten wollen, als auch die ständige Nachfrage nach weiblichen Arbeitskräften von seiten der Unternehmen führen die Politik der Nationalsozialisten von vornherein ad absurdum.

Als nach 1937 durch die erhöhte Rüstungsproduktion ein Mangel an Arbeitskräften einsetzt, werden die rigiden familienpolitischen Maßnahmen wieder gelockert. Es wird darauf hingewiesen, daß sich Bevölkerungswachstum und Erwerbstätigkeit von Frauen nicht ausschließen. Die Einsatzpolitik richtet sich aber weiterhin nach frauen- und männertypischen Arbeitsbereichen. Löhne und Arbeitsbedingungen der Frauen bessern sich dabei nicht. Denn sie bringen, wie ein besonderer Arbeitsschutz für Frauen, eine Abgrenzung von männlichen und weiblichen Arbeitsbereichen mit sich. Die Ausbildung bleibt auf den Erwerb von spezifischen Tätigkeiten beschränkt.

2. Der Zweite Weltkrieg: 1939 bis 1945

Anders als im Ersten Weltkrieg kommt es im Zweiten Weltkrieg nicht zu einer partiell quantitativen Ausweitung des weiblichen Arbeitsmarktes. Trotz der Kriegssituation entwickelt sich ein leichter Rückgang der Frauenbeschäftigung von 1939 bis 1941 in der industriellen Produktion. Erst von 1943 bis zum Ende des Zweiten Weltkrieges zeigt sich ein leichter Anstieg. Dabei werden die weiblichen Arbeiter bis 1943 hauptsächlich in frauentypischen Arbeitsbereichen eingesetzt, erst ab 1943 zeigen sich geringfügige Auflösungserscheinungen der geschlechtsspezifischen Arbeitsbereiche. Werden Frauen in männlichen Tätigkeitsbereichen eingesetzt, so setzt dies eine Änderung von Betriebseinrichtungen oder Arbeitsverfahren voraus (Hebe- und Fördereinrichtungen für schwere Teile, Transportbänder, selbsttätige Werkstoffzuführung, Erleichterung des Einspannens, leichte und gefahrlose Einrichtung von Maschinen, Einführung von Automaten, Aufteilung der Arbeit in einzelne, einfache Verrichtungen, Bereitstellung von Vorrichtungen und Schablonen für die Massenfertigung, fachliche Unterweisung, verstärkte Überwachung). Die Betriebe versuchten über Anreize insbesondere sozialpolitischer Art, Frauen für die Rüstungsproduktion zu gewinnen; sie durchbrechen das staatliche Prinzip "Frauen für frauentypische Tätigkeiten" jedoch nicht. Ihren Arbeitskräftebedarf befriedigen sie mit Zwangsarbeitern und natürlich auch -arbeiterinnen. Die letzteren gelten während der NS-Zeit als geschlechtslos und können so auch ohne weiteres Männerarbeiten verrichten. Trotz des Mangels an männlichen Arbeitskräften bleibt der Versuch bestehen, sowohl die reproduktive Funktion der Frauen zu schützen als auch den geschlechtsspezifisch segmentierten Arbeitsmarkt nicht durcheinanderzubringen. Vielmehr ist es erklärtes Ziel nationalsozialistischer Politik, eine Konkurrenz von Männern und Frauen auf dem industriellen Arbeitsmarkt auszuschalten durch - soweit es möglich ist - eine Abgrenzung von männlichen und weiblichen Arbeitsbereichen ("wesensgemäßer" Einsatz). Zugangsbeschränkungen für Frauen auf dem Arbeitsmarkt, die durch weiterhin bestehende Schutzvorschriften durchgesetzt werden, sowie eine ideologische Überbetonung der Mutterfunktion der Frauen wirken dabei unterstützend. Löhne und Arbeitsbedingungen verbessern sich für Frauen nicht. Die spezifische Diskriminierung von weiblichen Arbeitskräften wirkt weiterhin als strukturelle Absicherung der Besonderheiten von Frauenarbeit.

Abschließend kann festgehalten werden, daß es durch die Interaktion der unterschiedlichen Interessen von Staat, Betrieben, Gewerkschaften und den Frauen selbst gelingt, in allen Phasen bis 1945 die Abgrenzung von männlichen und weiblichen Arbeitsbereichen herzustellen.

- Die staatlichen Interessen sind stärker auf die Reproduktionsfähigkeit der weiblichen Arbeitskraft gerichtet. Staatliche und gewerkschaftliche Interessen treffen sich in dem Bemühen um die Aufrechterhaltung von traditionellen Familienstrukturen.

- Die gewerkschaftliche Interessenlage in Bezug auf Frauen speist sich aus dem Wunsch, Arbeitsplätze und -bereiche für die männliche Industriearbeiterschaft abzusichern. Aufgrund ihrer Facharbeitertradition sind männliche Arbeitskräfte für die Gewerkschaften vorrangig.

- Die Einsatzsstrategien der Betriebe sind schließlich von ökonomischen Rationalitätsprinzipien geleitet. Um billig und reibungslos produzieren zu können, setzen sie weibliche Arbeitskräfte dort ein, wo sie auf deren extrafunktionale Qualifikationen zurückgreifen können. Überall dort, wo das spezifische Leistungsvermögen anwendbar ist, sind Frauen im Produktionsprozeß anzutreffen.

- Die Frauen selbst unterstützen bis zu einem gewissen Grade durch ihr Leistungsverhalten den geschlechtsspezifischen Einsatz. Sie sind jedoch nicht bereit, sich aus ihren Arbeitsbereichen verdrängen zu lassen.

Als bestimmende Kategorie für den Fraueneinsatz bildet sich ein spezifisch geschlechtliches Leistungsvermögen heraus. Der Einsatz von Frauen in solche Tätigkeiten, die dem weiblichen Leistungsvermögen entsprechen, schafft eine geschlechtsspezifische Verteilung von Arbeitsplätzen auf dem Arbeitsmarkt, wobei das Frauensegment zum Teil ähnlichen Bedingungen unterliegt wie das externe Segment bzw. mit diesem identisch ist. Es gilt jedoch immer zu berücksichtigen, daß Frauenarbeitsplätze keine Jedermannstätigkeiten sind, sondern historisch gewachsene Jedefrautätigkeiten.

Im Verlauf der Industrialisierung werden die Trennlinien zwischen männlicher und weiblicher Arbeit definiert. Erfolgt eine Veränderung dieser Grenzen zwischen den beiden geschlechtsspezifischen Segmenten durch politische oder ökonomische (z.B. Wachstum von neuen industriellen Fertigungsbereichen) Gegebenheiten, so weichen nicht etwa die Trennlinien auf, sondern erfahren eine Neudefinition. Ich will dies kurz erläutern:

Zu Beginn der Industrialisierung existiert noch eine gleichsam naturwüchsige geschlechtsspezifische Arbeitsteilung. Frauen verrichten vor allem die Tätigkeiten, die die Industrie von der Haushaltsproduktion übernommen hat; Männer die Tätigkeiten, die mit körperlich schwerer Arbeit verbunden sind. Allerdings werden - sind keine Männer verfügbar - auch Frauen für solche körperlich schweren Arbeiten eingesetzt. Erst die hohe Säuglingssterblichkeit und die Auflösungserscheinungen der Familie lassen bei Betrieben, Staat und Gewerkschaften gleichermaßen ein Bewußtsein für die Besonderheiten der weiblichen Arbeitskraft aufkommen. Um die Frauen sowohl als Arbeitskraft als auch als diejenige, die die biologische Reproduktion der Gesellschaft absichert, ansehen zu können, hat es einer Erfahrungszeit bedurft (bis zur Institutionalisierung der Schutzgesetze), in der Frauen fast ausschließlich als Arbeitskraft behandelt wurden. Diese Arbeitskraft verfügte über spezifische Kenntnisse und Fertigkeiten und konnte vor allem in haushaltsnahen Tätigkeitsbereichen eingesetzt werden. Die Arbeitsteilung auf dem Arbeitsmarkt funktionierte in einem groben Rahmen durch das jeweilige Leistungsvermögen der Geschlechter, ohne daß bestimmte Kriterien für das, was männlich oder weiblich sei, definiert worden wären. Damit einher ging eine grenzenlose Ausbeutung der Arbeitskräfte, der männlichen wie der weiblichen. Diese quasi naturwüchsige Regelung ließ Ausnahmen, etwa Frauen in Männerbereichen einzusetzen, zu und ließ vor allem die Besonderheit der weiblichen Arbeitskraft außer acht.

Die Etablierung von Kriterien zur Absicherung von Grenzlinien zwischen männlicher und weiblicher Arbeit wurde durch zwei Entwicklungen historisch notwendig. Zum einen wurde offenbar, daß die biologische Reproduktionsfähigkeit der Frauen geschützt werden mußte, zum anderen machte das Aufkommen von neuen Industriezweigen, die weder als typisch männliche, noch als typisch weibliche Branchen galten, deutlich, daß die naturwüchsige Arbeitsteilung in der gegebenen Ausgestaltung nicht mehr aufrechterhalten werden konnte. So wird Ende des 19. Jahrhunderts ein neues Ordnungsprinzip definiert: Bestimmendes Kriterium des Verteilungsprinzips von männlichen und weiblichen Arbeitsbereichen wird die Schwere von körperlicher Arbeit. Von nun an wird sowohl durch gesetzliche Maßnahmen als auch durch arbeitswissenschaftliche Definitionen abgesichert, Männern körperlich schwere Arbeit und Frauen physisch leichte Arbeit an kleinen feinen Gegenständen zuzuweisen. Wird diese Unterteilung von Arbeit durch Kriege durchlässig, so unternehmen die Wächter dieser Arbeitsteilung (Staat, Gewerkschaften) sofort Schritte, um die Ordnung des Arbeitsmarktes wieder herzustellen. Ein solcher Restaurierungsprozeß ist vor allem in der Weimarer Zeit nach Beendigung des Ersten Weltkrieges zu beobachten.

Die Herausbildung eines gesellschaftlichen Deutungsmusters, das ich "Einhaltung von Geschlechtsgrenzen auf dem Arbeitsmarkt" nennen möchte, ist sicherlich nicht ausschließlich durch historische Wandlungsprozesse wie Auflösungserscheinungen von Familie und Aufkommen neuer Industriezweige zu erklären. Die Notwendigkeit, das Geschlecht als identitätsstiftendes Merkmal zu erhalten und abzusichern, geht vermutlich in die Verteilungsprozesse auf dem Arbeitsmarkt mit ein. Bisher sind noch keine umfassenden Erklärungsansätze erarbeitet worden. Die Existenz des Deutungsmusters wird jedoch historisch offenbar.

Für die jetzige Situation auf dem Arbeitsmarkt muß noch erforscht werden, wie sich die geschlechtsspezifischen Verteilungsprozesse auf einzelne Tätigkeitsfelder vollziehen und welche Trennungskriterien zwischen männlicher und weiblicher Arbeit wirksam werden. Denn zweifellos sind alte Trennlinien zwischen der männlichen und weiblichen

Arbeit durch den Einsatz von neuen Technologien brüchig geworden. Ich denke dabei z.B. an das Kriterium körperliche Schwere der Arbeit. Leider ist nur wenig empirisches Material vorhanden, um die Auswirkungen für den geschlechtsspezifischen Arbeitsmarkt genauer angeben zu können.

Literatur:

Beck-Gernsheim, E.: Der geschlechtsspezifische Arbeitsmarkt, Frankfurt/M. 1976

Lappe, L.: Die Arbeitssituation erwerbstätiger Frauen, Frankfurt/ New York 1981

Losseff-Tillmanns, G.: Frauenemanzipation und Gewerkschaften, Wuppertal 1978

Ostner, I.: Beruf und Hausarbeit, Frankfurt/M./New York 1978

Wegehaupt-Schneider, I.: Von Konkurrenz kann keine Rede sein! In: Prokla 49/1982, S.44-60

Winkler, D.: Frauenarbeit im Dritten Reich, Hamburg 1977

Christa Gebbert

LEISTUNGSENTLOHNUNG CONTRA VERBERUFLICHUNG

Ich möchte mit diesem Beitrag erneut ein Thema aufgreifen, das in
Analysen und Diskussionen zur Berufs- und Erwerbssituation von
Frauen in industriellen Einsatzbereichen einen zentralen Stellenwert hat: die Frage nach Chancen und Hemmnissen der Verberuflichung
von Frauenarbeit. Mit Bezug auf das Rahmenthema unserer Veranstaltung "Industrielle Entwicklung und Wandel der Frauenarbeit", möchte ich diese Frage im Zusammenhang mit aktuellen Entwicklungstendenzen der Nutzung von Arbeitskraft diskutieren, die als Flexibilisierung bezeichnet werden. Ich werde mich im folgenden exemplarisch auf Ergebnisse des seit 1978 laufenden Humanisierungsprojek-
tes "Neue Arbeitsstrukturen in der Bekleidungsindustrie" stützen
(1), ich meine jedoch, daß diese Ergebnisse für den Bereich der
montierenden Fertigung verallgemeinerungsfähig sind, sofern Monta-
geprozesse wie in der Bekleidungsindustrie als Fließarbeit nach
tayloristischen Prinzipien der Arbeitszerlegung organisiert sind
und sofern Leistungserfüllung und Entlohnung nach Prinzipien
klassischer Akkordentlohnung geregelt werden. Diese Bedingungen
treffen bekanntlich für eine große Anzahl von Frauen zu, die einer
gering qualifizierten Tätigkeit in der Industrie nachgehen.

Ich werde die Befunde und Ergebnisse aus dem genannten Branchenpro-
jekt wie folgt strukturieren:

- Als Basis für die Beurteilung neuerer Entwicklungen der Arbeits-
  kraftnutzung möchte ich zu Beginn die branchentypischen betrieblichen Strategien der Rekrutierung, des Arbeitskrafteinsatzes und
  der Gratifizierung skizzieren, die die Arbeitssituation der Beschäftigten in der Bekleidungsindustrie bestimmt haben und noch
  vielfach bestimmen.

- Anschließend wird die in der inländischen Bekleidungsproduktion
  sich vollziehende Strukturanpassung an veränderte und geschrumpfte
  Absatzmärkte im Hinblick darauf beleuchtet, welche Anpassungser-
  fordernisse sich auf der Ebene des Arbeitskrafteinsatzes geltend
  machen.

- Im dritten Schritt wird dann skizziert, welche Imkompatibilitäten
  zwischen einer veränderten Anforderungsstruktur und den bestehenden Lohnfindungsverfahren auftreten und welche Rückwirkungen dies
  auf die neuen Arbeitskrafteinsatzkonzepte hat.

Die Bekleidungsindustrie, die im gewerblichen Bereich überwiegend
und im personalintensiven Montagebereich fast ausschließlich Frauen
beschäftigt, rekrutiert auf regional eng begrenzten Arbeitsmärkten
für Jedermannqualifikationen, über die Frauen offenbar in besonderem Maße verfügen. Aufgrund einer vielfach sehr weit vorangetriebenen
Arbeitsteilung ist das Anforderungsprofil in den traditionellen Mon-
tagesystemen von extrem kurzzyklischer, repetitiver Teilarbeit bestimmt.

In den sechs von uns untersuchten Betrieben zum Beispiel waren die Arbeitsvollzüge bei drei Viertel der befragten Näherinnen kürzer als drei Minuten, bei knapp der Hälfte betrug die Zyklusdauer nur höchstens eine Minute. Dementsprechend ist der Qualifikationsbedarf gering; in der Regel reicht ein kurzfristiges Anlernen von mehreren Tagen bis mehreren Wochen aus, um in den hocharbeitsteiligen Fertigungssystemen einen Arbeitsgang ausführen zu können.

Die Tarifregelungen im Geltungsbereich der Bekleidungsindustrie sehen für die überwiegende Mehrzahl der Beschäftigten im Montagebereich eine Leistungsentlohnung im klassischen Einzelakkord nach Refa vor. In der Lohnfindung werden im wesentlichen zwei Leistungsbestandteile berücksichtigt: die individuell erzielte Mengenausbringung und der Schwierigkeitsgrad der ausgeführten Teilaufgabe, wobei der Schwierigkeitsgrad über einen Lohngruppenkatalog abgebildet wird, der in der Regel 7 und für reine Nähtätigkeit 3 Lohngruppen anhand eines detaillierten Tätigkeitsverzeichnisses unterscheidet. Die Einstufung in Lohngruppen stellt somit eine tätigkeitsbezogene und keine personenbezogene Bewertung dar. Qualifikatorische Voraussetzungen wie z.B. eine abgeschlossene einschlägige Berufsausbildung sind für die Eingruppierung bedeutungslos: Angelernte und ausgebildete Näherinnen werden bei gleicher Tätigkeit in die gleiche Lohngruppe eingestuft.

Ungeachtet der Ausrichtung der hocharbeitsteiligen Fertigungssysteme auf die Nutzung gering qualifizierter und billiger Arbeitskraft war der Anteil der Ausbildung in der Bekleidungsindustrie immer relativ hoch, seit Mitte der 70er Jahre ist sogar eine Zunahme von Ausbildungsverhältnissen festzustellen. In den von uns untersuchten Betrieben verfügten Ende der 70er Jahre knapp 60% der befragten Näherinnen über eine einschlägige Berufsausbildung, wobei der Anteil der Ausgebildeten bei den jüngeren Altersgruppen deutlich höher lag als bei den älteren. Der hohe Anteil und die Zunahme von Ausbildungsaktivitäten sind nicht nur darauf zurückzuführen, daß der Bekleidungsindustrie mit dem Aussterben des Schneiderhandwerks eine wichtige Quelle der Rekrutierung von Facharbeiterqualifikationen für bestimmte Fertigungsbereiche sowie für untere und mittlere Führungspositionen allmählich versiegt war. Das im Verhältnis zu den Qualifikationsanforderungen hohe Ausbildungsplatzangebot ist auch Bestandteil einer Rekrutierungspolitik zur Deckung des Ersatzbedarfs im Bereich gering qualifizierter Arbeit unter Akkordbedingungen.

Mit der Erhöhung der Ausbildungskapazität in der Bekleidungsindustrie wird faktisch der Rekrutierungszeitpunkt vorverlegt. Es wird jungen Frauen, die aufgrund der Jugendschutzbestimmungen noch nicht "akkordfähig" sind, eine Berufsausbildung angeboten, um sie für eine spätere Akkordtätigkeit anzuwerben, bevor sie der Branche verlorengehen.

Dieser Rekrutierungsfunktion der Ausbildung ist die 1971 eingeführte Stufenausbildung mit Abschlüssen nach dem 1., 2. und 3. Lehrjahr aus betrieblicher Sicht vorzüglich angepaßt. Der Anteil derjenigen, die die 3. Ausbildungsstufe absolvieren und damit über umfassende fachliche Kenntnisse und Fertigkeiten verfügen, ist sehr gering: zum einen, weil viele in ländliche Regionen ausgelagerte Betriebseinheiten und Zweigwerke gar nicht über die Voraussetzungen verfügen, um die in der 3. Ausbildungsstufe geforderten Ausbildungsinhalte anzubieten; zum anderen, weil seitens der Betriebe die Vergabe von Ausbildungsverträgen für die 3. Stufe außerordentlich restriktiv gehandhabt wird und unter den Absolventinnen des 2. Lehrjahres eine strenge Selektion primär im Hinblick darauf erfolgt, den zukünftigen Führungskräftebedarf zu decken.

So sind die Ausgebildeten der 1. und der 2. Stufe überwiegend für den Einsatz im Akkord vorgesehen, der nur in seltenen Fällen zu vielseitigen und beruflich anspruchsvollen Tätigkeiten, geschweige denn zu innerbetrieblichem Aufstieg führt. Dementsprechend wurde seitens der von uns zu Projektbeginn befragten Näherinnen der Nutzen der Ausbildung im nachhinein gering eingeschätzt: Trotz eingeschränkter Ausbildungsinhalte vertrat nur ca. die Hälfte der Ausgebildeten die Auffassung, daß sie das Gelernte bei den geringen Qualifikationsanforderungen kurzzyklischer Akkordtätigkeiten tatsächlich einbringen können. Zwei Drittel der Ausgebildeten hatten sich ihre spätere Tätigkeit anders vorgestellt. Die Enttäuschung beruflicher Erwartungen war allerdings nicht nur bei den Ausgebildeten groß, sondern auch bei den Angelernten. Insgesamt würden über 70% der von uns befragten Näherinnen aufgrund ihrer Arbeitserfahrungen die getroffene Berufswahl rückblickend nicht noch einmal wiederholen.

Angesichts geschlechtsspezifischer Mobilitätsschranken und geringer Beschäftigungsalternativen wird der Ausstieg aus dem Akkord bzw. aus der Branche zwar von vielen, die die Absicht haben oder unter dem Zwang stehen, erwerbstätig zu bleiben, erwogen, aber im wesentlichen nur von einer bestimmten Beschäftigtengruppe vollzogen; von den jüngeren, qualifizierten Näherinnen wenige Jahre nach Abschluß der Ausbildung.

Auch wenn die Fertigungssysteme in der Bekleidungsindustrie auf die Nutzung gering qualifizierter Arbeitskraft und damit auf hohe Substituierbarkeit der einzelnen Näherin abgestellt sind, ist die Annahme prinzipiell gleicher Einsatzbedingungen für Ausgebildete und Angelernte zu relativieren. In der Regel werden an die Ausgebildeten auch höhere Qualifikationsanforderungen gestellt, insbesondere werden von ihnen im stärkeren Maße Flexibilitätsleistungen erwartet und auch erbracht. Das heißt, die immer wieder notwendig werdenden Umsetzungen, Anlernprozesse und Arbeitsgangwechsel - sei es infolge von Modellwechsel oder sei es zur Aufrechterhaltung eines kontinuierlichen Produktionsflusses - werden hauptsächlich den Ausgebildeten zugemutet. Dabei besteht die Zumutung weniger darin, daß die Ausgebildeten stärker zu wechselnden Tätigkeiten herangezogen werden, sondern darin, daß sich dies unter Akkordbedingungen vielfach lohnmindernd auswirkt. So ist z.B. mit einer Ausnahme in allen Untersuchungsbetrieben festgestellt worden, daß der durchschnittliche effektive Akkordlohn der Ausgebildeten signifikant niedriger lag als bei den Angelernten.

Die Ausgebildeten befinden sich im folgenden Dilemma: Einerseits kommen Aufgabenvielfalt und wechselnder Einsatz ihren arbeitsinhaltlichen Interessen und ihrem beruflichen Selbstverständnis entgegen. Andererseits können sie - wie die Angelernten - ihr persönliches Lohnoptimum nur durch Spezialisierung auf möglichst wenige Teiloperationen, d.h. unter Inkaufnahme von qualifikatorischer Vereinseitigung erzielen. Viele Ausgebildete sind unmittelbar nach Abschluß der Lehre in der Hoffnung auf einen späteren beruflichen Aufstieg zwar durchaus zu vorübergehenden Lohnverzichten bereit. In dem Maße jedoch, wie weder Aufstiegserwartungen erfüllt noch gleiche Verdienstchancen wie bei den Angelernten hergestellt werden, wachsen Enttäuschung und Fluktuationsbereitschaft.

Die spezifischen Formen der Nutzung von Arbeitskraft in der Bekleidungsindustrie, insbesondere die ungratifizierte Nutzung betrieblich erzeugter "überschießender" Qualifikation, haben zur Folge, daß tendenziell die Flexibilitätsträger bzw. die Träger beruflicher Qualifikation nach kurzer Verweildauer aus der Branche ausscheiden. (Vgl. Weißbach 1983) Angesichts steigender marktinduzierter Flexibilitätsanforderungen müßte jedoch in der Branche an einer längerfristigen Betriebsbindung gerade dieser Gruppe ein zunehmendes Interesse bestehen.

Ich komme damit zum zweiten Komplex, nämlich zu der Frage, welche Chancen sich hinsichtlich der adäquateren Nutzung und Reaktivierung vorhandener beruflicher Qualifikation bei der Bewältigung gestiegener Flexibilitätsanforderungen in einer veränderten Fertigungsorganisation ergeben. Hierzu möchte ich kurz einige zentrale Aspekte der sich in der Branche vollziehenden Strukturanpassung benennen.

2.
Bekanntlich ist die deutsche Bekleidungsindustrie seit mehr als einem Jahrzehnt infolge struktureller Verschiebungen in der internationalen Arbeitsteilung einem anhaltenden krisenhaften Schrumpfungsprozeß ausgesetzt, der im großen Maßstab zu Betriebsschließungen und Arbeitsplatzvernichtung geführt hat. Dieser Schrumpfungsprozeß ist zum einen Folge eines Verdrängungswettbewerbs zwischen Anbietern aus Niedriglohnländern und inländischen Produzenten.

Er ist aber vor allem ein Resultat der Entscheidungen inländischer Bekleidungsunternehmen, selbst Wettbewerbsvorteile in den Billiglohnländern durch Eigenimporte aus passivem Lohnveredelungsverkehr mit und Direktinvestitionen in diesen Ländern zu nutzen. Diese Formen indirekter oder direkter Produktionsauslagerungen betreffen vorwiegend Standardartikel und qualitativ geringwertige oder saisonunabhängige Ware. (Vgl. Niebur 1983)

Komplementär zu diesen direkten oder indirekten Produktionsauslagerungen im Bereich der Standardartikel und Massenware wird die
im Inland verbleibende Produktion zunehmend auf die Herstellung
kleiner werdender Serien von modisch hoch aktuellen, schwierig zu
bearbeitenden und qualitativ hochwertigen Produkten für eine anspruchsvolle und zahlungskräftige Käuferschicht ausgerichtet. In
bezug auf dieses spezifische Marktsegment bestehen offenbar für
die Inlandfertigung Wettbewerbsvorteile gegenüber den Billiglohnländern, die den Nachteil höherer Lohnkosten kompensieren.

Zusammenfassend läßt sich somit festhalten, daß die inländische
Bekleidungsproduktion durch Schrumpfungs- und interne Umgewich-
tungsprozesse tendenziell den Charakter einer Restfertigung bekommen hat, bei der Produktionsflexibilität zu einer wesentlichen Bedingung für die Aufrechterhaltung und Auslastung der noch bestehenden Produktionskapazitäten geworden ist.

Absatzmarktinduzierte Flexibilitätsanforderungen haben sich in der
unmittelbaren Produktion zunächst nur schleichend bemerkbar gemacht
und wurden in unverändert belassenen Fertigungssystemen aufzufangen
und zu bewältigen versucht. Die vorfindlichen für Großserien aus-
gelegten Fertigungssysteme, die produktbezogen organisiert und häufig das Resultat einer über Jahre hinweg optimierten Fertigungsorganisation sind, haben sich in Verbindung mit der tarifvertraglich
festgeschriebenen Akkordentlohnung so lange als resistent gegenüber
organisatorischen Umgestaltungen erwiesen, so lange es möglich war,
Flexibilitätsanforderungen stillschweigend und ungratifiziert auf
die Beschäftigten abzuwälzen. Grenzen der Bewältigung steigender
Flexibilitätsanforderungen in den bestehenden Fertigungssystemen
wurden jedoch sichtbar, als aufgrund sinkender Losgrößen, zunehmender Modell-, Verarbeitungs-, Material- und Farbvariationen und häufigen Modellwechsels die Akkordfähigkeit der Fertigung nicht mehr
durchgängig gegeben war.

Abnehmende Akkordfähigkeit der Fertigung hat nicht nur - wie schon
erwähnt - für die Näherinnen sinkende Akkordlöhne zur Folge und berührt damit Probleme der Personalsicherung, weil gerade weibliche
Arbeitskräfte mit schwacher Angebotsposition auf regional eng begrenzten Arbeitsmärkten für Jedermannqualifikationen eine hohe Rea-
gibilität auf geringe Lohndifferenzen zeigen. Abnehmende Akkordfähigkeit der Produktion äußert sich darüber hinaus auch in der Zunahme sogenannter unproduktiver Zeiten infolge eines wachsenden
Abstimmungs- und Umrüstungsaufwandes innerhalb der Fertigungssysteme.
Denn die prinzipielle Störanfälligkeit einer hocharbeitsteiligen
montierenden Fließfertigung potenziert sich mit Zunahme kleiner
Serien und Varianten. Unzureichende bzw. stockende Materialversor-
gung, Umsetzungen und Anlernprozesse nehmen bei häufigen Umstellun-
gen und mangelhaften Abtaktungen zu, die Arbeitsproduktivität sinkt,
gleichzeitig steigen die Exzeßkosten, d.h. die Differenz zwischen
erarbeiteten und tatsächlich bezahlten Akkordminuten, weil immer
größere Arbeitszeitanteile gemäß Tarifvertrag im persönlichen Lei-

stungsdurchschnitt entlohnt werden müssen, ohne daß dem eine entsprechende Mengenleistung gegenübersteht.

Vor dem Hintergrund dieser Problemsituation ist das Zustandekommen des Branchenprojektes "Neue Arbeitsstrukturen in der Bekleidungsindustrie" zu sehen, das gemeinsam von den zuständigen Tarifparteien initiiert worden ist. Die Zielsetzung dieses Projektes war doppelt bestimmt: Zum einen sollten die Arbeitsbedingungen der Beschäftigten verbessert und psycho-physische Belastungen abgebaut werden, zum anderen sollten für die Fertigungsbereiche Organisationslösungen entwickelt werden, die den unterschiedlichen Flexibilitätsanforderungen auch unter den bestehenden Wettbewerbsbedingungen genügen konnten. Wegen mittelfristig nicht überwindbarer Technisierungs- und Automatisierungssperren sollte das Schwergewicht auf arbeitsorganisatorische Anpassung gelegt werden.

In allen am Projekt beteiligten Betrieben stand die Lösung entstandener oder erwartbarer Flexibilitätsprobleme im Vordergrund. Eine grundlegende Perspektive bei den Arbeitsstrukturexperimenten war die Einführung von Gruppenarbeit. In Verpflichtung auf die förderpolitischen Zielsetzungen des Humanisierungsprogramms wurde seitens der Gewerkschaft Textil und Bekleidung und der Begleitforschung in der Einführung von Gruppenstrukturen die weitestgehenden Chancen gesehen, Monotonie, Streß und einseitige körperliche Belastungen zu mindern, interessantere und anforderungsreichere Tätigkeiten zu schaffen und Höherqualifizierung bzw. ausbildungsadäquateren Einsatz zu erreichen, um auf diese Weise Reproduktionsrisiken zu begrenzen und Berufskarriere zu stabilisieren.

Wenn auch diese normativen Gesichtspunkte bei der Entwicklung neuer Arbeitskrafteinsatzkonzepte eine Rolle gespielt haben, so waren bei der konkreten betrieblichen Ausgestaltung weniger die Probleme der Beschäftigten, sondern jeweils die auf das betriebliche System gerichteten Problemdiagnosen und die von neuen Arbeitsstrukturen erwartete Problemlösungskapazität im Hinblick auf die Bewältigung je spezifischer Flexibilitätsanforderungen dominant. (Vgl. Knesebeck 1983)

Gruppenstrukturen wurden insbesondere in denjenigen betrieblichen Teilprojekten breit eingeführt, in denen vorrangig folgende Flexibilitätsprobleme zu lösen waren:

O Flexibilisierung der Fertigung in bezug auf die gleichmäßige Auslastung verschiedener Produktionsbereiche bei schwankenden oder sich verschiebenden Auftragsvolumina verschiedener Produkte oder Produktgruppen und/oder

O Flexibilisierung der Fertigung in bezug auf stark abnehmende Losgrößen.

Zur Bewältigung dieser Flexibilisierungserfordernisse wurden verkleinerte Fertigungseinheiten gebildet bzw. abgetrennt und deren innere Steuerungskapazität durch Qualifikationsanhebung der Gruppen-

mitglieder erhöht. Damit war angezielt, die Komplexität der vorgefundenen Großsysteme, die nicht selten aus 50-100 hintereinander-
geschalteten, starr verketteten Arbeitsplätzen bestanden, zu reduzieren und darüber Wirtschaftlichkeitseffekte zu ereichen.

Durch die Auflösung von Großsystemen zugunsten mehrerer verkleiner-
ter Fertigungseinheiten von ca. 10-20 Personen wurde eine Ent-
mischung der Produktion angezielt, indem in jeder verkleinerten
Fertigungseinheit ein ganzes Produkt oder ein Bauteil vollständig
montiert wurde. Auf jedes Mitglied entfiel dadurch ein größerer
Arbeitsumfang; zugleich verlängerte sich die Laufzeit der einzelnen
Form. Dies reduzierte die durch Modellwechsel entstehenden Abstim-
mungs- und Abtaktungsprobleme sowie Anlernprobleme. Wegen der
größeren Transparenz konnten in den verkleinerten Fertigungseinheiten Störungen im Materialfluß von entsprechend qualifizierten
Näherinnen weitgehend selbstverantwortlich geregelt und ausgeglichen
werden. Auch Absentismusprobleme konnten jeweils auf einen kleinen
Bereich eingegrenzt und dort durch Neuverteilung der Arbeit bewältigt werden. Durch die gleichzeitige Beschickung mehrerer unabhängi-
ger Teilsysteme verkürzte sich die Durchlaufzeit der einzelnen Auf-
träge, dadurch wurde eine flexiblere Terminplanung möglich, was
insbesondere mit Hinblick auf Eilaufträge, Nachorder, Sonderanfer-
tigungen usw. wichtig war. Ein weiterer Effekt dieser Fertigungs-
struktur bestand darin,daß die Materialpuffer verkleinert und damit
das zirkulierende Kapital verringert werden konnte.

Aus der Ausdifferenzierung größerer Fertigungssysteme in mehrere
relativ unabhängige Teilsysteme resultierten veränderte Anforderungen an die Beschäftigten, insbesondere die Anforderung der Übernahme
kurzfristig anfallender Steuerungsfunktionen, aus denen sich erweiterte Dispositions- und Handlungsspielräume ergaben. Die Basis dafür bildeten Maßnahmen der Arbeitserweiterung; denn die Beherrschung
eines größeren Arbeitsumfanges bildete für die einzelne Näherin
die Voraussetzung, um korrigierend auf Störungen im Fertigungsab-
lauf durch entsprechende Arbeitsplatz- oder Arbeitsgangwechsel hin-
zuwirken. Darüber hinaus wurden auf die Ebene der ausführenden Arbeit begrenzte Kontrollaufgaben verlagert wie Terminüberwachung,
Kontrolle des täglichen Produktionsergebnisses bzw. Qualitätsprüfung.

Aufgrund der Verkleinerung von Fertigungseinheiten lassen sich Tendenzen ausmachen, die auf einen qualifikationsadäquateren Arbeitskrafteinsatz der Ausgebildeten hindeuten. Darüber hinaus scheinen
sich kleinere Gruppen als "Einschleusungsbereiche" nicht nur für
ausgebildete, sondern auch für angelernte Berufsanfängerinnen unter
dem Aspekt der Entwicklung bzw. Stabilisierung eines beruflichen
Selbstverständnisses zu bewähren. Insbesondere die -wenn auch nur
in engen Grenzen mögliche - Verfügung über Zeit scheint ein wesentliches Moment zu sein, um aus restriktiven Arbeitserfahrungen resultierende Erwartungsenttäuschungen abzumildern und um Motivation
für berufliche Lenrprozesse zu erzeugen. Dementsprechend äußerten

sich die von uns befragten Näherinnen überwiegend positiv bezüglich der arbeitsinhaltlichen Implikationen von Gruppenarbeit sowie bezüglich der durch den Arbeitsprozeß sachlich geforderten Kooperationsformen, denen gerade auch für die Berufsrollenentwicklung entscheidende Bedeutung zukommt.

Insgesamt war die Bewertung der arbeitsorganisatorischen Umgestaltungen jedoch überwiegend zwiespältig. Negative Einschätzungen der Beschäftigten betrafen in erster Linie das Verhältnis von Lohn und Leistung und bezogen sich vor allem darauf, daß Flexibilitätsleistungen nicht angemessen gratifiziert werden. So wurde z.B. konkret bemängelt, daß Arbeitsgangwechsel bzw. Einarbeitungen in der Lohnfindung nicht ausreichend berücksichtigt werden.

Allgemein ist damit das Problem angesprochen, inwieweit das Lohnfindungsverfahren im Hinblick auf die veränderte Fertigungsorganisation und den flexibilisierten Arbeitskrafteinsatz noch adäquat ist, oder anders ausgedrückt, inwieweit sich abzeichnende Inkompatibilitäten zwischen Arbeitskrafteinsatz und Lohnsystem ein wesentliches Hemmnis für die längerfristige Absicherung der neuen Gruppenstrukturen darstellen. Auf diese Problematik möchte ich jetzt zum Abschluß eingehen.

3.
Die Tendenz sinkender Effektivlöhne als Folge der Überwälzung von Flexibilitätsanforderungen auf die Beschäftigten ist auch bei veränderten Formen der Nutzung von Arbeitskraft ohne eine Neudefinition der Lohn-Leistungsrelation gegeben. Zwar lassen sich Abtaktungs- und Abstimmungsverluste, die sich bei Leistungsentlohnung negativ auf die Verdienstchancen auswirken, durch organisatorische Maßnahmen minimieren. Es bleibt jedoch das Faktum bestehen, daß häufiger Tätigkeitswechsel sowie die Übernahme dispositiver Funktionen sich auch und gerade unter Bedingungen von Gruppenarbeit leistungsmindernd auswirken. Insofern wurde seitens der Betriebe zumeist prinzipiell anerkannt, daß verkleinerte Fertigungseinheiten nur Bestand haben können, wenn durch eine Veränderung der Lohnfindung den neuen Arbeitskrafteinsatzbedingungen bzw. der veränderten Leistungsabforderung Rechnung getragen wird.

Die verschiedenen im Rahmen des Projektes entwickelten, erprobten und z.T. auch wieder verworfenen Lohnfindungsmodelle zielen in unterschiedlicher Weise darauf ab, neben der Mengenleistung auch andere Leistungsbestandteile wie Flexibilität und Disposition explizit zu berücksichtigen und im Lohn abzubilden, ohne daß jedoch ein prinzipielles Abrücken von der Akkordentlohnung zur Debatte gestanden hätte. Vielmehr greifen die Betriebe auf eine übliche Praxis zurück, derzufolge legitime, schwer abweisbare Lohnansprüche der Beschäftigten durch betriebliche Zuschlagszahlungen aufgefangen werden, die unterhalb der Ebene tarifrechtlich verankerter Lohnfindung angesiedelt sind.

Die im Rahmen des Projekts durchgeführten betrieblichen Lohnfin-
dungsexperimente zur Gratifizierung von Flexibilität und Disposition
zielen im Effekt darauf ab, sinkende Leistungsgrade in etwa auf dem
Niveau des zuvor gegebenen persönlichen Leistungsdurchschnitts zu
kompensieren, d.h. Lohneinbußen, die durch flexiblen Arbeitseinsatz
entstehen, auszugleichen und diesen Ausgleich explizit als Flexi-
bilitätsbonus in der Lohnfindung auszuweisen und zu verankern. Im
Projekt ist auf verschiedene Weise versucht worden, persönliche
Einsatzflexibilität zu definieren und als Lohnanreiz zu operationa-
lisieren, z.B.

- als tatsächlich abgeforderte Flexibilität - gemessen an der Häu-
  figkeit von faktischem Arbeitsgangwechsel in einem bestimmten
  Zeitraum;

- als bereitgehaltene Flexibilität - gemessen am Umfang der je insgesamt mit Normalleistung beherrschten Arbeitsgänge

- und als Einarbeitungserfolg bei der Übernahme eines neuen Arbeits-
  gangs - gemessen an der Mengenleistungsentwicklung in definier-
  ten Anlernphasen.

Ohne hier näher auf die z.T. sehr komplizierten Lohnfindungsmodelle
eingehen zu wollen, läßt sich pauschal sagen, daß die Gratifikation
von tatsächlich abgeforderter sowie von bereitgehaltener Flexibilität nach einem Punktsystem in Form mehrfach gestaffelter übertar-
riflicher Grundlohneinstufungen erfolgt ist, während im Fall der
als Einarbeitungsgeschwindigkeit gefaßten Flexibilität für begrenzte Zeiträume Zuschläge auf die jeweils erreichte individuelle Mengenleistung gezahlt werden, die etwas höher als die üblichen Ein-
arbeitungszuschläge bemessen sind.

Alle diese Versuche, Flexibilitätsleistungen zu gratifizieren und
damit einer veränderten Nutzung von Arbeitskraft Rechnung zu tragen,
lassen jedoch zentrale Konstruktionsprinzipien des Refa-Akkords
unangetastet. Trotz der konstatierbaren Ansätze zu einem erweiter-
ten Leistungsbegriff ist bei allen im Projekt erprobten Entlohnungs-
varianten die Mengenleistung weiterhin der dominante Bezugspunkt
der Lohnfindung geblieben. Damit sind spezifische Regulationsfunk-
tionen leistungsbezogener Lohnsysteme nach wie vor in Kraft, die
vor allem die Eigenschaft haben,sich selbst wieder auch gegen ab-
weichende und modifizierende Regelungen zu restituieren. Das ist
erstens die Lohn-Anreizfunktion, die die Näherin immer wieder in
das Dilemma "anspruchsvolle, abwechslungsreiche Tätigkeit oder
Mengenleistung" stürzt, weil Strategien der persönlichen Lohnopti-
mierung permanent in Widerspruch zu arbeitsinhaltlichen Ansprüchen
geraten. Aus der ungleichen Gewichtung verschiedener Leistungskri-
terien in der Lohnfindung kann des weiteren folgen, daß persönliche
Lohnstrategien der Näherinnen in Widerspruch zu betrieblichen
Flexiblitätszielen geraten, weil der Flexibilitätsanreiz durch den
Mengenanreiz konterkariert wird.

Zweitens bleibt bei den skizzierten Lohnfindungsvarianten aufgrund der zentralen Lohnfunktion der Mengenleistung weiterhin eine Kontroll- und Disziplinierungsfunktion gegenüber der Näherin erhalten. Die nur rudimentäre Abbildung von Flexibilitäts- und Kooperationsleistungen im Lohn hat der auf hohe Stückzahlen ausgerichteten Leistungsabforderung nichts von ihrer Schärfe genommen. Die an der Mengenausbringung leicht ansetzbare Kontroll- und Disziplinierungsfunktion hat die Tendenz, im betrieblichen Alltag immer wieder dominant zu werden.

Und drittens erfüllen die skizzierten Varianten des Refa-Zeitakkord auch weiterhin eine Kontrollfunktion hinsichtlich des Betriebsergebnisses, weil sich die kurzfristig rechenbaren Mengenergebnisse vielfach gegen alternative oder ergänzende Kriterien der Beurteilung von Betriebsergebnissen (z.B. Produktionsflexiblität) durchsetzen. Dies gilt insbesondere in Zeiten, in denen ein besonderer wirtschaftlicher Druck auf den Betrieben lastet und voll auf die Fertigungsbereiche durchschlägt.

Tendenziell stehen also diese drei grundlegenden Anreiz- und Kontrollfunktionen leistungsbezogener Lohnsysteme den konstatierbaren Ansätzen in Richtung auf Verberuflichung entgegen, ohne sie in Teilbereichen der Branche bzw. der Produktion verhindern zu können, weil der externe Anforderungsdruck für die Betriebe zu groß ist.

Das Fazit, das aus diesen Entwicklungstendenzen zu ziehen ist, bleibt daher höchst ambivalent. Bezugnehmend auf die Ausgangsfrage nach Chancen und Hemmnissen der Verberuflichung von industrieller Frauenarbeit ergeben sich für den hier untersuchten Bereich als Folge der Neukonzipierung des Verhältnisses von organisatorischer und persönlicher Flexibilität neue Anforderungsstrukturen, die zumindest in Teilbereichen eine vielseitigere Nutzung von Arbeitskraft bedingen und Prozesse der Höherqualifikation bzw. der Reaktivierung vorhandener beruflicher Qualifikation nach sich ziehen. Die in diesen Veränderungen des Arbeitskrafteinsatzes gesehene Chance einer stärkeren Orientierung der Erwerbsbiografie an berufsbezogenen Momenten erfährt jedoch wesentlich Einschränkungen durch das Festhalten am Refa-Akkord, dessen zähes Fortleben aber kaum allein aus betrieblichen Bedingungen zu erklären ist. Maßgeblich sind dafür zusätzlich die besonderen Bedingungen von Frauenerwerbsarbeit.

Leistungssteigernde Lohnsysteme sind in ihrem Bestand und in ihrer Wirksamkeit mit ein Resultat der verkürzten Erwerbsdauer von Frauen, die zunächst häufig nicht als lebenslange konzipiert wird. Die verkürzte Lebensarbeitsperspektive begründet, daß und warum sich Frauen so schlecht gegen Überverausgabung wehren und nur in geringem Umfang Leistungsbegrenzungsstrategien entwickeln.

Der subjektiv empfundene Vorteil, nur für wenige Jahre verdienen zu müssen, stellt sich unter den dadurch ermöglichten Akkordbedingungen als ein Zwangsmechanismus zur Überverausgabung dar. Die durch das Lohnsystem verstärkte Tendenz zur Überverausgabung - und hier schließt sich der Zirkel - fördert wiederum die zeitliche Begrenzung der Berufstätigkeit auf 6-8 Jahre, den Ausstieg, die Fluktuation. Dieser Zirkel ist jedoch nicht ganz hermetisch, er hat auch eine sprengende Komponente, erzeugt er doch auch den Wunsch nach Abbau von Monotonie und nach anspruchsvoller, sinnhafter Arbeit.

Weder durch betriebliche Manipulation noch durch gewerkschaftlichen Druck sind derzeit allerdings wesentliche Veränderungen des Lohnsystems in der Bekleidungsindustrie zu erwarten. Dies wird in augenfälliger Weise dadurch unterstrichen, daß die einzigen Branchen innerhalb der EG mit wachsendem Anteil von Akkordarbeit die Schuh-, Leder- und Bekleidungsindustrie sind, also typische Frauenbranchen. Es bleibt somit derzeit nur die Hoffnung auf mögliche Detailverbesserungen auf den Grundlagen von Refa, um entstandene Disparitäten zwischen einem flexibilisierten Arbeitskrafteinsatz, betrieblichen Leistungserwartungen und Entlohnung handhabbar zu halten, damit die erreichten arbeitsinhaltlichen Verbesserungen nicht auf der Strecke bleiben.

Unabhängig davon, ob man einer eher optimistischen oder eher pessimistischen Einschätzung der hier skizzierten Entwicklungstendenzen zuneigt, setzt die Krise nochmal schärfere Akzente: Zum einen verbaut sie der einzelnen Näherin mangels alternativer Beschäftigungsmöglichkeiten den Ausweg aus dem bezeichneten Dilemma zwischen anspruchsvoller Arbeit und Akkord und wirkt zunehmend als Moment der Verstärkung von "Entberuflichung". Zum anderen werden in der Krise die Legitimationsverluste, die das alte Lohnsystem angesichts veränderter Leistungsabforderung erfahren hat, kompensiert, weil mit steigendem Preis- und Konkurrenzdruck die Anreiz- und Kontrollfunktionen des Akkords den Näherinnen wieder sinnfällig werden, zumal sie mit den modifizierten Entlohnungsformen auch die Erfahrung machen, daß diese bei zurückgehendem Auftragsvolumen die Lohnspirale nach unten nicht aufhalten können.

Anmerkungen

1) Das 1978 begonnene Projekt "Neue Arbeitsstrukturen in der Bekleidungsindustrie" wird im Rahmen des Programms "Humanisierung des Arbeitslebens" vom Bundesminister für Forschung und Technologie gefördert (01 HB 297 A - ZA - TAP 0012). Es wird voraussichtlich Mitte 1985 abgeschlossen, daher sind Ergebnisse bisher überwiegend noch nicht veröffentlicht. Ein integrierter Zwischenbericht der beteiligten Betriebe und Begleitforschungsinstitute ist 1983 unter dem Titel "Neue Arbeitsstrukturen in der Bekleidungsindustrie" in der vom Bundesminister für Forschung und Technologie herausgegebenen Schriftenreihe "Humanisierung des Arbeitslebens" Bd. 39 im Campus Verlag erschienen. Ausgewählte Ergebnisse der sozialwissenschaftlichen Begleitforschung, die von einer Projektgruppe am Landesinstitut Sozialforschungsstelle Dortmund durchgeführt wird, sind 1983 ebenfalls im Campus Verlag in der Reihe

Forschung Bd. 336 erschienen. Vgl. J. Fischer, C. Gebbert u.a.: Arbeitsstrukturierung und Organisationswandel in der Bekleidungsindustrie.

Literatur:

Bundesminister für Forschung und Technologie, Hg., 1983: Neue Arbeitsstrukturen in der Bekleidungsindustrie, Schriftenreihe "Humanisierung des Arbeitslebens", Bd. 39, Frankfurt/New York.

Fischer, J., u.a., 1983: Arbeitsstrukturierung und Organisationswandel in der Bekleidungsindustrie, Frankfurt/New York.

Knesebeck, J.-H., v.d., 1983: Gruppen mit erweitertem Handlungsspielraum als Lösungsansatz zur Humanisierung und Flexibilisierung, in: J. Fischer u.a., 1983.

Niebur, J., 1983: Von der Wachstums- zur Schrumpfungsindustrie - Strukturwandel in der Bekleidungsindustrie, in: J. Fischer u.a. 1983.

Weißbach, H.-J., 1983: Rekrutierung, Arbeitskrafteinsatz und Qualifikation in der Bekleidungsindustrie, in: J. Fischer u.a., 1983.

Ursula Müller

ARBEITS- UND INDUSTRIESOZIOLOGISCHE PERSPEKTIVEN VON FRAUENARBEIT
- FRAUEN ALS "DEFIZITÄRE" MÄNNER?

In meinem Beitrag geht es um das Bild der Frauenerwerbstätigkeit,
das sich in neueren arbeits- und industriesoziologischen Arbeiten
vielfach zeigt. Ich frage, wie sich gängige wissenschaftliche Konzepte zum Thema "Frauenerwerbsarbeit" verhalten zur Realität der
Frauen in unserer Gesellschaft: Wie versuchen sie diese Realität
zu erfassen? Welchem (impliziten) Erkenntnisinteresse sind sie verpflichtet? Welchen Beitrag leisten sie zur Perpetuierung der Ver-
zerrung weiblicher gesellschaftlicher Existenz, und was tragen sie
damit zur wissenschaftlichen und gesellschaftlichen Entwicklung
insgesamt bei?

Diese Fragen habe ich in einem Vortrag behandelt, der eher provoka-
tiv-übergreifend verfuhr und weniger mit der minutiösen Entwicklung
von Einzelargumenten arbeitete. Ich habe mich entschlossen, auch in
der Schriftfassung diesen Charakter des Beitrags beizubehalten. (1)

Meine These ist, daß in Forschungskonzepten und -arbeiten zum Thema
"Frauenerwerbsarbeit" immer noch fast durchgängig das "Männliche"
- wie z.B. die sogenannte männliche Normalbiographie, das Fachar-
beiterbewußtsein, das Arbeitnehmerinteresse - als das Menschliche
überhaupt genommen wird, also als Maßstab, an dem auch die Frauen
zu messen seien und dem sie niemals genügen - sie erscheinen notwendig als defizitäre Wesen.

Damit weisen diese Konzepte eine strukturelle Blindheit auf gegenüber den verschiedenen Aspekten des thematischen Zusammenhangs
"Frauenerwerbsarbeit" und offenbaren auf diese Weise eine latente
Misogynie. (2) Diese These versuche ich an drei Beispielen zu belegen: 1. der Analyse der Arbeitsmarktsituation von Frauen, 2. Analysen zum Verhältnis von "weiblichem" Erwerbsverhalten und betrieblichen Personaleinsatzstrategien, 3. der durchgängigen Unter- und
Umbewertung weiblicher Erwerbstätigkeitsbereiche in der Wissenschaft
und in der gesellschaftlichen Praxis.

1. Frauen auf dem Arbeitsmarkt: Komplementarität von "Strukturen"
   und "Subjekten"?

Die gängige und durchaus kritisch gemeinte These zur Rolle der Frau-
en auf dem Arbeitsmarkt ist die, daß Frauen die Rolle der flexiblen
Reserve spielen. Bisher, so die These, hätten sich Frauen vor allem
deshalb auf dem Arbeitsmarkt halten können, weil sie Zuflucht fanden in Rationalisierungslücken, -nischen, -sperren usw., in denen
ein Typ von Arbeitskraft sehr gefragt ist, den sie anzubieten
haben - nämlich "unqualifiziert" und doch flexibel einsetzbar, in
kurzer Zeit stark ausbeutbar, billig zu erwerben und auch unter
für Männer unzumutbaren Bedingungen einzusetzen. Diese Arbeitsplätze

seien ihnen jedoch nur solange sicher, wie der Einsatz ihrer Arbeitskraft billiger sei als neue Maschinerie bzw. die Implementation neuer Technologien, die sie früher oder später sowieso ersetzen werde.

Unbestritten ist, daß Frauen wegen der geschlechtsspezifischen Arbeitsteilung die Rolle der flexiblen Reserve in einem sehr allgemeinen Sinn zugewiesen ist. Dieser allgemeine Funktionsmechanismus kann jedoch nicht als ausreichendes und alleiniges Erklärungsmuster für die Prozesse in jeder einzelnen Branche und in jedem einzelnen Betrieb gelten. Das Konzept der "Restarbeitsplätze" bezeichnet sicher angemessen Prozesse, die in der industriellen Produktion in den letzten Jahren stattgefunden haben (obwohl auch hier bei weitem nicht nur "Frauenarbeitsplätze" wegrationalisiert wurden); es ist jedoch nicht für alle Erwerbstätigkeitsbereiche von Frauen empirisch haltbar. Dagegen spricht u.a. der mittelfristig zu beobachtende Trend einer im Vergleich zu den Männern günstigeren Beschäftigungsentwicklung in den letzten Jahren.

Die Expansion des tertiären Sektors (Verwaltung, Dienstleistung) konnte in den 70er Jahren von einer immer größer werdenden Gruppe von Frauen - nicht zuletzt wegen ihrer steigenden Qualifizierung im allgemeinbildenden Schulsystem - dazu genutzt werden, sich hier nicht nur im Bereich "einfacher" Tätigkeiten, sondern auch im qualifizierten und relativ gut bezahlten Bereich Arbeitsplätze zu erobern - Arbeitsplätze, die insofern (leider) trotzdem als "frauenuntypisch" gelten müssen, als sie in der Lage sind, "ihre Frau" zu ernähren. (3)

Auch im tertiären Sektor gibt es "typische" Frauenbereiche, die als gering qualifiziert gelten und niedrig bezahlt sowie besonders rationalisierungsanfällig sind; hier hat sich das Beschäftigungsrisiko in den letzten Jahren dem in der Industrie angenähert (z.B. durch die neuen Informations- und Kommunikationstechnologien in den Bereichen der Textverarbeitung und der Datenerfassung).

Für die qualifiziert beschäftigten Frauen in diesem Bereich kann die Rationalisierung mit Hilfe der neuen Technologien zur Gefahr werden, wenn sie mit einer Umstrukturierung der Arbeitsorganisation einhergehen, die die als qualifiziert geltenden Teile aus der heutigen Gesamttätigkeit (etwa: qualifizierte Sachbearbeitung) herauslöst und in den Bereich "männlicher" Erwerbsarbeit integriert, während den Frauen ein neu entstehender Typus von Restarbeitsplätzen zugewiesen wird.

Inwieweit diese Gefahr zur neuen Realität der Frauenerwerbsarbeit in diesem Sektor wird, ist abhängig von einer Reihe von Bedingungen, u.a. z.B. von der Möglichkeit, betriebliche Entscheidungsprozesse während der Neugestaltung von Technik und Arbeitsorganisation sowie zur Verteilung der neuen Arbeitsplätze unter der Frauenperspektive zu politisieren. Zu prognostizieren, daß Frauen mit

Sicherheit die Hauptopfer dieser Entwicklung sein werden, basiert jedoch auf einigen problematischen Grundannahmen:

Die anhand eines Wirtschaftssektors gewonnene Interpretation der Entwicklung der Frauenerwerbsarbeit wird auf alle Erwerbstätigkeitsbereiche übertragen ("Restarbeitsplatzkonzept") und trägt zu einer apokalyptischen Zukunftsvision bei. Vorausgesetzt wird ferner, daß die genannten Gefahren sich ohne nennenswerten Widerstand werden durchsetzen lassen (weil die Verhaltensweisen der Individuen "objektiven" Zwängen folgen); und letztlich wird damit dem technologischen Wandel eine Quasi-Naturwüchsigkeit unterstellt bzw. das unaufhaltsame Fortschreiten in einer bestimmten Richtung.

Diese Grundannahmen bestimmen auch den Rahmen für die politischen Schlußfolgerungen, die gezogen werden: die Strategiebildung beschränkt sich vielfach auf die Milderung der schlimmsten Folgen. Die Forderung "Nicht der Mensch soll der Technik dienen, sondern umgekehrt", kann dann nicht mehr als Gegenentwurf entwickelt (als eine konkrete Utopie) und Bedingungen zu ihrer Realisierung angegeben werden, wenn die Betroffenen als handelnde Subjekte negiert werden.

Es kann m.E. jedoch nicht die Aufgabe von Arbeitsmarktforschung in der Frauenperspektive sein, Frauen immer wieder aufzuzeigen, daß sie (wir) - aufgrund der technologischen Entwicklung, der geschlechtsspezifischen Arbeitsteilung, des "besonderen" weiblichen Erwerbsverhaltens oder was auch immer - keine oder wenn nur sehr geringe Chancen auf dem Arbeitsmarkt haben und immer zentral gefährdet sind. Wir können davon ausgehen, daß dies zum festen Erfahrungsbestandteil der Frauen bereits gehört. Auch kann nicht Ziel sein, die Vernichtung unqualifizierter, unzumutbarer und unterbezahlter Arbeitsplätze zu verhindern.

Wir müssen vielmehr davon ausgehen, daß in unserer Gesellschaft die bezahlte Arbeit in den nächsten 10 bis 20 Jahren umverteilt werden muß und wird. In diesem Kontext ist die Aufgabe frauenorientierter Arbeitsmarktforschung zu bestimmen. Diese hätte Bedingungen herauszufinden und Strategien zu entwickeln, die die Entwicklung einer Geschlechterpolarisierung auf höherer Stufenleiter verhindern; d.h. dazu beitragen, daß Frauen den Anspruch auf die neu entstehenden, besser qualifizierten und teilweise höher bezahlten Arbeitsplätze durchsetzen können. (4)

Das "Restarbeitsplatzkonzept" setzt implizit in seiner Benennung der "objektiven" Bedingungen der Frauenerwerbsarbeit für die Seite der Subjekte ein problematisches Bild der erwerbstätigen Frau voraus. Diese habe, so heißt es, überwiegend ein instrumentelles Verhältnis zur Erwerbsarbeit (5); ihre Berufsorientierung sei eigentlich eine Erwerbsorientierung; ihre Erwerbsorientierung sei eigentlich mehr eine Zuverdienst-Orientierung; und soweit ihr überhaupt Interesse an der Arbeit selbst zugestanden wird, so nicht an deren fachlich-sachlichen Momenten, sondern an deren so-

zialen Aspekten. Darüber hinaus mangele es ihr wegen ihrer grundlegenden Familienorientierung nicht nur an Arbeitnehmerbewußtsein
für sich selbst, sondern auch für das "Ganze"; sie zeige ein "besonderes" Erwerbsverhalten, nämlich ein diskontinuierliches, nicht
sichtbar nach Weiterqualifizierung und Aufstieg strebendes, usw.
usf.

Diesen Thesen ist insgesamt ein empirischer Gehalt nicht abzusprechen.
Sie sind jedoch andererseits zu problematisieren a) aufgrund der
statistischen globalen Entwicklung der Frauenerwerbstätigkeit und
b) in Hinblick auf die Konzeptualisierung, auf deren Grundlage empirische Belege gewonnen wurden.

a) Die Entwicklung der Frauenerwerbsarbeit tendiert unverkennbar zur
Kontinuisierung der Berufsausübung, zu höherer Qualifizierung und
zum Leben in Familie und Beruf. Auf letzteres verweist z.B. der
starke Anstieg der Erwerbstätigkeit verheirateter Frauen, bis hin
zu den Müttern mit Kleinkindern. Betrachten wir zusätzlich, daß die
öffentlich bereitgestellten Kinderbetreuungsmöglichkeiten unzureichend
sind, und zwar umso katastrophaler, je kleiner (oder je schulpflich-
tiger) die Kinder sind; daß sich auch nach neuesten Untersuchungen
an der Zuteilung aller häuslichen Arbeit und Verantwortung an die
Frauen so gut wie nichts geändert hat; daß die sogenannte öffentliche Meinung berufstätige Frauen (besonders Mütter) nicht erst seit
der "Wende" angreift - so bekommen wir eine Ahnung von der Stärke
des Willens zu einer bestimmten Lebensgestaltung, die hinter diesem
beobachtbaren Erwerbstätigkeitsverhalten von Frauen steht. (6)

b) Auf der Ebene der Konzeptualisierung illustriert das Bild der
erwerbstätigen Frau besonders plastisch die unreflektierte Annahme,
der männliche Arbeitnehmer sei der allgemeine (und damit der allgemein gültige) Arbeitnehmer, und die Arbeitnehmerin eben eine Ab-
weichung davon. Wie auf diese Weise die inadäquate Konzeptualisierung
eines Forschungsfeldes zum Problem der Frauen verzaubert wird, be-
dürfte einer eigenen Erörterung, die ich hier nicht ausführen kann.

Wichtig ist mir hier, daß durch diese Annahme der Blick dafür ver-
stellt wird, daß das Erwerbsverhalten von Frauen auch vielfach als
Strategie verstanden werden muß, unter gegebenen restriktiven Bedingungen (geschlechtsspezifische Arbeitsteilung usw.) Kontinuität
zu erlangen. Die Nachfrage nach Teilzeitbeschäftigung, die Unterbrechung der Erwerbstätigkeit bei der Geburt von Kindern und die
Antizipation dieser Unterbrechung sind nicht einfach als Ausdruck
von Familienorientierung, Ablehnung von Erwerbstätigkeit oder
Reaktion auf gesellschaftlich gesetzten Zwang zu interpretieren.
Dieses Erwerbsverhalten muß vielmehr auch in entgegengesetzter Richtung interpretiert werden, nämlich als Ausdruck eines deutlichen
Interesses an Erwerbsarbeit und deren Kontinuisierung trotz der
Gründung einer eigenen Familie und damit als der Versuch, sich in-
nerhalb sehr eingeschränkter Handlungsmöglichkeiten gleichwohl Be-
wegungsspielraum zu verschaffen. (7)

2. Weiblicher Lebenszusammenhang und betriebliche Personaleinsatzstrategien - ein circulus vitiosus?

Das oben skizzierte Bild der erwerbstätigen Frau spielt auch im engeren arbeits- und industriesoziologischen Bereich eine Rolle. Bei der Behandlung der Frage, wie "weibliches" Erwerbsverhalten und betriebliche Personaleinsatzstrategien aufeinander bezogen sind, ergibt sich häufig eine zirkuläre Argumentationsstruktur, die ungefähr wie folgt lautet:

Weil Frauen geschlechtsspezifisch sozialisiert sind, tendieren sie zu ganz bestimmten Verhaltensweisen und Orientierungen. Bezogen auf die sogenannte "Arbeitswelt" drückt sich das darin aus, daß sie bestimmte Berufe "bevorzugen", andere Beurteilungsmaßstäbe an Berufe anlegen als Männer (z.B. gern "mit Menschen zu tun haben") und in der Erwerbstätigkeit selbst sich nicht nur in der bereits beschriebenen Weise verhalten, sondern außerdem das dazu passende Bewußtsein auch gleich mitbringen. Daß Frauen so gut wie nie in Aufstiegspositionen zu finden sind, wird auf ihr mangelndes Interesse an Aufstieg zurückgeführt, das seinerseits mal auf mehr, mal auf weniger frauenfeindliche Weise erklärt wird. Sie seien nicht darauf orientiert, für die Verbesserung ihrer gegenwärtigen unzumutbaren und unterbezahlten Arbeitsplätze zu kämpfen, weil ihre Erwerbstätigkeit von ihnen - ob erzwungen oder freiwillig - eh nur als vorübergehende geplant sei, und schließlich fielen sie auch noch auf den trügerischen Schein von Freiheit und Selbstbestimmung herein, der im Akkordsystem oder in der flexiblen Arbeitszeit liegt. Hinzu kommt die Reserviertheit von Frauen gegenüber gewerkschaftlicher Organisation und ihre Strategie, ihre Interessen lieber individuell - z.B. durch ein gutes Verhältnis zum Vorgesetzten - als kollektiv vertreten zu wollen.

Da die Frauen selbst ihre Lage bzw. jede Gegenwehr als aussichtslos betrachten (müssen), so geht die Argumentation weiter, werden ihre sowieso schon stark ausgeprägten geschlechtsspezifischen Verhaltensweisen, die sie u.a. in diese Situation gebracht haben, durch diese Situation wiederum verstärkt: der Kreislauf in der Argumentation wird zum Kreislauf in der gesellschaftlichen Existenz berufstätiger Frauen reifiziert.

Denn: so, wie Frauen angeblich sind, sind sie genauso, wie die Betriebe sie auch brauchen: flexibel einsetzbar, beliebig ausbeutbar, billig und leicht zu feuern, weil weder sie selbst noch ihre Interessenvertretung groß etwas dagegen tun oder tun können.

Auch diesen Thesen ist ein empirischer Gehalt nicht abzustreiten, auch wenn ich gegen einige Studien, die diese Thesen empirisch belegt haben wollen, methodologische Einwände habe. Meine Kritik richtet sich hier vielmehr gegen das Erkenntnisinteresse einer solchen Forschung.

Arbeits- und industriesoziologische Frauenforschung muß sich fragen:

Warum ist das Interesse so stark, immer wieder die Funktionsweise des Status quo aufzuzeigen und in die kleinsten Verästelungen hinein zu verfolgen? Wem soll eine solche Forschung nützen? Wo ist hier das Ernstnehmen der handelnden Subjekte, von dem heutzutage auch in der arbeits- und industriesoziologischen Forschung die Rede ist? Wo ist die soziologische Phantasie, die die Widersprüchlichkeit von Handlungen und Orientierungen der Subjekte in Verbindung bringt zu deren widersprüchlichen Handlungsbedingungen, ohne jene auf diese reduzieren zu wollen?

Durch die Fixierung auf den Nachweis des wechselseitigen Aufeinander-Einwirkens von Betriebsstrategien und Verhalten der Frauen ist der Blick verloren gegangen für die gesellschaftlichen Handlungsbedingungen der Frauen, von denen die betrieblichen eine Konkretion sind. Wir können unseren Blick wieder erweitern, wenn wir uns auf einige Thesen und Fragen der neuen Frauenforschung einlassen, die von der systematischen Unterdrückung der Frauen in unserer Gesellschaft aufgrund ihrer Geschlechtszugehörigkeit ausgehen. Dann ergeben sich Fragen wie:

Wo ist die Untersuchung zum Sexismus im Betrieb als zentrales Erfahrungsfeld der Frauen? Wo bleibt der Hinweis auf die vielen subtilen Mechanismen, mit denen Frauen klar gemacht wird, wo nach der herrschenden Meinung ihr Platz ist und was ihr Wert ist? Wo bleibt der Hinweis auf die betrieblichen Strukturen und Prozesse, die Frauen immer wieder in die Bereiche verweisen, die ihnen reserviert sind? Wo ist die Untersuchung betrieblicher Entscheidungsprozesse über Arbeitsverteilung, Positionszuweisung usw., die der Frage nachgeht, warum diese durchgängig von der Vorstellung geprägt sind, daß Berufstätigkeit für einen Mann irgendwie wichtiger ist als für eine Frau und daß eine Frau immer nur fast so gut ist wie ein Mann?

Es zeigt sich aus dieser Perspektive, daß die arbeits- und industriesoziologische Forschung zur Frauenerwerbsarbeit wesentliche Forschungsdefizite zur Struktur des betrieblichen Alltags von Frauen aufweist.

3. Unsichtbarkeit und Unterbewertung von Frauenarbeit

Die Unsichtbarkeit von Frauenarbeit wird in der neueren Diskussion hauptsächlich bezogen auf die Reproduktionsarbeit der Frau, die bekanntlich lange nicht als "Arbeit" betrachtet wurde. Für den Bereich der bezahlten Arbeit von Frauen zeigt sich das Problem der Unsichtbarkeit und der Bewertung genauso, wie ich zeigen möchte. (8)

Verschiedene Strategien, mit denen die Arbeit von Frauen unsichtbar gemacht werden kann, werden heute - besonders in der neuen Frauenforschung - diskutiert; z.B. die Unsichtbarkeit durch Beschäftigungsformen (ungeschützte Beschäftigungsverhältnisse, die in der Erwerbstätigenstatistik nicht auftreten; Teilzeitarbeit, die

die Folgen der hohen Vernutzung und der Flexibilisierung der Arbeitskraft den Frauen als "Privatproblem" aufbürdet) und durch die vorherrschenden Systeme der Arbeitsplatzbewertung und der daraus resultierenden Lohnfindung, die sich an "männlichen" Mustern orientieren (die Monotonie der repetitiven Teilarbeit in der Metall- und Elektroindustrie gilt so als unqualifizierte und belastungsärmere Arbeit, das leichtere Ertragen-Können von Monotonie und kurzen Taktzeiten wird Frauen als "frauliche" Eigenschaft zugeschrieben; damit werden der Belastungsgrad, die Leistung und die Qualität der Frauenarbeit negiert und unsichtbar gemacht).

Die Unsichtbarkeit von Frauenarbeit wird aber nicht nur durch diskriminierende Bewertung erreicht, sondern ebenso - und vielleicht noch effizienter - durch das schlichte Ignorieren ihrer tatsächlichen Leistungen, indem ein großer Teil der von Frauen im Bereich der bezahlten Arbeit erbrachten Leistung nicht als berufliche in den Blick tritt.

Besonders deutlich wird dies, wenn wir die erstaunliche Veränderung betrachten, die sich in der Bewertung vergleichbarer Tätigkeiten/ Leistungen zeigt, wenn diese nicht von Frauen, sondern von Männern ausgeführt werden. Dies möchte ich an zwei Beispielen aus dem Dienstleistungsbereich erläutern: dem der Putzfrau in der Reinigungsfirma und dem der Verkäuferin.

Zunächst zur Putzfrau. Reinigungsfirmen konkurrieren bekanntlich über die Preise pro Quadratmeter Reinigung miteinander; die Reinigungsflächen werden damit immer größer, das Entgelt bleibt dasselbe, die Zeitvorgaben werden enger - aber die Qualität der Reinigung soll die gleiche bleiben. Für die Putzfrauen erfolgt keine Qualifizierung; ihr "weibliches" Erfahrungswissen und ihr hausfrauliches Qualitätsbewußtsein werden stillschweigend vorausgesetzt und als Qualitätsgarantie in Anspruch genommen. Daß berufsmäßiges Putzen etwas ganz anderes ist als Putzen im eigenen Haushalt, daß es um die Beherrschung verschiedener Geräte und Maschinen, um Spezialwissen über geeignete Reinigungsmittel für die verschiedene Beschaffenheit der zu reinigenden Flächen, um die Beherrschung von Zeit- und Arbeitsökonomie usw. geht, wird dann deutlich, wenn die Tätigkeit in einem "männlichen" Bereich angesiedelt wird; der dreijährige Ausbildungsberuf des Gebäudereinigers, der weit überwiegend für junge Männer angeboten wird, betont in der Berufsbeschreibung das fachlich-sachliche Spezialistentum der Reinigungsarbeit.

Nun zur Verkäuferin. Trotz ständiger Ausdünnung der Personaldecke soll die Verkäuferin u.a. gleichbleibend freundlich und höflich bleiben, Kunden mit Menschenkenntnis behandeln, nie die Nerven verlieren, ggfs. auch bei Selbstbedienung einen Hauch von "Tante-Emma-Laden" verkörpern u.a.m. Diese Leistung der Verkäuferin ist eine professionelle; wenn sie diese nicht erbringt, wird sie ihren Arbeitsplatz nicht lange behalten. Die Leistung wird jedoch nicht als berufliche Anforderung und Qualifikation gewertet, sondern als

"Jederfraufähigkeit", über die sie als Frau in der Regel angeblich verfügt. Auch hier ändert sich die Bewertung schlagartig, wenn vergleichbare Leistungen von Männern erbracht werden. Freundlichkeit, Sensibilität, Menschenkenntnis werden von der Verkäuferin umsonst verlangt, beim Manager bzw. Führungskräftennachwuchs aber für viel Geld systematisch trainiert und als Leistung auch bezahlt. (9)

Die Beispiele zeigen, daß in diesen "typischen" Frauenbereichen mit einer speziellen Leistung der Frauen gerechnet wird, die diese auch erbringen: es geht um die Verdichtung der Arbeitsleistung bei gleichbleibender Entlohnung und gleichbleibenden Qualitätsansprüchen unter Inanspruchnahme "weiblichen" Erfahrungswissens, das vorberuflich ansozialisiert sein mag,aber durch betriebliche Nutzung einen bestimmten Zuschnitt erhält. Diese Leistung gilt jedoch nicht als Bestandteil professioneller Qualifikation, sondern als Ausdruck "weiblicher" Eigenschaften und Fähigkeiten. Der geringe Professionalisierungsgrad, der den beiden genannten Berufen zugesprochen wird, ist also u.a. gegründet, (10) daß der Anteil der sogenannten "Jederfrauqualifikation" den der anerkannt "fachlich-sachlichen" Qualifikationen zurückdrängt und dies durch das vorherrschende Beurteilungssystem kodifiziert wird. Werden vergleichbare Leistungen von Männern erbracht, gelten sie meist als ausweisbare, wertvolle und adäquat zu vergütende berufliche Qualifikationen.

Die Unsichtbarkeit der Frauenarbeit ist also Ausdruck davon, daß Frauen selbst nicht die Definitionsmacht darüber haben, was Arbeit, Qualifikation und Leistung ist und was nicht. Da der betriebliche Einsatz von Frauenarbeit darauf angelegt ist, wesentliche Bestandteile der beruflichen Leistungen verborgen zu halten, ist es für die Betroffenen selbst wiederum sehr schwer, ihre tagtäglich erbrachte Leistung als Bestandteil ihres Berufs und nicht als individuelle Fähigkeit, Anforderungen gerecht zu werden, zu interpretieren. Wo aber die Herausbildung eines beruflichen Selbstbewußtseins vereitelt wird, ist auch die Möglichkeit sehr beschränkt, für die eigenen Rechte als Arbeitnehmerin zu kämpfen oder für eine Um- und Neubewertung der geleisteten Arbeit.

Ein Fazit für die arbeits- und industriesoziologische Forschung ist hier, daß ein adäquates Analysekonzept für die Anforderungen und Belastungen in "typischen" Fraueneinsatzbereichen fehlt, insbesondere im Bereich des Dienstleistungssektors. (11)

4. Schlußbemerkung

Ich habe mich bemüht darzulegen, in welcher Weise und warum gängige Konzepte zur Analyse der Frauenerwerbsarbeit wenig zur Analyse der Komplexität weiblicher gesellschaftlicher Existenz beitragen können, wenn sie weiterhin den männlichen Erwerbstätigen, das männliche Erwerbsverhalten zum Maßstab nehmen. Ich plädiere ferner dafür, das

Erkenntnisinteresse der Forschung nicht auf den abermaligen Nach-
vollzug der Funktionsweise des Status quo zu beschränken, sondern
zu erweitern auf Anzeichen für zukünftige Entwicklungen, die an
der widersprüchlichen Existenz von Frauen heute bereits ablesbar
sind. (12)

Dies bedeutet konkret: Das Handeln der Frauen und die Verarbeitung
ihrer Erfahrungen, die sie in Studien zur Frauenerwerbsarbeit mit-
teilen, beziehen sich immer konkret auf ihre Handlungsbedingungen.
Die widersprüchlichen Verhaltensanforderungen, denen sie sich ge-
genübersehen, sind gesellschaftlich produziert, werden ihnen aber
als individuell zu lösendes Problem zugemutet; je nach dem Ausmaß
des Handlungsspielraums, den Frauen für sich sehen, differiert
das Verhältnis von Orientierungen und tatsächlichem Verhalten.
Das Handeln der Frau verändert sich, wenn sie in irgendeiner Form
eine Veränderung ihrer Handlungsbedingungen erfahren bzw. eine
Chance sehen, selbst ihre Handlungsbedingungen zu verändern.

Eine Forschungsperspektive unter diesem Blickwinkel zu entwickeln
und durchzuhalten, ist nicht einfach, weil sie sich gegen die
scheinbare Übermacht dessen richtet, was als das Faktische und
Beobachtbare definiert wird. Dies enthebt aber arbeits- und industriesoziologische Forschung m.E. nicht der Notwendigkeit, damit
zu beginnen.

Anmerkungen

1) Deshalb sowie aus Platzgründen verzichte ich daher auch auf
   jegliche Literaturangaben.

2) "Misogynie" ist der wissenschaftlich passierfähige Ausdruck
   für "Frauenfeindlichkeit".

3) Frauenspezifische Diskriminierung gibt es hier wie überall.
   Während in der Produktion Frauen so gut wie nie Vorgesetzten-
   positionen innehaben, gelangen sie im tertiären Bereich nur
   selten über die Ebene unterer bis mittlerer Führungskräfte
   hinaus. Die Diskriminierung verläuft hier außerdem auch in
   horizontaler Richtung: die als besonders wichtig und verant-
   wortungsvoll und somit auch als aufstiegsqualifizierend betrachteten Positionen und Abteilungen werden in aller Regel
   Männern zugewiesen. So kann eine Frau bei einer Bank oder
   Sparkasse sicherlich im Schalter- und Kassendienst tätig sein,
   aber das Kreditwesen überläßt "man" lieber einem Mann. - Auch
   gibt es erste empirische Hinweise darauf, daß gerade auch
   öffentliche Arbeitgeber in letzter Zeit dazu übergehen, auf
   die Auffüllung von "Männerquoten" zu achten. So ist uns aus
   unserer eigenen Forschungspraxis ein qualifizierter Bereich
   des öffentlichen Dienstes bekannt, in dem bis vor einiger Zeit
   überwiegend Frauen eingestellt wurden, weil diese die bessere
   schulische Vorqualifikation aufzuweisen hatten. Seit kurzem
   gibt es in diesem Bereich nun Männer-Schutzquoten.

4) Dies bedeutet natürlich auch, wie Eingeweihte sich hier denken können, daß die Umverteilung der bezahlten Arbeit mit der Umverteilung der unbezahlten Arbeit einhergehen muß,

5) Die für den Männerbereich langsam in Mißkredit geratene Instrumentalismus-These sucht sich bei den Frauen nun eine neue Zuflucht.

6) Sicherlich drückt sich in diesem Verhalten nicht nur freier Wille und gestiegenes Selbstbewußtsein aus; für bestimmte Gruppen spielt das sinkende Realeinkommen, gestiegene Ansprüche an Lebenshaltung, das gestiegene Arbeitslosigkeitsrisiko usw. eine Rolle. Ich halte dies aber nicht für ausreichend, um den krisenübergreifend stabilen Trend im Erwerbsverhalten der Frauen zu erklären; dieser ist nicht ausschließlich als Reaktion auf Zwänge erklärbar.

7) Dies ist ein Ergebnis des Projekts "Junge Frauen als Auszubildende und Berufstätige im Warenverkauf", das ich z.Zt. mit meinen Kolleginnen im Auftrag des BMJFG am Landesinstitut Sozialforschungsstelle abschließe.

8) Die folgenden Überlegungen sind zum großen Teil entwickelt aus der gemeinsamen Arbeit und Diskussion mit meinen Kolleginnen Petra Glöß und Monika Goldmann.

9) Für diesen Hinweis danke ich Ingrid Colin, Institut für Arbeitspsychologie der Universität Frankfurt/M.

10) Ich konzentriere mich in diesem Beitrag auf die Bedeutsamkeit der "Jederfrau-Qualifikationen". Zusätzlich zu deren Anerkennung als berufliche Fähigkeiten wäre für weite Teile der Frauenerwerbstätigkeit auch die Anhebung des fachlich-sachlichen Niveaus notwendig, um eigenständige Berufsprofile zu entwickeln, die nicht mehr so leicht der Geringschätzung zu unterwerfen sind.

11) Sind schon die im Bereich der industriellen Produktion zur Anwendung kommenden Schemata, die aus dem "männlichen" Einsatzbereich gewonnen wurden, für die Beurteilung von Frauenarbeitsplätzen nur bedingt geeignet, so stößt der Versuch ihrer Übertragung auf den Verwaltungs- und Dienstleistungsbereich schnell an Grenzen. Über die adäquate Erfassung dieser Arbeitsleistung hinaus - die für sich genommen schon eine Pionieraufgabe ist - wäre hier auch aufzunehmen, daß die Arbeitsbelastung niemals nur auf den einzelnen Arbeitsplatz und dessen Anforderungen bezogen ist, sondern auch auf den Betrieb als sozialen Prozeß und auf die widersprüchlichen Anforderungen, die Frauen aufgrund ihres Lebenszusammenhangs (= der geschlechtsspezifischen Arbeitsteilung) auch in der betrieblichen Situation, immer mit sich tragen. - Diese Forderung nach der Beachtung des Kontextes richtet sich nicht nur in der Frage der Frauenerwerbstätigkeit an die arbeits- und industriesoziologische Forschung; ihre Not-

wendigkeit läßt sich jedoch hier besonders deutlich machen, weil auf Thesen und Ergebnisse der neueren Frauenforschung als Korrektiv und Kritikpotential zurückgegriffen werden kann.

12) Ein erster Schritt bestünde hier in der adäquaten Rezeption einiger Forschungen, die sich um die notwendige Erweiterung des Erkenntnisinteresses und der Forschungsperspektive im hier geforderten Sinn bemühen. Teils amüsiert, teils deprimiert stimmt die aufmerksame Industriesoziologin z.B. die bisherige Rezeption der Arbeiten des Hannoveraner Projekts unter Leitung von Regina Becker-Schmidt; teilweise wird diese Studie geradezu als Beleg der Instrumentalismus-These interpretiert, also ihrem zentralen Ergebnis genau entgegenlaufend.

Carol Hagemann-White

SELBSTBILD UND SELBSTVERSTÄNDNIS VON FRAUEN - EINLEITUNG

Die Veranstaltung "Selbstbild und Selbstverständnis von Frauen"
möchte ich unter den Leitbegriff "Ambivalenz" stellen. In ihrer
Gesamtheit sind die vorliegenden Vorträge Ausdruck davon, daß wir
in den letzten Jahren zu einer wesentlich reichhaltigeren und dif-
ferenzierteren Diskussion der Ambivalenz weiblicher Identität bzw.
des Umgangs von Frauen mit ihrer gesellschaftlichen Lage gelangt
sind. Denn Begriffe wie "Ambivalenz" oder "Eigenanteil der Frauen
an ihrer Unterdrückung" sind mit einem Ballast von Schuldzuwei-
sungen verhaftet, deretwegen wir in der Frauenforschung lange Zeit
sehr zurückhaltend damit umgegangen sind. Bestand - und besteht -
doch die Gefahr, durch eine Fokussierung der Theorie auf individuelle Verarbeitung von Verhältnissen gesellschaftlicher Ungleichheit Wirkungen zu Ursachen zu verkehren und die psychischen Strategien der Lebensgestaltung verantwortlich zu machen für die Verhältnisse, in denen es zu überleben gilt. Jede Art Ausbeutung kann
so als beidseitig gewollt, sei es in der rationalen Form des freien
Vertrags oder der irrationalen der unbewußten Kollusion, erscheinen.
Erfreulich an unserem heutigen Diskurs ist die Chance, sich von
dieser ideologischen Tradition zu lösen. Wenn ich heute den Begriff Ambivalenz als verbindenden roten Faden anbiete, so ist damit eine soziologische Erkenntnis der Mehrwertigkeit aller Lebensentwürfe von Frauen für die Frauen selbst sowie der notwendigen
Doppelbödigkeit weiblicher Indentitätsbildung gemeint. Die Analyse dieser Mehrschichtigkeit dient der Entfaltung von Bewußtheit
und Reflexivität unseres Denkens, Fühlens und Handelns als Frauen
und als Frauenforscherinnen. Sie erlöst die Männer nicht aus der
Verantwortung für ihr Handeln,sondern im Gegenteil fordert sie implizit dazu auf, ein ähnliches Maß an selbstkritischer Bewußtheit
der Triebkräfte ihre Beteiligung an der Frauenunterdrückung zu
entwickeln. Vor allem die Vorträge von Margrit Brückner und Lerke
Gravenhorst lassen spüren, wie schmerzlich das Ausbleiben eben-
bürtiger Gesprächspartner, die ihren eigenen männlichen Anteil an
Gewalt gegen Frauen reflektiert haben, vermißt wird. Zu fragen
wäre bei beiden, ob nicht Frauenforscherinnen ebenso wie mißhandelte Frauen sich vor der Versuchung in acht nehmen müssen, diesen
fehlenden männlichen Part am Diskurs durch eigene Phantasien über
unterstellte und vermutete männliche Beweggründe zu ersetzen. Doch
deute ich die Vorstöße zum Entwurf männlicher Selbstreflexion in
diesen Vorträgen als konkrete Utopie, Vorgriff auf erhoffte, bislang nur selten realisierbare Gespräche.

Die Vorträge dieser Veranstaltung stellen sich die Frage, wie Frau-
en im eigenen Selbstbild den Widerspruch bewältigen, der zwischen
den kulturellen Rollenzuschreibungen für Weiblichkeit und dem subjektiv erlebten Bedürfnis nach Selbstverwirklichung klafft. Denn:

wird Frau-sein kulturell vor allem als Dasein für andere bestimmt, ihre Realisierung als substantielle Erhaltung von Bezogenheit und Angewiesenheit aufeinander, letztlich also als Versöhnung erlebt, so sind dagegen konkrete Entwürfe von Selbstverwirklichung trotz ihrer abstrakten aufklärerischen Humanitätsansprüche unterschwellig mit einem Männlichkeitsbild vermengt, dessen Kernstück die Durchsetzung eigener Wünsche ohne Rücksicht auf andere oder auf Kosten anderer ist. Daher gibt es in jedem konkreten Lebensentwurf von Frauen Zwiespalt.

Die ersten beiden Vorträge der Veranstaltung beziehen sich auf Frauen als "Opfer" männlicher Gewalt, tun dies jedoch mit theoretischen Ansätzen, die eine solche "Opferdefinition" bereits weit hinter sich gelassen haben - ohne aus den Frauen etwa heimliche Täterinnen zu machen. Allerdings äußert sich die Realitätsnähe ihrer Analysen nach meinem Eindruck auch darin, daß die Problematik, die sie jeweils beschreiben, sie in ihren Vorträgen einholt. So kommt das von Margrit Brückner beschriebene Dilemma von Nähe und Distanz in ihrem Vortrag selbst noch einmal zum Ausdruck, wenn den Frauen (allen Frauen?) eine distanzlose Identifizierung mit Weiblichkeit unterstellt wird und damit, und sei es auf der Ebene der unbewußten Phantasien, eine unterschiedslose Verschmolzenheit aller Frauen miteinander durchschimmert. Bei Lerke Gravenhorst ist es die von ihr analysierte Schwierigkeit feministischen Denkens, zwischen Männlichkeit als potentieller Mißhandleridentität und anthropologischer Chance der Distanzierung von vorgegebenen Rollen zu unterscheiden, die in ihrem Vortrag sich noch wiederholt: der Entwurf einer möglichen männlichen Auflehnung gegen Männergewalt verschwimmt stellenweise mit der Aufforderung, das "spezifisch Männliche" (vielleicht sogar das Mißhandlungsverhalten?) anerkennen zu sollen. Mir scheint, daß hier weniger Mängel an den theoretischen Ansätzen als Symptome für den Schwierigkeitsgrad der Herstellung eines neuen Diskurses innerhalb einer alten Kultur vorliegen: die theoretischen Zusammenhänge und die Begriffe, mit denen wir unsere gedankliche Arbeit leisten, stammen aus einem Kontext der Selbstverständlichkeit herkömmlicher Geschlechteridentitäten, und wir springen mit unseren Gedanken immer auch über den eigenen Schatten.

In den Vorträgen des zweiten Teils dieser Veranstaltungen wird die andere Seite der Ambivalenz sichtbar. Hier geht es um Frauen, die in die männlichen Bereiche von Wissenschaft und Politik vorgedrungen sind und dort eine Identität zu finden und darzustellen versuchen, die mit dem kulturellen Bild der Frau zumindest soweit vereinbar ist, daß sie nicht innerlich oder äußerlich zerrissen werden. Es ist wohl kein Zufall, daß diese beiden Vorträge weit weniger unmittelbare Betroffenheit, Nähe und Wir-Gefühl mit den Frauen, auf die sie Bezug nehmen, aufweisen, als die beiden ersten - dies obwohl, bei allen Differenzen in den Anschauungen, sowohl die Lebenslage wie auch die Identitätsprobleme der untersuchten

Wissenschaftlerinnen bzw. politisch engagierten Frauen der Lage
der Forscherinnen weit näher sind. Die Entfaltung einer geistigen
beruflichen Identität und die Entwicklung von Durchsetzungsformen
in der Öffentlichkeit forderten und fordern Frauen ein hohes Maß
an Abspaltung der eigenen Gefühle und Lebenspraxis ab. Zugleich
sind solche Identitäten aber auch eine (oft von Frauen ersehnte)
Chance, nicht einfühlsam, emotional und personenbezogen sein zu
müssen. Zu der von Angelika Wetterer umrissenen balancierenden
Identität gehört die Möglichkeit, als Wissenschaftlerin und auch
als Frauenforscherin rational und distanziert und dennoch authen-
tisch, in der Sachlichkeit und der Anstrengung um die Sache bei
sich zu sein. Das gilt vielleicht auch für die Vertreterinnen
der ersten Frauenbewegung, die Bärbel Clemens kritisch vorstellt;
nicht umsonst vertraten sie ein Konzept geistiger Mütterlichkeit,
das ihnen weibliche Legitimität für organisatorische, politische
und intellektuelle Aktivitäten bot. Mir scheint, daß das Bedürfnis
nach einer in der Analyse der Sache lebenden Identität sich im
Stil und Vorgehen der beiden Vorträge äußert. Die Grundgedanken
der Betroffenheit und der Parteilichkeit in der Frauenforschung
führen je nach Thematik und Ansatz zu unterschiedlichen, oft sogar
kontrastierenden Ausprägungen. Ambivalenz, das ist auch die Zer-
rissenheit zwischen beiden Seiten unseres eigenen Zugangs zur
Thematik und ihre untrennbare Zusammengehörigkeit.

Margrit Brückner

WEIBLICHE VERSTRICKUNGEN IN LIEBESBEZIEHUNGEN - AM BEISPIEL
MISSHANDELTER FRAUEN

Ich will in diesem Vortrag versuchen, meine Untersuchung über die
Verstrickungen von Weiblichkeit, Liebe und Mißhandlung (Brückner
1983) zusammenzufassen.

Mein Interesse an diesem Thema entstand aus meiner Mitarbeit in
einem autonomen Frauenhaus. Anfangs standen die greifbaren, hand-
festen Probleme im Vordergrund: Finanzierung des Hauses, Organisation der anfallenden Arbeit, die uns bald über den Kopf wuchs,
die konkreten Sorgen und Nöte der Frauen und Kinder usw. Dann kon-
zentrierte sich mein Interesse immer stärker auf das Lebensschick-
sal und die Lebensperspektive der Frauen, die zu uns ins Haus kamen.
Ein Interesse und eine Neugier die gleichzeitig die Frage aufwarf,
was für Frauen sind wir, die frauenbewegten Frauen, die dort arbeiteten und nicht zuletzt: wie werde ich selbst in meiner Weiblichkeit durch diese Arbeit mit Frauen, die einer gewalttätigen Liebes-
beziehung entflohen sind berührt. In welcher Weise verknüpfen sich
Bilder von Weiblichkeit mit dem Ertragen und der Erduldung männlicher Gewalttätigkeit? Ich bin davon ausgegangen, daß die gesellschaftlich vermittelte und individuell gelebte Vorstellung weiblicher Liebe zu Männern sich in der Extremität gewalttätiger Beziehungen besonders deutlich zeigen würde.

Das Phänomen der Mißhandlung von Frauen in der Ehe und dessen große
Verbreitung in unserer Gesellschaft sehe ich als Zeichen dafür, daß
hinter dem spezifischen Leid mißhandelter Frauen allgemeine Probleme
weiblicher Lebenszusammenhänge und weiblicher Identitätsstrukturen
sichtbar werden. Mein Interesse richtet sich weniger auf Unterschiede zwischen mißhandelten und nichtmißhandelten Frauen als auf das
Gemeinsame: auf die Verwobenheit von Weiblichkeit mit der Möglichkeit von Mißhandlung.

Die Beschäftigung mit den Bildern von Weiblichkeit in den Frauen
selbst ergibt nur dann einen emanzipatorischen Sinn, wenn ich davon
ausgehe, daß die Erkenntnis der eigenen Verstrickungen in das gesellschaftliche Arrangement der Geschlechter, die Voraussetzung zur
Veränderung patriarchalischer Strukturen ist.

1. Gesellschaftliche und sozialpsychologische Hintergründe von
   Frauenmißhandlung

Bevor ich mich der innerpsychischen Seite des Verhältnisses von
Weiblichkeit und Mißhandlung zugewandt habe, schien es mir notwendig, die soziologische und sozialpsychologische Seite des Phänomens
zu ergründen.

Die verfügbaren amerikanischen und deutschen Studien (vgl. Brückner

1983, S.24 ff.) zeigen, daß das Phänomen weiblicher Mißhandlung in der Ehe sehr vielschichtig ist. Eine alleinige und eindeutig abgrenzbare Zuordnung ehelicher Mißhandlung zu gesellschaftlichen oder individuellen Einzelkriterien scheint daher unzuläßig, d.h. Frauenmißhandlung ist kein auf eine bestimmte soziale Gruppe beschränktes und damit ausgrenzbares Problem.

1. Alle Untersuchungen weisen auf das ungeheure Ausmaß von Mißhandlung von Frauen in der Ehe hin, was in den untersuchten Ländern USA, England und BRD z.B. an der Überfüllung der Frauenhäuser sinnfällig wird. Gleichzeitig kommen die Studien in Bezug auf Klassen-, Rassen- und Bildungsmerkmale, je nach Sample, zu verschiedenen Schlußfolgerungen, so daß ich davon ausgehe, daß es keine eindeutige Zuordnung von Mißhandlung in der Ehe zu bestimmten sozialen Gruppen gibt.

2. Die auslösenden Ursachen der Mißhandlung lassen keine Besonderheiten erkennen, sie sind Bestandteil des normalen Alltagslebens. Das Ausmaß und der Verlauf der Mißhandlungen sowie die individuelle Reaktion der Frauen auf die erlittenen Schläge sind derart unterschiedlich, daß sich keine allgemeingültigen Muster ergeben, die als "abweichend" gekennzeichnet werden könnten.

3. Die Beziehungen zwischen Frauenmißhandlung einerseits und Alkoholmißbrauch, allgemeiner Gewalttätigkeit des Mannes und der Sozialisationserfahrungen beider Partner in Bezug auf Gewalttätigkeit andererseits bleiben in den Untersuchungen umstritten.

4. Hingegen weisen die Studien einen Zusammenhang zwischen Mißhandlung und dem Verhältnis Frau - Mann in unserer Gesellschaft nach. Die unumstrittenen Nachweise, daß Schwangerschaft, Eifersucht des Mannes und die Isolierung der Ehefrau durch den Mann, Mißhandlung heraufbeschwören oder bestärken können, spricht dafür, daß die Mißhandlung von Frauen zusammenhängt mit patriarchalischen Besitzansprüchen der Männer gegenüber Frauen.

Sowohl die weite gesellschaftliche Verbreitung von Frauenmißhandlung wie die Verknüpfung von Gewalt gegen Frauen mit einem patriarchalen Besitzanspruch zwischen den Geschlechtern weist auf die Verwobenheit der Vorstellungen von Weiblichkeit und der Frauenrolle mit gewalttätigen Ehe- und Liebesbeziehungen hin, in denen Männer Gewalt ausüben und Frauen Gewalt erdulden.

2. Weiblichkeit, Liebe und Mißhandlung - Beschreibung von Phantasien

Hinter den Bildern von Weiblichkeit mißhandelter ebenso wie nichtmißhandelter Frauen werden individuelle und kollektive Phantasien als Ausdruck eigener und allgemeiner Wünsche und Verdrängungen sichtbar. Ich habe versucht, die Muster und Merkmale dieser Bilder herauszuarbeiten und sie in Bilder der Frauen über sich selbst, über Männer, ihre Beziehungen zu Männern und in Ansätzen der Über-

windung vorhandener Bilder zu ordnen. Die Phantasien, denen diese
Bilder entstammen und die Bilder selbst können als Schnittpunkte
objektiver gesellschaftlicher Situationen und subjektiver Bearbei-
tung der jeweiligen spezifischen Lage einzelner Frauen gesehen
werden. (Laplanche, Pontalis 1977) Sie sind Ausdruck der Verhaftet-
heit in weiblichen Traditionen.

Das Leben der Frauen ist von einem besonderen Verhältnis von Phantasie und Realität geprägt, dessen Besonderheit darauf beruht, daß
Frauen das Ausleben ihrer Wünsche stärker als Männern verwehrt wird.
Das Resultat ist eine vermehrte Unwirklichkeit der Wunschstrukturen,
eine bunte Fülle mit starken Gefühlen und Sehnsüchten belegten Bildern, die den Kontrapunkt zum eigenen grauen Alltag darstellen, und
sich wechselseitig bestärken und rechtfertigen. Die von Entsagungen
geprägten weiblichen Lebenszusammenhänge und die erbrachten Opfer
bestimmen das Ausmaß des notwendigen Trostes aus der Welt der Phantasien. Diese spezifisch weibliche Verknüpfung von Phantasie und
Realität trägt zur Aufrechterhaltung traditoneller Lebenszusammenhänge bei: zum Glauben an die große Liebe und zur klaglosen Ergebenheit in den Ehealltag. (Prokop 1976)

Meine Beschäftigung mit Liebesphantasien bezieht sich auf die weibliche Wunschproduktion und nicht so sehr darauf, ob es sich in der
jeweiligen Ehebeziehung nach objektiven oder subjektiven Kriterien
um Liebe handelt oder nicht. Im Gegenteil scheint es eher der weniger häufige Fall zu sein, daß eine Frau ihren Mann deswegen geheiratet hat, weil sie spezifisch an seiner Person, an ihm als
Mensch interessiert war, sondern sie hat ihn genommen und ist bei
ihm geblieben, weil sie schwanger war oder weil er einfach 'da' war.

Den Bildern von Weiblichkeit und Liebe und ihren psychischen und
sozialen Verankerungen bin ich durch die Einbeziehung meiner Frauen-
hauserfahrungen, die Hinzunahme biographischen Materials von mißhandelten und nichtmißhandelten Frauen und die Reflexion meiner
eigenen Phantasien nachgegangen.

Meine eigene Betroffenheit über die innere Begegnung mit extremen
weiblichen Lebenserfahrungen und das Begreifen der Verwobenheit von
Weiblichkeit und Männlichkeit hat mir eine Ahnung davon gegeben, warum es soviel angenehmer ist, Frauen ausschließlich als gezwungene
und verführte Opfer männlicher Vorherrschaft wahrzunehmen. Es ist
eine Form der Distanzierung von mißhandelten Frauen und von eigenen
Anteilen an weiblichen Traditionen.

2.1. Selbstbilder der im Frauenhaus lebenden und der im Haus arbei-
     tenden Frauen

Die Selbstbilder der im Haus lebenden und der im Haus arbeitenden
Frauen verhalten sich im Frauenhauskontext tendenziell komplementär
zueinander, eine Konstellation, die Analogien zum Mutter-Tochter-
Verhältnis aufweist. Die Gefühlsreaktion zwischen den im Haus arbeitenden Frauen und den im Haus lebenden Frauen schienen zwischen

identifikatorischer Nähe und mißtrauischer Distanz zu oszillieren.
Die Brüche in den Emotionen und Verhaltensweisen der im Haus lebenden Frauen konfrontierten uns mit einer vielschichtigen und oftmals
wenig reflektiert ausgelebten weiblichen Gefühls- und Lebenswelt,
die wir überwinden wollten und die unseren emanzipatorischen Ideen
widersprachen - hier wurde sie uns vorgelebt.

Das Komplementäre zwischen den beiden Gruppen von Frauen wurde auf
mehreren Ebenen sichtbar. Die eine Gruppe repräsentierte die Ver-
sorgungsmacht, die andere lebte ihre Wünsche nach Versorgtwerden
aus. Die von den im Haus lebenden Frauen implizit gestellte Forderung nach Versorgung, traf auf unsere Ambivalenz der Mutterrolle
gegenüber, einer Rolle, die unserem neuen Selbstbild nicht mehr
entsprach, aber sowohl eigene Wünsche nach Versorgung als auch Ängste
und Schuldgefühle, Versorgungswünsche zu verweigern, wieder hoch-
holte.

Die Frauen im Haus und die Sozialbehörden betrachteten unser auto-
nomes Frauenhaus als eine Institution, die bestimmte Dienstleistungen erbringt und nicht als eine Selbsthilfeeinrichtung. Diese fatale
Übereinstimmung der Sichtweise zwang uns dazu, an zwei Fronten
gleichzeitig für die Ziele der Frauenbewegung einzustehen: gegenüber
den Behörden und gegenüber den Frauen und führte uns das Ungesicher-
te unseres neuen Weltbildes vor Augen. Die Arbeit im Frauenhaus
zwang uns, uns ebenso mit patriarchalen Institutionen wie mit traditionellen weiblichen Ansprüchen und Wünschen zu konfrontieren.

Das neue Selbstbild einer emanzipierten Frau bedurfte der Rückver-
sicherung gegen die Aufbruchsängste, stattdessen erlebten beide
Gruppen bewußt oder unbewußt die Wiederbelebung alter Wünsche,
Ängste und Wut - die Sehnsucht nach widerspruchsloser Verschmelzung
mit dem durch die Mutter repräsentierten weiblichen Traditionen und
der Wunsch nach schmerzloser Loslösung aus den Fesseln dieser Umar-
mung. Um sich aus den Selbstbildern selbstloser Mütter und aufbe-
gehrender Töchter befreien zu können, müssen sich Frauen aus den
regressiven Bindungen lösen, die keine Eigenständigkeit zulassen.
Die im Haus arbeitenden Frauen perpetuieren das weibliche Bedürfnis,
andere durch ihre Liebe zu retten, ein Bedürfnis, das die im Haus
lebenden Frauen früher gegenüber ihren Männern ausgelebt haben. Damit übernehmen die im Haus arbeitenden Frauen die frühere Rolle der
im Haus lebenden Frauen. Hinter diesen Rettungsbedürfnissen steht
nicht nur Selbstlosigkeit, sondern auch das Bedürfnis nach der Macht
des Retters und den "Rechten", die Retter aus ihrer Opferbereitschaft
ableiten können.

Auf der symbolischen Ebene schienen beide Gruppen die unterschiedlichen, aber zusammengehörigen Seiten vieler Liebesbeziehungen zu repräsentieren: Nähe und Distanz. Einmal die Frauen, die nicht zuletzt
aus Angst vor Nähe ihre Autonomie wahren, das andere Mal die Frauen,
die aus Suche nach Nähe bereit sind, sich selbst aufzugeben.

2.2. Bilder der Frauen im Haus von sich selbst, vom Mann und von Beziehungen

Die Selbstbilder mißhandelter Frauen kreisen um die traditionellen weiblichen Themen von grenzenloser Mütterlichkeit und unersetzbarem 'Gebraucht-Werden'. Sie teilen das Bild von der alles gebenden und nichts fordernden Mutter mit ihrem Mann. Ein Bild, das sich in einer gewalttätigen Beziehung gegen sie richtet, da es die grenzenlosen Ansprüche und das Besitzdenken des Mannes bestärkt.

Eine Schweizer Köchin, die seit vier Jahren von ihrem Mann geschieden ist, von dem sie schwer mißhandelt und finanziell ausgebeutet worden ist, berichtet über ihre Beziehung zum ihm: "Und ich wußte, daß er aus einer verrufenen Familie kommt. Der Vater war ein Böser, die Mutter war lieb, aber sie stahl. Und da dachte ich, je früher ich ihn auf meine Seite ziehe, desto besser kann ich den Menschen noch zum Guten ändern." (Pletscher 1977, S.17)

Eine in Deutschland lebende Griechin, die von ihrem Mann vergewaltigt und während der Schwangerschaft schwer geschlagen wurde erzählt: "Wenn wir mal unter Leuten waren habe ich ihm öfters das Knie gedrückt, daß der nix falsches sagt. Wenn er sich mit jemand unterhalten hat, kam immer so was blödsinniges raus... Der hat sich immer auf meine Knie gelegt und ich sollte ihn streicheln. ... wie ein kleines Kind." (Klauer/Adolph 1982, Anhang, S.8)

Obwohl diese Männer ihren Frauen gegenüber äußerst brutal werden können, sind sie doch zu Zeiten verletzlich und hilflos. Diesem widersprüchlichen Verhalten der Männer entsprechen die paradox erscheinenden Gefühle der Frauen, die trotz der Mißhandlungen ihren Männern gegenüber mütterliche Gefühle hegen.

Beide, Frau und Mann, teilen das Bild der omnipotenten Mutter in jeder Frau, die, wenn sie nur will, einen anderen Menschen vollkommen befriedigen kann. Dieses Bild der Frau als Liebesgöttin richtet sich in einer gewalttätigen Beziehung besonders gravierend gegen die Frau, da sie es in der Hand zu haben scheint, ob er glücklich ist oder nicht. Die von beiden geahnte Macht, die eine Frau in einer derartigen Beziehungskonstellation über ihren Mann gewinnt, schützt sie nicht vor seinen Wutanfällen, sondern erhöht eher noch seine Aggressivität. Ihre Selbstlosigkeit, ihre Aufopferung für die Familie ist Teil der herrschenden Familienideologie, die beide nur zu übernehmen brauchten. Es ist ihre Aufgabe, die Familie zusammenzuhalten und je schwieriger die Umstände unter denen eine Frau das tut, desto höher die gesellschaftliche Anerkennung. Erst wenn sie das Gefühl hat, daß die Kinder unter der familialen Situation leiden, kann sie vor sich selbst rechtfertigen, ihren Mann zu verlassen.

Es liegt jedoch auch etwas Bewundernswürdiges in der weiblichen Hingabefähigkeit, die uralte Sehnsüchte weckt und Frauen eine spezifische Stärke verleiht - zu jemandem zu halten und bei ihm zu bleiben. Es ist aber eine Stärke, die nur in der Phantasie beider Geschlechter positiv besetzt ist, die Verwirklichung einer so ungleichen Beziehung erweist sich hingegen für beide Seiten als schwer zu ertragende Bürde.

Das Bild vom Mann als 'Macho' übt auch auf die Frauen eine geheime Faszination aus, die unter männlicher Macht und Stärke zu leiden haben.

Die folgende Situation beruht auf meiner Frauenhauserfahrung: Eine 21jährige Frau, zum zweiten Mal verheiratet, mit zwei Kindern, wohnt in einem Frauenhaus. Sie hat Angst, zum Gericht zu gehen, um sich scheiden zu lassen, weil ihr Ehemann sie dort angreifen könnte. Auf den Einwand hin, daß dort viele Menschen sind und für ihre Sicherheit gesorgt werden kann, antwortet sie nicht ohne Stolz: 'Er ist so stark, daß ihn keiner niederhalten kann'.

In diesem Bild des Macho-Mannes können identifikatorisch Wünsche nach Macht und Stärke ausgelebt werden. Durch solche Männer werden die Träume und Phantasien weiblicher Wünsche nach Potenz wiederbelebt. An der durch diese Männer wachgerufenen Omnipotenzphantasie - alles zu können und alles zu kriegen - können die Frauen an ihrer Seite teilhaben, indem sie so einen Mann umsorgen, seine schwachen Seiten mit ihrer Liebe und Fürsorge zudecken und so zu seinem unverzichtbaren Verbündeten werden.

Über den Mann haben Frauen Zugang zur Welt der Abenteuer, wenn auch sozusagen aus zweiter Hand (als seine Gehilfin), was insofern erleichternd ist, als es die Notwendigkeit eigener Initiative und Risikobereitschaft reduziert.

Eine zum zweiten Mal verheiratete Frau mit zwei Kindern ist sich unsicher, ob sie sich von ihrem gewalttätigen zweiten Mann, der gerade im Gefängnis sitzt, scheiden lassen soll. "Ruhiger ist es seit er weg ist" bestätigt Frau Z., aber es klingt so, als wäre ihre Freude an dem Zustand nicht ungetrübt. Auch wenn sie ihren ersten Mann beschreibt, den sie heute noch gelegentlich trifft und der sie gerne zurücknehmen möchte, klingen seine Eigenschaften der Verläßlichkeit nicht sehr attraktiv. Dagegen erzählt sie uns im Laufe unserer Bekanntschaft mit ihr dreimal die Geschichte ihrer Gefängnisschmuggelaktion: Sie fuhr zur Fabrik, in der die Häftlinge tagsüber arbeiten, paßte die Gruppe vor dem Tor ab, steckte ihrem Mann ein Glas mit Nescafe zu, im Kaffee versteckt sein Ehering - den hatte er sich gewünscht. Sie mußte sich stundenlang im Tor versteckt halten, fast hätte der Wärter sie entdeckt, die anderen Häftlinge wußten alle Bescheid - es war sehr aufregend. In die monotone Stimme von Frau Z. kommt Animation, ihr blasses Gesicht wird belebter: das war ein Ereignis."
(Benard/Schlaffer 1978, S.98)

Das Ziel der Suche der Frau ist das Abenteuer Mann; in ihm aufzugehen, ein geborgtes Leben auf seine Verantwortung zu führen, wenngleich die Basis dieses ungleichen Arrangements ihre Aufopferung ist.

Bei den gängigen Formen besitzergreifender Männlichkeit, die für Frauen durchaus attraktiv sind, verschwimmen die Grenzen zwischen Fürsorge und Kontrolle. Dahinter steht das Bild der prinzipiellen Schutzbedürftigkeit von Frauen.

Eine Frau aus dem Bielefelder Frauenhaus berichtet: "Ich kriegte mal von einem Schulfreund eine Kette geschenkt, zum Geburtstag. Er sah das, und 'schmeiß das Ding weg, ich kauf dir 'ne schönere Kette.' Das hatte mich nicht sehr gestört, vielleicht mehr imponiert ... Ich kriegte dann eine andere Kette. Ja, da lacht man jetzt drüber, da hätte man aufpassen sollen. ... Da denkste ja, der Mann, der liebt dich." (Buddemeier, Peters 1978, S.42)

Frauen wollen von Männern beschützt werden, aber dabei übersehen sie häufig, daß sie damit nach herrschender Definition auch in seinen Besitz übergehen; sie gehören dann nicht mehr sich selbst, sondern ihm, er ist für sie zuständig. Das Verführerische dieser Verhältnisse liegt in der weiblichen Angst vor Eigenständigkeit und Eigenverantwortlichkeit, auch dann noch, wenn der anfängliche Schutz immer deutlicher in Kontrolle umschlägt. Dann entsteht eine Aufgabe, für die Frauen erzogen worden sind: Die Frau spürt die hinter der Kontrolle stehende Bedürftigkeit - jetzt wird sie noch mehr gebraucht. Das Bedürfnis des Mannes nach totaler Liebe gerät zur absoluten Machtübernahme, das Bedürfnis der Frau nach totaler Liebe gerinnt zu völliger Abhängigkeit.

Ein Bild, das sich um die Beziehungsdynamik rankt, läßt sich mit dem Wunsch, ineinander aufzugehen beschreiben.

Eine Frau aus dem Kölner Frauenhaus schildert das anschaulich: "Nun bin ich wieder weg von Zuckerbrot und Peitsche. Ich war wie Wachs in seinen Händen. Wenn mein Mann die geschlagenen Stellen streichelte, schmolz ich förmlich dahin. Ich saugte seine Zärtlichkeit auf, wie ein Schwamm das Wasser saugt. Ich habe ihn geliebt und verwöhnt, von hinten bis vorne. Sogar die Zahnpasta habe ich ihm auf die Bürste getan, damit er es nicht tun mußte." (Frauenhaus Köln 1980, S.90)

In den gewalttätigen Beziehungen wird das Scheitern des Wunsches nach Verschmelzung in tragischer Weise sichtbar. Beide, Frau und Mann verlieren ihr getrenntes Selbst, aber nicht in dem erträumten Hochgefühl von Glück, sondern sie in erstarrter Abhängigkeit und er in explodierender Gewalttätigkeit. Wenn das eigene, getrennte Selbst verloren geht, dann verkehrt sich die Suche nach Einheit in die Angst vor Selbstauflösung, der beide gemäß geschlechtsspezifisch vorgegebener Muster zu entrinnen suchen.

In einem weiteren Bild, das die Beziehungsdynamik und zwar den Wunsch nach 'geteilter Größe' beschreibt, drückt sich das Bedürfnis der Frau und des Mannes nach seiner Größe aus. Dem zugrunde liegt eine gemeinsame Omnipotenzphantasie, die die Frau auf einen anderen, der Mann hingegen auf sich selbst richtet.

Ann war vier Jahre lang mit einem gewalttätigen Mann verheiratet. Er war Alkoholiker und arbeitete nicht, sie sorgte für den gemeinsamen Lebensunterhalt. Er traf alle Entscheidungen für sie und kontrollierte sie. Heute sagt sie: "Er ist wirklich, ob Sie es glauben oder nicht, eine sehr kluge Person mit einem I.Q. von 152. Er schmiedete laufend Pläne und setzte sich Ziele, die mir sehr sinnvoll vorkamen und ich glaubte ihm. Manchmal hatte ich das Gefühl, daß es ein Kompliment war, als seine Freundin betrachtet zu werden, aber da war auch immer noch die andere Seite von Doug." (Walker 1979, S.9)

Der Wunsch der Frau ist, daß ihr Mann in ihren Händen wachsen möge, ihm und ihr zur Ehre, ein Bedürfnis, das sich in der Volksweisheit ausdrückt 'hinter jedem großen Mann steht eine Frau'. Daß sie hinter ihm steht, nicht neben ihm und schon gar nicht vor ihm, entspricht dem Bild beider Geschlechter von der Aufgabe der Frau. Er baut seine Unabhängigkeit, seine Größe auf ihren Schultern auf, was sie zum heimlichen Fundament seines Selbstbewußtseins und seiner Selbstdarstellung macht. Daraus entsteht ein Beziehungsgeflecht, das beide nicht unbeschadet verlassen können, auch sie nicht, solange sie Größe nur bei ihm, nicht bei sich selbst akzeptieren kann. Ihr Wert und Selbstwert steigt und fällt mit seiner Größendarstellung, nicht mir ihrer eigenen. Beide helfen sich dabei, den Aspekt von sich selbst zu verleugnen, vor dem sie jeweils die größte Angst haben, er vor Abhängigkeit, sie vor eigener Größe, die Unabhängigkeit ermöglichen würde.

2.3. Aufbruch aus dem Selbstbild

Scheinbar unabhängig davon, wie tief eine Frau in eine gewalttätige Beziehung verwickelt ist, gibt es für einen ganzen Teil der Frauen einen Zeitpunkt, wo sie beginnen, aus ihrem alten Selbstbild aufzubrechen und sich auch noch nach Jahren schwerster Unterdrückung aus ihrer schicksalhaft scheinenden Abhängigkeit zu lösen. Der erste Schritt dieses Aufbruchs ist die innere Entscheidung zu gehen, eine Entscheidung, von der die Frauen oft das Gefühl haben, daß sie nicht wissen, woher sie die Kraft dazu nehmen, da sie sich oft schon aufgegeben hatten.

Eine langjährig mißhandelte Amerikanerin beschreibt dieses Gefühl: "Eines Morgens wachte ich auf und entschied, daß es genug war, daß ich absolut genug hatte. Ich hatte noch Schmerzen von der Mißhandlung in der Nacht zuvor und ich war erschöpft, weil ich die halbe Nacht von ihm gequält wurde. Ich weiß nicht, warum dieser Vormittag anders war als andere Vormittage, aber ich entschied zu dem Zeitpunkt, daß ich etwas aus mir machen mußte, sonst würde ich für immer mit ihm zusammen bleiben, oder ich würde tot sein. Ohne mir noch weiter mögliche Konsequenzen zu überlegen, entschloß ich mich, mich für eine Ausbildung anzumelden... Ich meldete mich in der Schule (eine medizinisch-technische Fachschule, d.A.) noch am Nachmittag an und es gefiel mir sehr gut dort. Dadurch rette ich meinen Verstand." (Walker 1979, S.136)

Jenseits der Hinnahme der Unterdrückung findet sich eine den Frauen selbst verborgene Fähigkeit der Selbstbefreiung und der Aufkündigung weiblicher Ergebenheit. Im Bruch mit dem alten Bild von sich selbst offenbart sich ein Moment weiblicher Stärke, der zeigt, daß das Verharren in dumpfer Gebanntheit in einer unerträglichen Situation nur eine der vorhandenen Lebensmöglichkeiten war. Auch wenn die Erkenntnis, daß wir eine Wahl treffen können und in jedwedem Fall eine Wahl getroffen haben, schmerzhaft ist, weil sie ein neues Licht auf die erlittene Qual wirft, erweist sie sich doch als Aufbruchschance und damit als Hoffnung.

In diesem Moment des Aufbruchs kristallisiert sich der Beginn eines menschenwürdigeren Lebens, auch wenn er begleitet ist von Gefühlen der Wut und der Trauer, von materieller und sozialer Not.

3. Gesellschaftliche Frauenbilder - Assoziationen zu mißhandelten und nichtmißhandelten Frauen

Die Bilder und Selbstbilder der Frauen sind Ausdruck einer patriarchalischen Gesellschaftsstruktur und der korrespondierenden Struktur der weiblichen Psyche und weiblicher Lebensentwürfe.

Frauen sind die Verkörperung der Liebe. Als Mutter und als Ehefrauen sind sie darauf spezialisiert, Söhnen und Ehemännern Liebe zu geben, die diese als rechtmäßig empfangen und entweder annehmen, ablehnen oder gleichgültig ertragen können, solange ihnen im Überfluß davon gegeben wird. Als Geschlecht verkörpern die Frauen das unerfüllbar Gute und damit das grenzenlos Böse, während Männer die Aufgaben dieser Welt unter sich aufteilen und erledigen. Diese Sichtweise bleibt völlig unbeschadet davon, welchen Anteil der notwendigen Arbeit die Frauen real übernehmen und aufgetragen bekommen. Dieses Bild der Mutter und der Ehefrau, als den vornehmsten Formen von Weiblichkeit enthält neben dem grenzenlosen Liebesversprechen, gleichzeitig die maßlose Enttäuschung darüber, daß diese paradiesischen Hoffnungen unerfüllt bleiben müssen. Eine Enttäuschung, die die Menschen beiderlei Geschlechts an den Frauen ausleben.

Die Zuweisung von "Liebe" an das weibliche Geschlecht findet ihren höchsten Ausdruck in der Selbstaufgabe für andere - für den Mann, für die Familie. Macht und Ohnmacht des Bildes von Weiblichkeit kristallisiert sich darin. Das Glück und die Zufriedenheit in den Augen der anderen spiegeln die weibliche Lebenserfüllung wider und sind deren Gradmesser. Die Arbeit und der Alltag, die sich hinter diesem Bild verbergen, bleiben unsichtbar. Die Aufgabe der Frau ist erfüllt, wenn alle zufrieden sind, aber wann und für wie lange sind alle zufrieden? - Das entscheiden letztlich die Anderen, nicht die Frau selbst. Frauen brauchen ihre Aufgabe nicht zu lernen, denn sie entsprechen der weiblichen Natur. Hingegen muß der Mann die ihm zugewiesene Lebensaufgabe mühsam erlernen, je länger er lernt desto besser. Daß, was ihm die Natur mitgegeben hat, wird den Frauen zur Fürsorge anvertraut, durch die eheliche Bindung an sie wird er 'ruhig'. Frauen sind emotional für andere verantwortlich, die wiederum ihrerseits die Lebensumstände der Frauen zu verantworten haben.

Frauen stehen vor der Alternative, diese Zuweisung zu leben, oder ihre Weiblichkeit zu gefährden. Diese Gefährdung der eigenen Weiblichkeit drückt sich in der Dichotomisierung der Frauen in 'richtige Frauen', die ihre Weiblichkeit zum Beruf gemacht haben und Mannweiber oder geschlechtsneutrale Wesen aus, die als wesentlichem Lebensinhalt einem erlernbaren und erlerntem Beruf nachgehen. Die moderne doppelbelastete Frau macht insofern keine Ausnahme als sie mit tiefen Schuldgefühlen fertig werden und mit ständiger Überforderung umgehen muß, um nicht die eine Seite von sich selbst der anderen zu opfern. Im Bild der Frau sind Intellekt und Gefühl zwei Seiten der Persönlichkeit, von der die erstere der Weiblichkeit gefährlich werden kann, nämlich dann, wenn aus listenreicher weiblicher Klugheit unverstellte scharfsichtige Intelligenz wird.

Beide Geschlechter müssen an der Verkleinerung des weiblichen Selbst und an der Vergrößerung des männlichen Selbst arbeiten, um dem verschlingenden Element weiblicher Liebesmacht künstliche Grenzen zu setzen und um dem Haß aus unerfüllt gebliebenen Wünschen an das weibliche Geschlecht Ausdruck zu verleihen. (Dinnerstein 1976)

Indem Frauen die Liebe zugewiesen wurde, wurde ihnen gleichzeitig ihr Haß und ihre Aggressivität genommen. Das Wissen beider Geschlechter darum, daß Haß sich nicht verbieten läßt und daß angestauter Haß sich zu unvorhergesehener Zeit und in unvorhersehbarer Weise entladen kann, festigt die äußere Unterdrückung und die innere Abspaltung dieser Regungen.

Die Begrenzung verschlingender Liebeswünsche und die Möglichkeit und Fähigkeit den eigenen Haßgefühlen angemessenen Ausdruck zu verleihen, sind zwei zusammengehörige Elemente weiblicher Selbstwerdung, die die Basis sowohl für nicht selbstzerstörerische Wünsche nach Nähe wie auch für Autonomiebestrebungen bilden könnten.

4. Hinter den Bildern der Weiblichkeit - Interpretationsversuche

In diesem letzten Abschnitt will ich versuchen, die Bedeutung der Bilder, d.h. ihren latenten Sinngehalt zu entschlüsseln. Die hinter den Bildern stehenden Phantasien sind immer beides, die Verarbeitung gesellschaftlicher Anforderungen und eigener Wünsche. Die Phantasien selbst sind Ausdruck schon bearbeiteter psychischer Vorgänge deren Ursprünge unbewußt bleiben.

4.1. Interpretation der Selbst- und Fremdbilder

- Interpretationen des Selbstbildes der guten Ehefrau und Mutter

Da das Selbstbild der guten Frau, die mütterlich und selbstlos ist, normativer Weiblichkeit entspricht, ist es am ehesten dem Bewußtsein zugänglich. Die hinter diesem Bild stehende Identifikation mit der frühen omnipotenten Mutter und die gleichzeitige Verdrängung aggressiver Anteile dieser Mutterimago bleibt jedoch unbewußt. Die nichtvollzogene Integration von guten und bösen Anteilen, sowohl des geliebten Objekts wie des eigenen Selbst, macht die Abspaltung aggressiver Regungen durch Idealisierung und Verleugnung notwendig. (M. Mitscherlich 1978; Chodorow 1978)

Beeindruckendes Beispiel für die Verehrung der Mutter und die Verleugnung der eigenen Haßgefühle ist die Darstellung einer älteren Frau von ihrer Mutterbeziehung, die sie ihrer erwachsenen Tochter berichtet.

> "Meine Mutter habe ich verehrt wie eine Heilige. Wenn meine Mutter an einer Puppe eine Schleife gebunden hat, habe ich die Schleife nicht mehr aufgemacht. Weil's meine Mutter gemacht hat! ... Ich habe meine Mutter so heiß geliebt, ich glaube, ich wäre damals, ohne mich zu besinnen, für sie in den Tod gegangen. Meine Mutter war ja wahnsinnig streng, sie sagte immer, du kriegst gleich eine Tachtel, und ich hatte sie dann schon. Und sie hat gar nicht lange darüber nachgedacht, ob sie mich gerecht behandelt ... und ob sie mir gerecht wird... sie hat mich halt geliebt."
> (von Wysocki 1980, S.115/116)

Aufgrund der Geschlechtsidentität von Mutter und Tochter und der gesellschaftlichen Festlegung von Frauen auf die Mutterrolle ist der altersbedingt notwendige Trennungsprozeß zwischen Mutter und Tochter besonders gefährdet. Wenn diese Trennung aufgrund weiterbestehender Abhängigkeit nur ungenügend vollzogen werden kann, ist eine Integration libidinöser und aggressiver Strebungen im Selbst und in der Wahrnehmung des geliebten Objekts zu bedrohlich, da die dann gefühlte Enttäuschung über die Begrenztheit mütterlicher Fürsorge und die Wut über die eigene Abhängigkeit das gute Objekt gefährden würde, das ja gleichzeitig noch so dringend gebraucht wird.

Um mit dieser Problematik leben zu können, bietet sich die Übernahme des gesellschaftlich vorgegebenen Auswegs an: Die Selbstidealisierung als gute,rettende Mutter in Identifikation mit der frühen allmächtigen Mutter, die Aufopferung für Andere zur Umgehung der Trennungsproblematik und die Verleugnung und schuldhafte Verdrängung eigener aggressiver Triebregungen, die gleichfalls dem Bild der Selbstaufopferung zugrunde liegen.

Je stärker die Angst vor eigenen Haßregungen ist, desto mehr müssen sie abgewehrt werden, notfalls bis zum Verbot jeglicher aggressiver Regungen, um einen Schutz gegenüber der gefürchteten Wucht vulkanartiger Haßausbrüche zu errichten.

- Interpretation des Bildes vom starken Mann

Während das Selbstbild der Frau als gute, rettende Mutter der Identifikation mit der omnipotenten Mutter entspringt, läßt sich das
Bild vom starken Mann und dessen Anziehungskraft für die Frau als die
andere Seite des weiblichen Selbst und als Teil der weiblichen Iden-
titätssicherung interpretieren. Der Wunsch nach dem starken Mann
und damit die Idealisierung des Männlichen entsprechen dem Selbstbild als schwach und ungefährlich. Die eigene aggressive Seite wird
an den Mann delegiert, an dessen Stärke die Frau indirekt partizi-
piert. Die Frau erlangt indirekt über den Mann Stärke, ohne sich
ihre eigenen Machtphantasien bewußtmachen zu müssen und zu dürfen,
indem sie den Mann von sich als versorgender Mutter und bewun-
dernder Frau abhängig macht. Das heißt, Stärke wird von der Frau
als eigene Regung abgewehrt und als männlich erlebt, da Macht und
Aggressivität die frühen Trennungsängste von der Mutter auslösen
würde. Andererseits ist Stärke zur Bewahrung des Selbst notwendig
und kann durch die Identifikation mit dem Mann indirekt, allerdings
um den Preis der Abhängigkeit erlebt werden. Der Mann muß stark sein,
damit die Frau ihr Selbst vor der endgültigen mütterlichen Machtübernahme retten kann. Der Mann wird gleichzeitig zum Schutz vor alten
mütterlichen Ansprüchen und zum Mutterersatz, wenn die Objektspal-
tung nicht überwunden werden konnte. (Chasseguet-Smirgel 1974;
Torok 1974)

Der Wunsch der Frau nach dem starken Mann entspringt nur sekundär
dem Penisneid und gilt primär dem Bestreben, unabhängig von der
Mutter Frau sein zu können. Ein Wunsch, der die Frau angesichts der
nichtgelösten Mutterproblematik in tiefe Abhängigkeit vom Mann
treibt. Je mächtiger und zerstörerischer die Mutterimago, desto
notwendiger ist es für beide Geschlechter, die Macht der Frauen zu
begrenzen.

- Interpretation des Bildes vom Einssein in der Beziehung

Das Bild einer Beziehung als Einssein, als symbiotische Einheit,
rührt aus den nicht aufgegebenen Verschmelzungswünschen mit der
frühen Mutter. Da keine wirkliche Trennung zwischen Selbst und Mutter
stattfinden konnte, ist das ungefestigte Selbst gleichzeitig durch
diesen Wunsch aufs äußerste bedroht. Der Mann ist sowohl Stütze
weiblicher Identität, indem er vor der Mutter schützt, als auch Gefährdung dieser Identität durch die Aktualisierung des Verschmel-
zungswunsches. Verschmelzungswünsche können nur dann angstfrei
erlebt werden, wenn die Selbstaufgabe nur vorübergehend ist und durch
Wiederherstellung der erwachsenen Ich-Grenzen wieder rückgängig gemacht werden kann. Dieses Fusionspotential muß hingegen in destruk-
tiver Weise abgewehrt werden, wenn die Bedrohung der Ich-Grenzen
zu stark wird, so daß sich libidinöse Strebungen und aggressive ent-
mischen. In der dann entstehenden narzistischen Kollusion (Willi 1975)
übernnimmt die Frau die regressive komplementärnarzistische Position

der passiv Erleidenden, weil sie archaisch schuldhaft an die frühe
Mutter gebunden bleibt und weil Frauen sozial auf diese Rolle festgelegt wurden. Frauen sind psychisch und gesellschaftlich einseitig
auf das Einssein des an sich doppelten menschlichen Bedürfnisses
von Einssein und Selbstsein festgelegt, ebenso wie Männer in entsprechend komplementärer Weise auf das Selbstsein festgelegt sind.

- Interpretation des Aufbruchs aus dem Selbstbild

Die Möglichkeit alte Selbstbilder zu verlassen, Abhängigkeiten aufzugeben und ein neues Leben anzufangen, mahnt zur Vorsicht gegenüber der Beschreibung von Persönlichkeitsstrukturen als unveränder-
bar festgelegt. Die von der jeweiligen Frau gelebten regressiven
Momente, die sie möglicherweise in unerträglich scheinender Demüti-
gung ausharren lassen, geben keinen Aufschluß über daraus hinaus
vorhandene oder weckbare Persönlichkeitsanteile.

Die psychischen Bedingungen für den Aufbruch aus dem alten Selbst,
aus weiblicher Selbstaufopferung, lassen sich als Durchschreiten
eines psychischen und eines sozialen Todes des alten Selbst beschreiben. Mit psychischem Tod (Benjamin 1979) ist der Bruch mit
der Herrschaft des Vaters und der Mutter gemeint. Ein Bruch, der
Trauer über die erfahrenden psychischen Kränkungen und deren Verarbeitung als Annahme der eigenen Wahrheit, im Sinne des Abschied-
nehmens von der Hoffnung einer Veränderbarkeit der eigenen Vergangenheit, beinhaltet. Aus dieser Trauer kann Empathiefähigkeit
für das eigene Schicksal und das der anderen entstehen, die jetzt
auch als Andere erlebt werden können. Der Aufbruch durch sozialen
Tod (Erdheim, Nadig 1979) meint die Aufgabe gewohnter Rollen und
Verhaltensmuster.

4.2. Interpretation gesellschaftlicher Bilder

Das weibliche und das männliche Prinzip sind menschliche "Erfindun-
gen" in dem Sinne, daß sie von Menschen entwickelte Interpretationen
biologischer Geschlechtsunterschiede darstellen. Aber als Bilder,
Phantasien und Maßstäbe sind sie Bestandteil psychischer und sozialer
Realität. Das Bild der Frau, wie es sich in den Mythen unserer patriarchalischen Gesellschaft niederschlägt, kreist zeitlich invariant
um die Dualität der an Frauen geknüpften Sehnsucht nach Aufgehoben-
heit und der Angst vor Zerstörung. An der biologischen Funktion der
Frau, verstärkt durch ihre soziale Rolle als Mutter, werden Interpretationen von Frauen als Herrscherinnen über Leben und Tod festge-
macht. Durch die Verknüpfung menschlicher Ursehnsucht und Urangst
mit dem weiblichen Geschlecht werden Frauen zum Projektionsfeld von
gesellschaftlich ausgegrenzten Bedürfnissen und Ängsten. Nicht die
Sehnsucht und Angst wird ins Selbst integriert, sondern die Frau wird
in dem herrschenden Arrangement des Geschlechterverhältnisses von
Frauen und Männern für diese Gefühle verantwortlich gemacht.

Das Verhältnis von Weiblichkeit und Mißhandlung ist ein psychisches und ein soziales Phänomen, denn die Möglichkeit weiblicher Mißhandlung ist sowohl auf der individuellen wie auf der gesellschaftlichen Ebene angelegt und läßt sich weder einseitig als psychisches noch als soziales Problem begreifen.

Literatur:

Benard, Cheryl, Schlaffer, Edit, 1978: Die ganz gewöhnliche Gewalt in der Ehe, Reinbek.

Benjamin, Jessica, 1979: Starting from the Left and Going Beyond, Beitrag zur Konferenz: The Second Sex - Thirty Years Later, New York.

Brückner Margrit, 1983: Die Liebe der Frauen, Frankfurt.

Buddemeier, P., Peters, G., 1978: Gewaltförmigkeit in Familienverhältnissen - Mißhandlung und Selbsthilfe, unveröff. Diplomarbeit, Bielefeld.

Chasseguet-Smirgel, Janine, 1974: Die weiblichen Schuldgefühle, in: dies., (Hg.), Psychoanalyse der weiblichen Sexualität, Frankfurt.

Chodorow, Nancy, 1978: The Reproduction of Mothering, Berkeley.

Dinnerstein, Dorothy, 1976: The Mermaid and the Minotaur, New York.

Erdheim, Mario, Nadig, Maya, 1979: Größenphantasien und sozialer Tod, in: Kursbuch 58.

Frauenhaus Köln, 1980: Nachrichten aus dem Ghetto Liebe, Frankfurt.

Klauer, Kornelia, Adolph, Gabriele, 1982: Gewalt gegen Frauen - Betroffenenberichte aus dem Hanauer Frauenhaus, unveröffentl. Diplomarbeit, Fachhochschule Frankfurt.

Laplanche, G., Pontalis, J.-B., 1977: Das Vokabular der Psychoanalyse, Frankfurt.

Mitscherlich, Margarete, 1978: Zur Psychoanalyse der Weiblichkeit, in: Psyche 8.

Pletscher, Marianne, 1977: Weggehen ist nicht so einfach, Zürich.

Prokop, Ulrike, 1976: Weiblicher Lebenszusammenhang. Von der Beschränktheit der Strategien und der Unangemessenheit der Wünsche, Frankfurt.

Torok, Maria, 1974: Die Bedeutung des "Penisneides" bei der Frau, in: Chasseguet-Smirgel, J., (Hg.), Psychoanalyse der weiblichen Sexualität, Frankfurt.

Walker, Lenore, 1979: The Battered Woman, New York.

Willi, Jürg, 1975: Die Zweierbeziehung, Reinbek.

Wysocki, Gisela, von, 1980: Die Fröste der Freiheit, Frankfurt.

Lerke Gravenhorst

PRIVATE GEWALT VON MÄNNERN UND FEMINISTISCHE SOZIALWISSENSCHAFT

Vorbemerkung

Ohne die Ermutigung durch Carol Hagemann-White wären die folgenden
Überlegungen nicht zu Papier gebracht worden. Im übrigen habe ich da-
von profitiert, daß Hanna Beyer, Renate Graf, Michael-Sebastian
Honig, Karin Jurczyk, Konrad Leube, Lising Pagenstecher, Marcsi
Rerrich und Klaus Wahl die Textentstehung in der einen oder anderen
Phase gedanklich begleitet haben.

Ich möchte mich heute einem Ausschnitt der feministisch-sozialwissenschaftlichen Wirklichkeitskonstruktion zuwenden, den Entwürfen und
Stilisierungen von Geschlechterwirklichkeit. Ich habe den Ausschnitt
der mich hier interessierenden Wirklichkeitskonstruktion noch auf zweifache Weise eingeengt: Einmal werde ich mich auf die Arbeiten beschränken, die sich ausdrücklich mit privater männlicher Gewalt auseinandersetzen; zum anderen interessiert mich hier nur, an welchem Bild des
männlichen Geschlechts sich dieser Teil feministischer Wissenschaft
orientiert; welches Bild von Jungen und Männern er selbst herstellt.
Ich blicke also auf uns innerhalb der feministischen Sozialwissenschaft
als Konstrukteurinnen von Wirklichkeit (vgl. auch Klaus Wahl, Michael-
Sebastian Honig und Lerke Gravenhorst, 1982; 1984).

Ich kann und will nicht leugnen, daß ich mir bisher mehr Gedanken gemacht habe über die feministische Konstruktion des Männlichen als über
die des Weiblichen (vgl. Lerke Gravenhorst, 1982). Da ich Sorge habe,
daß mein Interesse zu den "verirrten Loyalitäten" - wie Cheryl Benard
und Edit Schlaffer (1984) sie genannt haben - gezählt werden könnte,
möchte ich auf die mögliche Kritik so antworten: Zu meiner genuinen
Existenz als Frau gehört meine Vorstellung der Existenz von Männern
und meine Vorstellung des Geschlechterverhältnisses und seiner Änderung. Unter der Prämisse, daß ich separierte Geschlechterwelten für
nicht sinnvoll halte, ist es für mich unabdingbar, mir als Frau mein
Bild vom anderen Geschlecht zu machen. Dieses Bild kann und soll mir
niemand bereitstellen oder wegnehmen.

Im übrigen scheint mir das, was ich personalisiert auf mich bezogen ge-
sagt habe, auch für die Frauenforschung und die Frauenbewegung zu gelten. De facto kommen beide ja nicht ohne ein Männerbild aus, ja sie
leben geradezu davon, daß sie sich - implizit oder explizit - bestimmte
Bilder des männlichen Geschlechts machen. Umgekehrt und auf Forschung
bezogen, glaube ich auch nicht, daß wir die bisherige männliche Forschung zu Frauen ablehnen, weil sie sich überhaupt ein Bild zu Frauen
gemacht hat, sondern weil sie sich nur zu oft ein falsches und für uns
unannehmbares gemacht hat. Ich möchte Ursula Müller (1984) zustimmen,
wenn sie am Ende ihrer Übersicht über den Wandel des Männerbildes in

der Neuen Frauenbewegung - und mit weniger Sprachscheu, als ich
selbst sie mir zu eigen gemacht habe - formuliert:

"Und wenn für einige Feministinnen heute Männer weder von bürgerlichen Schwänzen befreit, noch aus Westdeutschland verbannt werden müssen, sondern zu wissenschaftlichen und sexuellen Objekten
werden können, so drückt sich in diesem Männerbild ein Stück
Frauenemanzipation aus" (S.118).

Ich werde zunächst einige allgemeine Anmerkungen machen zur Frage der
Eindeutigkeit oder Vielfältigkeit in den Männerbildern der Frauenforschung über männliche Gewalt und über die von ihr betroffenen Frauen
(A). Dann möchte ich einige Beispiele für die Konstruktion der Ambivalenzen und darin besonders der positiven Valenzen des männlichen
Geschlechts in diesem Zweig der Frauenforschung geben (B). Die Beispiele sind den folgenden Arbeiten entnommen:

- Barbara Kavemann und Ingrid Lohstöter: Väter als Täter. Sexuelle
  Gewalt gegen Mädchen (1);
- Abschlußbericht der Begleitforschung des Ersten Berliner Frauen-
  hauses: Hilfen für mißhandelte Frauen (2);
- Margrit Brückner: Die Liebe der Frauen. Über das Verhältnis von
  Weiblichkeit und Mißhandlung (3).

A. Eindeutige Negativität oder vielfältige Wertigkeit? Welchen Regeln soll die feministische Konstruktion des männlichen Geschlechts folgen?

Die Bilder von den Geschlechtern, die der feministische Diskurs entwickelt hat, sind - das ist mein Eindruck - am schärfsten in dem Diskurs
über private männliche Gewalt gegen Mädchen und Frauen geprägt. Das
heißt, die Analyse dieser Gewalt und der Situation mißhandelter Frauen
ist nicht nur wichtig als Dokument einer schlimmen Realität und als
Mittel der Anklage gegen sie oder als Dokument der Lebensbewältigung
unter Herrschaftsbedingungen; sie ist auch wichtig als Ort der feministischen Konstruktion der Geschlechter und ihrer Beziehungen unter-
einander. In diesem Diskurs entstehen bestimmte Perspektiven auf
Frauen und Männer, auf Mädchen und Jungen - prinzipiell, über den konkreten und beunruhigenden Anlaß hinaus (vgl. Tilmann Broszat, 1984).

Ich möchte hier, wie schon angedeutet, bei den feministischen Konzepten
zum männlichen Geschlecht bleiben, und zwar eben jenen, die in der Analyse zu privater männlicher Gewalt gebraucht werden. Ich denke, der
Kern dieser Konzepte ist folgender: Ein mißhandelnder Mann repräsentiert
den "Mann auf der Straße" (vgl. Chery Benard und Edit Schlaffer, 1980)
- er unterscheidet sich in nichts vom Durchschnitt der Männer. Das
heißt auch umgekehrt: Der Mann auf der Straße ist ein potentieller
Mißhandler von Frauen, ein potentieller Gewalttäter gegen sie. Einige
Zitate aus wichtigen Texten dieser Diskussion:

- "Die bittere, aber aufschlußreiche Erkenntnis, daß es sich bei Miß-
  brauchern um ganz normale Männer handelt, fanden wir in der Literatur und in unseren Gesprächen bestätigt. (...) Sie sind ganz normale Männer". (Barbara Kavemann und Ingrid Lohstöter, 1984, S.97)

- "Mißhandlung gehört, wie ungewollte Schwangerschaft und ungewollte Sexualhandlungen, zu den Alltagserscheinungen, auf die eine Frau sich gefaßt machen muß, wenn sie mit einem Mann zusammenlebt". (Carol Hagemann-White, 1983, S.116)

- "Die Botschaft ist klar - daß Inzest in allen Arten von Familien stattfinden kann". (Sarah Nelson, 1982, S.19)

- "Das heißt für jede Frau, die Männer ihres sozialen Umfeldes mit anderen Augen zu sehen, immer mißtrauisch und wachsam zu sein". (Barbara Kavemann und Ingrid Lohstöter, 1984, S.10)

- "Jede Frau unserer Gesellschaft kann in die Situation kommen, daß sie in der Ehe oder in einer anderen Beziehung zu einem Mann mißhandelt wird". (Margrit Brückner, 1982, S.73)

Wenn diese Diagnosen stimmen, dann bleibt trotzdem noch die Frage, was bedeuten sie? Ich glaube nicht, daß ihre Bedeutung sich unmittelbar aus ihrem Informationsgehalt ablesen läßt. Ich erinnere mich z.B., wie erschreckt ich über eine parallele Aussage war, die eine feministische Juristin bei einer Diskussion zum Thema Gewalt gegen Frauen machte: "Jede Mutter ist eine potentielle Mißhandlerin". Buchstäblich genommen ist die Aussage richtig - aber machen wir diese Tatsache zum Leitmotiv unseres Umgangs mit Müttern und unserer politischen Reaktion auf sie?

Meine Überzeugung ist, daß die Sicht auf Männer als potentiellen Mißhandlern ihrer Frauen und Töchter nicht falsch ist, sondern reduziert und deshalb unzureichend. Ganz sicher bedeutet sie historisch gesehen einen Fortschritt gegenüber der Unterstellung, Ehemänner könnten nicht die Mißhandler ihrer Ehefrauen, Väter nicht die Mißhandler ihrer Töchter sein. Ich denke aber, beide Sichtweisen sind als polarisierte und isolierte unzureichend. Meiner Meinung nach steht für uns prinzipiell die Frage an: Was wollen wir zum Grundmuster unseres Bildes von Männern (und Jungen) machen: den Mann als potentiellen Gewalttäter - den Mann als potentiellen Nicht-Gewalttäter oder den Mann, der prinzipiell beides sein kann: Täter und Nicht-Täter? Um es zu wiederholen: Nach meinem Eindruck besteht der Erkenntnis- und Bewußtseinsfortschritt im letzteren: daß wir erkennen, daß Männer Täter sein können - wo doch die allgemeine Öffentlichkeit das bis dato nicht wahrhaben wollte -, daß sie es aber ebensowenig sein müssen. Für die Möglichkeit der Täterschaft spricht ein im Patriarchat verankerter Handlungsvorschlag, ein Leichtmachen von Mißhandlung aus einer Machtsituation oder einem legitimierten Machtanspruch heraus. Für die Möglichkeit der Nichttäterschaft spricht die anthropologische Chance, als Subjekt nicht mit den disponierenden Sozialstrukturen identisch zu sein.

Das Argument, das Margrit Brückner (1982, S.5) für geschlagene Frauen anwendet - daß sie, in meinen Worten, nicht nur geschlagene, sondern auch geschlagene Frauen sind, gilt analog auch für Männer - sie sind nicht nur potentielle Mißhandler, sondern auch potentielle Mißhandler. Und ähnlich scheint mir folgende Aussage, die sie für Frauen macht, analog für Männer zu gelten:

"Keine Frau ist auf die Summe ihrer Lebensumstände, der Zwänge und Abhängigkeiten reduzierbar, mögen sie auch schrecklich und hart sein. Der Glaube an diese grundlegende menschliche Integrität ist unteilbar; er beinhaltet gleichzeitig die Verantwortung für das eigene Leben als prinzipiell vorhandene Möglichkeit und unabdingbare Chance zur Selbstbefreiung. Ebenso wie wir den historischen Umständen unterliegen, machen wir auch unsere Geschichte selbst". (S.9/10)

Mir scheint es wichtig, die Frage zu stellen: Wieviel an Unterschiedlichkeit, an Möglichkeit, an Widersprüchlichkeit von Männern lassen wir zu, wollen wir und können wir sehen? Und besonders: Welche Verschiedenheit, welche Widersprüchlichkeit gerade in Männern, die ihre Frauen und Kinder mißhandelt haben, lassen wir zu? Und dann: Wo hat in der feministischen und Frauenforschungsöffentlichkeit der positiv-legitime Anteil an mißhandelnden Männern seinen Platz? Und eine Vorfrage dazu wäre: Sollte es überhaupt einen Platz für die explizite Anerkennung männlicher Verhaltensweisen - und das heißt dann auch: von Verhaltensweisen mißhandelnder Männer - in dem feministischen Diskurs und speziell in dem über Mißhandlung und Vergewaltigung geben?

Für mich habe ich diese Frage positiv beantwortet - gegen den Trend in der feministischen und auch feministisch-sozialwissenschaftlichen Öffentlichkeit. Deshalb suche ich nach Anzeichen dafür, daß innerhalb dieser Öffentlichkeit diese Frage positiv beantwortet wird. Deswegen auch fallen mir die Ausnahmen besonders auf, und auf sie will ich im folgenden eingehen.

B. Konstruktion der Ambivalenzen im männlichen Geschlecht: Anfänge in der feministischen Forschung zu männlicher Gewalt

1) Barbara Kavemann und Ingrid Lohstöter: Väter als Täter. Sexuelle Gewalt gegen Mädchen. Rowohlt: Reinbek bei Hamburg, 1984

Es fällt mir auf, wenn Barbara Kavemann und Ingrid Lohstöter von einer bedeutsamen Änderung in ihrer Beachtung von Männern im Zusammenhang mit ihrem Thema schreiben. Sie waren von dieser Voraussetzung ausgegangen:

"Den Männern selbst und der von ihnen ausgeübten Gewalt wollten wir uns zunächst nicht widmen. In der psychologischen und kriminologischen Literatur überwiegt die Beschäftigung mit der Perspektive des Täters, seinen Motivationen und Lebensumständen. (...) Mit Männern, die ihre Töchter oder andere Mädchen mißbraucht hatten, waren wir in der Gerichtsverhandlung konfrontiert. Ihr Leugnen, ihre Versuche, die Mädchen zu diffamieren, ihr Selbstmitleid oder ihre unangebrachte Selbstgerechtigkeit überstiegen unsere Geduld und unser Fassungsvermögen". (S.96)

Dann aber machen sie eine Erfahrung, die, wie sie schreiben, erst ihr "Interesse am Verhalten von Männern" geweckt hat. (S.96)

"Hier trafen wir", so fahren sie etwas später fort, "auf einen Mann, der sich mit Männergewalt auseinandersetzte, ohne sie zu entschuldigen oder sich sofort zu distanzieren" (S.97).

Ein Verhalten eines Mannes also findet ihre Anerkennung, der sich in eine Reihe mit Männern stellt, die ihre Töchter mißbraucht hatten. Für die Autorinnen ist primär wichtig, daß dieser Mann - ein Psychotherapeut, der mit einer Gruppe von Männern arbeitete, die ihre Töchter sexuell mißbraucht hatten - ihre Ansicht bestätigt, daß Mißbraucher "keine besondere Gattung Mensch sind" (S.96). De facto setzen sie sich bei dieser Gelegenheit aber auch in eine anerkennende Beziehung zu gerade solch einem potentiellen Mißhandler, den sie unter anderem wegen dieser Aussage zitieren:

"'Ich hielt mich selbst für einen netten Jungen, der nie in der Lage wäre, so etwas zu tun. Ich wollte, daß diese Männer Monster wären. Ich wollte, daß sie sich von mir unterschieden, so verschieden wie möglich. Doch wenn ich hörte, wie sie von ihrer Kindheit sprachen oder von ihrer Zeit als Teenager, konnte ich immer weniger leugnen, daß wir viel gemeinsam hatten'". (S.97)

Nicht die Tatsache, daß dieser Mann ein potentieller Mißhandler ist, bestimmt letztlich die Reaktion auf ihn, sondern eine andere relativierende Bedingung: daß er sich zu dieser Tatsache in ein reflektierendes und sich selbst nicht ausgrenzendes Verhältnis setzt.

2) Abschlußbericht der wissenschaftlichen Begleitung des Modellprojekts Frauenhaus Berlin: Hilfen für mißhandelte Frauen. Schriftenreihe des Bundesministers für Jugend, Familie und Gesundheit, Bd. 124, Kohlhammer: Stuttgart, 1981

Aus der Suche nach ausdrücklich positiven Anteilen in den Konstruktionen des männlichen Geschlechts fallen mir in diesem Bericht die Elemente eines Männerbildes auf, das nicht auf die Möglichkeit von Mißhandlung reduziert worden ist. Sie sind in den Teilen des Berichts enthalten, die sich mit den Kindern im Frauenhaus beschäftigen, mit den Mädchen und den Jungen, die mit ihren Müttern ins Frauenhaus gekommen waren.

Dies Ereignis, daß in der feministisch-sozialwissenschaftlichen Literatur wie überhaupt in der feministischen Literatur zu privater Gewalt auch von betroffenen Jungen die Rede ist, ist äußerst selten.

Mir sind außer dem Berliner Frauenhausbericht nur noch wenige feministisch-sozialwissenschaftliche Arbeiten bekannt, in denen das der Fall ist: Florence Rush (1982): "Das bestgehütete Geheimnis. Sexueller Kindesmißbrauch" diskutiert ausdrücklich die Situation sexuell mißbrauchter Jungen. Leila Sebbar (1980): "Gewalt an kleinen Mädchen" berichtet in dieser Untersuchung zu mütterlicher und väterlicher Gewalt an kleinen Mädchen auch von der Gewalt, die die Brüder dieser Mädchen erfahren. Lee Ann Hoff (1984): "Violence against Women. A Social Network Analysis" hat in ihrer Untersuchung einer kleinen Gruppe eines amerikanischen Frauenhauses auch mit den Kindern der Frauen gesprochen. - Eine Seltenheit innerhalb der allgemeinen feministischen Diskussion zu männlicher Gewalt gegen Frauen ist eine Veröffentlichung von Richard Snowdon (1984) - eben dem Mann, dessen Einsicht Barbara Kavemann und Ingrid Lohstöter überrascht hat - in Aegis, der Zeitschrift der Feminist Alliance against Rape. In diesem Artikel geht es um die Hilfen für Jungen in einem Programm zur Verhinderung von sexuellen Überfällen auf Kinder. Schließlich gibt es auch einige Hinweise in einer Veröffentlichung des Paritätischen Bildungswerks, die sich mit dem Stellenwert der Hilfen für mißhandelte Frauen und deren Kinder beschäftigt (1980). (Zum Stand der Thematisierungen vgl. auch Haymo Pelz-Schreyögg, im Druck; Wilhelm Brinkmann und Michael-Sebastian Honig (1984)).

Ich habe ausdrücklich nach solchen Veröffentlichungen gesucht in der Vorstellung, daß männliche Kinder, also Jungen, Erfahrungen, Bilder und Begriffe in den Forscherinnen auslösen würden, die nicht unmittelbar die gesellschaftliche Zurichtung der späteren Männer und das Urteil über das Ergebnis dieser Zurichtung spiegelten.

Ich habe den Eindruck, daß der Forschungsbericht des Berliner Frauenhauses mit seiner Auseinandersetzung auch um Jungen, die von männlicher Gewalt betroffen sind, für die deutsche feministische Diskussion zu männlicher Gewalt in der Familie der erste gewesen ist, der das Tabu durchbrochen hat, Angehörige des männlichen Geschlechts nicht nur in der Perspektive abzulehnender Charakteristika, im Extrem von Mißhandlungsbereitschaft zu sehen und nicht nur unter der Notwendigkeit von Distanzierung und Verurteilung. Dies geschieht vor allem in dem Programm einer feministischen Pädagogik, das in dem Bericht angeführt wird. Es enthält eine positive Anthropologie von Kindern und als solchen eben auch von Jungen. Jungen als Kinder werden nicht unter einem dominierenden oder ausschließlichen Gesichtspunkt eines zu verurteilenden Potentials zukünftiger Mißhandlung gesehen, sondern als junge Menschen mit Identitäten und Handlungsmotivationen, die im Kern zu bejahen und zu fördern sind. So bezieht sich der Entwurf einer feministischen Pädagogik für Kinder, die von der Gewalttätigkeit ihrer Väter gegen ihre Mütter und gegen sie selbst betroffen sind, auf folgende Ideen:

- Kinder werden gedacht als Menschen, die Rechte haben (S.253);

- in deren Situation der Abhängigkeit und des Leidens man sich hineindenken kann (S.253);

- deren Interessen vertreten werden müssen (S.253, 256);

- die es wert sind, "aufgefangen" zu werden, "Zuwendung, Trost und Gespräch" zu bekommen, vor allem die Möglichkeit, ihre Mißhandlungserfahrungen aufzuarbeiten (S.253) ; und

- für die der Aufenthalt im Frauenhaus eine Chance sein soll, in Zukunft frei von Mißhandlung zu leben (S.254) und sich auf positive Weise von den Müttern zu trennen (S.257).

Und, noch einmal zusammengefaßt:

"Jedes Kind sollte bestimmte Informationen bekommen: wo es ist, und warum; daß jede Frau und jedes Kind ein Recht auf Unversehrtheit, Würde und ein gewaltfreies Leben hat; daß auch Kinder ein Recht auf ein eigenes Leben und eigene Bedürfnisse und eigene Gedanken haben; daß Mißhandlung nie gerechtfertigt ist, auch wenn sie als 'gerechtfertigte Strafe' legitimiert wird". (S.254)

Aber es fällt an dem Forschungsbericht des Frauenhauses auch auf, daß er diese positive Kinderanthropologie, die in ihrer Allgemeinheit eben auch für Jungen gilt, an den Stellen zurücknimmt, an denen es sich mit Jungen in ihrer Besonderheit beschäftigt.

Ich will den Eindruck eines immanenten negativen Jungenkonzeptes verdeutlichen: Im Rahmen der feministischen Pädagogik des Frauenhauses wird eine Veränderung des Verhaltens und des Selbstbildes von Mädchen und Jungen angestrebt. Dabei verbindet sich die Maxime der besonderen Parteilichkeit für Mädchen mit einer Idee der besonderen Unterstützung für sie. Diese Idee geht aus von der prinzipiellen Wertigkeit und Bejahung der Mädchen in ihrer Gegenwart; sie verbindet sich mit dem Respekt vor dem "Eigenen" und dem "Selbst" der Mädchen. Selbstfindung und Selbstbestimmung werden zwar als Prozesse der Veränderung gedacht, aber das Selbst und das Eigene der zukünftigen Frauen wird bestimmt als Entwicklung und Entfaltung des Selbst und des Eigenen der gegenwärtigen Mädchen. So kritisieren die Autorinnen die Barrieren, die Mädchen überwinden müssen bei der Suche nach einer "eigenen Identiät" (S.256). Die Mitarbeiterinnen fordern eine feministische Arbeit mit Mädchen, die die Mädchen "unterstützen" soll in ihren Ansätzen, der "Hierarchie in der Familie und den sie einengenden Bedingungen Widerstand entgegenzusetzen". (S.256)

Im Gegensatz dazu wird die Jungenpädagogik meiner Interpretation nach nicht parallel beschrieben als Unterstützung der konstruktiven Anteile in Jungen und als Respekt vor der Entfaltung des "Eigenen" der Jungen oder ihres "Selbstwertes", oder aber so, daß solche Begriffe wie "eigenes Selbst" oder "eigene Identität" beim Nachdenken über die Jungen überhaupt eine Rolle spielten; zumindest gibt es davon keinen schriftlichen Niederschlag. Als Beispiel des hier Gemeinten zitiere ich die beiden Abschnitte, in denen die Ziele einer "Verhaltensänderung für Mädchen und Jungen" (S.262) beschrieben werden:

"Mädchen soll geholfen werden, ihr Selbstvertrauen zu stärken. Dieses Selbstvertrauen benötigt eine reale Basis: Einmal in der Solidarität unter Mädchen, die im Frauenhaus unterstützt wird, in der Erfahrung, gemeinsam stark zu sein. Zum zweiten durch ein größeres Selbstwertgefühl, das Bewußtsein von eigenen Rechten; und zum dritten durch die Entwicklung eigener Körperkräfte, um sich zur Wehr setzen zu können". (S.262)

"Jungen fordern durch ihre Rücksichtslosigkeit, Agressivität und ihre Männlichkeitsdemonstrationen immer wieder Auseinandersetzungen heraus .

Diese Auseinandersetzungen wollen die Mitarbeiterinnen nicht durch
Verbote aus der Übermacht von Erwachsenen heraus lösen. Sie wollen
deutlich machen, daß die Jungen deshalb glauben, sich Mädchen, Müttern und anderen Bewohnerinnen und Mitarbeiterinnen gegenüber so
viel herausnehmen zu können, weil es Frauen sind. Die Mitarbeiterinnen wollen den Jungen das positive Beispiel einer Frau, die sich
nichts gefallen läßt, entgegensetzen". (S.262/3)

Nach meinem Eindruck wird in der speziell ausformulierten Jungenpädagogik auf Jungen nur in ihren negativ bewerteten Aspekten Bezug genommen. Anders als für Kinder allgemein ist für Jungen in ihrer Besonderheit keine Sprache vorhanden, die von der Voraussetzung einer
ausreichend selbst-kongruenten Veränderung auch für Jungen ausginge
und in der eine Differenz zwischen prinzipieller Anerkennung und Zu-
stimmung zu den Jungen und Distanzierung von ihnen in konkreten
Situationen ausgedrückt werden könnte.

Mir scheint, ich habe bei der Lektüre des Forschungsberichtes danach
gesucht, daß die Autorinnen, wenn auch in einer anderen Sprache, Zu-
neigungen und Beunruhigungen ausdrücken würden, wie ich sie in den
Gedichtzeilen einer englischen Feministin und Mutter fand:

> "Wie werde ich   will ich   kann ich
> befreundet sein mit
> meinen noch kleinen Söhnen
> möglichen
> wirklichen Unterdrückern
> (...)
> Wie werde ich damit fertig
> wenn diese beiden Jungen
> (wie sehr wollte ich Mädchen)
> sagen
> Du bist nur eine Frau
>   Mama
> Wie werde ich sie nicht
> enteignen
> zerstückeln
> zerstören?
>
> Werden sie sich der männlichen Macht schämen können -
> so daß ich sie lieben kann?"
> (Astra, 1982, S.245; eigene Übersetzung, L.G.)

Ich empfände es als einen notwendigen nächsten Schritt in der weiteren
Entwicklung von feministischen Entwürfen und normativen Konzepten des
männlichen Geschlechts, aus der impliziten Ambivalenz, die in dem Bericht des Frauenhauses für die Kategorie "männliches Geschlecht" vorhanden ist, eine explizite zu machen. Das könnte zunächst etwa heißen,
die Sprache, mit der Kinder in ihrer Allgemeinheit beschrieben worden
sind,auch für die Beschreibung von Jungen als besonderen Kindern, d.h.,
als Angehörige des männlichen Geschlechts, zur Verfügung zu haben. So

könnte sich auch im feministischen Diskurs zu männlicher Gewalt eine symbolische Repräsentanz für das männliche Geschlecht verbreitern, in der Positives und Negatives jeweils seinen Platz hat. Für die Vorstellung der Beziehung von Mädchen und Frauen zu Jungen und Männern hieße das, daß beide Möglichkeiten, Anerkennung und Zurückweisung, darin vorkommen könnten.

3) <u>Margrit Brückner: Die Liebe der Frauen. Über das Verhältnis von Weiblichkeit und Mißhandlung. Frankfurt 1982 (Dissertation). Als Buch veröffentlicht im Verlag Neue Kritik: Frankfurt, 1983</u>

Auf der Suche nach einer Konstruktion der Ambivalenz - also auch der positiven Valenz des männlichen Geschlechts - innerhalb des hier relevanten Ausschnittes der feministischen Sozialwissenschaft muß schließlich Margrit Brückners Arbeit auffallen.
Ihr Buch über den Zusammenhang von Weiblichkeit und Mißhandlung ist für mein Dafürhalten ein Meilenstein auch in der Entwicklung eines Konzeptes von Männern in dem feministischen Diskurs über private männliche Gewalt gegen Frauen. Trotz der Brutalität der Mißhandlungen, die Männer Frauen zufügen können, hält Margrit Brückner an einer prinzipiell unteilbaren Menschlichkeit aller Menschen fest. Auf dieser Überzeugung scheint sie auch ihre Theorie des Zusammenhangs von Weiblichkeit und Mißhandlung aufzubauen. In den unmittelbaren Beschreibungen von Männern und ihrem Verhalten drückt sich diese Überzeugung so aus (die Zitate entstammen dem Dissertationstext):

- Männer, die ihre Frauen mißhandelt haben, werden in der ganzen Skala ihrer Gefühle (von zärtlich bis brutal) dargestellt und zwar offenbar nicht nur, wie ihre Frauen sie erlebt haben, sondern auch aus einer dritten, selbständigen Perspektive der Autorin heraus.

"Obwohl die Männer in diesen Beziehungen ihre männliche Dominanz auf brutale Weise ausüben, können sie doch in anderen Zeiten sehr verletzlich und hilflos sein". (S.100)

- Den mißhandelnden Männern wird dieselbe grundlegende menschliche Bedürftigkeit zugestanden und dieselbe Anstrengung, ihr Menschsein zu verwirklichen, wie den Frauen.

"Das Bedürfnis des Mannes nach totaler Liebe gerät zur totalen Machtübernahme: das Bedürfnis der Frau nach totaler Liebe gerinnt zur völligen Abhängigkeit". (S.116)

"Die Gefühle, die eine gewalttätige Beziehung zusammenhalten, scheinen nicht prinzipiell verschieden von denjenigen anderer mehr oder weniger symbiotischer Beziehungen zu sein, da die beteiligten Frauen und Männer ebenso 'normal' sind wie andere auch: sie versuchen dem Idealbild von Liebe, ganz ineinander aufzugehen und einander ganz zu gehören, nachzukommen". (S. 118)

- Neben der essentiellen Menschlichkeit der mißhandelten Frauen ist ausdrücklich von der essentiellen Menschlichkeit der mißhandelnden Männer die Rede, auch wenn diese verloren gehen kann:

"(...) die Frau verliert ihr Selbstgefühl, ihr Selbstverständnis als eigene Person mit einem Recht auf Menschlichkeit; der Mann verliert seine Hemmung, eine Frau, die er für sein Eigentum hält, zu verletzen und ihr Menschsein zu entwürdigen, dabei entäußert er ebenfalls seine Menschlichkeit". (S.119)

Bei der Entwicklung der Theorie patriarchaler Weiblichkeit, die die Möglichkeit von Mißhandlung einschließt, macht die Argumentation auffallend viel Gebrauch von der Vorstellung, daß die beiden Geschlechter wesentliche Existenzbedingungen gemeinsam haben. "Beide" - die damit verbundene Vorstellung lese ich so, daß ebenso wie eine grundlegende Menschlichkeit den tatsächlich und den möglicherweise mißhandelten Frauen zuerkannt wird, dies auch für die tatsächlich oder möglicherweise mißhandelnden Männer geschieht. Auf beide Geschlechter wird in dieser Vorstellung in ihrer grundlegend gleichen Teilhabe am menschlichen Universum Bezug genommen.

Beiden Geschlechtern wird auch dieselbe menschliche Grundproblematik zuerkannt: Symbiose mit anderen ebenso wie Autonomie für sich zu erreichen. Die Theorie beinhaltet aber auch, zum einen, daß im Patriarchat eine Aufspaltung dieser widersprüchlichen Wunschkonstellation geschieht und eine Zuordnung der so aufgespaltenen Wünsche zu jeweils einem Geschlecht. Das weibliche Geschlecht steht dabei gesellschaftlich für den Wunsch nach Symbiose, das männliche für den Wunsch nach Autonomie. Im Patriarchat versuchen Männer im Zeichen ihrer gesellschaftlichen Macht und Frauen im Zeichen ihrer gesellschaftlichen Ohnmacht, ebenso ihre existentiellen Wünsche als abgespaltene durchzusetzen wie auch deren Abspaltung als solche wieder aufzuheben. Im Ergebnis schaffen diese Prozesse Entfremdung und Zerstörung für beide Geschlechter, unter gegebenen Bedingungen des Patriarchats am stärksten für die Frauen.

Frauen und Männer leben in dieser Konstruktion nicht in zwei Welten, wie eine andere feministische These besagt (vgl. Cheryl Benard und Edit Schlaffer, 1981). Im Gegenteil, sie leben in einer gemeinsamen Welt. Sie stehen sich nicht als zwei dichotome Klassen oder Kulturen gegenüber, sondern werden gedacht als zwei existentiell aufeinander verwiesene Teile einer Ganzheit. Dieser Geschlechtertheorie zufolge schlafen die Frauen nicht mit ihrem Feind - um ein verbreitetes Bild der Frauenöffentlichkeit zu gebrauchen -, sondern allenfalls - in der abgewandelten Metaphorik von Margrit Brückner gesprochen - mit den Müttern oder Vätern ihrer Kindheit. Die Gemeinsamkeit der Geschlechter wird auch nicht als überflüssige oder verwerfliche Kollaboration der Frauen mit den Männern gedacht, sondern als existentiell angelegte und - bei aller Verstrickung - legitime Möglichkeit. Sicher ist die gemeinte Ganzheit im Patriarchat eine, die als männliche Herrschaft strukturiert ist und sich in zerstörerischer Kraft gegen beide Geschlechter richtet, am stärksten gegen die Frauen.

Der Grundton dieser Theorie patriarchaler Weiblichkeit scheint am ehesten der einer Trauer darüber, daß im Patriarchat die Erfüllung menschlicher Möglichkeiten so sehr verhindert wird. Die mißhandelnden Männer werden als Menschen gesehen die im patriarchalen Geschlechterarrangement auch einer Tragik unterliegen, schuldlos schuldig werden. Nach meinem Eindruck enthalten ihr Leben, ihre Handlungen in diesem Entwurf eine Qualität, die sie verständlich und einfühlbar machen. Auch diese Männer erhalten hier ihre Würde, da sie als sich selbst und ihren Opfern entfremdete Menschen gedacht werden. Als Entfremdete aber repräsentieren auch sie die Idee und den Anspruch der Nicht-Entfremdung, sind Teil einer Menschheit, die es nur aufgrund der Idee der letztlich einen Nicht-Entfremdung gibt.

Wenn es denn ein Signum von Frauenforschung ist, die Widersprüchlichkeit im weiblichen Lebenszusammenhang aufzuspüren und zu rekonstruieren, so scheint mir das nur möglich, wenn sie das auch im Bewußtsein einer übergreifenden Einheit des weiblichen und männlichen Lebenszusammenhanges tut - auch wenn diese Einheit noch im Vorzeichen patriarchaler Herrschaft steht.

Literatur:

Astra, 1982: Poems on my Sons, in: Scarlet Friedmann und Elizabeth Sarah (Hg.), On the Problem of Men. Two Feminist Conferences. The Women's Press, London, S.245-254.

Benard, Cheryl und Schlaffer, Edit, 1980: Der Mann auf der Straße. Rowohlt, Reinbek bei Hamburg.

Benard, Cheryl und Schlaffer, Edit, 1981: Liebesgeschichten aus dem Patriarchat. Von der übermäßigen Bereitschaft der Frauen, sich mit dem Vorhandenen zu arrangieren. Rowohlt, Reinbek bei Hamburg.

Benard, Cheryl und Schlaffer, Edit, 1984: Die Grenzen des Geschlechts. Anleitungen zum Sturz des Internationalen Patriarchats. Amnesty for Women. Rowohlt, Reinbek bei Hamburg.

Brinkmann, Wilhelm und Honig, Michael-Sebastian, 1984: Gewalt gegen Kinder, Kinderschutz. Eine sozialwissenschaftliche Auswahlbibliographie, Deutsches Jugendinstitut (Arbeitsgruppe "Familienerziehung zwischen Liebe und Gewalt", Selbstverlag), München.

Broszat, Tilmann, 1984: Mythos Gewalt. Veröffentlichte Entrüstung als Legitimation von Kinderschutz. In: Wilhelm Brinkmann und Michael-Sebastian Honig (Hg.), Kinderschutz als sozialpolitische Praxis. Hilfe, Schutz und Kontrolle. Kösel, München, S.44-76.

Brückner, Margrit, 1983: Die Liebe der Frauen. Über das Verhältnis von Weiblichkeit und Mißhandlung. Dissertation, Universität Frankfurt, 1982 (als Buch: Verlag Neue Kritik, Frankfurt 1983).

Bundesministerium für Jugend, Familie und Gesundheit, 1981: Hilfen für mißhandelte Frauen. Abschlußbericht der wissenschaftlichen Begleitung des Modellprojektes Frauenhaus Berlin. Band 124 der Schriftenreihe des BMJFG, Kohlhammer, Stuttgart etc.

Gravenhorst, Lerke, 1983: Frau und Mann im Patriarchat. Die falsche Liebe oder die falsche Theorie?. Feministische Studien 2, (1), S.134-140.

Hagemann-White, Carol, 1983: Stichwort "Gewalt". In: Johanna Beyer, Franziska Lamott und Birgit Meyer, Frauenhandlexikon. Stichworte zur Selbstbestimmung. Beck, München.

Hoff, Lee Ann, 1984: Violence against Women. A Socio-Cultural Network Analysis. Dissertation, Boston University (University Professors Program).

Kavemann, Barbara und Lohstöter, Ingrid, 1984: Väter als Täter. Sexuelle Gewalt gegen Mädchen, Rowohlt, Reinbek bei Hamburg.

Müller, Ursula, 1984: 'Die Zukunft liegt in den Eiern' - Thesen zum Wandel des Männerbildes in der neuen Frauenbewegung, psychosozial 21, März, 7.Jahrgang, S.99-120.

Nelson, Sarah, 1982: Incest. Fact and Myth. Stramullion, Edinburgh.

Paritätisches Bildungswerk Bundesverband e.V., 1980: Bildungsarbeit mit Frauen. Der Stellenwert der Hilfen für mißhandelte Frauen und deren Kinder. Selbstverlag, Frankfurt.

Rush, Florence, 1982: Das bestgehütete Geheimnis: Sexueller Kindesmißbrauch. sub rosa, Berlin.

Sebbar, Leila, 1980: Gewalt an kleinen Mädchen. Feministischer Buchverlag, Naumburg/Elbenberg.

Snowdon, Richard, 1984: Preventing Aggression. The Child Assault Prevention Project and Boys. Aegis. Magazine on Ending Violence against Women, No. 38, S.28-38.

Wahl, Klaus, Honig, Michael-Sebastian und Gravenhorst, Lerke, 1982: Wissenschaftlichkeit und Interessen. Zur Herstellung subjektivitätsorientierter Sozialforschung. Suhrkamp, Frankfurt.

Wahl, Klaus, Honig, Michael-Sebastian und Gravenhorst, Lerke, 1984: Plurale Wirklichkeiten als Herausforderung an die Soziologie. Methodologische und forschungspraktische Überlegungen am Beispiel von "Gewalt in Familien". In: Wolfgang Bonß und Heinz Hartmann (Hg.). Soziologie und Wirklichkeit. Soziale Welt, Sonderband 3, (im Druck).

Angelika Wetterer

"NEIN, SELBST BEWORBEN HÄTTE ICH MICH NIE!" - ZUM SELBSTVERSTÄNDNIS
VON WISSENSCHAFTLERINNEN

Die Tatsache, daß Frauen in der Wissenschaft immer noch eine Ausnahme
sind, ist weder neu, noch ist sie unbekannt. Und das gilt auch für
die Tatsache, daß Frauen in der Wissenschaft um so mehr eine Ausnahme
sind, je höher es die universitäre Karriereleiter hinauf geht. An
der Universität Freiburg etwa, über die ich im folgenden berichten
werde, beträgt der Frauenanteil bei den Studenten 40%; bei den wissenschaftlichen Angestellten sind immerhin noch ("immerhin noch" verglichen mit den Zahlen von anderen Universitäten) 22% weiblichen Geschlechts; aber dann setzt ein rapider Frauenschwund ein: Auf der
höchsten Stufe der universitären Karriereleiter, bei den Lehrstuhl-
inhabern, ist nur noch 1% Frauen übrig geblieben. (1)

Derartige Zahlen sind oft und zu Recht als Beispiel für die Frauendiskriminierung im Universitätsbereich angeführt worden. Weniger oft
hingegen ist danach gefragt worden, wie die wenigen, die es dann
doch irgendwie 'geschafft' haben, mit ihrer Ausnahmesituation in der
Wissenschaft umgehen: was es für sie bedeutet, eine Ausnahme im
Männerbetrieb Uni zu sein, und was es für sie bedeutet, zugleich auch
eine Ausnahme zu sein gegenüber der Mehrheit aller anderen Frauen,
die weder in der Universität noch in anderen karriereträchtigen Bereichen - wie es ja immer noch so schön heißt - ihren "Mann" stehen.

Zu welch überraschenden Ergebnissen die Auseinandersetzung mit dem
Selbstverständnis derer, die es 'geschafft' haben, führen kann, zeigen schlaglichtartig die Reaktionen der Studenten/innen, mit denen
zusammen ich im vergangenen Jahr eine Untersuchung über den Berufsweg und das Selbstverständnis von Wissenschaftlerinnen durchgeführt
habe. Aus der Arbeitsgruppe, die sich im Zuge der Auswertung schwer-
punktmäßig dem Thema "Diskriminierungserfahrungen" zugewandt hatte,
kam nach einigen Wochen intensiver Beschäftigung mit den Interviews
der frustrierte und auch ein Stück weit fassungslose Kommentar: "Bei
uns ist gar nichts rausgekommen. Die sagen alle, sie sind nicht diskriminiert worden."

Und aus einer weiteren Arbeitsgruppe, deren Ziel es war, herauszufinden, wie denn nun die Wissenschaftlerinnen mit ihrer Ausnahmesituation umgehen, kam das ziemlich verblüfft und zugleich auch mißmutig
vorgetragene Statement: "Wir wissen gar nicht, was wir eigentlich
noch auswerten sollen. Die fühlen sich alle gar nicht als Ausnahme."
Zwar steckt in beiden Statements eine nicht ganz zulässige Verallge-
meinerung, aber es gibt doch eine nicht unbeträchtliche Anzahl von
Teilergebnissen, die den zitierten studentischen Unmut darüber, daß
was ganz anderes rausgekommen ist, als bei Beginn der Untersuchung
erwartet, als durchaus berechtigt erscheinen lassen. Bevor ich auf
diese Teilergebnisse näher eingehen werde, einige wenige Informationen über die Untersuchung, auf die ich mich dabei beziehen werde.

Die Untersuchung über "Situation und Selbstverständnis von Wissenschaftlerinnen an der Universität Freiburg" wurde durchgeführt im Sommer 1983. Befragt wurden dabei insgesamt 71 Wissenschaftlerinnen aller Fachrichtungen (sofern es dort Frauen gibt) und aller universitären Hierarchiestufen. (2) Die offenen Interviews, die im Schnitt 2-4 Stunden dauerten, folgten einem Interviewleitfaden, der im Aufbau biografisch strukturiert war, aber auch eine ganze Reihe themenzentrierter Fragenkomplexe enthielt, die im Verlauf der Befragung immer wieder aufgegriffen wurden - so zum Beispiel Fragen nach Diskriminierungserfahrungen oder Fragen nach der Einstellung zur Frauenforschung. Die Interviews wurden auf Tonband aufgenommen und anschließend transkribiert.

Der Papierberg, zu dem sich das Interviewmaterial aufgrund der hohen Teilnahmebereitschaft und aufgrund der Auskunftsbereitschaft der befragten Wissenschaftlerinnen inzwischen geradezu türmt, besteht gegenwärtig aus knapp 3.000 Seiten. Die Auswertung ist demzufolge, wie Sie sich werden denken können, noch keineswegs abgeschlossen - aufrichtigerweise sollte ich eher sagen: Sie steckt noch in den Anfängen.
  Das hat zur Folge, daß die Ergebnisse, über die ich im folgenden berichten werde, nichts anderes als erste Zwischenergebnisse sind. Und es hat zur Folge, daß ich mich in doppelter Hinsicht werde beschränken müssen. Ich werde zum einen nur über einen relativ spezifischen Gegenstandsbereich berichten - eben darüber, wie die von uns befragten Frauen mit ihrer Ausnahmesituation umgehen und welche Rolle dabei Diskriminierungserfahrungen bzw. deren Fehlen spielen.(3) Und ich werde mich zum anderen nicht auf alle Interviews beziehen, sondern nur auf eine ganz bestimmte Gruppe: Auf die nämlich, die die studentischen Mitarbeiter/innen dieses Forschungsprojektes zu den eingangs erwähnten Kommentaren veranlaßten.

Zu dieser zuletzt genannten Eingrenzung möchte ich vorab zwei Bemerkungen machen.

1. Es gibt unter den von uns befragten Wissenschaftlerinnen auch solche, auf die Aussagen wie "sie fühlt sich nicht als Ausnahme" oder "sie ist nicht diskriminiert worden" überhaupt nicht oder nur zum Teil zutreffen. Es gibt unter ihnen vielmehr auch solche, die im Laufe ihrer Tätigkeit als Wissenschaftlerin auf massive Widerstände gestoßen sind, oder solche, die kurz davor sind, das Handtuch zu schmeißen, weil sie für sich zu der Überzeugung gelangt sind, die Dominanz männlicher Standards im Uni-Betrieb würde ihre Identität ruinieren. Ein Grund dafür, daß ich über deren Erfahrungen und Selbstverständnis hier nicht berichten werde, ist, daß sie insgesamt in unserer Stichprobe in der Minderheit sind und ich mich in der Kürze der hier zur Verfügung stehenden Zeit lieber auf das konzentrieren möchte, was sich beim gegenwärtigen Stand unserer Auswertung als "Normalfall" herausgeschält hat.

2. Noch wichtiger als dieser erste Grund ist mir selbst aber ein anderer. Ich denke, die Tatsache, daß viele Frauen, die seit Jahren an

der Universität wissenschaftlich arbeiten, sich subjektiv nicht als Ausnahme fühlen und sich auch nicht gravierend diskriminiert fühlen, bedarf wesentlich mehr der Erklärung, als die Tatsache, daß manche über gravierende Diskriminierungserfahrungen berichten. Was die Diskriminierungserfahrungen anbelangt, so liegen die - zumindest aus der Perspektive der Frauenbewegung und der ihr nahestehenden Frauenforschung - im Bereich des eigentlich Erwarteten. Sie passen gewissermaßen ins Bild; für sie gibt es theoretische Erklärungsmuster und empirisches Beweismaterial und auch das schon nahezu vorprogrammierte Reaktionsschema: "Da sieht man's mal wieder! Klar, die Uni ist ein Männerbetrieb, was soll frau da schon anderes erwarten." Bei den erwartungswidrigen Erfahrungsberichten vieler der von uns befragten Wissenschaftlerinnen tritt an die Stelle eines derartigen Wiedererkennungseffektes erst mal Irritation. Und dann tritt nicht selten ein Interpretationsmuster in Kraft, das die Wahrheit der feministischen Analyse gegen die Wahrnehmungsfähigkeit der sie nicht bestätigenden Frauen ausspielt. Dann nämlich heißt es: na ja, die sind vermutlich durch jahrelange Anpassungszwänge so blind, taub und stumm geworden, daß sie gar nicht mehr merken, wie übel ihnen da eigentlich mitgespielt wird und welchen Preis sie eigentlich schon lange dafür haben bezahlen müssen, daß sie zu den wenigen gehören, die es geschafft haben.

Ich werde im folgenden auch den Versuch unternehmen, deutlich zu machen, daß dieses Interpretationsmuster kurzschlüssig und inadäquat ist. Ich werde zu zeigen versuchen, daß eine Aussage wie: "Ne, als Ausnahme fühle ich mich da nicht" Teil eines ziemlich komplexen und ziemlich widersprüchlichen Balanceaktes ist, in dem es um Selbstbehauptung oder - theoretischer formuliert - um die Aufrechterhaltung dessen geht, was z.B. Krappmann als "balancierende Identität" beschrieben hat. (4)

Wie widersprüchlich es bei diesen Balanceakten zugeht, wird vielleicht schon deutlich, wenn ich gewissermaßen im ersten Anlauf eine kurze und knappe Antwort auf die Frage zu geben versuche, wie denn die von uns befragten Frauen in der Regel mit ihrer Ausnahmesituation umgehen. Die Frauen wissen natürlich theoretisch, daß sie als Frau eine Ausnahme im Männerbetrieb Universität sind und antworten auf entsprechende Fragen schon mal unwirsch: "Das geht, glaube ich, schon aus der Statistik hervor!" (AR 03,1). Sie fühlen sich aber subjektiv nicht als Ausnahme: "Wenn man das von außen sieht"- sagte uns eine Professorin - "ist es vielleicht so, ich weiß nicht. (...) Aber das kommt mir so komisch vor, wenn ich sowas sag', weil ich mir eigentlich nie als was Ausgenommenes vorgekommen bin" (P 03,41). Als Ausnahme fühlen sie sich hingegen in anderer Beziehung: Als Ausnahme nämlich im Vergleich zu dem, wie Frauen in der Wissenschaft im allgemeinen behandelt werden und wie sie sein müssen, um sich dort durchsetzen zu können. In diesem zweiten Sinn halten sich so viele der von uns Befragten für eine Ausnahme, daß sich frappierenderweise aus dem Zusammenaddieren der Ausnahmen so etwas wie eine Regel ergibt. Ich möchte diesen in der Komprimierung möglicherweise etwas verwirrenden Sachverhalt, daß die Frauen sich einerseits im Wissenschaftsbetrieb nicht als Ausnahme fühlen, sich andererseits jedoch für eine Ausnahme von dem halten, was Frauen in der Wissenschaft normalerweise passiert, etwas ausführlicher und gewissermaßen Schritt für Schritt betrachten. Ich denke nämlich, daß hier ein ganz wesentlicher Schlüssel zur Analyse des Selbstverständnisses von Wissenschaftlerinnen oder zumindest einer bestimmten Gruppe von Wissenschaftlerinnen liegt.

Zunächst zum ersten Aspekt, der angesichts der zahlenmäßigen Minderheit von Frauen an den Universitäten die bereits erwähnten Irritationen hervorruft: Die Mehrheit der von uns befragten Wissenschaftlerinnen fühlt sich nicht als Ausnahme und auch nicht als Ausnahme behandelt; die wenigsten berichten über einschneidende Diskriminierungserfahrungen. Folgt man ihren Aussagen, so funktioniert der Universitätsalltag für sie auf eine Weise reibungslos, die es ihnen erlaubt, von der Tatsache, daß sie statistisch eine Ausnahme sind, einfach abzusehen. Sie werden von den Kollegen nicht anders behandelt als männliche Kollegen auch, und auf Schwierigkeiten, die damit zusammenhängen könnten, daß sie Frauen sind, sind sie in der Regel nicht gestoßen.

Es gibt allerdings ab und zu kleine Irritationen, Alltagssituationen, in denen durchscheint, daß weibliche Wissenschaftlerinnen eigentlich doch nicht so ganz vorgesehen sind - Alltagssituationen übrigens, über die die meisten erst auf direkte Nachfragen berichten.Da sind die berühmten Briefe mit der Anschrift "An Herrn Dr..", manchmal sogar samt ausbuchstabiertem weiblichen Vornamen; da sind die universitären Rundschreiben an die "lieben Herren Kollegen"; da werden Tagungen mit den Worten "meine sehr geehrten Herren" eröffnet, auch wenn in der ersten Reihe unübersehbar Frauen sitzen; da berichtet eine Professorin darüber, wie ein Vortrag, den sie halten sollte, mit den Worten eingeleitet wurde: "Als nächstes wird Herr Professor xy sprechen" und wie sich der "Herr Professor" zur Verwunderung des gesamten Auditoriums als Frau entpuppte. Da gibt es schließlich die Unsicherheiten im Miteinander-Umgehen, etwa wenn die kollegiale Hierarchie mit geschlechterspezifischen Höflichkeitsritualen kollidiert und der Herr Professor nicht weiß, ob seine Assistentin ihm die Türe aufhalten soll, weil sie ja seine Assistentin ist, oder ob nicht eher er ihr die Türe aufhalten soll, weil sie ja eine Frau ist.

Man könnte derartige Erfahrungen als symptomatisch betrachten, man könnte sie nach dem Motto "da sieht man's ja mal wieder" als Indizien dafür betrachten, daß die Dominanz männlicher Standards an der Universität bis in die alltäglichen Umfangsformen hineinreicht. Aber für viele der von uns Interviewten haben sie diesen Stellenwert nicht. Auf die Frage, ob es ihnen etwas ausmacht, als "Herr Kollege" angeschrieben zu werden, waren typisch eher Antworten wie die folgenden: "Es amüsiert mich eher, als daß ich mich drüber ärgere" (WP 05,21) oder: "Also erstens mal ist mir das furchtbar egal. Und zweitens merk' ich's aus dem Grund vielleicht oft gar nicht. Also das hätt' ich dazu zu sagen" (AS 01,24). Entgegen aller von Senta Trömel-Plötz gesammelten Beweise dafür, wie die "Männerherrschaft" sich u.a. in der Anrede "Herr Kollege" niederschlägt, (5) antwortete uns ausgerechnet eine Sprachwissenschaftlerin auf die zitierte Frage: "Ne, da hab ich kein Problem. Ich glaub, da hab ich schon das Selbstbewußtsein" (WO 12,30) - eine, wie ich denke, überaus bezeichnende Antwort.

Wenn Alltägliches derart als etwas eher Nebensächliches und nicht als etwas Typisches erfahren wird, stellt sich natürlich die Frage: Welche Erfahrungen haben diese Frauen im Laufe ihres Berufsweges gemacht, die ihnen wesentlich erscheinen und im Vergleich mit denen z.B. die Titulierung als "Herr Kollege" für sie eher nebensächlich ist. Besonders aufschlußreich erscheint mir in diesem Zusammenhang, wie die Wissenschaftlerinnen ihren Berufsweg insgesamt charakterisieren, wie sie es sich selbst und auch der Interviewerin erklären, daß sie Wissenschaftlerin geworden sind und es als solche zum Teil auch ziemlich weit gebracht haben.

In den entsprechenden Interviewpassagen gibt es eine begrenzte Anzahl von Wörtern, die quer durch viele Interviews mit schöner Regelmäßigkeit immer wieder auftauchen. Diese Wörter sind: "reingerutscht", "reingeraten", "reingeholt worden" und - im statistischen Sinn der absolute Renner - "so ergeben". Ein Beispiel für viele: "Ich bin überhaupt keinen bestimmten Weg gegangen. Ich hab' studiert, weil mich 'ne bestimmte Sache interessiert hat und weil ich mich dafür interessiert habe, Wissen zu vermitteln. Anschließend wollte ich in die Schule gehen, aber dann hat sich - ich muß sagen, das hat sich mehr oder weniger ergeben, daß ich nicht an die Schule gegangen bin. Und dann hab' ich promoviert und dann hab' ich gedacht, nun sei die Sache erledigt; und dann hat es sich mehr oder weniger ergeben, daß ich zur Zeit an meiner Habilitation sitze. Ich hab das nicht bewußt gemacht, so: jetzt will ich das, und dann will ich das." (AR 03,7). Auch bei vielen anderen Frauen gewinnt man den Eindruck, daß sich die Universitätskarriere zumindest eine gewisse Zeit lang quasi hinter ihrem Rücken und ohne ihr Zutun abgespielt hat. Sie selbst haben während ihres Studiums entweder überhaupt keine konkrete Berufsperspektive - das sind in der Regel diejenigen, die für sich beschlossen haben, auf keinen Fall Lehrerin zu werden. Oder sie haben vor, in die Schule zu gehen, und betrachten die Promotion und zum Teil auch noch die zweite oder dritte Stelle an der Universität als "angenehmen kleinen Umweg" auf dem vorgezeichneten Weg in den Schuldienst: "Ich dachte mir, fünf Jahre Uni, da kann ich ja hinterher immer noch in die Schule, das läuft mir ja nicht davon." (WO 02,2).

Ich möchte die Darstellung dieses Karrieremusters hier abbrechen und kurz die Verbindung zu meinen Ausgangsfragen herstellen bzw. ins Gedächtnis rufen. Die Tatsache, daß es aus der Perspektive der hier zitierten Frauen möglich ist, an der Universität eine Karriere zu machen, die sich so ergeben hat, die mehr auf Anstöße von außen als auf einen selbst gefaßten Entschluß zurückzuführen ist, hat zur Folge, daß diese Frauen sich nicht als diskriminierte oder widerwillig geduldete Ausnahme verstehen. Und sie hat zur Folge, daß sie die kleinen

alltäglichen Diskriminierungen wie die Anrede "Herr Kollege" für nebensächlich halten gegenüber der für sie bestimmenden Erfahrung, daß
sie zu Beginn und im Verlauf ihres Berufsweges immer wieder oder: immer
auch auf Unterstützung gestoßen sind und seltener auf Widerstände.
Soweit scheint die Sache - um es etwas salopp zu formulieren - imma-
nent stimmig zu sein und wir könnten uns der Frage zuwenden, ob die
Universität vielleicht ganz entgegen dem statistischen Anschein und
ganz entgegen anderer Analysen und Untersuchungsergebnisse inzwischen
oder vielleicht nur im badischen Städtchen Freiburg eine geradezu
frauenfreundliche Institution geworden ist. Doch ich hatte Widersprüchliches und Balanceakte angekündigt, und auf die möchte ich jetzt im
folgenden eingehen und dabei auch die Stimmigkeit wieder etwas durch-
einander bringen.

Es gibt in den Interviewpassagen, in denen die Wissenschaftlerinnen
ihren Berufsweg beschreiben, eine ganze Reihe von Aussagen, die nur
am Rande oder nur so nebenbei vorkommen - wenn sie überhaupt vorkommen. Das sind Aussagen, die sich auf das beziehen, was man als "Eigenanteil" an der beruflichen Karriere bezeichnen könnte. Wenn die
Frauen überhaupt selbst und spontan auf diesen Eigenanteil zu sprechen
kommen, so dominieren zwei von den Befragten auch als positiv und für
ihre Selbstverständnis wichtig erfahrene Bereiche. Das eine ist, daß
sie sich die Fähigkeit zuschreiben, eine sich bietende Möglichkeit
schnell am Schopf zu packen, ebenso flexibel wie realistisch das aufzugreifen, was sich ihnen als Chance bietet - auch wenn sie eigentlich
was anderes vorgehabt haben, wie dies am Beispiel der Berufsperspektive Schule schon anklang. Das zweite ist, daß sie so gerne wissenschaftlich arbeiten, daß sie - wie eine unserer Befragten das formu-
lierte - "einfach die Finger nicht davon lassen konnte" (P 03,2).
Andere, eigentlich naheliegende und ja auch mit dem Spaß am wissenschaftlichen Arbeiten zwangsläufig verbundene Bereiche werden selten
und eben: eher beiläufig erwähnt. Zum Beispiel, daß das auch viel
und harte Arbeit ist; zum Beispiel, daß man was können muß; daß man
sich auch mal durchsetzen oder durchbeißen muß; daß es da auch so
etwas wie Konkurrenz gibt und daß in den universitären Konkurrenz-
kämpfen auch mal mit harten Bandagen gefightet wird.

Aussagen zu diesen Bereichen fehlen in den Interviews allerdings
keineswegs vollständig. Nur: Sie finden sich nicht in Passagen, in
denen es um den eigenen Berufsweg geht, sondern in Passagen, in denen
es um die Situation von Frauen in der Wissenschaft überhaupt geht;
um die allgemeine Frage danach, ob denn die herrschende Wissenschaft
männlich sei oder sich im Uni-Bereich vielleicht etwas ändern würde,
wenn es dort mehr Frauen gäbe. Vergleicht man die Antworten auf diese
allgemein gestellten Fragen mit denen, die den eigenen Berufsweg nach
dem Modell der "Es-hat-sich-so-ergeben-Karriere" beschreiben, könnte
man zu dem Schluß kommen, man hätte Berichte über zwei völlig verschiedene Welten vor sich. Frauen in der Wissenschaft - allgemein und
überhaupt - müssen sich auszeichnen durch Durchsetzungsvermögen, Lei-
stungsorientierung, Stärke; sie müssen Rückschläge einstecken können,

selbstbewußt sein und zäh; über Selbstdisziplin und Kampfbereitschaft verfügen und über Ehrgeiz und die Fähigkeit, von eigenen Bedürfnissen abzusehen - und das alles zum Teil noch mehr als Männer. Oder: Wenn es mehr Frauen in der Wissenschaft gäbe, würde sich - so meinen die einen - das Arbeitsklima dahingehend ändern, "daß es nicht so borniert, nicht so fachlich-selbstgerecht wäre, so, daß sie sich selbst beweihräuchern" (WO 15,28) und "auf der Beziehungsebene im Sinne von weniger kämpfen und konkurrieren" (AS 02,19). Oder aber das Arbeitsklima würde sich in eine ganz andere Richtung ändern, denn: "Man muß da vorsichtig sein. Es gibt auch ein paar Frauen, die von den Umgangsformen her das, was die Männer machen, noch übertreiben, also arg viel Ellbogen und so" (AR 01,34), es gibt da unter den Frauen, wie eine andere berichtet, ja auch richtige Megären (AR 02,37).

Ganz so reibungslos und unter Absehung vom Geschlecht der Beteiligten, ganz so geschlechtsunspezifisch scheint der Universitätsalltag also doch nicht abzulaufen. Und das zeigt sich auch darin, daß überraschend viele der Ansicht sind, die herrschende Wissenschaft sei männlich.

Widersprüchliches also. Die eigene Karriere an der Universität hat sich so ergeben: "Ich wüßte nicht, welche Eigeninitiative ich aufgebracht hätte" (AR 02,17) - aber wenn Frauen in der Wissenschaft wirklich was werden wollen, sagte uns dieselbe Akademische Rätin, müßten sie schon kleine Machiavellis sein. Der Widerspruch zwischen subjektivem Selbstverständnis und allgemeiner Einschätzung der Lage wird von manchen Frauen anläßlich der Frage danach, ob Frauen in der Wissenschaft immer noch mehr leisten müssen als Männer, stereotyp dahingehend aufgelöst, daß sie sich - ich sagte das eingangs schon - als Ausnahme in dem Sinn begreifen, daß ihnen nicht passiert ist, was Frauen in der Wissenschaft in der Regel immer noch passiert: "Bei mir war das nicht der Fall, ich kenne aber Fälle, wo das wirklich der Fall war" (WP 03,19) oder: "Also jetzt mit meinen persönlichen Erfahrungen stimmt es nicht überein, aber mit dem, was ich von anderen Frauen weiß, schon" (WO 12,30). Haben wir es also bei der Mehrheit der von uns befragten Frauen mit lauter Ausnahmen zu tun, denen nicht passiert ist, was auf Frauen in der Wissenschaft eigentlich wartet, und die, eben weil ihnen dies nicht passiert ist, von sich sagen können, sie würden sich im Wissenschaftsbetrieb nicht als Ausnahme fühlen?

Ich möchte, bevor ich mich daran wage, auf diese Frage eine vorläufige Antwort zu formulieren, eine methodische Zwischenbemerkung einschieben. Ich habe die Aussagen der von uns befragten Wissenschaftlerinnen bislang als Tatsachenberichte aufgefaßt und dabei einen anderen, gerade in methodischer Hinsicht unerläßlichen Aspekt weitgehend vernachlässigt. Es gibt ja in der Biografieforschung den nicht nur schönen, sondern überaus zutreffenden Satz: "Die Zukunft ist ungewiß und die Vergangenheit ändert sich ständig". Ich habe leider vergessen, von wem er stammt, aber nicht vergessen habe ich, was er verdeutlichen soll. Die Aussagen in biografischen Interviews sind eben nicht nur reine Tatsachenberichte, sondern Rekonstruktionen der eigenen Biografie, die mitgeprägt sind durch die gegenwärtige Lage und das gegenwärtige Selbstverständnis. Die Aussagen in biografischen Interviews haben darüber hinaus, worauf zuerst Herrmann Lübbe hingewiesen hat, immer auch den Charakter von Identitätspräsentationen. (6) Es geht in ihnen nicht nur um das Berichten dessen, was wirklich passiert ist, sondern es geht in ihnen immer auch darum, eine Lebensgeschichte und eine Identität zu präsentieren, die akzeptabel sind - akzeptabel aus der Sicht der sogenannten "Biografieträgerin" selbst und akzeptabel auch in Hinblick auf die mutmaßlichen normativen Erwartungen derer, denen sie diese Lebensgeschichte erzählt.

Betrachtet man die Aussagen in unseren Interviews in diesem Sinne als Identitätspräsentationen, so werden einige zentrale Widersprüche in ihnen lesbar als Versuch, in einer durch widersprüchliche normative Erwartungen geprägten Situation ein Selbstbild zu entwerfen, das, eben weil die Situation selbst widersprüchlich ist, notwendigerweise durch Ambivalenzen gekennzeichnet ist. Ich möchte zunächst die zwei zentralen Widersprüche in den Aussagen der von uns befragten Wissenschaftlerinnen nochmals und etwas zugespitzt benennen und sie dann in Beziehung setzen zu den Widersprüchen, mit denen sich eben diese Frauen aus strukturellen Gründen herumzuschlagen haben.

Die Frauen sagen, ihre eigene Karriere hätte sich so ergeben, aber: Frauen, die in der Wissenschaft was werden wollen, müssen kleine Machiavellis sein. Und die Frauen sagen, sie fühlen sich nicht als Ausnahme und nicht als Ausnahme behandelt, aber sie sagen in erstaunlich hohem Umfang auch: Klar, die herrschende Wissenschaft ist männlich. Im einen wie im anderen Fall charakterisieren sie ihre subjektiven Erfahrungen ganz anders als die allgemeine Situation von Frauen im Wissenschaftsbetrieb. Der Sinn dieser Differenz wird, denke ich, deutlich, wenn man betrachtet, was im einen wie im anderen Fall beim Schritt von der allgemeinen Einschätzung zur subjektiven Selbstdarstellung auf in der Tat merk-würdige Weise verschwindet. Im ersten Fall verschwinden möglicherweise ja doch vorhandene machiavellische oder im traditionellen Sinne männliche Anteile in der eigenen Biografie. Im zweiten Fall verschwinden die Frauen als Frauen.

Unterstellt man beiden 'Verlustprozessen' einen Sinn auf der Identitätspräsentationsebene, so lassen sich über diesen Sinn zwei Vermutungen anstellen; zwei Vermutungen, die uns auch wieder zu der Ausgangsfrage zurückführen, wie denn die Frauen mit ihrer Ausnahmesituation umgehen.

Die erste Vermutung ist, daß das Verschwinden der machiavellischen Anteile die Funktion hat, ein Selbstbild als Wissenschaftlerin zu entwickeln und zu präsentieren, das zugleich eine Abgrenzung zu dem enthält, was als Bild von der männlich identifizierten Karrierefrau in nicht wenigen Köpfen herumgeistert. Wenn das richtig ist, so könnte man darüber hinaus sagen, daß dieser Teil des "Identitätsmanagements" eine wichtige Rolle spielt im Umgang mit der Tatsache, daß Wissenschaftlerinnen eine Ausnahme sind im Vergleich zur Mehrheit aller anderen Frauen: Sie verstehen sich als Wissenschaftlerinnen, wollen deshalb aber nicht zugleich als halbe oder falsche Männer gelten.

Die zweite Vermutung bezieht sich auf das Verschwinden der Frauen als Frauen. Dies könnte die Funktion haben, ein Selbstbild als Wissenschaftlerin zu entwickeln und zu präsentieren, das zugleich eine Abgrenzung zu dem enthält, was zum Beispiel in den Köpfen männlicher Kollegen als Bild vom Wesen der Frau herumgeistert. Wenn das richtig ist, so könnte man weiter sagen, daß dieser zweite Teil des "Identitätsmanagements" eine wichtige Rolle spielt im Umgang mit der Tatsache, daß die Wissenschaftlerinnen als Frauen eine Ausnahme sind im Männerbetrieb Universität: Sie sind zwar Frauen, aber sie wollen deshalb nicht als unwissenschaftlich, unsachlich, emotional oder irgendwie so gelten, daß sie anders behandelt werden müßten als männliche Kollegen auch.

Nimmt man beide Vermutungen zusammen und konzediert mir, daß sie nicht ganz aus der Luft gegriffen sind, so wird deutlich, was ich eingangs sagte: Eine Aussage wie "ne, als Ausnahme fühle ich mich da nicht" ist Teil eines ziemlich komplexen und ziemlich widersprüchlichen Balanceaktes. In diesem Balanceakt geht es - wie die Differenz zwischen allgemeinen und subjektiven Aussagen zeigt - um einen doppelten Abgrenzungsprozeß. Wie die alten Griechen den ziemlich aussichtslosen Versuch unternahmen, zwischen Skylla und Charybdis unbeschadet hindurchzusegeln, versuchen unsere Wissenschaftlerinnen gleichzeitig zwei stereotypen Zuschreibungen zu entgehen: Dem Stereotyp "Mann-Weib" bzw. Karrierefrau und dem Stereotyp "typisch Frau". Positiv gewendet: Sie versuchen, ihre weibliche und ihre wissenschaftliche Identität unter einen Hut zu bringen. So gesehen werden ihre Balanceakte lesbar als subjektives Korrelat der nicht eben neuen, aber immer noch nicht überholten Tatsache, daß sich die traditonelle Frauenrolle und die klassische Wissenschaftlerrolle zumindest idealiter ausschließen.

Ich habe jetzt leider nicht mehr die Zeit, anhand einzelner Interviews exemplarisch zu zeigen, wie sich diese Balanceakte durch den ganzen Text hindurch verfolgen lassen; und ich habe auch nicht mehr die Zeit, anhand solcher Beispiele deutlich zu machen, wie verschieden im einzelnen die 'Gleichgewichtszustände' sind, die sich für die verschiedenen Frauen als erzählbar und also möglicherweise auch als lebbar erwiesen haben. Ich muß deshalb meine Vermutungen über das Prinzip, das ihren ebenso widersprüchlichen wie überraschenden Aussagen zugrundeliegen könnte, hier erst einmal einfach so stehen lassen. Ich möchte das aber nicht, ohne noch eine abschließende Bemerkung anzufügen.

Ich habe mich während meiner letzten Ausführungen darauf beschränkt, die Aussagen der Wissenschaftlerinnen zu analysieren als Identitätspräsentationen. Ich habe die Aussagen, die die Befragten selbst zum großen Teil wohl primär als Tatsachenberichte gemeint haben, dabei auch ein Stück weit gegen den Strich gelesen. Oder: Ich bin davon ausgegangen, daß sie einen Sinn enthalten, der mit dem subjektiv intendierten nicht identisch ist.

Ich könnte mir vorstellen, daß die Befragten selbst mit diesem von mir rekonstruierten Sinn nicht unbedingt einverstanden wären. Ich könnte mir vorstellen, daß sie sagen würden: Die Probleme hab ich überhaupt nicht, aber das ist mal wieder typisch für diese Frauenforscherinnen, daß sie auch da noch irgendwelche dem Patriarchat in die Schuhe zu schiebende Probleme sehen, wo gar keine sind. Statt endlich zur Kenntnis zu nehmen, daß frau in der Wissenschaft durchaus was werden kann, wenn sich herausstellt, daß sie was kann, und daß die Wissenschaft für Frauen ein Beruf sein kann, der ihnen vor allem Spaß macht, redet die von Skylla und Charybdis!

Angesichts derartiger imaginärer Dialoge zwischen mir und den von uns befragten Wissenschaftlerinnen komme ich mir manchmal selbst vor wie zwischen Skylla und Charybdis. Skylla diesenfalls: Der nicht nur in der Frauenforschung inzwischen weit verbreitete Grundsatz, von der Sicht der Betroffenen auszugehen und ihnen nicht Erklärungsmuster überzustülpen, die nicht ihre eigenen sind. Und Charybdis diesenfalls: Gleichzeitig zu wissen, daß Wissenschaft sich nicht beschränken kann auf die Verdoppelung des Alltagsbewußtseins. Mein Versuch, zwischen beiden Klippen hindurchzusegeln, war: Die Aussagen der Betroffenen ebenso ernst zu nehmen wie die Analyse der objektiven Situation, mit der sie sich herumzuschlagen haben; das eine nicht gegen das andere auszuspielen, sondern aufeinander zu beziehen. Obwohl ich mir dessen bewußt bin, daß sich hinter dieser eher lapidar klingenden Bemerkung die in methodischer wie erkenntnistheoretischer Hinsicht schwierigsten Probleme der Biografieforschung verbergen, muß ich auch dies hier einfach so stehen lassen. Aufgrund der beschränkten Zeit diesmal endgültig: ohne noch eine abschließende allerletzte Bemerkung anfügen zu können.

Anmerkungen

1) Die Zahlenangaben sind berechnet auf Grundlage der Universitätsstatistik, Stand: 2.November 1982.

2) Was die Fachbereiche anbelangt, setzt sich die Stichprobe folgendermaßen zusammen:
   - Naturwissenschaften: 35%
   - Geisteswissenschaften: 39%
   - Sozialwissenschaften, Wirtschaftswissenschaften, Jura: 26%
   - andere: 3%
   Und was die Position an der Universität anbelangt, sieht es folgendermaßen aus:
   - Wissenschaftliche Angestellte: 66%
   - Akademische Rätinnen: 16%
   - Hochschulassistentinnen: 3%
   - Professorinnen: 7%
   - anderes (z.B. Lektorinnen): 9%

3) Was die Diskriminierungserfahrungen anbelangt, so möchte ich aufgrund entsprechender Nachfragen im Anschluß an meinen Vortrag auf eine

weitere Einschränkung hier explizit hinweisen: Ich beziehe mich nur auf von den Frauen berichtete Diskriminierungserfahrungen im inneruniversitären/innerwissenschaftlichen Bereich. Unberücksichtigt bleiben dabei also z.B. der ganze Bereich "mittelbarer" Diskriminierung, der Konsequenz dessen ist, daß Frauen durch ihre zusätzliche Arbeitsbelastung im familialen Bereich unter ganz anderen Rahmenbedingungen in der Wissenschaft Karriere machen als Männer.

4) Lothar Krappmann, Soziologische Dimensionen der Identität - Strukturelle Bedingungen für die Teilnahme an Interaktionsprozessen. Stuttgart 1971.

5) Senta Trömel-Plötz, Frauensprache in unserer Männerwelt. In: Dies., Frauensprache: Sprache der Veränderung. Frankfurt am Main 1982, S.59-77.

6) Hermann Lübbe, Zur Identitätspräsentationsfunktion der Historie. In: Odo Marquardt, Karlheinz Stiele (Hg.): Identität. München 1979, S.277-292 (Poetik und Hermeneutik VIII). Auf die umfangreiche Auseinandersetzung mit der Frage nach dem "Status" biografischen Materials, i.e. auch nach dessen 'Wahrheitsgehalt' im Rahmen der Biografieforschung kann ich hier näher nicht eingehen - das würde einen eigenen Vortrag erfordern.

Bärbel Clemens

DER STAAT ALS FAMILIE - ZUM POLITIK- UND STAATSVERSTÄNDNIS DER BÜRGERLICHEN FRAUENBEWEGUNG

I.

"Ist die bürgerliche Gesellschaft denn etwas anderes als eine vergrößerte häusliche? Oder sind etwa auch in der häuslichen Gesellschaft die Weiber nicht an Ort und Stelle?" so fragt Theodor Gottlieb von Hippel 1792 in seinem Werk "Über die bürgerliche Verbesserung der Weiber" (S.215). Und er argumentiert weiter: Da die Frauen das Hauswesen auch nach dem Urteil der Männer, auf das Beste versorgen, "sollte den Weibern (nicht) untersagt sein, an der inneren Staatsverwaltung und Staatshaushaltung teilzunehmen." (S.190)

Die Vorstellung, der Staatshaushalt sei im Prinzip nichts anderes als ein großer Familienhaushalt und die Frau und Mutter habe im Staat im wesentlichen die gleichen Aufgaben wahrzunehmen wie in der Familie, ist der Kernpunkt des Staatsverständnisses der bürgerlichen Frauenbewegung. (1)

Meiner Meinung nach hat dieses Staats- und davon abgeleitet Politikverständnis die Frauenbewegung bis heute daran gehindert, im politischen Bereich Interessen von Frauen wirkungsvoll zu vertreten.

II.

Die ersten Frauen, die in Deutschland für sich andere Aktionsbereiche suchten als Küche und Salon - ich denke an Amalie Holst, Malvida von Meysenbug, aber auch an Louise Otto und Hedwig Dohm - nahmen für sich in Anspruch, unveräußerliche Rechte als Mensch zu besitzen. In den ersten Jahrzehnten seines Bestehens seit 1865 ging es dem Allgemeinen Deutschen Frauenverein darum "darzulegen, was die Frauen wirklich wollen und was sie zu leisten vermögen aus eigener Kraft." (Otto 1890, S.97)

In der Geschichtsschreibung der Frauenbewegung wird diese Phase als erster, noch begrenzt und dürftiger Beginn geschildert. Die von der Idee der Menschenrechte hergeleiteten Gleichheitspostulate erscheinen schon bald als veraltet, von der Entwicklung überholte Forderungen. Die Frauenbewegung habe sich weiterentwickelt, und "die Gleichmacherei" und "das einseitige Betonen des Menschentums in der Frau" wurde ersetzt "durch die Anerkennung einer seelischen und intellektuellen Verschiedenheit der Geschlechter" (Alice Salomon 1908, S.453) Das in der Frauenbewegung immer mehr in den Vordergrund rückende Bewußtsein von den "Sonderanlagen und der Sonderbestimmung" der Frau (Bäumer 1914, S.268) zu Lasten eines in der Tradition der Menschenrechte stehenden Frauenbildes verändert die Ziele der Frauenbewegung: Es geht nicht mehr darum, die Anerkennung der Gleichheit von Mann und Frau als Mensch in allen Bereichen des öffentlichen Lebens durchzusetzen, sondern es soll nun ein öffentlicher Einfluß der Frau neben dem des Mannes gleichwertig wirksam werden.

Auf der Suche nach einem Platz für die Frau in einer Welt, die aufgeteilt ist in "ein Reich der Liebe und in eine Arena des Wettbewerbs", übernimmt die Frauenbewegung die angebotene Rolle "der guten Mutter" als des "universellen Gattungswesens" in Parenthese zum Mann als dem "individualisierten Gesellschaftswesen". Die Frauen der Frauenbewegung glaubten, keine andere Wahl zu haben. Ihnen blieb nur die List der Ohnmacht, "denn eine Auflehnung gegen das neue Ideal der Weiblichkeit wird nun nicht nur als Verstoß gegen gesellschaftliche Normen, sondern auch als Handlung wider die Natur geahndet". (Bettina Heintz und Claudia Honnegger 1981, S.31 f.).

Das bisher Gesagte verdeutlicht den großen Trend und die Meinung der Majorität im Bund Deutscher Frauenvereine, gibt also die Entwicklung der gemäßigten Frauen wieder. Die sich ab 1899 im Verband fortschrittlicher Frauenvereine als innere Opposition organisierenden Frauen des radikalen Flügels hielten an der Vorstellung fest, daß sich die Frau als Mensch emanzipieren müsse und im Bereich von Öffentlichkeit, Staat und Politik gleiche Rechte habe wie der Mann.

Sie wollten erreichen, daß sich Frauen individuell nach ihren Fähigkeiten entwickeln können, dazu mußte sowohl die rechtliche wie ökonomische und bildungspolitische Situation der Frauen tiefgreifend verbessert werden. Dies kann jedoch nicht durch gemeinnützige Arbeit und Selbsthilfe geschehen, wie es der gemäßigte Flügel versucht, sondern durch staatliche Sozialpolitik und gesetzgeberische Maßnahmen sollen die Ursachen der Benachteiligung der Frauen in allen Bereichen beseitigt werden.

III.

Für den radikalen Flügel ist die Frauenfrage in erster Linie eine Rechtsfrage. (2). Er verspricht sich von Gesetzen direkt gestaltende Kraft und eine spürbare Verbesserung der Lage der Frauen. Ein Wort von Ihering, einem zeitgenössischen Staatsrechtslehrer, war für Minna Cauer ein Motto für die Frauenbewegung: "Im Kampfe sollst Du Dein Recht finden!" (1913, S.9)

Für den gemäßigten Flügel war die Frauenfrage nicht Rechtsfrage, sondern in erster Linie eine Kulturfrage. Unter dem Stichwort "Kultursendung der Frau" verbindet Helene Lange (1915, S.218) zwei Aufgaben der Frauenbewegung miteinander: einmal muß die Frauenbewegung die Bedingungen schaffen, die natürlichen Anlagen der Frau, ihre Mütterlichkeit, weiterzuentwickeln, zum anderen muß sie dafür Sorge tragen, daß diese Mütterlichkeit nicht nur in der Familie, sondern auch zum Wohle der Allgemeinheit wirksam wird.

Spätestens seit der Jahrhundertwende beobachtet die Frauenbewegung, daß - zwar nicht ganz ohne ihr Zutun - Bereiche, die bislang von Frauen in der Familie organisiert werden, öffentlich-staatlich verwaltet und damit dem weiblichen Einfluß entzogen werden (vgl. z.B. Lange 1914, S.20 ff.). Die Frauenbewegung sieht in den Folgen der raschen Industrialisierung und der technologischen Revolution in erster Linie eine Gefährdung der Wirkungsmöglichkeiten der Frauen (Barbara Brick und Christine Woesler de Panafieu 1981). Helene Lange kritisiert die Einseitigkeit der männlichen Kultur, die geprägt ist von Neid und Streit, Materialismus, Lebensfeindlichkeit und Kälte. Es "ist die Weltmission der Frau, eine Synthese männlicher geistiger Schöpferkraft und der seelischen Produktivität der Frau, intellektueller Mächte und aus mütterlichem Empfinden quellender Lebensfreude zu schaffen". (Helene Lange 1925, S.261, vgl. auch Brick 1983). Aus der Ergänzung männlicher Kultur und weiblicher Mütterlichkeit entsteht, "wie durch einen Zaubertrick, die wahrhaft sittliche, die humane Welt". (Barbara Greven-Aschoff 1981, S.42)

Das Konzept dazu, die 'organisierte Mütterlichkeit' (vgl. Stoehr 1983) geht davon aus, daß das Wesen jeder Frau, auch wenn sie nicht Mutter ist, von der Mütterlichkeit bestimmt wird, die nicht nur biologisch, sondern vor allem auch geistig und sozial wirksam werden muß. Diese Mütterlichkeit bringt eine "erhöhte innere Kultur, eine Kultur der Gesinnung, der Gerechtigkeit und Güte und wahre Menschlichkeit" hervor und zwar sowohl in der Familie als auch in der Öffentlichkeit, soweit sie sich hier ungehindert entfalten kann. (Marie Stritt 1912, S.695).

IV.

Für Helene Lange ist der Staat "eine aus den wirtschaftlichen und geistigen Kulturbedingungen eines Volkes organisch erwachsene Form" (1914, S.139), die sich dem weiblichen Kultureinfluß auf die Dauer nicht entziehen könne. Die staatliche Entwicklung ist für sie ein organisch - evolutionärer Prozeß. Sie sagt (1914/15, S.577) "Ich glaube überhaupt nicht an fertige Systeme. Ich glaube an ein organisches Wachsen und Werden. Und für dieses Wachsen und Werden müssen wir Vorbedingungen schaffen".

In diesem Prozeß fällt jeder Frau individuell die Aufgabe zu, ihre Mütterlichkeit sowohl innerhalb wie außerhalb der Familie wirken zu lassen. Aufgabe der Frauenbewegung ist es, diesen Frauen öffentliches Wirken in geistiger und sozialer Mütterlichkeit zu ermöglichen, was zwangsläufig ein Anheben des Kulturniveaus des Volkes nach sich ziehen wird. Der Staat reagiert auf dieses neu erreichte Kulturniveau durch die Herausbildung verfeinerter rechtlicher und organisatorischer Institutionen, die der sich verändernden Stellung der Frau in der Öffentlichkeit Rechnung tragen. Die evolutionäre Höherentwicklung des Staats- und Gesellschaftslebens wird als ein spiralförmiger Prozeß gesehen. Die Frauenbewegung stellt dabei an den Staat den Anspruch, auch die Bedingungen zu schaffen, die nötig sind, um eine harmonische Ergänzung von männlichem und weiblichem Kultureinfluß sicherzustellen,

Die harmonische Ergänzung zwischen beiden Arten von Kultureinfluß wird im Modell des ganzen Hauses gesehen und auf den Staat übertragen. Im ganzen Haus herrscht nur Harmonie, wenn der Hausvater und die Hausmutter miteinander kooperieren. Quasi modernisiert für einen bürgerlichen

Haushalt der wilhelminischen Zeit drückt dies Helene Lange (1914, S.143) so aus: "Wie der Mann als Staatsangehöriger für Erhaltung, Förderung und Verteidigung seines Landes eintreten muß, so hat die Frau als Staatsangehörige für Behagen, Ordnung und Ausschmückung im Staate Sorge zu tragen". (3)

Folgt man Galls These (1975, S.332 ff.), daß im Frühliberalismus die bürgerliche Gesellschaft als politische Gemeinschaft der Hausväter verstanden wurde, so laufen die politischen Ideen der Frauenbewegung darauf hinaus, in der bürgerlichen Gesellschaft auch für Mütter und Hausfrauen einen Platz zu schaffen. Dies geschieht jedoch zu einer Zeit, als nicht mehr zu übersehen war, daß nicht die frühliberale klassenlose Bürgergesellschaft, sondern die bürgerliche Klassengesellschaft sich historisch durchgesetzt hat.

Der gemäßigte Flügel der bürgerlichen Frauenbewegung geht davon aus, mit seinem Beitrag zur kulturellen Entwicklung des Volkes auch einen Beitrag zur kulturellen Entwicklung des Staates zu leisten. Selbstlos-mütterlich treten die Frauen dabei nie im eigenen Interesse auf. Ihre Bemühungen um eine realpolitische Verbesserung der ökonomischen und sozialen Lage der Frauen dienen letztendlich nur dem Ziel, die Gesellschaft durch organisierte Mütterlichkeit zu verbessern.

Der radikale Flügel dagegen sieht im Staat die Agentur, die für einen Ausgleich artikulierter und konfliktfähiger Interessen sorgt. Die Frauenbewegung muß ihre Belange so vertreten können, daß sie vom Staat und das war in erster Linie der Gesetzgeber, berücksichtigt werden müssen. Diesen aber zu Reformen im Interesse von Frauen zu veranlassen, war schier aussichtslos, solange die Frauen nicht wirkungsvoll auf die Volksvertreter Einfluß nehmen konnten bzw. nicht selbst an der Gesetzgebung beteiligt waren. In die eigene parlamentarische Arbeit setzte der radikale Flügel große Hoffnungen.

"Solange wir das Wahlrecht nicht haben, sitzen wir im Kartenhaus der jederzeit widerrufbaren Gnadengeschenke". (Käthe Schirmacher 1905, S.538). Alle Bestrebungen der Frauenbewegung müssen auf die Erreichung des Stimmrechts für Frauen ausgerichtet sein: "Fordert das Frauenstimmrecht, denn nur über das Stimmrecht geht der Weg zur Selbständigkeit und Ebenbürtigkeit, zur Freiheit und zum Glück der Frau!" (Hedwig Dohm 1876, S.160) (4)

V.

Während das Frauenstimmrecht für die Radikalen der zentrale Punkt ihres Politikverständnisses ist, spielt diese Frage für den gemäßigten Flügel eine recht untergeordnete Rolle.

War für Louise Otto noch "die Teilnahme der weiblichen Welt am Staate eine Pflicht" (1847, S.38), um ihr Menschenrecht in Anspruch zu nehmen, so erscheint es rund 50 Jahre später die Pflicht der Frauenbewegung, die aus dem Geschlechtscharakter der Frau herrührende Kulturmission zu erfüllen, solange, bis sich "im Volksgeist ... die Überzeugung durchgerungen hat: hier sind wertvolle Kulturelemente, die müssen wir dem

Gemeinwohl dienstbar machen". (Lange 1896, S.552), Pflichterfüllung und Leistungsbereitschaft erhalten einen zentralen Stellenwert im moralisch-ethischen Strategiekonzept der Frauenbewegung. Die staatsbürgerliche Gleichberechtigung und damit das Frauenstimmrecht erhalten die Frauen eines Tages sowohl als staatliche Anerkennung für ihre erbrachten Leistungen, als auch zum Zeichen, ihr Ziel erreicht zu haben, einen als gleichwertig anerkannten Kulturbeitrag leisten zu dürfen. Indem die Frauenbewegung dafür die Voraussetzungen schafft, arbeitet sie für die volle staatsbürgerliche Gleichberechtigung der Frau. So kann Helene Lange in ihren Lebenserinnerungen sagen (1926, S.241): "Die ganze Frauenbewegung war mir Stimmrechtsbewegung".

Erhalten die Frauen das Stimmrecht, werden auch die Bedingungen gegeben sein, die es zu einem wirksamen frauenpolitischen Instrument zum Wohle der ganzen Gesellschaft machen: Die Kulturentwicklung des Staates hat die Stufe erreicht, auf der die Integration weiblichen Kultureinflusses ungestört erfolgen kann und die Persönlichkeit der Frau ist fähig und bereit, öffentlich zu wirken. Frauenstimmrecht ist nicht nur ein formales Recht, wie Männer es auch haben, sondern "die Verkörperung des Frauenwillens im öffentlichen Leben". (Lange 1913/14, S.76).

Nach Gertrud Bäumer (1918, S.76) wird die Frau mit dem Stimmrecht "gleichsam noch einmal Mutter, bildet ... aus ihrem tiefsten Geschlechtsinstinkt heraus noch eine zweite Form frauenhaften Wirkens innerhalb des Staates". Somit kann man sagen, daß auch das Stimmrecht der Frau geistige Mütterlichkeit ausdrückt, daß familiäres, soziales und politisches Wirken der Frauen auf einer Grundlage, der Mütterlichkeit, zusammengeführt werden.

Versteht man die Frauenfrage als Rechtsfrage, so muß die Erlangung des Frauenstimmrechts als das vordringlichste Ziel der Frauenbewegung, als der "Schritt über den Rubikon" (Hedwig Dohm 1876, S.160) erscheinen. Die Argumente, die für das Frauenstimmrecht vom radikalen Flügel angeführt wurden, waren kurz nach der Jahrhundertwende bereits entfaltet. Das Frauenstimmrecht wurde in erster Linie als soziales Recht verstanden, um eine Sozialpolitik für Frauen zu ermöglichen und damit einen Beitrag zur Lösung der Frauenfrage zu leisten. (vgl. Lily von Gizycki 1895).

Im Mittelpunkt der Frauenstimmrechtsbewegung stand jedoch ein universeller Partizipationsanspruch. Die Frauen wollen mit dem Stimmrecht ihren Anteil an politischer Verantwortung übernehmen und für ihre Grundüberzeugung eintreten können. Die Frauenrechtlerinnen wollen "Schulter an Schulter mit dem Manne an den mächtigsten Kulturaufgaben einer neuen Zeit ... arbeiten ..., überall im öffentlichen Leben mitwirken, mitstreben, mitschaffen". (Cauer 1898, S.1).

Das Frauenstimmrecht nicht zu besitzen, behindert die Frauenbewegung nicht nur in der Durchsetzung ihrer sozialen Interessen und macht ihnen politische Partizipation unmöglich, sondern gab den Frauen auch zu verstehen, daß sie unvollständige Menschen sind, denn erst mit dem Stimmrecht wird die Frau zum Menschen.

"Warum soll ich erst beweisen" fragt Hedwig Dohm, "das ich ein Recht dazu habe? Ich bin ein Mensch, ich denke, ich fühle, ich bin Bürgerin dieses Staates, ich gehöre nicht zur Kaste der Verbrecher, ich lebe nicht von Almosen; das sind die Beweise, die ich für meinen Anspruch beizubringen habe. Der Mann bedarf, um das Stimmrecht auszuüben, eines bestimmten Wohnsitzes, eines bestimmten Alters, eines Besitzes, warum braucht die Frau noch mehr? Warum ist die Frau gleichgestellt Idioten und Verbrechern? Nein, nicht Verbrechern. Der Verbrecher wird nur zeitweise seiner politischen Rechte beraubt, nur die Frau und der Idiot gehören in dieselbe politische Kategorie". (1876, S.160)

Die Frauenrechtlerinnen fordern mit dem und durch das Stimmrecht vom Staat Anerkennung als Mensch, da das Geschlecht ihm gegenüber kein Differenzierungskriterium sein darf. Alle Differenzierungskriterien, die der bürgerliche Staat anwendet, um die Beteiligungsrechte seiner Bürger hierarchisch zu staffeln, erscheinen geschlechtsneutral; in Verbindung mit der familienrechtlichen Stellung der Frau und der herrschenden misogynen Ideologie legitimieren sie jedoch den Ausschluß der Frauen. Feministisches Pochen auf politische Gleichheit im Staat erfolgte zu einer Zeit, als die Gleichheitsparolen des Vormärz und der bürgerlichen Revolution ihren politischen Kredit verloren hatten und politische und soziale Ungleichheiten mit zeitgenössischen Philosophien wie z.B. dem Sozialdarwinismus zu rechtfertigen versucht wurden (vgl. Dann 1982, S.215). Wenn nun wenigstens der radikale Flügel Argumente und Theorien aus der bürgerlichen Bewegung des 18. und 19. Jahrhunderts aufnimmt, in dem er an Gleichberechtigung als einem naturrechtlich begründeten Menschenrecht festhält, so muß er gegen den Zeittrend arbeiten. Die politische Parole von Gleichheit und Gleichberechtigung, die in der geschichtlichen Entwicklung immer mit einem Modernisierungsimpuls vertreten wurde, kann in der Frauenbewegung kaum ihre Kraft entfalten, da sie verspätet in die Diskussion eingebracht wird; zu dem - und das wiegt schwer - wird sie nur vom radikalen Flügel und vornehmlich in Bezug auf politische Partizipationsrechte vertreten. (5)

Der gemäßigte Flügel dagegen versteht Gleichberechtigung im privaten und öffentlichen Bereich nurmehr als Anerkennung der Gleichwertigkeit von Verschiedenem. (6)

VI.

Diese Gedanken sind auch heute noch aktuell. So war im Magazin 'Der Spiegel' kürzlich zu lesen, daß die autonome Frauenbewegung deswegen in die vielzitierte Krise geraten sei, weil sie für Frauen gleiche Rechte als Mensch fordere, statt ihre Forderung mit dem besonderen, einmaligen, machtvollen und zukunftsträchtigen Potential zu begründen, das Frauen dieser Gesellschaft zu bieten hätten. (vgl. Stephan 1984, S.122).

Der gemäßigte Flügel der bürgerlichen Frauenbewegungen hat dies mit seiner Politik der organisierten Mütterlichkeit versucht. Im Rahmen einer organischen Arbeitsteilung wollte er auf alle Bereiche weiblichen Einfluß wirken lassen.(vgl. Lange 1900, S.17) Dieses Konzept führte jedoch zu einer Segmentierung von Frauen- und Männerpolitik, auch wenn dem ursprünglich entgegengearbeitet werden sollte. Im Bereich der Familien-, Bildungs- und Sozialpolitik leisten heute noch Politikerinnen, wenn man so will, Hausarbeit für den Staat. Das Konzept der organisierten Mütterlichkeit konnte die von ihm angestrebte Aufhebung der Trennung von Öffentlichkeit und Privatheit nicht leisten. Die geforderte Gleichberechtigung von sogenannten männlichen und weiblichen Eigenschaften ließ sich bis heute nicht durchsetzen. Eine so verstandene Weiblichkeit oder gar Mütterlichkeit wurde in der Geschichte und wird auch heute noch - oder heute wieder - zum Schaden der Frauen verwendet. Letztendlich dient die Rede vom besonderen Wesen der Frau immer zur Begründung von Sonderregelungen, die dann zur Ausgrenzung von Frauen aus den gesellschaftlichen Bereichen führen.

Dies ist schon in den Grundlagen einer Politik der Mütterlichkeit angelegt. Der Öffentlichkeit soll das zur Verfügung gestellt werden, was eine Familie durch die Reproduktionsarbeit der Hausfrau und Mutter erhält. Ilona Ostner (1978) hat die Qualität von Reproduktionsarbeit und ihre strukturellen Unterschiede zur Berufsarbeit herausgearbeitet. Dabei wird deutlich, daß sich Reproduktionsarbeit den Bewertungsmaßstäben der Leistungsgesellschaft, wie: Zeitökonomie, Quantifizierbarkeit oder Verwissenschaftlichung entzieht. Die Zuschreibung der Verantwortlichkeit für die öffentliche und private Reproduktion an die Frauen qua Natur, wie sie der gemäßigte Flügel der Frauenbewegung vorgenommen hat, hat zur Folge, daß Frauenarbeit und Frauenpolitik unter den genannten Bewertungsmaßstäben nicht als gleichwertig, wenn auch verschieden anerkannt werden, sondern vielfältigen Diskriminierungen unterliegen. Das Konzept der Mütterlichkeit kann unter diesen Bedingungen sein Ziel nicht erreichen, einen gleichwertigen und als solchen anerkannten Kulturbeitrag zu leisten.

Jede Lobrede auf ein angebliches weibliches Potential will darüber hinwegtäuschen, auch wenn sie vielleicht dem Selbstbewußtsein vieler Frauen schmeicheln mag. Die schlichte Forderung nach Gleichheit zwischen Mann und Frau als Mensch wirkt nüchtern und farblos gegenüber solch blumigen Reden vom weiblichen Prinzip.

Auch die Frauen des radikalen Flügels konnten ihr Ziel, nicht mehr nur "Nur-Frauenrechtlerinnen", sondern Bürgerinnen und Politikerinnen zu sein (vgl. Cauer 1919, S.127) nicht erreichen. Bei der Durchsicht der Quellen hatte ich den Eindruck, im Verlaufe der langen Auseinandersetzungen um die Gleichberechtigung ist den Frauen abhandengekommen, für welche politischen Ziele sie dieses Recht eigentlich haben wollten. Für einzelne Frauen wie Louise Otto, Hedwig Dohm oder Minna Cauer (vgl. Braun-Schwarzenstein 1984) war Frauenbewegung immer ein Teil einer allgemeinen demokratisch-fortschrittlichen Bewegung. Die Frauenbewegung insgesamt jedoch wollte um jeden Preis politisch neutral bleiben. Geschlechtszugehörigkeit, über alle Unterschiede zwischen den Frauen hinweg, nicht gemeinsame politische Zielvorstellung soll die Frauen in Bewegung bringen. Diese Politik muß als gescheitert betrachtet werden.

Frausein ist kein Programm. Um politische Wirksamkeit entfalten zu können, braucht die Frauenbewegung eine konkretere gemeinsame Zielvorstellung.

Die noch kurze Geschichte der autonomen Frauenbewegung zeigt, daß Frauen immer dann etwas in Bewegung versetzen konnten, wenn sie den weiblichen Lebenszusammenhang zum Ausgangspunkt ihrer Politik machten - ich denke dabei an Selbsterfahrungsgruppen und Selbsthilfebewegung oder an Aktionen zur Gewalt gegen Frauen. Hier steht im Mittelpunkt das Ziel, Frauen menschliche Lebensräume zu erschliessen und sie nicht ins Ghetto der Weiblichkeit zu sperren, sondern ihnen zu ermöglichen, tagtäglich Gleichberechtigung zu leben.

Eine solche Frauenpolitik der Egalität, wie sie der radikale Flügel der bürgerlichen Frauenbewegung begonnen hat, ist unvollendet geblieben; was Gleichberechtigung heißt, wird immer noch an männlichen Standards gemessen und nicht "an einem für alle Menschen möglichen Maß von Freiheit und Gleichheit", wie dies Ute Gerhard fordert (Gerhard 1983, S.26). Diesen Faden weiterzuspinnen und in politische Praxis umzusetzen, wäre eine lohnende Aufgabe für die autonome Frauenbewegung heute.

Anmerkungen

1) Ich konzentriere mich in meiner Analyse auf die Zeit des Kaiserreichs vor Ausbruch des 1. Weltkrieges, auf eine Zeit also, in der die Frauenbewegung noch keine eigenen Erfahrungen mit politischen Partizipationsrechten machen konnte.

2) Zur Rechtsauffassung des radikalen Flügels der bürgerlichen Frauenbewegung vgl. Gerhard 1984.

3) Dieses Bild taucht bei ihr bereits 1896, S.547 f. auf.

4) Auf die Geschichte der Frauenstimmrechtsbewegung selbst kann hier nicht eingegangen werden. Vgl. dazu die Hinweise bei Gerhard 1984 FN 3. Zur Presse der Stimmrechtsbewegung siehe Wischermann 1984, S.46 ff.

5) In anderen Bereichen versuchen auch die Radikalen, das natürliche Wesen der Frau zur Entfaltung zu bringen. (vgl. Stöcker 1905).

6) Insofern ist Dann (1982, S.247) nicht zuzustimmen, wenn er zu dem Schluß kommt: "Die Frauenbewegung verkörpert in Deutschland eine ungebrochene Tradition gleichheitlicher Argumentation für soziale Gerechtigkeit".

Literatur:

Bäumer, Gertrud, 1914: Die Frau in Volkswirtschaft und Staatsleben der Gegenwart, Stuttgart und Berlin.

Dies., 1918: Die Frau im Staat, in: Frauenaufgaben im zukünftigen Deutschland (Jahrbuch des Bundes Deutscher Frauenvereine 1919), Leipzig und Berlin.

Braun-Schwarzenstein, Gabriele, 1984: Minna Cauer, Dilemma einer bürgerlichen Radikalen, in: Feministische Studien, 3.Jg., Heft 1.

Brick, Barbara, 1983: Die Mütter der Nation - Zu Helene Langes Begründung einer 'weiblichen Kultur', in: Ilse Bremer u.a. (Hg.), "Wissen heißt leben ...". Beiträge zur Bildungsgeschichte von Frauen im 18. und 19. Jahrhundert. (Frauen in der Geschichte IV), Düsseldorf.

Dies. und Woesler, Christine, 1981: Maschinerie und Mütterlichkeit, in: Beiträge zur feministischen Theorie und Praxis, Heft 5, Frauengeschichte, München.

Cauer, Minna, 1898: Betrachtungen über das Jahr 1987, in: Die Frauenbewegung, 4.Jg.

Dies., 1913: Der Fortschrittlichen Frauenbewegung gewidmet zum 25jährigen Jubiläum des Vereins Frauenwohl, Groß-Berlin, o.O., o.J., (Berlin).

Dies., 1919: Fünfundzwanzig Jahre.Ein Abschluß, in: Die Frauenbewegung, 25.Jg.

Dann, Otto, 1982: Gleichheit und Gleichberechtigung. Das Gleichheitspostulat in der alteuropäischen Tradition und in Deutschland bis zum ausgehenden 19. Jahrhundert, (Historische Forschungen Band 16), Berlin.

Dohm, Hedwig, 1876: Stimmrecht der Frau, in: Dies., Der Frauen Natur und Recht. Zwei Abhandlungen über Eigenschaft und Stimmrecht der Frau, Berlin.

Gall, Lothar, 1975: Liberalismus und 'bürgerliche Gesellschaft', in: Historische Zeitschrift, Heft 220/2.

Gerhard, Ute, 1983: 'Die Menschenrechte haben kein Geschlecht', in: Freiheit und Gleichheit. Streitschrift für Demokratie und Menschenrecht, Heft 4.

Dies., 1984: 'Bis an die Wurzel des Übels'. Rechtskämpfe und Rechtskritik der Radikalen, in: Feministische Studien, 3.Jg., Heft 1.

Gizycki, Lily, von, 1895: Die Bürgerpflicht der Frau, Vortrag gehalten in Dresden, Breslau und Berlin, Berlin.

Greven-Aschoff, Barbara, 1981: Die bürgerliche Frauenbewegung in Deutschland 1894-1933, (Kritische Studien zur Geschichtswissenschaft 46), Göttingen.

Heintz, Bettina und Honegger, Claudia, 1981: Zum Strukturwandel weiblicher Widerstandsformen im 19. Jahrhundert, in: Dies. (Hg.), Listen der Ohnmacht. Zur Sozialgeschichte weiblicher Widerstandsformen, Frankfurt/M.

Hippel, Theodor, Gottlieb, von, 1792: Über die bürgerliche Verbesserung der Weiber, Neuauflage Frankfurt/M. 1977.

Lange, Helene, 1896: Frauenwahlrecht,in: Cosmopolis, 3.Jg.,

Dies., 1900: Intellektuelle Grenzlinien zwischen Mann und Frau, 2.Aufl., Berlin.

Dies., 1913/14: Der Weg zum Frauenstimmrecht, in: Die Frau, 22.Jg.

Dies., 1914: Die Frauenbewegung in ihren modernen Problemen, Berlin, Reprint Münster, 1980.

Dies., 1914/15: Die Dienstpflicht der Frau, in: Die Frau, 22.Jg.

Dies., 1915: Fünfzig Jahre deutscher Frauenbewegung, Vortrag gehalten zur Feier des 50jährigen Bestehens des Allgemeinen Deutschen Frauenvereins Leipzig, in: Dies., Kampfzeiten. Aufsätze und Reden aus vier Jahrzehnten, Band 2, Berlin 1928.

Dies., 1925: Lebenserinnerungen, Berlin.

Ostner, Ilona, 1978: Beruf und Hausarbeit: Die Arbeit der Frau in unserer Gesellschaft, Frankfurt/M.

Otto, Louise, 1847: Die Teilnahme der weiblichen Welt am Staatsleben, in: Robert Blum, (Hg.) Vorwärts. Volkstaschenbuch für das Jahr 1847, 5.Jg., Leipzig.

Dies., 1890: Das erste Vierteljahrhundert des Allgemeinen Deutschen Frauenvereins gegründet am 18.Oktober 1865 in Leipzig. Aufgrund der Protokolle mitgeteilt, Leipzig.

Salomon, Alice, 1908: Literatur zur Frauenfrage. Die Entwicklung der Theorie der Frauenbewegung, in: Archiv für Sozialwissenschaft und Sozialpolitik, (N.F.), Band 26, (Tübingen), Reprint New York, London 1971.

Schirmacher, Käthe, 1905: Der praktische Nutzen des Frauenstimmrechts, in: Der Internationale Frauenkongreß in Berlin 1904. Bericht mit ausgewählten Referaten hrsg. im Auftrag des Vorstandes des Bundes Deutscher Frauenvereine von Marie Stritt, Berlin.

Stephan, Cora, 1984: Feminismus: Wende an der Frauenfront. Über Germaine Greer und ihre Thesen zur weiblichen Selbstbestimmung, in: Der Spiegel, 38.Jg., Nr.32.

Stöcker, Helene, 1905: Die Liebe und die Frauen, Minden.

Stöhr, Irene, 1983: 'Organisierte Mütterlichkeit'. Zur Politik der deutschen Frauenbewegung um 1900, in: Karin Hausen, (Hg.), Frauen suchen ihre Geschichte. Historische Studien zum 19. und 20. Jahrhundert, München.

Stritt, Marie, 1912: Die Mutter als Staatsbürgerin, in: Adele Schreiber, (Hg.), Mutterschaft. Ein Sammelwerk für die Probleme des Weibes als Mutter, München.

Wischermann, Ulla, 1984: Die Presse der radikalen Frauenbewegung, in: Feministische Studien, 3.Jg., Heft 1.

Ilona Ostner

VERÄNDERUNGEN IM ARBEITSLEBEN VON FRAUEN - EINLEITUNG

"Es gibt wieder Zukunft", verspricht ein Computerhersteller (vgl. Vogelheim 1984, S.7). Was für eine Zukunft versprechen die neuen Techniken den Frauen?

Schon immer formten technologische Veränderungen die Lebens- und Arbeitsbedingungen von Frauen. Allerdings dienten diese dabei meist als Puffer im Strukturwandel in der Erwerbssphäre und hatten oft bald ausgedient. In den 20er Jahren füllten Frauen Lücken im industriellen Arbeitskräfteangebot. Durch den Einsatz weiblicher Arbeitskräfte konnte manche Industrie expandieren, ohne um teurere männliche Arbeitskräfte konkurrieren zu müssen. Frauen standen bereit, als mehr Büropersonal verlangt wurde. Auf dieses richtet sich heute ein großer Teil von Rationalisierungs-, d.h. hier: von Freisetzungsstrategien. Obsolet werdenden Wirtschaftsbereichen blieben Frauen als letzte Arbeitskräfte erhalten, die halfen, den verstärkten Maschineneinsatz vorläufig zu vermeiden (vgl. Willms 1983). Frauendomänen scheinen oft geschaffen worden zu sein, um Strukturwandel zu verzögern, einzuleiten oder um Kosten niedrig zu halten. Schließlich gelten Frauen, so das Arbeitsförderungs-Konsolidierungs-Gesetz, als Sondergruppe am Arbeitsmarkt, deren Eingliederung (ökonomisch) nicht notwendig, sondern bestenfalls als zweckmäßig erachtet wird; von Fördermaßnahmen sind sie daher tendenziell ausgeschlossen ebenso wie von Programmen einer Humanisierung der Arbeit, wie sie die neuen Techniken doch auch versprechen.

Niemand glaubt heute noch ernstlich, daß die Freisetzungseffekte der Rationalisierung langfristig durch eine arbeitsplatzschaffende Wirkung des technischen Fortschritts aufgefangen wird (vgl. Kern/Schumann 1982, S.106). Der technische Fortschritt, das gilt sicher auch für technische Neuerungen und ihre Folgen im Haushaltsbereich, hat seine Unschuld endgültig verloren. Damit könne man (vgl. ebd., S.107) endlich das Wie der Produktion und den Sinn der Rationalisierung in die Mitte politischer Auseinandersetzung rücken. Ein Zipfel der neuen Zukunft scheint bereits entdeckt: daß "(...) der Einsatz neuer Techniken im Produktionsbereich nicht zwangsläufig zu einer Verarmung von Tätigkeiten und damit zur Dequalifizierung der Beschäftigten führen muß" (Bednarz-Braun 1984, S.31). Dementsprechend finden sich in manchem modernen Betrieb viele Arbeiterinnen mit Abitur und Mittlerer Reife, zumindest aber mit einer beruflichen Ausbildung und einem hohen Allgemeinwissen - aber zu welchem Preis? (vgl. ebd.) Rationalisierung folgt also unterschiedlichen Logiken. Sie ist zwar nach wie vor unter dem Gesichtspunkt der Kapitalverwertung zu betrachten, - Rationalisierung auf der Basis neuer Techniken, so Kern/Schumann (Plenarvortrag auf dem Soziologentag), bedeute aber keineswegs immer und unbedingt die Strategie, von lebendiger Arbeit unabhängig zu werden (falls sie das je bedeutet hat. - I.O.). Im Gegenteil: in den Kernbereichen der Produktion werden neue komplexere Qualifikationen "lebendiger Arbeit" notwendig (vgl. ebd.). Allerdings entsprechen den unterschiedlichen Logiken der Rationalisierung auch unterschiedliche Segmente des Arbeitskräfteeinsatzes, damit verbunden unterschiedliche Zugangschancen zu diesen Segmenten. Ihnen entsprechen also unterschiedliche Qualifikations- und vorgängig Bildungsvoraussetzungen und Zugänge zu diesen. Kern/Schumann sprechen im Vortrag von der "Zweidrittelgesellschaft": das fehlende Drittel, das sind die immer schon Ausgegliederten, die Sondergruppen am Arbeitsmarkt: es folgt - von unten nach oben gesehen - das Drittel der flexibilisierbaren, diskontinuierlichen Erwerbstätigen, eher Rationalisierungsverlierer, aber immer noch über ihren Marktwert definiert; dann die Elite, die Rationalisierungsgewinner oder zumindest -dulder (vgl. ebd.). Hondrich spricht von der Profilierung einer Leistungs-Klasse gegenüber einer Unterklasse, ja Nicht-Klasse der Nicht-Leistenden (unter dem Gesichtspunkt der Verfügung über Produktionsmittel), der niedrig Qualifizierten, der Rentner und mit Vorbehalten, der Hausfrauen; eine Chance, produktive Kräfte zu entfalten und mit ihr sich selbst, habe diese Nicht-Klasse nicht (vgl. 1984, S.284). Wir kennen die statistische Diskriminierung, der jede Frau Ehe- und Hausfrau ist.

Dämmerung einer neuen Arbeitszukunft, Stichwort "neue Techniken", die das Wie der Produktion ins Zentrum rückt, einerseits, die nachweisbare Spaltung der Gesellschaft in relativ abgeschottete Bereiche mit unterschiedlichen Teilhabe- und Zugangschancen andererseits eignen sich als Klammer für die Referate des Blocks "Veränderungen im Arbeitsleben von Frauen" vor allem dann, wenn die Referate in verkehrter Reihenfolge betrachtet werden.

So geht Sabine Gensior davon aus, daß der Einsatz neuer Techniken u.a. im Produktionsbereich die Chance bieten kann, die Um- und Neubewertung der Frauenarbeit endlich zu beginnen. Die neuen Techniken befreien nicht nur von Arbeit, hier: machen nicht nur arbeitslos, sie könnten nicht nur von Arbeit befreien. So haben gerade Frauenarbeitsplätze einen Humanisierungsrückstand. Kann sich das ändern? Frauen gelten als fristige Arbeitskräfte. Betriebe kalkulieren mit dieser Fristigkeit: Indem sie Frauen an besonders verschleißenden Arbeitsplätzen einsetzen, befördern sie diese Diskontinuität unabhängig von den Interessen der Frauen. Die Produktion der fristigen weiblichen Arbeitskraft beginnt bereits gegen Ende der Hauptschulzeit, während der ersten Betriebspraktika. Dort erfahren Mädchen, daß viele von ihnen gewünschte Berufsfelder nur Jungen offenstehen. Daß und wie Mädchen in hausarbeitsnahe, wenig zukunftsorientierte, fristige Berufe kanalisiert werden, wie sie im vollzeitschulischen Bildungssystem verschwinden, dort manch sinnlose "Schleife" durchlaufen ohne jeden beruflichen Effekt, - fälschlich oft interpretiert als gestiegenes Niveau weiblicher Bildungsaspiration, - zeigt Helga Krüger. Veränderungen im Bildungs- und Erwerbsbereich haben in den letzten Jahrzehnten die weibliche Statusrolle flexibilisiert: Je nach Lebensphase und Familiensituation wird Frauen heute ein Stück eigenes Leben in der Öffentlichkeit von Bildung, Betrieb und Politik versprochen. Beim Versuch jedoch, dieses Stück eigene Leben zu realisieren, stoßen Frauen rasch auf geschlechtsspezifische Grenzen. Die Referentinnen des Projekts "Landfrauen im Wandel der Industriegesellschaft" geben Hinweise darauf, welche regionalen, ökonomischen und sozialen Bedingungen Frauen helfen und hindern, den Anspruch auf ein Stück eigenes Leben außer Haus und in der Familie zu verwirklichen. Landfrauen haben mit manch überkommener Abhängigkeit auch manch traditionale Form der Anerkennung verloren. Was haben sie dazugewonnen?

Literatur

Bednarz-Braun, Iris, 1984: "Ab 35 gehören Frauen schon zum alten Eisen". Arbeitsbedingungen in der Elektromontage, in: Vogelheim, S.24-33.

Hondrich, Karl Otto, 1984: Der Wert der Gleichheit und der Bedeutungswandel der Ungleichheit, in: Soziale Welt 35, S.267-293.

Kern, Horst, Schumann, Michael, 1982: Rationalisierung und Arbeiterverhalten, in: KZfSS, Sonderheft 24, Materialien zur Industriesoziologie, Opladen, S.105-131.

Müller, Walter, Willms, Angelika, Handl, Johann 1983: Strukturwandel der Frauenarbeit 1880-1980, Frankfurt/New York.

Vogelheim, Elisabeth, Hg., 1984: Frauen am Computer. Was die neuen Technologien Frauen bringen, Reinbek.

Willms, Angelika, 1983: Segregation auf Dauer? Zur Entwicklung des Verhältnisses von Frauenarbeit und Männerarbeit in Deutschland, 1882-1980, in: Müller, Willms, Handl, S.107-181.

Margarete Aßfalg und Doris Janshen

ARBEITEN, LERNEN, LIEBEN, FEIERN: LANDFRAUEN IM WANDEL DER INDU-
STRIELLEN GESELLSCHAFT.

Wo die eingeschliffenen Bahnen gesellschaftlichen Verhaltens in Arbeit, Leben und Politik in den Sog umfassender und tiefgehender Veränderungen geraten, motiviert dies nicht nur zur wissenschaftlichen
Neugier auf sich neu herausbildende gesellschaftliche Formationen,
nein, auch die Rhythmik und scheinbare Zwangsläufigkeit vergangener
Wandlungsprozesse rückt aus neuer Perspektive ins wissenschaftliche
Blickfeld. Unser Forschungsprojekt über den "Dorfalltag von Frauen im
Wandel der industriellen Gesellschaft" (1) hat beide Blickrichtungen
in sich aufgenommen: die rückwärts gewandte Rekonstruktion des sozialen Wandels ebenso wie den Versuch, den Dorfalltag von Frauen in
unsere gegenwärtige Übergangsgesellschaft hinein zu projizieren. Drei
Generationen von Landfrauen - die älteste war 90, die jüngste eben
15 - erzählten uns in biographisch angelegten offenen Gesprächen über
ihren Alltag in einem kleinen Dorf. Auf diese Weise geriet ein Jahrhundert des Wandels in unsere Wahrnehmung.

Wandel meint in unserer Forschungsarbeit nicht nur Veränderung in den
Institutionen und Erlebniswelten des alltäglichen Lebens, es geht uns
auch um die Brüchigkeit und Wandlungskraft patriarchaler Herrschaft
von Männern über Frauen. Wie ändert sich die politische Beziehung von
Frauen und Männern, wenn die Handlungsnormen der agrarischen Gesellschaft allmählich durch die der Industriegesellschaft ersetzt werden?
Was können wir für den Wandlungsprozeß, an dem wir Städterinnen heute
nolens volens beteiligt sind, daraus lernen? Auf dieser Ebene mischen
sich unsere "streng" wissenschaftlichen mit den politischen Interessen für unsere eigene weibliche Existenz. Denn wo immer die Gesellschaft ihre soziale und politische Form verliert und neu sucht, entsteht für Frauen die Chance, ihrem Recht auf soziale und politische
Gleichwertigkeit neue soziale Räume zu erobern. Freilich bringt die
Erosion überkommener Strukturen und Traditionen auch die Gefahr der
Reorganisation eines "historisch angemessenen" Patriarchats in sich,
das den Frauen die Privilegien von gestern allmählich läßt, sie gegenüber denen von heute und morgen jedoch auf die nachrangigen Plätze
verweist.

Bestimmt von solchen allgemeinen Motivationen ist das Ziel unserer
Forschungsarbeit, Dorfgeschichte als Lebensgeschichte von Frauen zu
schreiben. Dies bedeutet ein Novum insofern, als Dorfgeschichte in
der bisherigen wissenschaftlichen Literatur unseres Landes allein als
Geschichte des öffentlichen Männerhandelns geschrieben wurde. Natürlich beziehen auch wir die Veränderungen des institutionellen und
öffentlichen Männerhandelns mit ein und haben aus diesem Grund auch
Gespräche mit Männern geführt. Die unsichtbaren, aber effektiven
Sichtblenden zwischen den Geschlechtern haben bewirkt, daß die dazu
befragten Frauen nur wenig zu sagen wußten. Mehr als um die Wendepunkte in der äußeren "objektiven" Dorfgeschichte geht es jedoch um Erkenntnis im Wandel subjektiver Erfahrung. Dorfgeschichte als Lebens-

geschichte von Frauen meint für uns immer auch die innere Geschichte des erlebten Lebens. Mit dem qualitativen Erhebungsverfahren ist demnach ein qualitatives Zeit- und Geschichtsbewußtsein verbunden, das Geschichte am Wandel subjektiver Empfindungen und Einschätzungen rekonstruiert. (2)

Zum qualitativen Verfahren, zum qualitativen Geschichtsbewußtsein tritt - für die Soziologie unseres Wissens durchaus neu - der qualitative Raum. Gemeint ist hier der besondere Raum mit einer besonderen Geschichte. Die meisten sozialwissenschaftlichen Untersuchungen abstrahieren von den Besonderheiten des Raumes und des Orts, an dem soziale Verhaltensweisen eingeübt werden. Unser Untersuchungsort, das Dorf Hohebach im Hohelohenschen, wird deshalb nicht durch einen Kunstnamen anonymisiert. Umgesetzt in die wissenschaftliche Erkenntnis bedeutet diese Geste, daß uns nicht generell der Wandel weiblicher Alltagskultur interessiert. Im Gegenteil, auch die Nuancierungen, die durch die besondere Geschichte Hohebachs und die mentale Prägung seiner Bewohner entstehen, sind so weit wie möglich zugelassen. Wir sind uns darüber im Klaren, daß dies im Fach Soziologie ein ausgesprochen ungewöhnliches Verfahren ist.

Für unsere methodologische Absicht, aus dem Besonderen das Typische im Wandel herauszuarbeiten - typische Ausdrucks- und Verarbeitungsformen von Landfrauen - bot sich das Dorf Hohebach an, gerade weil es für die dörfliche Situation der Bundesrepublik nicht repräsentativ ist. Nur 2% aller Dörfer im Bundesgebiet weisen eine ähnliche Wirtschafts- und Sozialstruktur auf: von den 370 Einwohnern über 18 Jahren gehen mehr als ein Drittel einem landwirtschaftlichen Erwerb nach und davon gut doppelt soviel im Haupterwerb wie im Nebenerwerb, was selbst für die dortige Region, die im Vergleich zum Bundesgebiet noch hohe Anteile an landwirtschaftlicher Arbeit nachweist, ungewöhnlich ist. Ein weiteres Drittel stellen die Arbeiter dar, wobei vor allem Frauen unter die Rubrik ungelernte Arbeiter/innen fallen. Dank dieser Sozialstruktur konnten wir erwarten, daß in Hohebach - anders als in den sonst bundesweit dominierenden Arbeiterwohndörfern - Verhaltensmuster der agrarischen Alltagskultur noch zu erfragen und zu analysieren sind. Im Hinblick auf andere sozialstrukturelle Merkmale ist dieses Dorf wiederum das Landesübliche. Auch in Hohebach ist von einer Verarmung der Sozialstruktur zu sprechen: nicht nur die Vielfalt beruflicher Orientierungen, die bis in die 50er Jahre die soziale und wirtschaftliche Ordnung bestimmten, ist verschwunden, ebenso sind Staffelungen in der sozialen Hierarchie auf ein kleinbürgerlich-bäuerliches Milieu zusammengeschrumpft.

Angesichts der Vielfalt und Nuancen der Veränderungen müssen wir uns in diesem Beitrag auf einige Tupfer beschränken, die uns für den Wandel des Dorfalltags von Frauen charakteristisch zu sein scheinen. Dabei beziehen wir uns auf die zentralen Auswertungsschwerpunkte "Arbeiten, Lernen, Lieben, Feiern", unter denen wir die Vielfältigkeit des Alltäglichen gebündelt und focussiert haben. Wir möchten - wenngleich in diesem Kontext auch nur skizzenhaft - sichtbar machen, wann für diese

Erlebnis- und Erfahrungsdimensionen Wendepunkte von der Tradition
zur Moderne erkennbar werden. Deren Reihenfolge in der Überschrift
dieses Beitrages reflektiert die Bewertungsskala alltäglichen Tuns
für die von uns befragten Frauen. Richten wir unser Interesse dagegen auf die historische Abfolge der Veränderungen, so zeigt sich,
daß der bei den Frauen zuletzt rangierende Aspekt "Feiern" als erster in den Sog fundamentalen Wandels geriet: in den dreißiger Jahren.

FEIERN

Die Themenvielfalt dieses Schwerpunktes ist weiter gefaßt als es die
knappe Überschrift zunächst erkennen läßt. Nicht nur die Feier, also
jenes herausragende Erlebnis in der Alltagskultur ist Gegenstand unseres Forschungsinteresses, sondern generell Traditionen, Bräuche,
Vergnügungen, Konsumverhalten einschließlich der Aktivitäten in der
Dorföffentlichkeit. In ihrem Wandel analysiert werden hier mithin
habitualisierte Formen sozialer Kommunikation und darüber hinaus einer
frauenspezifischen Interpretation zugänglich gemacht. Bei unseren Gesprächen in Hohebach haben wir uns einerseits auf Feste bezogen, solche Alltagsbilder somit, die besonders erinnerungsfähig sind und andererseits nach Bräuchen und alten Wissenselementen für die Bewältigung des Tagtäglichen gefragt. Angesichts der Vielzahl von Festen,
Bräuchen und Alltagsgewohnheiten versteht es sich fast von selbst,
daß nicht in jedem Interview jedes Fest und jeder Brauch behandelt
wurde. Insgesamt war mehr über Feste in Erfahrung zu bringen als über
Bräuche. Die Geburt (Taufe), das Erwachsenwerden (Konfirmation), die
eheliche Reife (Hochzeit) und der Tod (Beerdigung) sind Anlässe zu
Feiern, bei denen Gedanken, Gefühle und soziale Verpflichtungen in
symbolischen Gegenständen und Handlungen sichtbar werden. Dadurch
bleiben sie erinnerbar. Andere Feiern entstanden mit dem Bauernjahr,
das heißt sie richten sich zeitlich nach dem Stand der Himmelskörper,
um Aussaat, Wachstum und Ernte zu sichern. Dazu noch die jährlich sich
wiederholenden Feste des Christentums - in Hohebach vor dem Faschismus
auch des Judentums - zum Gedenken an Ereignisse der Heilsgeschichte.
Unter der Überschrift "Feiern" - um so die Fülle noch einmal zusammenzufassen, behandeln wir habitualisiertes Handeln in und außer Haus.

Eine ganze Reihe der hier genannten Feiern und Aktivitäten werden nur
noch von den alten Frauen erinnert, die Jüngeren bestätigen kaum das
Vorurteil, daß Frauen als die Hüterinnen der Tradition anzuschauen
seien. Unsere Gespräche haben gezeigt, daß auch Frauen sinnentleerte
Kommunikationsformen nicht um ihrer selbst willen tradieren. Daß wir
z.B. über Fruchtbarkeitsriten und Bauernwissen für die Vorausschau
des Wetters von den Bäuerinnen so wenig in Erfahrung bringen konnten,
ist auf die Entwertung und technisch-ökonomische Umstrukturierung des
agrarischen Sektors zurückzuführen. Wo das Fernsehen sichere Wetter-
prognosen bietet und Düngemittel ganz offensichtlich mehr als Gebete
bewirken, lassen auch Frauen das Alte dem Vergessen anheimfallen. Andere Bräuche sind heute entleert und verschwunden, weil sinnliche Ge-
nüsse, die mit ihnen verbunden waren, durch den gestiegenen konsumtiven

Wohlstand zu alltäglichen Selbstverständlichkeiten geworden sind. So sind Bräuche wie das "Anklöpferli" und das "Eierwerfen" zu Ostern heute aus der Kinderkultur verschwunden. Für die heutige Großmüttergeneration war der Genuß von Schleckereien auf festliche Zeiten beschränkt und so sind sie um die Weihnachtszeit gerne - ein Verslein aufsagend - von Haus zu Haus gezogen. Auch das Eierwerfen war nur attraktiv, so lange Eier in der Alltagskost eine Besonderheit waren. In den 30er Jahren, so unsere Gesprächspartnerinnen, machte ein Spiegelei den Geburtstag noch zu einem besonderen Tag!

Nicht nur ökonomische und sozialstrukturelle Veränderungen nahmen formenden Einfluß auf Sitte und Brauch, ebenso politische Einschnitte in der deutschen Geschichte. Bedeutsam in diesem Kontext ist der deutsche Faschismus, durch den einerseits Traditionen rigoros beschnitten und andererseits eine ganze Reihe von artifiziellen Festen und Gemeinschaftsformen eingeführt wurden, die - freiwillig oder unfreiwillig - angenommen wurden. Bereits 1933 wird in Hohebach der erste Maibaum aufgestellt und am Johannistag wird die Sonnenwende zum Anlaß einer kommunalen Feier. Himmelfahrt, bis dahin ein arbeitsfreier Kirchentag, wird zum Arbeitstag und es wird sogar kontrolliert, ob wirklich gearbeitet wird.

Mit diesen wenigen Beispielen möchten wir den Sprung von der Tradition zur Moderne herausstreichen, der durch die autoritär-bürokratischen "Modernisierungen" der Faschisten in Hohebach initiiert wurde. Denn in diesem entlegenen und industriefernen Händler- und Bauerndorf war dies die erste wirkliche Konfrontation mit nicht traditionsgebundenen Formen des Verhaltens. Zwar waren schon seit der Jahrhundertwende junge Mädchen für eine Zeit außerhalb des Dorfes in Stellung gewesen, aber nach unseren Gesprächen zu schließen, haben sie bei ihrer Rückkehr keine Veränderungen in der dörflichen Alltagskultur stimuliert. Wieder im Dorf zurück, paßte man in der Weimarer Zeit nicht nur den städtischen Haarschnitt und die Rocklänge den dörflichen Gepflogenheiten wieder an.

Eben seit den 30er Jahren sind auch gravierende Veränderungen in Kommunikation, Ausstattung und Ritual des gewichtigsten Festes für Frauen zu konstatieren: der Hochzeit. Aufgrund der gebotenen Kürze nur einzelne Wandlungsaspekte des "Hochzeitsbildes". Der wichtigste: Bis zur Mitte der dreißiger Jahre trugen Hohebachs Bräute einen weißen Schleier über dem praktischen schwarzen Hochzeitskleid, das möglichst ein Leben lang als Sonntagskleid halten sollte. Dann erscheinen auf einmal die teuren weißen Kleider für nur einen Tag bei den Bauern, die es sich leisten können. Ende der vierziger Jahre scheint die letzte Frau in schwarz geheiratet zu haben; heute haben die von uns befragten jungen Mädchen schon ganz konkrete Vorstellungen von ihrem zukünftigen Hochzeitskleid. Die Selbstwahrnehmung der bürgerlichen Frau als Schmuckstück und Zierde des Mannes schleicht sich in die bäuerliche Arbeitskultur ein. Die soziologische Ikonographie des Hochzeitsbildes reflektiert solchen Wandel in vielen Einzelheiten. Hier nur noch ein interpretationsfähiges Detail: Bis in die Dreißiger hinein bleibt dieses Bewußtsein wach: wer nach der Hochzeit den ersten Schritt ins Haus tut, wird "der Herr" im Haus sein. Der Mann lenkt seinen Schritt und die Frau holt im neuen Heim als erstes einen Kübel Wasser und zeigt damit, was die Pflicht ihres Lebens sein wird: Arbeit. Bei den Frauen mittleren Alters, die etwa in den 60er Jahren heirateten, fallen Fremdbräuche wie gemeinsames Durchsägen eines Baumstammes, oder das gemeinsame Zusammenfegen der Polterabendscherben auf, was den Partnerschaftsgedanken herausstreicht. Ihre Töchter wiederum möchten beschützt und schön vom Mann ihrer Wahl über die Schwelle getragen werden. Das Klischee der bürgerlichen Ehe von Liebe und Schutz für die Frau hat seine verführerische Wirkung getan.

Bei Festen und Feiern in der Öffentlichkeit sind Frauen weniger Trägerinnen der Sitte als vielmehr das helfende Ambiente. Das gilt bis in die Gegenwart. Anlässe außer Haus zu gehen, waren und sind selten. Bis in die 50er Jahre hinein bot die Sitte des "Vorsitzes", eine Art der Spinnstube, in der zur Winterszeit Bändle für das Binden der Garben geknüpft wurden, eine Möglichkeit zum geselligen Beisammensein. Auch in Hinsicht auf außerhäusliche Aktivitäten hatten die neuen Gemeinschaftsformen der Faschisten eine unübersehbare, in gewisser Weise - horribile dictu - befreiende Wirkung. Die Angebote der NS-Frauenschaft wurden freudig aufgegriffen, denn mit ihnen bot sich den Frauen erstmalig eine Möglichkeit, selbständig in die Dorföffentlichkeit hinauszutreten und neue Formen des Miteinander einzuüben. Wie unsere Gespräche eindeutig belegen, blieb der politische Hintersinn - anders als bei den Männerbündeleien - unbedeutend und wurde wenig reflektiert. So sang uns eine der ältesten Gesprächspartnerinnen recht vergnügt vor "Wir sind die deutschen Frauen", obgleich sie seinerzeit zu den Wenigen gehört hatte, die dem Faschismus Kritik und Widerstand entgegengesetzt hatten.

Nach dem Krieg verschwanden die Frauen wieder für lange Zeit aus der Dorföffentlichkeit. Während die Männer ihre Vereinsaktivitäten sofort wieder aufnahmen, entstand der Landfrauenverein erst 1968. Seine Gründung bedeutete für die Frauen einen nicht zu unterschätzenden Schritt zu größerer Selbständigkeit und Selbstsicherheit, vor allem für Bäuerinnen. Die emanzipatorische Bedeutung dieser Zusammenkünfte im Landfrauenverein mag man daran ermessen, daß es bis heute den meisten Frauen schwer fällt, sich in diesem Kreis "öffentlich" zu äußern, obgleich jede Frau der anderen gut bekannt ist. Bislang sind die Frauen Hohebachs noch damit beschäftigt, sich zu öffentlichen Gemeinschaftsformen vorzutasten. Noch keine hat jemals versucht, in den öffentlichen männlichen Entscheidungsgremien mitzuwirken.

ARBEITEN

Über die Notwendigkeit einer entscheidenden Mitwirkung von Frauen bei der Hofarbeit wurden freilich nie Zweifel geäußert. Weder von Frauen noch von Männern. Denn, was die feministische Literatur seit der Jahrhundertwende für die bäuerliche Frauenarbeit moniert, gilt auch für Hohebach: Der Arbeitstag der Bäuerinnen war und ist länger als der des

Bauern. Mehr Frauenarbeit als Männerarbeit fällt auf den Höfen an. Das Stichwort von der Feminisierung der Landwirtschaft, das in der spärlichen wissenschaftlichen Literatur über Landfrauen immer wieder auftaucht, hat in Hohebach erst seit den 50er Jahren eine zunehmend strukturbezeichnende Berechtigung. Richtig ist zwar auch für die Hohebacher Frauen, daß sie - vielfach unterstützt von ausländischen Fremdarbeitern - während des zweiten Weltkrieges Männerarbeit mit übernahmen, aber dies bedeutete für diese Generation der heutigen Großmütter noch keine strukturverändernde Weichenstellung. In den ersten Nachkriegsjahren etablierte sich die patriarchale Ordnung des bäuerlichen Betriebes noch einmal in seiner alten Form. Wie an anderen Orten unserer Gesellschaft auch verließen die meisten Frauen nicht nur klaglos, sondern vielfach sogar erleichtert die ihnen für eine Zeit überlassenen Nischen bäuerlicher Männerarbeit.

Erst die Rationalisierung bäuerlicher Arbeit brachte die Rhythmen der Arbeitsteilung zwischen Frauen und Männern auf den Höfen in den historischen Sog der Veränderung. Durchgreifend war die technisch-industrielle Rationalisierung: Zunächst seit Mitte der 50er Jahre der sogenannte Übergang von der Pferde- zur Schlepperphase, mit anderen Worten, zur Technisierung der Feldarbeit. Die ganz kleinen Hofbesitzer bis etwa 3 ha zwang diese Rationalisierung zur Aufgabe, die mittleren zur Hinzupachtung bzw. Landkäufen, die großen zur Entlassung des Gesindes bzw. den zunehmenden Ersatz von Menschenarbeit durch die landwirtschaftliche Maschinerie. Die Rationalisierungsschrauben - Zwang zur Vergrößerung der bebauten Fläche, neue Technologien, Erhöhung der Bodenproduktivität durch Spezialisierung und Chemie - werden auch gegenwärtig noch weiter angezogen. Sie bewirken eine sozialstrukturelle Nivellierung im Grenzbereich der Größenordnung von 30 ha, jener Hofgröße, die ein Ehepaar mit moderner Technik allein bearbeiten kann.

Damit ebnen sich freilich Unterschiede zwischen der früheren Kleinbäuerin und Großbäuerin ein. Vor der Rationalisierung zeigte sich die statusmäßige Überlegenheit der Großbäuerin darin, daß sie zur Feldarbeit - Männerarbeit - nicht herangezogen wurde; heute fährt jede Bäuerin mit dem Traktor auf das Feld hinaus. Wie es scheint, ist die Kooperation und Abhängigkeit der Ehepartner dadurch stärker aufeinander abgestimmt. Statusunterschiede zwischen Frauen resultieren heute aus dem Unterschied zwischen Nebenerwerbs- und Haupterwerbslandwirtschaft. Der Zwang zur Rationalisierung bedeutet für mehr als die Hälfte der männlichen Landwirte den Druck zur außerhäuslichen Erwerbstätigkeit, um auf diese Weise das Kapital für Maschinerie und Düngemittel zu erwirtschaften. Dies hat in Hohebach, wie in den meisten Dörfern der Bundesrepublik auch, zur sogenannten Feminisierung der Landwirtschaft geführt. Mit anderen Worten, nicht nur in Hohebach, sondern auch im übrigen Bundesgebiet ist der Anteil an Frauenarbeit an der Landwirtschaft höher als der Männeranteil. Im gesellschaftlich wenig reputierlichen agrarischen Sektor findet sich die höchste Quote an Frauenarbeit überhaupt. (3).

Unsere Gespräche belegen, daß Frauen gezwungen sind, Männerarbeit zu

übernehmen, Männer jedoch die Übernahme von despektierlicher Frauenarbeit verweigern, es sei denn, sie wird - wie das Melkgeschäft im
Kuhstall - durch neue Technologien aufgewertet. Der Schluß könnte
naheliegen, daß die zunehmende Mehrbelastung von Frauen durch die
Hof- und Feldarbeit zu einer Veränderung der patriarchalen Arbeitshierarchie geführt hätte. Aber: Männerarbeit war immer die wertvol-
lere und bestimmende Arbeit und so ist es heute auch noch. Der Bauer
in der Außenwirtschaft bestimmte daher Abfolge und Tempo der gemeinsamen Arbeit. (4) Frauenarbeit in dem männerdominierten Bereich der
Außenwirtschaft ist gekennzeichnet durch Zuarbeit, Aufräumarbeit
und Feinarbeit. Daß sich daran auch nach der technischen Rationalisierung nichts Grundsätzliches geändert hat, möchten wir am Arbeitsgang des Heumachens exemplifizieren: Vor der Technisierung setzte
sich das Heumachen aus vier wichtigen Arbeitsschritten zusammen. Die
erste und wichtigste Arbeit war das Mähen. Der Bauer ging mit der
Sense voraus, die Bäuerin mit der Harke hinterher. Er bestimmte also
mit dem ersten Arbeitsgang das Tempo und den Verlauf der Arbeit. Die
Bäuerin machte 'Aufräumarbeiten', indem sie mit der Harke das Heu
zusammenfegte. Das Gabeln und Laden wurde sowohl von Männern als auch
von Frauen getan. Heute ist das Heumachen vollmechanisiert und es
kann grundsätzlich von einer Person allein getan werden. Doch soweit
möglich wird von den Ehepaaren gemeinsame Arbeit vorgezogen: "Beim
Heumachen fahr i mit dem kleinere Traktor hintenach, damit alles
schneller geht". Frau und Mann machen zwar dieselbe Arbeit, aber die
größere Technik symbolisiert in diesem Fall die Dauerhaftigkeit der
patriarchalen Arbeitshierarchie.

Was sich hier auf der konkreten Arbeitsebene unmißverständlich zeigt,
gilt auch - was wir nur wieder andeuten können - für wichtige Entscheidungen. Zwar ist unverkennbar, daß die Frauen mittleren Alters
häufiger als ihre Mütter an Entscheidungen "partizipieren", d.h.
mitreden dürfen, aber "im Zweifelsfall entscheidet doch immer der
Mann". In Familien, in denen wir das Glück hatten, Frauen aller drei
Generationen sprechen zu können, betonte die mittlere Generation uns
gegenüber ihre Mitspracherechte. Aber im Gespräch mit den Töchtern
hieß es zu Maschinenkäufen dann etwa: "Das haben die Männer unter sich
ausgemacht". Die Töchter haben es teils anders vor.

LERNEN

Daß der Modernisierungsprozeß - auch im Sinne zwischengeschlechtlicher
Emanzipation - die Frauen Hohebachs nicht nur spät, sondern fast un-
merklich auf 'leisen Sohlen' erreicht, belegt unser Auswertungsschwerpunkt 'Lernen'. Als ein zentrales Moment des sozialen Wandels haben
wir hier das Stichwort "Professionalisierung" aufgegriffen. Nicht zufällig, denn wie hinlänglich bekannt, wurde die berufliche Ordnung
der ständischen Gesellschaft im Prozeß der Industrialisierung durch
das leistungsbezogene Prinzip der Profession über- bzw. umgeformt.
Hinlänglich bekannt ist auch, daß Frauen bis in die Gegenwart hinein
immer wieder daran gehindert wurden, sich über eine zureichende Pro-

fessionalisierung in das Privilegsystem moderner Männer angemessen einzubinden. Wo dies in den ersten fünfzig Jahren dieses Jahrhunderts gelang, war dies, wie ebenfalls bekannt, für die jeweils betroffenen Frauen ein durch Konflikte und persönliche Friktionen oft überschatteter Erfolg.

Zu unserer Überraschung sind bei den Hohebacher Frauen kaum Blessuren und Einbußen zu konstatieren, die aus dem Versuch resultieren, Berufswünsche gegen die Familie, oder auch gegen den Ehemann durchzusetzen. Daß die von uns befragten jungen Mädchen, die in den 60er Jahren geboren wurden, ausnahmslos die Möglichkeit zu einer Ausbildung erhielten, die über den Hauptschulabschluß hinaus geht - die Mehrheit besuchte sogar eine Realschule oder das Gymnasium - bedeutet gegenüber den Möglichkeiten und Wünschen ihrer Mütter und Großmütter geradezu eine Revolution, aber sie wird nicht mehr als eine solche wahrgenommen. Fast unbemerkt, jedenfalls ohne familiäre Konflikte, findet in den 70er Jahren die entscheidende soziale Wende zugunsten einer professionellen Ausbildung von Frauen statt.

In der Kindheit dieser jungen Mädchen wird sie nach unserer Einschätzung durch zwei entscheidende neue Sozialisationseinflüsse eingeleitet: Verglichen mit ihren Müttern und Großmüttern verbringen sie als Kinder mehr Zeit im Haus, jedoch häufiger als diese spielend, seltener helfend bei der Haus- und Hofarbeit. Sie verfügen über mehr Spielzeug als die Älteren, die eher mit Spielkameraden draußen spielten, werden mehr zur Beschäftigung mit sich selbst angehalten und im großen und ganzen hat die Arbeit für die Schule vor der Hofarbeit Vorrang. Wenngleich sie zu aktiver Unterstützung kaum in der Lage sind, haben die Mütter doch das pädagogische Ziel 'Schul-Leistung' in den Lebensplan für ihre Töchter aufgenommen. Auch die beruflichen Orientierungen der jungen Mädchen scheinen kaum Auseinandersetzungen hervorzurufen, selbst dann, wenn frauenuntypische Berufsbilder wie Vermessungstechnikerin und Malerin gewählt werden. Die meisten jedoch wählen "typische" Frauenberufe auf allen Qualifikationsebenen: Bankangestellte, Kindergärtnerin, Ärztin etc.

Für die alten und mittelalten Frauen sah die Einübung in das für die Bewältigung eines weiblichen Alltags notwendige Wissen noch anders aus. Nicht die verkleinerte Form des erwachsenen Lebens führte sie über Kinderbügeleisen, Kinderbesen, u.ä. in den Ernstfall des Lebens ein, nein, die frühe Mitarbeit in Haus und Hof, oft sogar schon vor der Schule ließ sie das Wichtigste lernen. Von der Mutter die Hausarbeit, vom Vater das Nötigste aus der Außenwirtschaft. Zuhause lernen sie die wichtigsten Orientierungen für ihr Leben, die nur wenig modifiziert werden. Heute aber gefragt, was sie in ihrer Jugend gelernt haben, antworten sie "nein, ich habe nichts gelernt". Die Lektion der modernen Gesellschaft, die Alltagswissen durch Professionalisierung entwertet, haben auch sie inzwischen gelernt.

Die Schule setzte hier kaum Orientierungen für neue berufliche Wünsche. Wichtiger als intellektuelle Leistung war in der Dorfschule Disziplin und die Einübung in die religiös geprägte soziale Moral.

Wie schon angedeutet, führte der Kurzaufenthalt in der Fremde für die alten Frauen, wenn sie in Stellung waren, zu keiner grundsätzlichen Horizonterweiterung. Der Duft der neuen Welt läßt für diese Generation die im Umfeld von Hohebach nicht angebotene Fabrikarbeit noch attraktiv erscheinen, ansonsten nennen sie Professionalisierungen des geschlechtsspezifischen Arbeitsvermögens, wenn sie nach Berufswünschen gefragt werden: Köchin, Näherin, Krankenschwester. Aber keine hat für solche Wünsche den Konflikt riskiert. Das gilt auch für ihre Töchter: unerfüllte Berufswünsche werden zwar häufiger genannt, aber ernsthafte Auseinandersetzungen werden auch von ihnen vermieden. Diese Generation erschleicht sich gewisse Lerngüter, indem einzelne auf dem eigenen Hof zur "landwirtschaftlichen Gehilfin" ausgebildet werden. Von dieser Qualifikation ausgehend versuchten einige aufzubauen, eine hat es durch zähes Aufeinandersetzen von Steinchen auf Steinchen sogar zur Hauswirtschaftslehrerin in der kreisstädtischen Berufsschule gebracht.

Bei diesen wenigen Ausnahmen der mittleren Altersgruppe schleicht sich in normative Orientierungsmuster eine neue Vokabel ein: Ehrgeiz. Für die meisten der mittleren Generation sind freilich doch die Lebenstugenden ihrer Mütter gültig: Sparsamkeit, Fleiß, Ehrlichkeit, Sauberkeit. Die jungen Mädchen nennen andere Eigenschafte: Ordnung, Offenheit, Ausdauer, Gerechtigkeit und Ehrgeiz. Nicht nur das Verhältnis zur Arbeit, sondern Ansprüche an Kommunikationsstile bebildern ihren Katalog sozialer Moral.

LIEBEN

Mit dem Stichwort Kommunikation ist unser letzter Auswertungsschwerpunkt bzw. der späteste Modernisierungsaspekt angesprochen: das Fühlen. Anders als der kurz gefaßte Titel nahelegt, richtet sich unser Interesse nicht nur auf "gute" Gefühle, Liebesgefühle, nein, auch auf Formen des Konfliktes, Gefühle bei Auseinandersetzungen und Ärger. Zu beiden Dimensionen menschlicher Gefühle wurden uns Aussagen zwar nicht verweigert, aber bei der Auswertung sind wir doch genötigt, nur verhaltene Äußerungen und nur verhaltene Ausdrucksformen zu interpretieren. Dies ist nicht nur auf die spätere Ankunft 'moderner', also expliziter Gefühle zurückzuführen. Hier ist auch eine generelle mentale Zurückgenommenheit in diesem hohenlohenschen Dorf zu berücksichtigen.

Diese mentale Grundhaltung der Verhaltenheit, des Versuches all das zu vermeiden, was zuviel sein könnte, findet sich geschlechtsspezifisch verstärkt gerade auch bei den von uns befragten Frauen. Über familiäre und eheliche Konflikte zu reden erwies sich als schwierig, dies nicht nur deshalb, weil die Hemmschwelle hier relativ hoch liegt, sondern weil generell eine Tendenz erkennbar ist, Konflikte möglichst wenig zur Kenntnis zu nehmen und wo sie dann doch auftreten, diese dann mit eher defensiven Verhaltensmustern zu lösen, die letztendlich der anerkannten Dominanz des Mannes geschuldet sind.

Selbst unter den jungen Mädchen befand sich nur eine einzige, die relativ frei über heftige Auseinandersetzungen zwischen ihren Eltern, aber auch offen ausgetragene Gesten der Zärtlichkeit und Zuneidung zu berichten wußte. Insgesamt finden positive Gefühle der Zuneigung schwerer und seltener einen offenen Ausdruck als negative Gefühlsäußerungen. Diese generelle Aussage führen wir weniger auf Hohebacher Besonderheiten der mentalen Alltagskultur zurück als vielmehr darauf, daß die Entwicklung einer differenzierten und expressiven Kultur der Gefühle größere Privilegien an Zeit, Geld und Bildung voraussetzt als diese traditionell in ländlichen Regionen anzutreffen sind. Die großen Liebenden unserer Literatur und Geschichte, kamen und kommen wie Utz Jeggle (5) richtig bemerkte, nicht vom Land. Liebe im Sinne romantischer Liebe ist meistens eine Luxusempfindung reicher Menschen in reichen Gesellschaften, die es sich leisten können, nicht andere Kriterien als die Wonne eigener Empfindungen an erster Stelle rangieren zu lassen. Machen wir uns klar, zu allen Zeiten hat es Gefühle der Zuneigung gegeben, haben Menschen liebend gezeugt und geboren, haben Mütter ihre Kinder in den Armen gewiegt. Aber jeweils unterschiedliche gesellschaftliche Regelungen förderten, unterdrückten oder kanalisierten dabei ihre emotionellen Regungen.

Nur ein paar Tupfer, wenige Beobachtungen der vielen Nuancen, die wir bei den Hohebacher Frauen und ihrer Gefühlskultur zu betrachten und zu analysieren suchten. Während in unseren Großstädten gegenwärtig eine egozentrisch-narzistische Gefühlskultur des Touch and Feel im Entstehen ist, die die individuum-bezogene Phase einer romantischen Anspruchshaltung bereits abzulösen scheint, sind die Hohebacher Frauen unserer Wahrnehmung nach gerade erst dabei, die 'Revolution' individuellen Liebesglücks einzuleiten. Und diese Wende erzeugte und erzeugt Konflikte zwischen den Generationen. Mütter, die ihre Kinder all zu häufig knuddeln, Ehepaare, die sich auf der Straße mit einem Wangenkuß begrüßen, werden weiterhin schief angesehen. Regelrechte Konflikte aber kommen - wie nicht schwer zu vermuten - im Umfeld der Partnerwahl auf.

Unsere jüngsten Gesprächspartnerinnen gehören zu der ersten Generation, die die 'Einübung' in die Liebe für sich in Anspruch nimmt. Früher als ihre Mütter und Großmütter, nämlich schon mit 16 oder 18, nicht erst mit Anfang 20 haben sie ihre erste Liebe. Und was die Hüter von Moral am meisten schockiert: es bleibt nicht bei dieser ersten Vorübung für die Ehe. Beziehungs- und Liebeskonflikte leiten die Partnerwahl ein und es ist daher auch vorstellbar, daß diese Generation, wenn ihr Anspruch auf Gefühl in der Ehe nicht eingelöst ist, die erste sein wird, die die gesetzliche Möglichkeit der Scheidung für sich wahrnimmt. Noch aber gehen sie davon aus, den Partner fürs Leben zu finden.

In dieser Hinsicht unterscheiden sie sich nicht wesentlich von den vorherigen Generationen. Formen der Zuwendung in der Kindheit, und auch bei der Partnerwahl waren für diese Frauen nicht nur spärlicher, sondern auch von geringerer Bedeutung. Unsere ältesten Gesprächspartnerinnen wählten hauptsächlich den Nachbarjungen von nebenan. Wenn ihre

Eltern besitzend waren, entschied die Größe des Besitzes, mithin die Entscheidung des Vaters über die Ehe, hatten sie beide nichts, entdeckten sich Nachbarskinder plötzlich als erste Liebe und einzige Wahl. Die Töchter dieser alten Frauen zogen den Radius ihrer Wahl schon weiter, mit Motorrädern und vollgepferchten Autos ging es zum Tanz auf die Nachbardörfer, heimlich gestatteten sich einzelne den Wechsel von der ersten zur zweiten Liebe. Aber in dieser Gruppe finden sich bereits mehrere, die ihren Partner gegen die besitzständischen Heiratswünsche ihrer Eltern durchsetzen. Sichtbare Zeichen für den Verfall einer agrarischen Kultur. Aber mag ihre Wahl auch bewußter ausgefallen sein, für ihre ehelichen Gefühle entdeckten wir dieselbe Vorbewußtheit wie bei ihren Müttern. Unsere Frage nach der wichtigsten Gemeinsamkeit mit dem Ehepartner wurde von den beiden älteren Generationen fast durchweg mit Erstaunen oder gar Heiterkeit kommentiert. Ist frau erst verheiratet, wird über Gefühle wie Liebe allenfalls nachgedacht, wenn die Ehe unliebsame Gefühle provoziert. Wir vermuten, daß von den jungen Mädchen anderes zu erwarten sein wird. Es sieht jedoch so aus, als entdeckten alle Generationen in der Gegenwart gleichzeitig neue Expressionsmöglichkeiten des Gefühls: die Großmütter, die ihre Enkel küssen, obwohl sie es bei ihren eigenen Kindern selbstverständlich ließen, die Mütter, wenn sie beginnen, mit den Töchtern die erste Liebe zu kommentieren, die jungen Mädchen, wenn sie emotional das einfordern, was ihnen in der Kindheit schon versprochen wurde.

Unsere grundsätzliche Frage, die wir eingangs stellten: haben die Frauen andere Möglichkeiten der Entwicklung und Emanzipation als die Städterinnen muß einstweilen offen bleiben. Noch erleben wir die Frauen in einem Aufholprozeß der sozialen Verspätung, aber wir stellen auch fest, daß ihre langsame Entwicklung offenbar geringere soziale Kosten macht, als die, die wir aus den Städten gewohnt sind. Mag sein, daß ihr Schritt in eine neue Zukunft morgen freier sein wird als der unsrige.

Anmerkungen

1) Aßfalg, Margarete; Janshen, Doris, Mingels, Martina; Pretzsch, Hanne-Lore: "Dorfalltag von Frauen im Wandel der industriellen Gesellschaft". Projektabschlußbericht, Technische Universität Berlin, April 1984.

2) Theoretisch ist das Projekt der "phänomenologischen Alltagstheorie" verpflichtet. Vgl. Berger, Luckmann etc.

3) Potthoff, Hilda: "Bedeutung der Frauenarbeit in der Landwirtschaft". In: Die Frau in der Landwirtschaft, Schriftreihe für ländliche Sozialfragen, Hannover 1981.

4) Blasche, Margret; Inhetveen, Heide: "Frauen in der kleinbäuerlichen Landwirtschaft", Opladen 1983.

5) Jeggle, Utz: "Liebe auf dem Dorf". Vom Regelwerk der bäuerlichen Welt im 19. Jahrhundert. In: Journal der Geschichte, Heft 5, 1982.

Helga Krüger

MÄDCHEN IM VOLLZEITSCHULISCHEN BERUFSBILDUNGSSYSTEM: DIE VERHEIMLICHUNG EINES VER-HEIMLICHUNGSPROZESSES

1. Problemstellung:

Wie wir aus Verlautbarungen vor allem von politischer Seite entnehmen können, sind Mädchen unterer Qualifikationsstufen als "Problemgruppe des Arbeitsmarktes" entdeckt. Ziel der Unterstützungsmaßnahmen ist die Verbreiterung ihrer Berufswunschskala - immer noch konzentrieren sich im Rahmen der insgesamt angebotenen 430 anerkannten Ausbildungsberufe rund 75% der Mädchen auf den Verkaufs-, Büro-, Friseur-, Gesundheitsdienstbereich. Bildungspolitische Programmatiken gelten dem Versuch, Ausbildungsberufe, in denen sich männliche Auszubildende konzentrieren, auch den Mädchen näherzubringen.

"Die Scheu der Mädchen, auch einen solchen Beruf anzustreben, und die Zurückhaltung der Betriebe, solche Ausbildungsplätze gezielt für Mädchen anzubieten, können bei entsprechenden Bemühungen aller Beteiligten überwunden werden." (Schmidt, 13/84,1).

Zwei Drittel der nichtvermittelten Lehrstellen-Suchenden waren auch in diesem Jahr (Sept./Okt. 84) Mädchen - Bemühungen, diesem Tatbestand Abhilfe zu schaffen, sind in Gang.

Mit der daraus resultierenden Diskussion um die Versuche, Mädchen in "Männerberufe" zu bringen, sind jedoch zwei systematische Ausblendungen in der Diskussion über das Thema "Mädchen und Berufsbildung" verbunden:

- zum einen hat die Problematik der Lehrstellenverknappung dazu geführt, daß unter "Berufsbildungsmisere" ausschließlich Ausbildungsgänge im dualen System diskutiert werden, d.h. die Ausbildung für anerkannte Ausbildungsberufe. Die Existenz, Bedeutung und Reformbedürftigkeit des vollzeitschulischen Berufsbildungssystems, v.a. der Berufsfachschulen, das insbesondere für Mädchen eine große Rolle spielt, kommt kaum in den Blick;

- zum anderen unterstellen Versuche, Mädchen auf sogenannte Männerberufe umzupolen, die subjektive Fixierung und Festlegung von Mädchen auf bestimmte Berufsbereiche. Diese Annahme wird unhinterfragt auch dem Ausbildungsangebot in vollzeitschulischen Berufsbildungsgängen für Mädchen unterstellt.

Während der erste "blinde Fleck" eine überraschend große Zahl von Mädchen aus der berufsbildungspolitischen Diskussion ausklammert, hat der zweite "blinde Fleck" ebenso seinen Niederschlag in der Frauenforschung gefunden. Daß es sich hierbei um eine "Verheimlichung" weiblicher Berufsinteressen handelt, die erst die in diesen Ausbildungsgängen betriebene "Ver-Heimlichung" ermöglicht, will ich im folgenden belegen.

2. Die Minderheit der Mädchen sind im dualen Ausbildungssystem - wo bleibt der "Rest"?

Die "blinden Flecken" in der Berufsbildungsdiskussion betreffen die Berufsbildungsverläufe von Mädchen, da vor allem sie es sind, die das vollzeitliche Berufsbildungssystem füllen. Dieses besteht aus sehr unterschiedlichen Angeboten, die sich bezüglich der Eingangsqualifikation, der Dauer der Ausbildung und ihrer Funktion für den Erwerb beruflicher Qualifikationen sehr stark unterscheiden (Eingliederungslehrgänge, Berufsvorbereitungs- und Grundbildungsmaßnahmen, Berufsfachschulen). Einen Überblick über die geschlechtsspezifische Verteilung im vollzeitschulischen Berufsbildungssystem zu erhalten, erfordert eigene Forschungsarbeit (1): die Berufsbildungsberichte der Bundesregierungen weisen zwar global die Relation von Mädchen und Jungen im Berufsfachschulsystem aus, differenzieren aber die interne Verteilung der Schülerinnen und Schüler auf unterschiedliche Arten der Berufsfachschulen ebensowenig, wie sie Auskunft über die Verteilung der Geschlechter im Berufsvorbereitungs- und Berufsgrundbildungsbereich sowie den Eingliederungslehrgängen geben. Ebensowenig erfahren wir über die Prozentanteile der Mädchen in diesem System im Verhältnis zu Mädchen, die ins duale Ausbildungssystem überwechseln konnten.

Die Frage nach der Bedeutung des vollzeitschulischen Berufsbildungssystems für Mädchen heute zu erhellen, war eine der Aufgaben unseres Forschungsprojektes "Berufsfindung und Arbeitsmarkt" (2). In dieser auf Bremen begrenzten Fallstudie ergab sich z.B. über den Verbleib der Hauptschülerinnen des Schuljahres 1979/80: nur 30% der Mädchen mündete in das duale Ausbildungssystem ein, hingegen 48% ins vollzeitschulische Berufsbildungssystem. Auch für die Realschülerinnen stellte sich die Situation noch nicht wesentlich verbessert dar: von ihnen kamen in diesem Jahrgang in Bremen nur 36% in das duale System, während auch hier immer noch 48% ins berufsbildende und vorbereitende Vollzeitschulsystem, das sich an den Hauptschulabschluß anschließt, überwechselten. Von den Absolventinnen einzelner Maßnahmen dieses Ausbildungssystems wechselten 21% innerhalb des Angebotes in eine weitere Maßnahme dieses Ausbildungssystems zurück. Rund 22% des jeweiligen Jahrgangs waren zum Zeitpunkt der Erhebung (September 1980) vom Berufsbildungssystem nicht erfaßt, d.h. in Maßnahmen außerschulischer Träger (Arbeitsamt, Sozialbehörde), oder aber vom Schulermittlungsdienst erst zu einem späteren Zeitpunkt als nicht vermittelt erfaßt und in die allgemeine Berufsschule für weibliche Jugendliche ohne Ausbildungsvertrag (Abteilung Hauswirtschaft) eingewiesen.

Die interne Verteilung im vollzeitschulischen Berufsbildungssystem des untersuchten Jahrgangs belegt: rund 76% der Mädchen besuchen Berufsfachschulen (zweijährige Handelsschulen mit nur einem Jahr Anrechnungsberechtigung auf Normalausbildungsgänge für diesen Berufsbereich im dualen System, einjährige oder zweijährige Berufsfachschulen für Hauswirtschaft ohne jegliche berufliche Qualifizierung, Berufsfachschulen für Kinderpflege, diese zwar mit Berufsaus-

bildung, aber schwindenden beruflichen Einsatzmöglichkeiten). 24%
der Mädchen gingen in einjährige Maßnahmen, allerdings liegen sie
für rund 80% im Bereich Hauswirtschaft, Gesundheitspflege, texti-
les Gestalten (Wiethold 12/1981) (3).

Fazit: In der bildungspolitischen Diskussion werden die Berufsbil-
dungswege des weit größeren Teils der Hauptschülerinnen ausgeklammert, denn das vollzeitschulische Berufsbildungssystem verschluckt
mehr Hauptschülerinnen eines Jahrgangs als das duale, die klassische Lehrlingsausbildung. Nur rund 11% der Mädchen im beruflichen
Vollzeitschulsystem erhalten dort eine Berufsausbildung, während
der "Rest" sich trotz des mit dem Begriff "Berufsfachschule" verbundenen Versprechens auf eine Berufsausbildung (ebenso wie diejenigen in einjährigen Maßnahmen) in Warteschleifen befinden, über
die sie z.T. direkt über die Inhalte, z.T. indirekt über das schlichte Älterwerden ohne Berufsausbildung auf die Hausfrauenrolle vorbe-
reitet werden. Obwohl keine bundesweiten Vergleichszahlen vorliegen, gibt es keine Hinweise darauf, daß die Situation in anderen
Bundesländern wesentlich günstiger aussieht (Braun/Gravalas 1981).

Das wichtigste offizielle Argument zur Begründung geschlechtsspezifischer Zuteilungen und Zuschneidungen im vollzeitschulischen Ausbildungssystem ist der Hinweis auf die Interessen der Mädchen gerade an diesen Ausbildungsgängen. So schreiben Beck-Gernsheim/
Ostner (1978, S.260, 277), die Verbindbarkeit der Anforderungen in
Haushalt und Beruf als Bestimmungsmoment der Berufswahl postulie-
rend:

> "Die traditionelle Berufswahl ist bei vielen Mädchen nicht defen-
> sive Reaktionsbildung, sondern Ausdruck einer tatsächlichen
> Präferenz." Und weiter unten: "So erfolgt z.B. bei der Indu-
> strienäherin die Berufswahl "hausarbeitsnah": Dahinter steht
> der Wunsch, nähen zu lernen - weil man das in der Familie spä-
> ter einmal brauchen kann; weil man das schon oft und gerne
> gemacht hat, schon als Kind...".

Sie arbeiten zwar heraus, daß dieses Interesse sich an der Berufs-
realität bricht, problematisch bleibt aber, daß vom Resultat der
Einmündung in Berufsfelder her auf die Lebensentwürfe zum Zeitpunkt
der Berufswahl zurückgeschlossen wird. Unser Forschungsprojekt,
von dem ich hier berichten möchte, hat es sich zur Aufgabe gemacht,
diesem Zusammenhang näher nachzugehen.

3. Die Berufsorientierung von Mädchen: Familiale Festlegungen oder
   Arbeitsmarktzwänge?

Um Bewußtseinsstand und Entscheidungssituation von Hauptschülerinnen vor Eintritt in das vollzeitschulische Berufsbildungssystem
verstehen zu können, darf der Prozeß der Berufsfindung während der
Hauptschulzeit nicht außer Acht gelassen werden. Deshalb ein - da
anderweitig bereits dargestellt (Heinz, Krüger 1981, Krüger 1984) -
kurzer Blick auf diese Phase, die die Verständnisfolie für darauf
aufbauende Ausbildungswege bildet.

Bewußtseinsentwicklung und Entscheidungssituation von Hauptschülerinnen vor Eintritt in das Berufsbildungssystem belegen: Die Informationssuche über Chancen auf dem Arbeitsmarkt beginnt bereits nach Beendigung der Orientierungsstufe, der Festlegung der Berufssuche auf Hauptschulniveau. Schon in dieser Phase werden Berufswünsche unter Ausbildungs- und Arbeitsmarktrestriktionen reflektiert und revidiert:

> "Nur Verkäuferin kann man werden, sonst kommt man ja nirgends unter, wenn man Hauptschülerin ist." Oder: "Zu wenig Ausbildungsstellen, viel zu wenig ... da kann man von Glück sagen, wenn man eine bekommt. Aber Friseuse kann man immer machen. So schwer ist das nicht, da etwas zu finden."

Die Streuung der angestrebten Berufe der Mädchen ist jedoch wesentlich breiter, als zum Ende der Hauptschulzeit (vgl. auch Bednarz 1979), aber die angesichts der geringen Chancen mitgedachten "Ausweichberufe" liegen im Spektrum von Mädchen angebotenen Frauenberufen. Häufiger als später werden interessenbedingt sog. Männerberufe erwogen, aber unter Arbeitsmarktrisiken nach Absolvieren der Ausbildung bereits problematisiert. Der sog. Run auf die Frauenberufe findet nicht statt, aber Alternativen außerhalb dieser eingefahrenen Gleise erscheinen den Mädchen als sehr risikoreich. Gegen Ende der Hauptschule finden sich kaum noch Festlegungen auf bestimmte Berufe; das Interesse daran, überhaupt eine Berufsausbildung zu erhalten, tritt in den Vordergrund.

> "Ja, wenn es mit Friseuse nicht klappt, wähle ich den Beruf Verkäuferin. Hauptsache, ich hab 'ne Ausbildung."

Die deutliche Berufsorientierung der Mädchen wird nicht durch den Ausweg der Heirat relativiert, da diese nicht als Versorgungsalternative gesehen wird (vgl. auch Seidenspinner/Burger 1982):

> "Wenn ich jetzt tatsächlich heirate, der Mann läßt mich sitzen, was soll ich dann machen? Also, man soll sich nicht so auf andere verlassen."

Die von uns wiederholt in verschiedenen Berufsfindungsphasen durchgeführten Interviews mit Hauptschülerinnen belegen also, daß es vor allem Arbeitsmarktzwänge, nicht die Realisierung besonderer Interessen sind, die Mädchen auf sog. weibliche Ausbildungsgänge verweisen. Punktuelle Befragungen nach der Einmündung in einen geschlechtstypischen Ausbildungsbereich sind irreführend: im Nachhinein söhnen sich Mädchen wie Jungen mit Bewerbungsergebnissen aus, indem sie auf Erfahrungen zurückgreifen, über die sie als "gewünscht" verarbeiten, was Ergebnis der Chancenstruktur des Lehrstellenmarktes ist. Um diesen Prozeß nur an einem der i.d.T. zahlreichen Aussagen vor allem von Jugendlichen, die eine Lehrstelle erhalten haben, zu verdeutlichen, folgendes Zitat einer Schülerin, die eine Ausbildung als Bürogehilfin beginnen konnte.

> I.: "Jetzt hast Du einen anderen Beruf gekriegt, als Du ursprüng-

lich mal gedacht hast. Tut Dir das irgenwie leid?" - B.: "Aber
das ist ja mein Lieblingsberuf. Früher, wie ich noch kleiner
war, da habe ich so Büro gespielt und in den Akten umgeblättert."

Für Mädchen wie für Jungen verbindet sich die Vorstellung von einer
Berufsaubildung allerdings mit einer Lehre im dualen System. Vollzeitschulische Berufsbildungsangebote rücken bei den meisten erst
ganz zum Schluß erfolgloser Berufsausbildungssuche und erst auf der
Grundlage von Beratungen durch Lehrer und das Arbeitsamt ins Bewußtsein. Sich parallel zu Bewerbungen um Lehrstellen auf weiterführenden
Schulen anzumelden, findet sich zu Ende des 9. Hauptschuljahres bei
Mädchen häufiger als bei Jungen, jedoch in unserer Population auch
bei den Mädchen begleitet mit dem Hinweis darauf, daß man eigentlich
keine Lust mehr zur Schule habe. Aber wenn sich nichts findet...

Die nicht gewollte Ver-Heim-lichung weiblicher Berufsorientierungen
beginnt also erst mit dem Überwechseln in das vollzeitschulische Berufsbildungssystem. Die Mißerfolge der Lehrstellensuche läßt das
vollzeitschulische Berufsbildungsangebot als Strohhalm erscheinen,
den die Mädchen (und auch die Jungen) ergreifen, um das Abgleiten
in die Ausbildungslosigkeit zu vermeiden.

4. Berufliche Vollzeitschule: Wartestationen mit Identifikations-
   angeboten für geschlechtsspezifische Berufsverläufe

"Bloß nicht auf der Straße liegen ..." - mit diesem Motto läßt sich
die Verarbeitung der Entscheidungssituation beschreiben. Im Vergleich
zu dieser noch schlechteren Alternative erscheint die Vollzeitschule
als "... da hab ich noch Glück gehabt, daß hier was frei war ...".

Die Geschlechtsspezifik des angebotenen vollzeitschulischen Angebots
wird angesichts fehlender Alternativen nicht diskutiert. Obwohl die
Mädchen formal auch in die Allgemeine Berufsschule, Fachrichtung
Elektrotechnik oder Metalltechnik gekonnt hätten, sind sie durch das
Arbeitsamt auf die speziell für sie eingerichteten Ausbildungsange-
bote verwiesen worden. Der eingeschlagene Weg ist also nicht angestrebt, sondern nach der Zahl noch vorhandener Plätze gefallen.
Viele der von uns interviewten Schülerinnen (wie der Schüler auch)
begreifen die Wartesaalfunktion, akzeptieren sie aber als Notlösung
ohne Alternative:

"Nicht, daß ich den ganzen Tag zu Hause rumhänge oder nur woanders
bin. Ich muß schon was machen, dann kann ich mich wenigstens auf
mein Wochenende freuen. Nicht, daß ich jeden Tag mein Wochenende
habe oder sowas. Ja, ich meine, irgendwo ist es richtig, daß ich
die Woche über was mache, dann kann ich mich auch auf's Wochenende freuen. Kann sagen, ich hab die Woche was geleistet, nicht?"
(Schülerin der Berufsfachschule Hauswirtschaft)

Auch der Gedanke daran, sonst als Hilfe im Haus zur Verfügung zu
stehen, ist eine der treibenden Kräfte für die Mädchen, um jedes vollzeitschulische Angebot auf sich zu nehmen (Diezinger, Marquardt, Bil-

den, Dahlke 1983). Daß die Flucht vor der Hausarbeit in das gerade auf diese Tätigkeiten ausgerichtete vollzeitschulische Angebot de facto den Weg in die Hausarbeit öffnet, ist den wenigsten vorher bewußt.

> "Irgendwelche Vorstellungen habe ich eigentlich nicht gehabt. Ich habe mich überraschen lassen, was da wohl kommt."

Bei der Aufnahme einer Ausbildung zur Kinderpflegerin, einer tatsächlichen Berufsausbildung, könnte man vermuten, daß es sich hier nun doch um eine bewußte, geschlechtsspezifische und über längere Zeit hin gehegte Entscheidung handelt, liegt doch diese Tätigkeit sehr nah am weiblichen Arbeitsvermögen und greift sie auf typisch weibliche Handlungsmuster zurück. In der Tat können Zitate, punktuell interpretiert, irreführend sein. So sagte eine Schülerin, die diese Ausbildung begonnen hat,

> "... Dann habe ich mich ein paar Mal beworben, daraus ist dann nichts geworden ... Nun bin ich zum Arbeitsamt gegangen. Dann haben die mir die Schule vorgeschlagen und da habe ich gesagt, ja, ist gut, dann will ich da hingehen und werd sehen, was ich kriegen kann, ob da noch ein Platz frei ist. Und dann, eines Teils wollte ich denn auch Kinderpflegerin werden, also, da ich sowieso immer schon gern mit Kindern zusammen war, habe ich mich auch dafür entschieden, daß ich das jetzt mache, weil vorher sonst nichts frei war."

An diesem Zitat verdeutlicht sich zunächst, was auch andere Schülerinnen sagen: dieses vollzeitschulische Ausbildungsangebot ist diesem Mädchen wenig bekannt, der freie Platz bietet sich als Chance in einer ausweglos scheinenden Situation. Die Einmündung erfolgt über die Beratung des Arbeitsamtes, nicht interessenbezogen. Doch dann macht sich die Schülerin diese Entscheidung zu der ihren, indem sie auf Erfahrungen zurückgreift, die sie als Begründungsmuster für den neuen Start heranziehen kann.

Diese Form der nachträglichen Legitimierung von Entscheidungen, die unter dem Druck des Arbeitsmarktes erfolgen, finden sich bei Mädchen wie bei Jungen in allen Phasen der Einmündung. Wir haben sie "biografische Konstruktionen" genannt, die in punktuellen Befragungen zu Fehlinterpretationen führen: die Jugendlichen sind nicht überwiegend dort, wo sie "immer schon" hinwollten, sondern die Weichenstellung ihrer zukünftigen Ausbildungssituation verlangt, die nachträgliche Identifizierung dieses Schrittes mit eigenen Möglichkeiten. Da die Struktur des vollzeitschulischen Berufsbildungssystems für Mädchen nur jene Aspekte vorberuflicher Sozialisationsprozesse hervorrufen kann, die typisch weiblichen Handlungsfeldern zugeschrieben werden, bleiben den Mädchen nur diese Erfahrungen zur Begründung ihrer aktuellen Situation.

Die Verarbeitung der schulischen Inhalte hängt von deren Arbeitsmarktbezug ab: bei Angeboten, die auf ein Berufsfeld zielen, identifizieren sich Mädchen (wie Jungen) während der Ausbildung zunehmend mit dahinterstehenden Berufsinhalten. Vermitteln die Inhalte keine berufliche Qualifikation, greifen Schülerinnen das Ausbildungsangebot als Möglichkeit zur Verbesserung der Formalqualifikation auf, um hierüber einen Chancenvorsprung auf dem Lehrstellenmarkt zu erhalten.

> B: "Ich werde es erstmal mit dem Realschulabschluß versuchen, wenn ich dann keinen Beruf mehr kriege mit der Hauptschule, weil mit der Arbeitslosigkeit ist es schwer mit Hauptschulabschluß, dann werde ich vielleicht einen Realschulabschluß machen."

Inhalten, die keinen Berufsbezug aufweisen, versuchen Mädchen (wie Jungen) eine Sinngebung über Bezüge zum zukünftigen außerberuflichen Bereich zu geben. Auch hier greift die Geschlechtsspezifik der Inhalte: Mädchen beurteilen das Gelernte mit Blick auf den späteren Haushalt.

> "Ja, das hat Sinn z.B., daß ich Kochen lerne. Dann freut sich meine Mutter, daß ich kochen kann. Und Baby-Wickeln, das braucht man ja auch alles später für den Haushalt."

Aber so eindeutig ist der Begründungszusammenhang mit der Zukunftsperspektive "Hausfrau und Mutter" nicht in allen Interviews. "Wenn Du jetzt mal allein bist, daß Du weißt, wie man das macht", sagt eine Schülerin ohne Bezug auf Versorgungsleistungen für andere. Ähnlich die Jungen des Berufsgrundbildungsjahres Farbtechnik und Raumgestaltung mit Blick auf die Instandhaltung der eigenen Wohnung.

> "... es ist gut, wenn man es kann, weil man es vielleicht doch brauchen kann, wenn man so seine Wohnung ganz herrichtet."

Da die angebotenen Inhalte ähnlich wie der Arbeitsmarkt selbst Zuweisungen auf geschlechtsspezifische Arbeitsteilungen enthalten, fallen die außerberuflichen Bezüge der Mädchen in jenen Rahmen ihrer Sozialisation, den wir als typisch weiblich bezeichnen können, während die Rückbezüge der Jungen auf typisch männliche Bestätigungen auch außerhalb des Berufs verweisen. Die Geschlechtsspezifik der Begründung erlaubt also wiederum, ebenso wie bei der Berufswahlbegründung, nicht auf geschlechtsspezifische Vorlieben zurückzuschließen; sie sind der Spezifik des Bezugsrahmens durch die schulischen Inhalte geschuldet.

Trotz nahegelegter Orientierung auf die spätere Hausfrauenrolle bewerben sich die meisten Mädchen während der Ausbildungszeit dennoch weiter, und zwar in einer Bandbreite, die weit über das inhaltliche Angebot der jeweiligen Schulform hinausweist. Beispielhaft eine Schülerin der Berufsfachschule Hauswirtschaft:

> "Und dann hörte man immer in der Zeitung, keiner kriegt einen richtigen Beruf und so. Dann eben was Handwerkliches, wenn schon nicht am Schreibtisch. Man ist schon froh, wenn man in der Richtung was kriegt. Dann kriegt man immer die Absagen, dann ist man nachher so, daß einem das richtig egal war. Hauptsache, ich hab was ... am Anfang hatte ich auch gedacht, Kinderpflegerin ... aber dann haben wir umgehört, daß man als Kinderpflegerin so gut

wie überhaupt nichts nachher kriegt, auch die, die jetzt fertig
geworden sind, meinten, 'mach das bloß nicht, Du kriegst nichts,
es wird jetzt immer schlimmer' ... und wo habe ich mich überall
noch beworben? Ja, ins Büro wollte ich gerne, ich war dann noch
ein paarmal beim Arbeitsamt. Ich wollte wohl auch Tischler werden oder sowas, weil ich dafür begabt bin. Aber nichts. Als Koch
habe ich mich auch beworben und alle solchen Sachen ... als
Bäcker habe ich mich auch ganz viel beworben... ja, wir haben
erst einmal gesucht nach überhaupt einer Ausbildung und überall
hingeschrieben. Dann habe ich mich hingesetzt ans Telefon und das
ganze Telefonbuch durchtelefoniert. ..."

Ähnlich die Entwicklung bei den Kinderpflegerinnen, bei denen die
Problematik der schwindenden beruflichen Einsatzfelder gegen Ende
der Ausbildung immer stärker ins Bewußtsein rückte.

"Und da hab ich gedacht, wie soll das nun werden, wenn du fertig
bist, was machst du dann? Da habe ich gedacht, machst eine neue
Ausbildung ... und vom Land Bremen, und wenn man das so hört,
ja Kinderpflegerin, das ist sowieso nichts. Dadurch bin ich
irgendwie belastet. Wenn ich bedenke, jetzt hast du drei Jahre
dort gemacht. Hast eine Ausbildung und kannst nachher nicht richtig rein damit. ... nun vertief ich mich immer weiter, daß ich
noch eine Ausbildung machen werde."

So bleiben bis zum Ende des Anerkennungsjahres nur zwei Schülerinnen
fest entschlossen, in jedem Fall eine - vermutlich tariflich unter-
bezahlte - Kinderpflegerinnen-Praxis anzustreben, während bei allen
anderen die Berufsorientierungen wieder ins Schwimmen gerieten. Sie
reichten erneut von der Bankkauffrau über die Arzthelferin bis zur
Elektrikerin.

Bei Verlust der Berufsperspektive verarbeiten auch diese Mädchen ihre
Enttäuschung nicht über den Trost einer zukünftigen Heirat - wie man
angesichts der Behauptungen über die geringe Berufsorientierung und
das geringe Karrierestreben von Mädchen annehmen könnte.

"Und ... danach also, da will ich noch die Realschule machen. Also
Berufsaufbauschule. Daß ich jetzt erst das Anerkennungsjahr zu
Ende mache und dann die BAS meinetwegen .. man weiß ja nie, was
später noch einmal auf mich zukommen wird. Dann ist der Realschulabschluß ganz gut, nicht?"

Die Enttäuschung wird zur Basis für die Entwicklung eines neuen Bil-
dungswillens, den Entschluß, in jedem Fall die Formalqualifikation
über ein weiteres Jahr Vollzeitschule zu erhöhen und sich als Real-
schülerin dem Lehrstellenmarkt erneut zu stellen. Nicht eine sog.
sozialisatorisch angelegte "Bildungsaspiration" trägt also zur Erhöhung der Zahl der Schülerinnen mit Realschulabschluß bei, sondern
das Ping-Pong-Spiel mit dem Arbeitsmarkt, dem Versuch, endlich in das
duale Ausbildungssystem überwechseln zu können.

5. Zusammenfassend: Der Ver-Heimlichung der Mädchen findet ohne ihr Zutun statt

Bezüglich der Sozialisationsfunktion des vollzeitschulischen Berufsbildungssystems können wir zusammenfassend feststellen: Es finden sukzessive Identifizierungen mit festen Berufsbildern dann statt, wenn die vollzeitschulische Ausbildung eine berufliche Qualifizierung beinhaltet. Zeigt der Arbeitsmarkt sich resistent gegenüber den versprochenen beruflichen Realisierungen in diesen Ausbildungsgängen, so entwickeln die Schülerinnen neue Interessen an der Verbesserung ihrer Formalqualifikation unter erneuter Flexibilisierung bisher entwickelter beruflicher Orientierung. Bieten die vollzeitschulischen Maßnahmen keine berufliche Qualifizierung an, so steht das Formalqualifikations-Interesse von vornherein im Mittelpunkt, verbunden mit weiteren Bewerbungsversuchen. Parallel dazu aktualisieren die Inhalte des Ausbildungsangebotes jedoch die zukünftige Orientierung auf den Haushalt. Diese werden aber nicht so dominant, daß die Mädchen hierüber die berufliche Orientierung aufgeben.

Die Ver-Heimlichung findet also weniger im Bewußtsein der Mädchen statt, als vielmehr durch die tatsächliche Unmöglichkeit, eine Berufsausbildung zu erhalten. Zwar zunächst dem heimischen Herd der Herkunftsfamilie durch das vollzeitschulische Angebot entgangen, werden die Mädchen zu einer neuen Problemgruppe auf dem Arbeitsmarkt, den sog. "Spätmeldern". (4) Indem sie alle Möglichkeiten aufgreifen, um eine Berufsausbildung realisieren zu können, müssen sie sich mit Ausbildungsverläufen aussöhnen, die sie der Hausfrauen- und Mutterrolle Stück für Stück näherbringen - und sei es auch nur über das Älterwerden. Sie rücken an das heiratsfähige Alter heran.

Es ist nicht auszuschließen, daß die Resistenz der Mädchen gegenüber dem transportierten gesellschaftlichen Rollenbild, sich über eine Heirat existenziell abzusichern, langsam, aber sicher zusammenbricht. Ein berufliches Vollzeitschulsystem, das sich in seiner Entstehungsgeschichte auf die geschlechtsspezifische Arbeitsteilung einläßt und in seinem Angebot angesichts sinkender darauf aufbauender Ausbildungswege zur Vermittlung von "weiblichen Tugenden" absinkt, mindert die beruflichen Chancen der heutigen Generation von Mädchen und geht an ihren Interessen vorbei. Es stützt zwar die Fähigkeit, das Lernen nicht zu verlernen und Interessen im außerberuflichen Bereich nicht aus den Augen zu verlieren, d.h. es macht die Verarbeitung des beruflichen Abseits leichter, hilft aber nicht, dieses zu überwinden.

6. Grundmuster der Verarbeitung: Das Festhalten an Denkfiguren der "Chancengleichheit", "Selbstverantwortung" und "Berufswahlfreiheit"

Die Schere zwischen beruflicher Orientierung der Mädchen und den Realisierungsmöglichkeiten klaffte noch nie so weit auseinander wie aktuell. Dennoch entwickeln die Mädchen - ebenso wie die von uns interviewten Jungen - keine gesellschaftspolitischen Einsichten, die

mit der Berufseinmündung verbundene, gesellschaftliche Grundprinzi-
pien in Frage stellen oder wenigstens als Ideologie entlarven würden:
der Glaube an die Chancengleichheit, an die Selbstverantwortung für
das Durchlaufen der Prozesse und an die freie Berufswahl bleibt bestehen. Mädchen wie Jungen, schon in der 7.Klasse danach gefragt,
ob sie sich das jeweils andere Geschlecht auch in ihrem Berufsbereich
vorstellen können, geben auf abstrakte Befragung auch später zur
Antwort, daß dieses natürlich ginge, es seien doch schließlich alle
gleich. Diese Auffassung bleibt auch nach der Zuweisung auf geschlechtsspezifische Ausbildungsgänge bestehen. Eine Schülerin der
ein,jährigen Berufsfachschule für Hauswirtschaft, befragt, ob sie sich
das Jahr auch für männliche Jugendliche vorstellen könne, sagt:

> "Ja klar, wo da doch zwischen Mädchen und Jungen überhaupt kein
> Unterschied ist."

Die Einsicht, daß man als Mädchen in einen geschlechtsspezifisch zu-
geschnittenen Arbeitsmarkt eingespannt und benachteiligt sei, über-
lagert sich mit der Feststellung, daß die erreichte Formalqualifikation nicht ausreiche: ("Ich, als Hauptschülerin ..."). Hierüber verbindet sich die Erfahrung geschlechtsspezifischer Chancenminderung
mit individuellen Erklärungen nicht realisierter Wünsche, die einer
Selbst-Schuld-Zuschreibung nahekommt.

Grundlegendes Merkmal des Bewußtseins der Jugendlichen im Verlauf des
Übergangs in den Arbeitsmarkt ist es, vorgefundene Ausbildungsbarrie-
ren und -möglichkeiten in den verschiedenen Etappen ihrer Berufsfindung immer wieder erneut mit Eigen-Leistungen in Verbindung zu bringen.
Basis für diese Betrachtung ist das Festhalten an der gesellschaftlichen Anforderung, für das Einmünden in die Arbeitswelt selbstverantwortlich zu sein. In der Tat ist die von Arbeitsmarktbedingungen über-
formte Formulierung von Berufsinteressen und Berufswünschen einge-bun-
den in das Wahlfreiheitspostulat der Berufsentscheidung. Die unreflektierte Formulierung in Alltagssprache, Berufsberatung und Schule,
wonach die Berufswahl Berufswünsche zu erfüllen habe, stellt damit das
Kernproblem für Mädchen und Jungen dar, für Mädchen eben auch, weil
die Berufsorientierung eine zentrale Rolle in ihrem Alltag spielt.
Die postulierte Entscheidungsfreiheit als Entscheidungsfähigkeit in
Berufswahltheorien operationalisiert, verschleiert, daß "Berufsreife"
oder "Unreife" sich de facto am Ausbildungsstellenmarkt entscheidet,
nicht an trennscharfen Etikettierungen für persönliches Unvermögen
oder Fehlstrategien der Berufssuche. Bildungspolitische Aufforderungen
an Mädchen, ihre sog. traditionellen Orientierungen zu erweitern,
unterstützen diesen Verblendungszusammenhang der Individualisierung
bildungs- und arbeitsmarktstruktureller Benachteiligungen.

Dieses Grundmuster gesellschaftlicher Interpretation der Berufswahl
bleibt auch nach Umlenkungen und Notlösungen im Bewußtsein der Jugendlichen lebendig. Die Verarbeitung ihrer Erfahrungen ist Ausdruck der
Machtlosigkeit gegenüber Ansprüchen, die die Berufssuche als individuelle Bewältigungsform von Arbeitsmarktanforderungen und dennoch als freie

Entscheidung festlegt. Um sich angesichts dieses strukturellen Dilemmas handlungsfähig zu halten, ziehen die Jugendlichen bei der Bewältigung von Barrieren Deutungsmuster heran, deren besonderes Merkmal es ist, daß sie in einen biografischen Bezugsrahmen eingelagert werden, der Handlungen und Handlungsergebnisse im Nachhinein als individuell zu verantwortende interpretierbar macht (biografische Konstuktionen). Hierüber werden erneut arbeitsmarktbedingte Zwänge nicht als Ausdruck struktureller Zuschneidungen sichtbar, sondern Umorientierungen im Prozeß der Selbst-Sozialisation als "immer schon gewünschte" persönliche Entscheidungen aktualisiert, die die Voraussetzung dafür sind, sich positiv auf das Angebotene einzustellen.

Die Verankerung dieser Festlegungen in jeweils geschlechtsspezifischen Anteilen in der eigenen Biografie wird den Jugendlichen wiederum nicht bewußt. Die unternommenen Versuche des Übergangs von der Hauptschule in eine qualifizierte Berufsausbildung verdeutlichen das Bemühen der Mädchen, den Problemdruck solange wie möglich aktiv zu bewältigen, dem sie sich weder entziehen (Eskapismus), noch mit Resignation begegnen, noch mit massiven Protesten gegen die Bedingungen auf dem Arbeitsmarkt. Der Rückzug in die Weiblichkeit oder zumindest in eine Zukunftsperspektive als Hausfrau und Mutter scheint im Bewußtsein der Mädchen in dieser Phase noch ebensowenig zu greifen, wie die mögliche Perspektive, gesellschaftlich tradierte Arbeitsteilungen bewußt als Widerspruch ihrer eigenen Bemühungen zur selbständigen beruflichen Existenzabsicherung anzugehen. Die aktuelle Wende in der Frauenpolitik der Bundesregierung läßt wenig Hoffnung, daß Wissenschaft und Politik sich der Sichtweise der Mädchen und ihrer Bemühungen bewußt werden und ihnen gleiche Chancen in der eigenen Lebensgestaltung nicht nur verbal, sondern auch faktisch einräumen. (5) Bisher entwickelte Ansätze bleiben bei der "Motivationsfrage" stehen, die an der Motivationslage der Mädchen vorbeigeht.

Anmerkungen

1) Geschlechtsspezifische Aufschlüsselungen als Grundlage für eine bessere statistische Erfassung der Situation zu erhalten, ist eine der zentralen, aber wieder nicht berücksichtigten Forderungen des 6. Jugendberichtes "Verbesserung der Chancengleichheit von Mädchen in der Bundesrepublik Deutschland", Bundestagsdrucksache 10/1007, Bonn 1984.

2) Diese Studie, die von 1978-83 durch W.R. Heinz, H. Krüger, B. Bittscheidt-Peters, Ch. Herfellner, H. Heuberger, R. Petschko, U. Rettke, K. Rudel, E. Wachtveitl, A. Witzel erarbeitet wurde, erscheint demnächst bei Beltz; Titel: "Hauptsache, eine Lehrstelle. Jugendliche vor den Hürden des Arbeitsmarktes." In ihr wurden rund 200 Jugendliche (Hauptschülerinnen und -schüler von der 7.Klasse bis zur Einmündung in eine Ausbildung, Schülerinnen und Schüler in verschiedenen beruflichen Vollzeitschulen) mehrfach befragt, um die Berufswunschentwicklungen und -veränderungen

nachzuzeichnen und Strukturdaten der Berufseinmündung qualitativ aufzuhellen.

3) Wie G. Westhoff, H. Mahnke (1980) nachgewiesen haben, sind die Vermittlungschancen nach einjährigen vollzeitschulischen Maßnahmen für Mädchen noch geringer als für Jungen. Nur 29% der Mädchen und 33% der Jungen aus Berufsvorbereitungsmaßnahmen gelang der Übergang in eine Lehrstelle. In unserem Sample stellt sich für Bremen die Situation der Schüler noch schlechter dar: von den 73 interviewten Schülern der einjährigen Maßnahmen konnten nur 18 eine betriebliche Berufsausbildung übernehmen, davon sieben Mädchen. Und nur einer gelang es, eine Berufsausbildung im Bereich ihrer schulischen Vorqualifikation (Farbtechnik und Raumgestaltung) zu erhalten.

4) Dieser Begriff unterscheidet Jugendliche, die gleich nach Abschluß der Hauptschule oder der mittleren Reife sich um eine Lehrstelle bemühen, von denjenigen Jugendlichen, die sich nach Durchlaufen von vollzeitschulischen Maßnahmen, also später, bewerben. Daß hierbei unterschlagen wird, daß auch die sogenannten "Spätmelder" sich schon früher und immer wieder beworben haben, hindert nichts an der Tatsache ihrer verringerten Chancen auf dem Lehrstellenmarkt.

5) Vgl. hierzu die Rezeption des 6. Jugendberichts durch die Bundesregierung. Zu diesen Kontroversen auch: Informationen für die Frau. Deutscher Frauenrat (Hg.), 10, 33.Jg., 1984.

Literatur:

Beck-Gernsheim, Elisabeth. Ostner, Ilona, 1979: Frauen verändern - Berufe nicht? Ein theoretischer Ansatz zur Problematik von "Frau und Beruf", in: Soziale Welt, H.3, S.257-287.

Bednarz, Iris, 1979: Berufswahl und Berufswunsch Jugendlicher heute, in: Gewerkschaftliche Bildungspolitik, H.5-6.

Braun, Frank, Gravalas, Brigitte, 1980: Die Benachteiligung junger Frauen in Ausbildung und Erwerbstätigkeit. München.

Deutscher Bundestag, 1984: Verbesserung der Chancengleichheit von Mädchen in der Bundesrepublik Deutschland. 6.Jugendbericht, Bonn, Drucksache 10/1007.

Diezinger, Angelika, Marquardt, Regine, Bilden, Helga, Dahlke, Kerstin, 1983: Zukunft mit beschränkten Möglichkeiten. Entwicklungsprozesse arbeitsloser Mädchen, 2 Bde., München.

Heinz. Walter, R., Krüger, Helga, 1981: Berufsfindung unter dem Diktat des Arbeitsmarktes, in: Zeitschrift für Pädagogik, H.5,

Heinz, Walter. R., Krüger, Helga, Rettke, Ursula, Wachtveitl, Erich, Witzel, Andreas, 1985: "Hauptsache, eine Lehrstelle". Jugendliche vor den Hürden des Arbeitsmarktes, Weinheim/Basel.

Krüger, Helga, 1984: Berufsfindung und weibliche Normalbiografie, in: Christine Mayr, Helga Krüger, Ursula Rabe-Kleberg, Ilse Schütte, (Hg.), Mädchen und Frauen - Beruf und Biografie, München.

Seidenspinner, Gerlinde, Burger, Angelika, 1982: Mädchen '82. München.

Schmidt, Hermann, 1984: Pressekonferenz über die Erschließung gewerblich-technischer Ausbildungsberufe für Mädchen in Berlin, in: bibb-Pressemeldung, Berlin/Bonn, 13/84.

Westhoff, Gisela, Mahnke, H., 1980: Ausbildungs- und Berufswege von Absolventen beruflicher Vollzeitschulen. Ergebnisse einer Repräsentativbefragung, in: Bundesinstitut für Berufsbildung (Hg.), Materialien und statistische Analysen zur beruflichen Bildung 20 (1980), Berlin.

Wiethold, Franziska, 1981: Sinn und Unsinn von Berufsvorbereitungsmaßnahmen, in: WSI-Mitteilungen 12/1981.

Sabine Gensior

ZUR PROBLEMATIK DER UM- UND NEUBEWERTUNG DER FRAUENARBEIT BEIM
EINSATZ NEUER TECHNIKEN

1. Skizze: Die Ausgangssituation

Für mich ist das Problem der "Erwerbsarbeit" von Frauen noch nicht ge-
gessen. Ich gehe davon aus, daß der Einsatz neuer Techniken u.a. im
Produktionsbereich die Chance bieten kann, die Um- und Neubewertung
von Frauenarbeit in Angriff zu nehmen.

Was meine ich damit? Ich meine, daß wir jetzt die Debatte eröffnen
sollten,um die historisch verfestigten Schranken einzureißen zwischen
sogenannter leichter Frauenarbeit und sogenannter schwerer Männerarbeit in den Betrieben.

Bisher sind die Frauen - in viel stärkerem Maße als die Männer -
Spielball der technisch-arbeitsorganisatorischen Strategien der Betriebe und der Betriebs- und Tarifparteien gewesen. V.a. industrielle
Frauenarbeitsplätze unterschreiten in ihrer Mehrzahl ein zivilisato-
risches Mindestniveau (vgl. Lappe 1981), d.h., sie sind - das ist unterdessen bekannt - oft belastender und beanspruchender als Männerarbeitsplätze und meilenweit davon entfernt, menschenwürdig ausgelegt
zu sein. Mir scheint es, daß dieser Zustand - zumal er beginnt öffentlich zu werden - auf dem Rücken der Frauen nicht noch weiter auf die
Spitze getrieben werden kann.

Die alarmierende, menschenunwürdige Auslegung der Masse der Frauenarbeitsplätze muß in Zukunft, wenn wir die soziale Entwicklung und Gestaltung des technischen Fortschritts diskutieren, ins Zentrum der
Auseinandersetzungen gerückt werden. Lohnfindungssysteme, technisch-
arbeitsorganisatorische und personalpolitische Strategien, die in
ihrer Gesamtheit verantwortlich sind für die inhumanen Arbeitsbedingungen und die unsicheren Arbeitsplätze der Frauen, müssen - wenn wir
uns mit den neuen Techniken auseinandersetzen - zum Ansatzpunkt einer
anderen Bewertung der Frauenarbeit in den Betrieben gemacht werden.
Es ist nicht einzusehen, warum wir die Spaltung des Arbeitsmarktes
in z.T. sichere Männerarbeitsplätze und massenhaft schlechte und un-
sichere Frauenarbeitsplätze weiter hinnehmen sollten in einer Zeit,
in der uns viele glauben machen wollen, daß die neuen Techniken
nicht nur 'von der Arbeit befreien' (d.h. Arbeitslosigkeit erzeugen),
sondern auch 'die Arbeit befreien'. - Was heißen soll, Arbeitsbedingungen verbessern, Arbeit menschlicher machen. Wenn dies - auf
der qualitativen Seite - die Möglichkeiten der neuen Techniken sind
(Zahlen können hier noch nicht genannt werden), dann steht die Um-
und Neubewertung von betrieblicher Frauenarbeit durch geeignete Maßnahmen an.

2. Worum geht es?

- Durch den Einsatz spezifischer, numerisch gesteuerter Handling-Systeme und Prüfautomaten in der Elektroindustrie,
- durch den Einbruch von Informationstechnologien in Tätigkeitsstrukturen des Dienstleistungsbereichs (Versicherungen und Banken), die bisher manuell oder maschinell bewältigt wurden,
- durch Datenkassen und elektronische Verbundsysteme, die in der Lage sind, gesamte Warenwirtschaftssysteme zu steuern. Damit können Umsätze zeitlich erfaßt und der Personalbestand den Umsatzerfordernissen angepaßt werden (Einzelhandel),
- aber auch durch die starke Ausweitung der EDV-Technologien im öffentlichen Dienst (z.B. im gesamten Vorbereich der Briefzustellung bei der Bundespost),

besteht die Gefahr, daß es in Zukunft zu einer starken Freisetzung weiblicher Arbeitskräfte bzw. zur Schaffung von hocharbeitsteiligen Restarbeitsplätzen kommt in den Bereichen, für die noch keine kostengünstigen technologischen Möglichkeiten entwickelt worden sind.

Als Konsequenz dieser Entwicklung erhebt sich eine Reihe dringender Fragen:

- Wie kann der frauenspezifische Arbeitsmarkt aufgelöst und auf welchen Handlungsfeldern kann dies versucht werden?
- In welchem Ausmaß werden in den genannten Branchen durch mögliche Ausweitung des Geschäfts- bzw. Produktionsvolumens u.U. neue aussichtsreiche Arbeitsplätze für die von Arbeitslosigkeit bedrohten Frauen geschaffen?
- Führen darüber hinaus bestimmte Formen der Arbeitsorganisation (job-enlargement, job-enrichment) zu qualifizierteren oder doch umfangreicheren Arbeitsplätzen, und erfolgt durch geeignete betriebliche und außerbetriebliche Maßnahmen eine angemessene und rechtzeitige Requalifizierung der von Freisetzungen betroffenen Frauen?
- Kommt es zu einer für die erwerbstätigen Frauen positiven Veränderung der betrieblichen Entscheidungsstrukturen, nach denen Frauen bestimmte Arbeitsplätze zugewiesen werden?
- Und schließlich: welche Maßnahmen können dazu beitragen, die Lohn- und Gehaltsdiskriminierung von erwerbstätigen Frauen zu beseitigen und Frauen zukunftsorientierte Tätigkeiten zu ermöglichen, wie Maschinenführung, EDV-gestützte Sacharbeitertätigkeit, Einrichtertätigkeit?

3. Zur Struktur der Frauenarbeitsplätze

Wir haben es in bezug auf Frauenarbeit mit dem belegten Sachverhalt zu tun, daß Frauenarbeitsplätze

- eine höhere Zumutbarkeitsschwelle (d.h. Belastungen und Beanspruchungen werden höher angesetzt und anders gewichtet als bei Männerarbeitsplätzen) aufweisen und

- durch die dauerhaft diskriminierende Sicht der Beschäftiger und der Personalpolitik negativ bestimmt sind.(vgl. Lappe 1981)

Das zentrale Problem besteht nun darin, bei der gegenwärtig tristen Lage der Frauenarbeit, nach Möglichkeiten zu suchen, wie der Prozeß der Stabilisierung des frauenspezifischen Arbeitsmarktes korrigiert werden kann. Teilzeitarbeit in den derzeit praktizierten Formen, sowie die Möglichkeit elektronischer Heimarbeit, müssen die berufliche Sackgassensituation der Frauen verschärfen, indem sie sie verstärkt auf schlechte Arbeitsplätze mit einfachen Anforderungsprofilen und standardisierten Arbeitsvorgängen verweisen. Sie gehören dem frauenspezifischen Arbeitsmarkt an.

Eine wesentliche Voraussetzung der strukturellen Veränderung des Frauenarbeitsmarktes ist, die Fixierung weiblicher Arbeitskraft auf inner- und überbetriebliche Arbeitsbereiche mit bestimmten Mechanisierungs- und Automatisierungsbedingungen zu durchbrechen.

4. Ist Technik die wichtigste Bestimmungsgröße?

In der jüngsten Vergangenheit werden die Probleme der modernen Frauenarbeit einseitig mit der Entwicklung der neuen Techniken in Zusammenhang gebracht.

Die Ausbreitung der Informations- und Kommunikationstechnologien in Büro, Verwaltung, Dienstleistung und Industrie wird weitgehend als Frauen treffende Rationalisierung verstanden. Technik wird somit im öffentlichen Bewußtsein zur entscheidenden Bestimmungsgröße der Frauenerwerbsarbeit.

Auf den ersten Blick wird diese Sichtweise auch durch die aktuellen Entwicklungen bestätigt: Informations- und Kommunikationstechniken bieten die Möglichkeit zur Fernarbeit, zur Auslagerung von Arbeitsplätzen aus Unternehmen und Organisationen in die Wohnungen der Beschäftigten.

Zu fragen ist daher, weshalb die Anwendung und Umsetzung elektronischer Medien in den Betrieben hauptsächlich Frauenarbeitsplätze in negativer Weise berührt.

Die Ursache ist in folgendem Sachverhalt zu suchen: In bezug auf Frauenarbeitsplätze haben wir es mit einer geradezu zwanghaften Fixierung weiblicher Arbeitskraft auf inner- und überbetriebliche Arbeitsbereiche mit bestimmten Mechanisierungs- und Automatisierungsbedingungen zu tun. Fraueneinsatzbereiche sind ein besonders stark ausgeprägter Spezialfall der betrieblichen und gesellschaftlichen Arbeitsteilung. Im breiten Rahmen von

- Personalpolitik

- technisch-arbeitsorganisatorischer Entwicklung und

- verschiedenen Teilzeitarbeitsformen

hat sich eine Geschlechterpolarisierung in qualifizierte Männer und unqualifizierte Frauenarbeitsplätze vollzogen; dies nicht nur im engeren Einsatzbereich von Technologien (z.B. Elektroindustrie, Nahrungs- und Genußmittelindustrie, EDV-Einsatz in Dienstleistungsbereichen), sondern auch auf gesamtwirtschaftlicher Ebene durch Herausbildung und Stabilisierung von frauenspezifischen Arbeitsmärkten (vgl. Lappe 1981).

Die Selektion und Analyse "heimarbeitsverdächtiger" Tätigkeiten, die hauptsächlich in Fraueneinsatzbereichen ihren Anfang nimmt, muß daher als Resultat einer bereits vollzogenen strukturellen Entwicklung der Frauenerwerbsarbeit gelten.

Es bleibt daher festzuhalten: Die Struktur und die Probleme, die den frauenspezifischen Arbeitsmarkt kennzeichnen, erfahren durch den Einsatz neuer Techniken - speziell die technisch bereits mögliche elektronische Heimarbeit - bisher keine grundsätzlich neue Qualität.

Nach wie vor ist die Auslegung und Entstehung frauenspezifischer Arbeitsplätze und die Zuordnung bestimmter Arbeitspersonen auf schlechte Arbeitsplätze bestimmend: Wenn Arbeitsplätze extrem monoton und stark dequalifizierend ausgelegt sind, werden ihnen mit Hilfe subtiler Einstellungs- und Versetzungsstrategien Frauen zugeordnet. Die mögliche Durchsetzung elektronischer Heimarbeitsplätze kann deshalb bruchlos an bestehende technisch-arbeitsorganisatorische Strukturen und die vorhandene, Frauen diskriminierende Personalpolitik anknüpfen und sie entsprechend den neuen Anforderungen und Möglichkeiten ausformen.

5. Gegenwärtige Entwicklungsbedingungen der Frauenarbeitsplätze

Es ist davon auszugehen, daß wir es in Fraueneinsatzbereichen nur mit einem begrenzten Einsatz neuer Techniken zu tun haben. Die Probleme der Frauenerwerbsarbeit sind nicht allein darauf zurückzuführen. Die Ursachen sind betriebs-, tarif- und gesellschaftspolitisch. Die historisch verfestigte Frauendiskriminierung auch im Bereich der Lohnarbeit kann man nicht den neuen Techniken in die Schuhe schieben. Das Problem der Frauendiskriminierung ist ein politisches, wie ein Blick auf die Existenz von Lohnfindungssystemen, Arbeitsplatzbewertung, Gehaltsdiskriminierung etc. beweist.

Die Masse der erwerbstätigen Frauen in der Industrie und im Dienstleistungsbereich ist derzeit auf Produktions- bzw. Arbeitsbereiche konzentriert,

- die durch Mechanisierungssperren gekennzeichnet sind,

- die neben hochentwickelten technischen Einrichtungen erhebliche Mechanisierungslücken aufweisen, in die viele erwerbstätige Frauen abgedrängt werden;

- oder in denen der technologische Wandel an hochmechanisierten bzw. automatisierten Aggregaten Restarbeitstypen hervorbringt, die eine starke inhaltliche Reduzierung erfahren haben (vgl. Lappe 1981).

In den nichtindustriellen Bereichen der Frauenarbeit ist die Möglichkeit zum Einsatz von Technologien z.Zt. noch begrenzter, da die spezifischen Formen der Dienstleistungen (Verkaufs-, Bedien- und Reinigungstätigkeiten im Einzelhandel, Gaststätten und Beherbergungsgewerbe) sich dagegen sperren. In den Bereichen des Versicherungs- und Kreditwesens in den Verwaltungen der gewerblichen Wirtschaft und des öffentlichen Dienstes, in denen massenhaft anfallende Daten und standardisierbares schriftliches Material geradezu fabrikmäßig unter Einsatz von EDV-Technologien verarbeitet werden, kann es ebenfalls zur Bildung von Restarbeitsplätzen als dominierender Form der Frauenarbeit kommen. Der Anteil an relativ qualifizierten Sachbearbeiterinnentätigkeiten dürfte dagegen gering ausfallen (vgl. ebd.).

Wesentlich für das Ausmaß der Arbeitsteilung, der inhaltlichen Entleerung, der Dequalifizierung und Belastung sind hier die arbeitsorganisatorischen Maßnahmen. D.h. im Klartext, politische und betriebspolitische Maßnahmen (Gensior 1982).

6. Politische Überformung der Arbeitsteilung?

Es ist wichtig, die einseitige Fixierung von Frauen auf die sogenannten Restarbeitsbereiche zu durchbrechen. Der Einsatz neuer Technologien ruft einen wachsenden Weiterbildungsbedarf bei Männern und Frauen hervor, und es erhebt sich die Frage, in welchem Maße es gelingen kann, die Beteiligung an Anpassungsfortbildung, Anlernqualifizierung und Umschulung zu erhöhen. Frauen müssen eine besondere Zielgruppe von Weiterbildungsmaßnahmen sein. Bisher ist es so, daß sich speziell in der beruflichen Weiterbildung die Probleme, wie sie für Frauen auf dem Arbeitsmarkt bestehen, wiederholen: Rund vier Fünftel der Teilnehmerinnen bilden sich in Berufen weiter, die im traditionellen Sinn als weibliche Arbeitsbereiche gelten (Verwaltung, Büro, Gesundheitswesen, Erziehung). Auch haben jüngere und jüngste Erfahrungen ergeben, daß Frauen bisher in betrieblichen und überbetrieblichen Maßnahmen zur Nachqualifizierung generell unterrepräsentiert sind. Und dies auch, wenn, wie im arbeitsmarktpolitischen Sonderprogramm der Bundesregierung, mit den betrieblichen Nachqualifizierungsmaßnahmen speziell auf Un- und Angelernte gezielt wird. D.h. damit auch auf Frauen.

Allein arbeitsplatzbezogene Weiterbildungsmaßnahmen scheinen daher in der Lage zu sein, die randständige inner- und überbetriebliche Arbeitsmarktsituation von Frauen zu korrigieren und eine Trendumkehr (Aufstiegsmobilität, Arbeitsplatzsicherheit) herbeizuführen. Mit ihrer

Hilfe wird es möglich sein, Frauen aus den beruflichen Sackgassen herauszuführen. Allerdings nur, wenn die besonders inhumanen frauenspezifischen Arbeitsbedingungen politisch diskutiert werden:

- Für die bekannten frauenspezifischen Einsatzbereiche müßten den tatsächlichen Anforderungen entsprechende Anforderungs- und Merkmalskataloge entwickelt werden, damit die existierende Lohn- und Gehaltsdiskriminierung abgebaut werden kann.

- Weiterhin müßten frauenpolitische Forderungen für die Zielsetzung und Rekrutierung innerbetrieblicher Weiterbildung auf dem Hintergrund betrieblicher und betriebspolitischer Entwicklungen aufgestellt werden. Der Ansatzpunkt, um Frauen aus den betrieblichen Ghettos zu befreien, sind die betrieblichen Lohn-, Gehalts- und Qualifikationsstrukturen. Anpassungsqualifizierung muß für komplexe und komplizierte Tätigkeiten mit Prozeßkenntnissen erfolgen. Berufliche Sackgassen sind nur so zu überwinden.

Die 'Pflege' und Weiterentwicklung vorhandener Qualifikationspotentiale der Frauen stellt hierbei einen ersten Schritt dar.

Die neuen Techniken können hierzu eine Chance bieten.

- Es sollten diejenigen Arbeitsplatztypen identifiziert werden, die absehbar in ihrer arbeits- und arbeitsmarktpolitischen Qualität nicht verbessert werden können, damit sie künftig - tariflich abgesichert - rotierend besetzt werden (bspw. gewisse montierende Prozesse in der Fertigung oder solche, in denen massenhaft anfallende Daten fabrikmäßig verarbeitet werden.).

- Da die Qualifikationen arbeitender Frauen nicht durchweg als Engpaß auf dem Arbeitsmarkt angesehen werden können, sollte an Stelle elektronischer Heimarbeit eher offensiv die Gründung eigener Dienstleistungsunternehmen von Frauen in Angriff genommen werden. Dadurch könnte zugleich mehreren Funktionen entsprochen werden: Diversifizierung der Aufgabenstruktur durch die neuartig zusammengestellten Arbeiten u.a. auch durch Produktdiversifizierung (z.B. eigene Schreibbüros); Verbesserung in den Qualifikations- und Belastungsdimensionen; angemessene Flexibilisierung in den Arbeitszeitformen sowie eigenständige soziale Sicherung. Anpassungsqualifizierung sollte an diesen Dimensionen ansetzen; die neuen Techniken können hier unmittelbar Anstöße und Anregungen liefern für neue arbeits- und arbeitsmarktpolitische Strategien.

7. Erste Schlußbetrachtung

Neue technische und technisch-arbeitsorganisatorische Lösungen setzen sich bei genauerem Hinsehen nicht mit der vielfach behaupteten Geschwindigkeit durch. Ihrer Anwendung stehen auch auf betrieblicher Ebene finanzielle, organisatorische und - vor allem auch - personelle Probleme entgegen, die den Zeitraum einer breiten Umsetzung meist auf fünf bis zehn Jahre ausdehnen. Dies bietet auch den Ansatzpunkt für politische Gegenstrategien, für eine "politische Überformung" (Gensior 1982) der frauenfeindlichen, betrieblichen Arbeitsteilung.

Die "Eckdaten" sind z.Zt. folgende:

o Wir haben es mit einer erheblichen technologischen Heterogenität in den Betrieben zu tun, die unterschiedliche arbeitsorganisatorische Handlungsspielräume der Betriebe mit sich bringen.

o Wir haben es in der Gesamttendenz nicht mit Sprungrationalisierungen zu tun; der Umsetzungsprozeß technischer und technisch-arbeitsorganisatorischer Lösungen erstreckt sich über mehrere Jahre (Lappe 1984).

o Die Vielschichtigkeit des technisch-arbeitsorganisatorischen Entwicklungsstandes und der genannte Zeitfaktor ermöglichen es, die verfestigte Abgrenzung männlicher und weiblicher Tätigkeiten nicht nur bei der Hausarbeit kritisch zu hinterfragen - sondern auch in den Betrieben. Die mit großer Aufregung geführte Diskussion um die Auswirkung neuer Technologien auf Frauenerwerbsarbeit und -arbeit sollte uns nicht kopfscheu machen. Bevor 'das Kind mit dem Bade' ausgeschüttet wird, lohnt es sich, zu untersuchen, welche politischen Strategien und Gegenstrategien entwickelt werden können.

o Durch den Einsatz neuer Techniken in den Betrieben wird der Qualifikations- und speziell der Anpassungsqualifikationsbedarf steigen. Die Ausbildung von Frauen für kompliziertere und komplizierte Tätigkeiten mit Prozeßkenntnissen ist daher nahegelegt sowie die Durchsetzung einer qualifikationsorientierten Arbeitsbewertung.

Die historisch verfestigte Abgrenzung von "leichter" Frauenarbeit und "schwerer" Männerarbeit (Wegehaupt-Schneider 1982), die durch die Lohnfindungssysteme ständig zementiert wird, wird - speziell in einigen Produktionsbereichen - endgültig ihrer Grundlage beraubt: Die auf Basis der neuen Techniken entstehenden Arbeiten wie Bedienungs-, Überwachungs- und Instandhaltungsaufgaben sind sog. leichte Arbeiten, die sowohl von Frauen als auch Männern geleistet werden können. Die Bastion "leichter" Frauenarbeit kann also künftig gestürmt werden!

Es erscheint daher nahegelegt, daß wir die eingefahrenen betrieblichen Geleise der frauendiskriminierenden Bewertung der Arbeit verlassen und eine frauenfördernde soziale Gestaltung des technischen Fortschritts durchsetzen.

Literatur

Benz-Overhage, K., Brumlop, E., v.Freyberg, Th., Papadimitriou, Z., 1983: Computergestützte Produktion. Fallstudien in ausgewählten Industriebetrieben, Frankfurt.

Gensior, S., 1982: Politische Überformung der Arbeitsteilung? Einige

Anmerkungen zur Vernachlässigung der formellen Arbeit, in: Soziale Welt (Jg. 33), H.3/4, S.431-439.

Gensior, S., 1982: Zum aktuellen Stand der Mikroelektronik-Anwendung und ihrer Bedeutung für die Qualifikationen. VDI-Technologiezentrum (Hg.), Berlin.

Gensior, S., 1983: Changes in Working-Time, Sex-Roles, and the Labour-Market, im Rahmen der Studie "La Mutation des Relations entre le Ménage et le Travail", European Centre for Work und Society, Maastricht.

Gensior, S., 1984a: Arbeitskraft als unbestimmte Größe? Frauenarbeit als Leerstelle in Forschung und Politik, in: Leviathan, Sonderheft 5/1983, Jürgens, U., Naschold, F., (Hg.), Arbeitspolitik, S.112-132.

Gensior, S., Wolf, F., 1982: Betrieb als historischer Prozeß - Verdrängte Grundlagen der arbeitszeitpolitischen Debatte, in: PROKLA 46, 12.Jg., Nr.1, S.85-101.

Gensior, S., Lappe, L., 1983: Arbeitsmarkt und Frauenerwerbsarbeit, Arbeitspapier 1983-2 (Arbeitskreis SAMF), Paderborn.

Gensior, S., Naschold, F., Wolf, F.O., 1982: Humanisierung und Umsetzung, Kurzfassung. Ein Programm und seine Wirkungen. Analyse von Zielen und Aspekten zur Forschung "Humanisierung des Arbeitslebens", Schriftreihe "Humanisierung des Arbeitslebens" (31), FfM/New York.

Lappe, L., 1981: Die Arbeitssituation erwerbstätiger Frauen. Geschlechtsspezifische Arbeitsmarktsegmentation und ihre Folgen, FfM/New York.

Lappe, L., 1984: Leichte Arbeit - schwerwiegende Folgen. Frauenarbeitsplätze in der Industrie, in: Elsner, G., (Hg.), Was uns kaputt macht, Hamburg.

Lappe, L., 1984: Technologisch-arbeitsorganisatorischer Wandel und seine Auswirkungen auf die Beschäftigten in der Metallindustrie, Juni 1984 (hekt. Msk.) - erscheint demnächst beim Institut für Arbeitsmarkt- und Berufsforschung (IAB) "Die Auswirkungen neuer Technologien: Aktuelle Ansätze der Arbeitsmarkt-, Bildungs- und Wirtschaftsforschung (im Druck).

Lappe, L., Schöll-Schwinghammer, I., 1978: Arbeitsbedingungen und Arbeitsbewußtsein erwerbstätiger Frauen, Göttingen.

Schauer, H., Dabrowski, H., Neumann, U., Sperling, H.J. unter Mitarbeit von Kern, H. und Rosenbaum, W., 1981: Tarifvertragliche Regelungen zur Verbesserung industrieller Arbeitsbedingungen. Zusammenfassender Ergebnisbericht zum HdA-Projekt - V-TAP 0015 und SGA 0003, Göttingen.

Sorge, A., et al., 1982: Mikroelektronik und Arbeit in der Industrie, FfM/New York.

Wegehaupt-Schneider, I., 1982: Von Konkurrenz kann keine Rede sein. Zur Bedeutung von familien- und sozialpolitischen Maßnahmen im historischen Verlauf der Frauenindustriearbeit in Deutschland, in: PROKLA 49, 12.Jg., Nr.4, S.44-59.

Johanna Beyer

SEXISMUS AM ARBEITSPLATZ - EINLEITUNG

Die Thematisierung von sexistischen Diskriminierungen im Erwerbsleben ist nicht die Reinterpretation mißglückter Liebe am Arbeitsplatz, wie vielleicht einige Zeitgenossen meinen, noch der Angriff
auf die erotische Spannung zwischen den Geschlechtern, die auch am
Arbeitsplatz möglich ist. Sexismus bezeichnet die Funktionalisierung des weiblichen Geschlechts und der Sexualität im Patriarchat
für die Aufrechterhaltung der untergeordneten Stellung der Frau.
In zunehmenden Maße werden solche verbalen und averbalen Verhaltensweisen am Ausbildungs- und Arbeitsplatz öffentlich skandali-
siert (vgl. Plogstedt/Bode 1984; Brigitte 9/84; AZ 7.12.1984; SZ
22.9.84) und geben uns einen Begriff dessen, was mit Frauen systematisch passiert.

In den folgenden beiden Beiträgen geht es besonders um Ausbildungs-
und Arbeitssituationen, in denen die Aufteilung in Männerwelt -
Frauenwelt brüchig geworden ist. Sowohl in gewerblich-technischen
Berufen wie an der Hochschule bewegen sich Frauen in traditionellen
Männerdomänen. Dort, wo Frauen die Grenzen des geschlechtsspezifischen Arbeitsmarktes überschritten haben, wird in der Interaktion
die Hierarchie der Geschlechter restauriert - mit Konsequenzen
für das Selbstvertrauen, wie die Autorinnen zeigen.

War bisher in diesen Arbeitsbereichen die Konkurrenz exklusiv unter
Männern ausgetragen worden, so ergibt sich unter den gegenwärtigen
Bedingungen eine doppelt verschärfte Wettbewerbssituation. Bei
stagnierenden bzw. schrumpfenden (Plan)stellen droht mit dem 'Eindringen' von Frauen eine Kastrierung, in der Sprache der Ökonomie
ein Verdrängungswettbewerb. Die Angstabwehr durch männlichen
'Schulterschluß' findet einen sehr wirkungsvollen Ausdruck in
sexistischen Diskriminierungen. Damit wird über die strukturelle
Benachteiligung von Frauen hinaus der Wettbewerb verzerrt.

Sexisitsche Äußerungen teilen Erwartungen von Männern, hier Ausbil-
dern, Professoren und Kollegen an Frauen mit. Wie bedeutsam die
Erwartungen signifikanter Anderer sind, zeigt ein Schulexperiment
aus der Artefaktforschung (1). Die Manipulation der Kinder bestand
darin, daß die Erwartungen der Lehrer über ihre Leistungen beeinflußt wurden. Dies führte zu einer der Erwartung gleichgerichteten
Leistungsänderung. Dabei konnten im positiven Fall größere Stei-
gerungen bei den Schülerinnen im Vergleich zu den Schülern festgestellt werden . (2) Dies läßt vermuten, daß Zutrauen bei Frauen,
auf dem Hintergrund einer Geschichte der Entmutigung, stärkere
Wachstumsprozesse auslöst. Auch sozialpsychologische Untersuchungen
können zeigen, daß ein akzeptierendes Klima leistungssteigernd
wirkt. "Diese wirklich menschliche Beziehung war sogar ausschlag-
gebender als die eigentliche Begabung." (zit. nach Moeller, 1979,
S.62, Hervorheb. J.B.)

Überträgt frau/man diese psychologischen Erkenntnisse, daß hypothetische Annahmen über das Ergebnis und mitmenschliche Haltungen solch einen deutlichen Einfluß haben auf sexistische Diskriminierungen, dann verzerren diese das Leistungsvermögen und -ergebnis von Frauen negativ. Die so in der Aktualisierung ihrer Lebenschancen und ihrem Selbstwertgefühl ungleich gemachten Frauen, sind kaum mehr bedrohliche Konkurrentinnen. Vielmehr bestätigen sie eher die causa movens, das Vorurteil. Folglich lassen sich sexistische Diskriminierungen als self-fulfilling prophecy beschreiben und Stabilisierung der patriarchalen Definition der Situation.

Folgen wir hier der Fährte zu Robert Merton, so finden wird überraschende Einsichten, auch wenn er nicht explizit über Sexismus nachgedacht hat (3). Er schreibt: "... jene tiefverwurzelten Definitionen der Situation können nicht durch einen einfachen Willensakt in Frage gestellt werden. Der Wille - oder auch der gute Wille - kann nicht auf- und zugedreht werden wie ein Wasserhahn. Soziale Einsicht und guter Wille sind selbst die <u>Produkte</u> bestimmter sozialer Kräfte." (Merton, 1971, S.148, Hervorh.i.O.)

Die Beharrlichkeit von falschen Ideen kann erreicht werden durch ein 'doppelseitiges Vorurteil', dabei zieht jedes Verhalten der gesellschaftlich Ohnmächtigeren eine Entwertung nach sich und bekräftigt das Vorurteil. Frauen begegnet aller Orten diese sog. "Moralalchemie". Folgen wir weiterhin Merton, der diese Moralalchemie bei den Häuptlingen der Trobriand-Inseln aufzeigt, und dabei auch von den modernen kleinen und großen Häuptlingen in den manuellen und intellektuellen Fabriken erzählt:

"Die Häuptlinge sind schnell dabei, <u>jeden persönlichen Erfolg überzunehmen, der nicht durch die soziale Position gerechtfertigt ist.</u> .. Die richtige Betätigung seitens der falschen Leute wird zum Gegenstand der Verachtung, nicht der Ehre. Denn es ist klar, daß die Machthabenden nur auf diese Weise, d.h. indem sie diese Tugenden für sich monopolisieren, ihr Ansehen, ihr Prestige und ihre Macht wahren können. Man könnte kein sinnreicheres Verfahren erfinden, um ein System sozialer Schichtung und sozialer Macht intakt zu halten. ... es ist klar, daß die Häuptlinge dieses Schutzprogramm nicht bewußt entwickelt haben. Ihr Verhalten ist spontan, unreflektiert und unmittelbar. Ihre Entrüstung über 'zuviel' Ehrgeiz oder 'zuviel' Erfolg bei einem gewöhnlichen Trobriander ist nicht konstruiert, sondern echt. Es trifft sich nur zufällig, daß diese prompte emotionale Reaktion auf die 'deplazierte' Manifestation von ... Tugenden gleichzeitig als nützliches Hilfsmittel zur Bestätigung des besonderen Anspruchs der Häuptlinge auf die besseren Dinge des Trobriander-Lebens dient. ... Die Häuptlinge haben ... eine bestimmte Vorstellung von der angemessenen Ordnung der Dinge übernommen, und sie sehen es als ihre schwere Pflicht an, die Mittelmäßigkeit der anderen aufrechtzuerhalten." (Merton, 1971, S.152/3, Hervorh. i.O.)

Übersetzt auf das Erwerbsleben zeigt dieser Blick nach draußen, daß trotz Chancengleichheit und Modellprojekten eine sexistische

Moralalchemie die "angemessene Ordnung" erhält. Das bedeutet umgekehrt sich darüber klar zu sein, daß ernstzunehmende berufliche Frauenförderung auch bedeutet, daß Männer Positionen aufgeben müssen. Dies wird ein Prozeß sein, der strukturelle und institutionelle Veränderungen mitimpliziert.

Anmerkungen

1) Ich danke Rainer Brüggemann für den Hinweis auf die Artefaktforschung; ausführlich dazu: Brüggemann, R., 1977, Artefakte als empirische Manifestationen von Problemen und Grenzen sozialwissenschaftlichen Experimentierens, unveröffentl. Diplomarbeit, Universität München.

2) Ist für Frauen ein Pygmalion wichtiger? "Pygmalion im Klassenzimmer" war der Titel des Buches von Rosenthal & Jacobson, 1968, in dem sie ihre Forschung darstellten. Das erinnert an die Sage: "Pygmalion, der sich ein Bild seiner Traumfrau schnitt, als Abbild von Aphrodite, der Göttin der Liebe, legte dieses in sein Bett und flehte es an, ihm zu gehören. Von dieser Liebe gerührt, belebte Aphrodite ihr Abbild mit menschlicher Wärme," (Ranke-Graves, 1, 1979, S.189). Nicht der Aspekt des eine Frau modellierenden Mannes - wie in den literarischen Bearbeitungen - interessiert mich hier, sondern, daß die Frau zu einem wirklichen Leben kommt durch liebe- und vertrauensvolle Kommunikation.

3) Merton bezieht sich in seinem Aufsatz auf ethnische und rassische Vorurteile. Die Parallelen ergeben sich u.a. daraus, daß der Begriff "Sexismus" in den USA in Anlehnung an den Begriff Rassismus gebildet" wurde. (Carol Hagemann-White, 1983, S.260).

Literatur:

Abendzeitung, 7.12.1984: Für Frauen ist in Bonn manches anders.

Brigitte, 1984: Wenn der Chef die Sekretärin küßt, 9, S.162-166.

Hagemann-White, Carol, 1983: Sexismus, in: Beyer, J./Lamott,F./ Meyer,B., Frauenhandlexikon.

Merton, Robert, K., 1971: Die Eigendynamik gesellschaftlicher Voraussagen (1957), in: Topitsch, E., (Hg.), Logik der Sozialwissenschaften, Köln/Berlin, 7.Aufl., S.144-161.

Moeller, Michael Lukas, 1979: Das demokratische Arbeitsbündnis in Selbsthilfegruppen: Einige Folgen der Deprofessionalisierung für die therapeutische Beziehung, in: Psychosozial 2/79, Reinbek, S.36-66.

Ranke-Graves, Robert, von, 1979: Griechische Mythologie 1, Reinbek, 9. Aufl.

Plogstedt, Sybille/Bode, Kathleen, 1984: Übergriffe, Sexuelle Belästigung in Büros und Betrieben, Reinbek.

Süddeutsche Zeitung, 22.9.1984: SPD-Abgeordnete prangert dumme
Zwischenrufe der Männer an.

Petra Glöß

SEXISMUS AM ARBEITSPLATZ - EIN BESTANDTEIL BERUFLICHER ERFAHRUNG
VON FRAUEN

In den folgenden Ausführungen gehe ich der Frage nach, welche Wirkung
sexistisches Verhalten am Arbeitsplatz auf die berufliche Situation
von Frauen haben kann. Dabei werden hier unter sexistischem Verhalten alle Äußerungen und Verhaltensweisen von Männern am Arbeitsplatz
gefaßt, die den Frauen deutlich ihre Minderwertigkeit demonstrieren
sollen. Wesentliche Grundlage für die folgenden Überlegungen sind
empirische Ergebnisse und Erfahrungen aus fünf Jahren Begleitforschung zu Modellversuchen "Mädchen in Männerberufen" (1).

Die geschlechtsspezifische Arbeitsteilung in unserer Gesellschaft
bedeutet für Frauen, daß sie im Beruf und in der Familie die deutlich untergeordnete soziale Stellung einnehmen und die untergeordneten Arbeiten verrichten. Begründet wird dies nach wie vor damit,
daß Frauen sich für die untergeordneten Positionen besser eignen,
bzw. diese Positionen für Frauen geeignet seien. Bei diesem Eignungsbegriff handelt es sich meines Erachtens aber nicht um einen Eignungsbegriff, der auf biologische Erklärungsmuster rekuriert oder
gar sozialisationsbedingte geschlechtsspezifische Eignungen annimmt,
sondern es handelt sich um eine Erklärung der Realität geschlechtsspezifischer Arbeitsteilung als einer natürlichen.

Anders ist nicht zu erklären, warum Männer mit großer Mehrheit angeben, daß sie die Position eines Bankdirektors für beide Geschlechter geeignet finden, aber mit großer Mehrheit die Position einer
Putzhilfe nur für Frauen geeignet finden (2). Im herrschenden Be-
rufssystem erfordert letztere Position - im Gegensatz zum Bankdirektor - weder eine formale Qualifikation noch besondere berufliche
Kenntnisse und Fertigkeiten, die sich Männer nicht aneignen könnten.
Bankdirektor zu sein, erfordert hingegen ein hohes Maß an beruflicher
Qualifikation, die Männer auch den Frauen zutrauen. Vom geschlechtsspezifischen Eignungsbegriff bleibt in dieser Einstellung nur übrig,
es gibt im Prinzip keine beruflichen Positionen, für die Frauen
sich nicht eignen würden, aber die untergeordneten und am schlechtesten bezahlten Positionen eignen sich nur für Frauen. Qua Geschlecht
sind demnach nur Frauen, aber nicht Männer dafür geeignet, am unter-
sten Ende der beruflichen Hierarchie - als Putzhilfe - zu arbeiten.
Und aus dieser quasi natürlichen weiblichen sozialen Unterordnung
resultiert auch die Vorstellung von weiblicher Minderwertigkeit.
Menschen, die aufgrund ihres Geschlechts immer sozial untergeordnet
sind und die allein aus diesem Grunde die schlechtesten und niedrig-
sten Arbeiten im Beruf und in der Familie verrichten (müssen),
können eigentlich nur minderwertig sein (3).

Das bedeutet: eine Frau ist im Betrieb nicht nur aufgrund ihrer Stellung in der beruflichen Hierarchie untergeordnet. Sie ist es schon
deshalb, weil sie als Frau generell gegenüber Männern die sozial un-

tergeordnete Position einnimmt, als Ehefrau, als Hausarbeiterin und als Sexualobjekt. Für diese weibliche Minderwertigkeit gibt es keinen Gegenbeweis, den eine Frau durch ihre individuellen beruflichen Leistungen antreten könnte. Sie bleiben minderwertig, auch wenn sie formal gleich qualifiziert, beruflich gleich interessiert und gleich leistungsfähig sind.

Ausgangspunkt für die berufliche Kooperation von Männern und Frauen auf gleicher Ebene bleibt, daß Frauen, sozial untergeordnet/minderwertig sind und sich insofern immer einer doppelten Beurteilung durch Männer ausgesetzt sehen. Sie werden danach beurteilt, ob sie beruflich gleiches leisten wie die Männer und ihre Leistungen werden gemessen an einem willkürlich gesetzten Maß männlicher Leistungsfähigkeit. Sie werden aber zusätzlich danach beurteilt, ob sie sich trotz ihres beruflich/betrieblichen Engagements an die sozial vorgegebenen Anforderungen an Frauen anpassen oder sich davon entfernen (z.B. "Mannweiber", keine richtigen Frauen, usw.).

Die berufliche Kooperation auf gleicher Ebene ist faktisch aber auch eine Konkurrenz um berufliche Positionen. Über die doppelte Bewertungsmöglichkeit durch Männer bleiben die beruflichen Ansprüche von Frauen dabei immer gefährdet. Glaubt sich eine Frau ein Stück dem Ziel der beruflichen Gleichstellung näher, hat sie sich eine berufliche Position unter Männern erworben gegen alle Widerstände in Form von verstärkter Kontrolle, Mißachtung von Leistungen, Versuchen des Ausschlusses von qualifizierter Arbeit, Beschränkung auf Arbeitsbereiche, für die sie als Frauen angeblich besser geeignet seien (um hier nur einige sexistische Verhaltensmöglichkeiten von Männern zu nennen), so verbleibt dann immer noch die Möglichkeit für Männer, sie vollständig zu reduzieren auf ihren Status als Sexualobjekt, sie durch plötzlich abfällige Bemerkungen, Obszönitäten, Beleidigungen oder sexuelle Übergriffe auf die Position zu verweisen, die sie eigentlich hat. Sie ist sozial unter jedem Mann plaziert und insofern auch potenziell von sexuellen Übergriffen bedroht.

Die Anforderungen in Männerberufen und in männlichen Berufspositionen sind männlich strukturiert, d.h. sie sind zugeschnitten auf männliche Erwerbspersonen, die lebenslang berufstätig, zeitlich fast unbegrenzt verfügbar und belastbar sind. Die Reproduktion dieser Arbeitskraft muß über die Arbeit anderer Personen gesichert werden und die ist in aller Regel weiblich. Frauen, die familiär nicht entlastet sind, sondern belastet werden und die sich auch nicht auf ihre berufliche Sphäre vereinseitigen lassen können und wollen, haben keine gleichen Chancen in diesen Berufen (4).

Erfahrungen mit sexistischen Verhaltensweisen addieren sich zu diesen strukturellen Benachteiligungen hinzu. Frauen erfahren nicht nur, daß sich ihre Lebensbedingungen und -entwürfe schwer vereinbaren lassen mit den beruflichen Anforderungen, ihnen wird in der täglichen Kooperation mit Männern von Männern auch noch deutlich gemacht, daß sie als Frau auch nicht dort hingehören, selbst wenn sie qualifiziert sind.

Für die jungen Frauen der Modellversuche "Mädchen in Männerberufen"
mußten sich Erfahrungen mit sexistischem Verhalten von Kollegen in
besonderem Maße stellen. Selbst wenn man(n) nicht mehr davon aus-
ging, daß sich Frauen für Facharbeit grundsätzlich nicht eignen,
stellt die Qualifizierung und Beschäftigung von Frauen in diesen
Bereichen eine sehr weitgehende Übertretung von überkommenen sozialen Berufsrollenzuweisungen dar - Frauen sollen technische Zusammenhänge begreifen und beherrschen, Frauen sollen mit körperlicher
Schwerarbeit belastet werden, (im Gegensatz zur oft schweren Frauenarbeit, hier eine berufstypische und arbeitsphysiologisch definierte Belastung) Frauen sollen eine Berufstätigkeit ausüben, die sonst
eine Familie ernährt.

Als besonderes kommt hinzu Frauen die für Facharbeit qualifiziert
werden,sind nicht die besonderen Frauen, die aufgrund hervorragen-
der Leistungen im Beruf mit Männern konkurrieren können und sich
auch durchsetzen. Weibliche Ausnahmen im Berufsleben sind eher noch
geduldet (5). Facharbeiterin zu werden bedeutet für eine Frau, auf
der Grundlage durchschnittlicher Leistungsfähigkeit nicht einen
Frauenberuf,sondern einen Männerberuf zu ergreifen. Im Betrieb auf
eine Facharbeiterin zu treffen bedeutet demnach für einen Mann, mit
einer Frau konfrontiert zu werden, die auf gleicher schulischer
Qualifikationsebene sich dennoch nicht mit einer beruflichen Perspektive abfindet, die für Frauen sonst üblich ist und die auf dieser
Ebene immer noch ein bißchen schlechter ist als für die Männer.
Dies kann die Auseinandersetzung um die (Wieder)herstellung eines
traditoonellen Geschlechterverhältnisses im Sinne der weiblichen
Unterordnung verschärfen, und als eine solche Auseinandersetzung
begreife ich Sexismus im Betrieb.

Für die jungen Frauen in Männerberufen veränderten bzw. verschlech-
terten sich dadurch die betrieblichen Bedingungen gegenüber denen
der Männer und zwar in drei wesentlichen Bereichen.

- Ihre Qualifizierungschancen wurden eingeschränkt.
- Die Belastungen in diesen Berufen wurden zeitweise für
  sie größer als für die jungen Männer.
- Ihnen wurde die zusätzliche Anforderung auferlegt, trotz sexistischer Übergriffe ein für sie noch erträgliches Arbeitsklima
  herzustellen.

1. Erfahrungen mit sexistischem Verhalten gefährdete die Qualifizierung der jungen Frauen in gewerblich-technischen Berufen

Zwar gab es für Männer und Frauen eine formal gleiche Ausbildung in
den Modellversuchen, es setzte sich aber ein besonderer Umgang mit
Frauen in dieser Ausbildung durch.

Den jungen Frauen wurden besonders wenig qualifizierte Arbeiten zugeteilt, worin sich eine durchaus noch verbreitete Auffassung ausdrück-
te, daß Frauen sich für diesen Beruf und insbesondere für qualifizierte Arbeiten sowieso nicht eignen.

Den jungen Frauen wurden besonders anstrengende und oft auch ein-
tönige Arbeiten zugeschoben, die als Belastungsspitzen in diesen
Ausbildungsberufen angesehen werden konnten. Solche Arbeiten wurden
explizit oder implizit als Bewährungsproben gesehen, die Frauen in
diesen Berufen bestehen müssen.

Den jungen Frauen wurden notwendige Unterweisungen zur Bewältigung
von Arbeitsanforderungen nicht gewährt, was bei ihnen zur Folge haben konnte, daß sie sich für den Beruf für nicht geeignet hielten,
weil sie alleine nicht zurecht kamen.

Den jungen Frauen wurden Arbeiten weggenommen, die für sie als zu
anstrengend eingestuft wurden. Übertriebene Hilfsbereitschaft - als
eine sexistische Verhaltensvariante von Kollegen - hatte so eine
ähnliche Wirkung wie das direkte Vorurteil, Frauen seien nicht mit
bestimmten qualifizierten Anforderungen belastbar. Sie hinderten die
jungen Frauen an selbständigem und qualifiziertem Arbeiten.

Die Kommunikationsmöglichkeiten der jungen Frauen wurden in der Ausbildung eingeschränkt, weil sie befürchten mußten, von Kollegen, auf
deren Hilfe in der Qualifizierungsphase sie angewiesen sind, belästigt zu werden. Darüber hinaus wurden sie häufig damit konfrontiert, daß Probleme, die sie aufgrund ihres Status als Auszubildende mit Arbeitsanforderungen entwickelten, von Kollegen als ausschließlich geschlechtsspezifische Probleme interpretiert wurden.
Sie mußten also befürchten, sexistische Einstellungen und Verhaltensmuster bei Kollegen zu verstärken, wenn sie von ihnen Hilfe an-
fordern.

Gerade weil die jungen Frauen sich dieses Mechanismus bewußt waren,
haben sie zeitweilig versucht, auch in der Ausbildung alle Anforderungen möglichst allein zu bewältigen. Dies bedeutete allerdings,
daß ihre Qualifizierungsinteressen erheblich gefährdet wurden.

In einem Betrieb kam es aufgrund dieser Probleme zu folgender Entwicklung:

Eine junge Frau fand in einem Kleinbetrieb nur einen Kollegen, der
sich ihr gegenüber akzeptierend verhielt. Zu diesem flüchtete sie
sich, um wenigstens über ihn einen Teil ihrer Qualifizierungsan-
sprüche zu realisieren und sich vor den anderen Kollegen zu schützen,
von denen sie belästigt wurde. Zum Ende der Ausbildung wurde diese
junge Frau in ihrem Ausbildungsbetrieb nicht übernommen. Im Betrieb
kam der Verdacht auf, sie habe ein Verhältnis mit eben jenem Kollegen und das bringe natürlich Unruhe in den Betrieb.

Eine positive Entwicklung gab es hingegen in einem anderen Betrieb.
Der jungen Frau gelang es, über die Betriebsleitung zu erreichen,
daß der qualifizierteste Kollege entgegen der ursprünglichen betrieblichen Planung ihr Ausbildungsbeauftragter wurde. An einem
Einzelarbeitsplatz beschäftigt, eine qualifizierte Unterweisung
im Hintergrund, lernte sie es schnell, sich gegen sexistische Bemerkungen und sexuelle Belästigungen zu wehren. Erfahrungen mit

ihrem Qualifizierungsfortschritt und Erfolge bei der Bewältigung
von Anforderungen nahmen solchen Übergriffen das Gewicht.

Nahezu alle jungen Frauen aus dem Modellversuch berichteten von
sexistischen Verhaltensweisen der Kollegen und sie schilderten Vermeidungsstrategien durch den Rückzug und den Versuch, Probleme, die
sie in der Ausbildung hatten, möglichst allein zu bewältigen. Solche Vermeidungsstrategien sind nur dann nicht gefährdend, wenn die
betriebliche Organisation der Ausbildung dies zuläßt. Die betriebliche Normalität von Ausbildung ist aber: als Auszubildende arbeiten die jungen Frauen selten selbständig, qualifizierte Aufgaben,
an denen sie Lernfortschritte erkennen können, sind häufig die Ausnahme, sie arbeiten nicht alleine. Gerade bei geringer Ausbildungs-
qualität im Betrieb bilden sexistische Vorurteile, die sich in einem
besonderen Arbeitseinsatz bei Frauen niederschlagen und sexuelle
Belästigung eine extreme Gefährdung für den Ausbildungserfolg. Und
selbst bei einer guten Ausbildung besteht für die jungen Frauen immer noch die Anforderung, die erbrachten Leistungsfortschritte
ständig gegenüber männlichen Kollegen zu verteidigen. Und diese Anforderung bedeutet auch, die Angst vor dem Scheitern an Ausbildungs-
anforderungen ist bei den jungen Frauen besonders hoch.

2. Erfahrungen mit sexistischem Verhalten durch Kollegen wurden für die jungen Frauen belastungsrelevant

Bedeutsam für die Qualifizierung von Frauen in gewerblich technischer Facharbeit ist immer noch die Auffassung, daß junge Frauen
für deren Bewältigung nicht die körperliche Konstitution mitbringen.
Zwar haben arbeitswissenschaftliche Untersuchungen (6) nachweisen
können, daß diese generalisierende Einschätzung von Facharbeit als
durchgängig körperlich schwerer Arbeit nicht zutrifft und die
durchschnittliche körperliche Belastbarkeit von Frauen durchaus für
die meisten Arbeitsplätze hinreicht, dies ändert aber nichts an dem
tatsächlichen und täglichen Umgang mit Frauen an Facharbeiterarbeits-
plätzen.

Die unterschiedliche körperliche Belastbarkeit von Frauen und Männern - es mag dahingestellt sein, inwieweit es sie tatsächlich
gibt - wird in der täglichen Arbeitssituation zu dem Punkt gemacht,
an dem Männer den Frauen überlegen sind und für die jungen Frauen
wurde das auch spürbar. Beispiele hierfür sind Äußerungen folgender
Art:

Wenn du die Schraube nicht aufbekommst, solltest du aber nicht
Schlosser werden.
Wenn du dafür aber schon einen Kran brauchst, behinderst du den
Arbeitsablauf hier.
Wenn du immer jemanden brauchst, der dir die Werkstücke auf die
Platte hebt, wird das für den Betrieb teuer.

Nun ist es keine Frage, daß in gewerblich-technischer Facharbeit
Belastungsspitzen entstehen können, die an die Grenze des zumutbaren
gehen - für alle Arbeitskräfte.

Für Frauen hieß das, gerade an diesen Arbeiten zu erfahren, daß ihre Leistungen anders gemessen werden. Wenn der Mann ein schweres Teil nicht heben kann, ist es zu schwer. Wenn das der Frau passiert, liegt das an ihrem Geschlecht. Wenn der Mann den Reparaturakkord nicht schafft, ist der zu hoch, bei der Frau liegt das an ihrer mangelnden Eignung.

Solche Erfahrungen zwingen die jungen Frauen geradezu, ihre Leistungen am Durchschnitt männlicher Arbeitsleistungen zu orientieren. Nur ist dieser Durchschnitt fiktiv und wird praktisch in jeder neuen Arbeitssituation durch ein entsprechendes Verhalten von Kollegen neu festgelegt. Aus Mangel an Orientierung entstand angesichts der massiven Vorurteilserfahrung bei den jungen Frauen eine Tendenz, sich selber zu überfordern. Sie versuchten, möglichst alle, auch körperlich schwer belastende Arbeiten, allein und ohne Hilfsmittel zu bewältigen.

Das bedeutet nicht, daß die Frauen solche Handlungsstrategien unkritisch vertraten, sie sahen nur keine anderen Möglichkeiten für ihr eigenes Verhalten. Nicht die Unfähigkeit von Frauen, ihre eigenen Reproduktionsinteressen im Betrieb zu verteidigen, sondern die Erfahrungen mit massiven sexistischen Vorurteilen haben solche Reaktionen bei ihnen hervorgerufen.

3. Sexistische Verhaltensweisen von Kollegen stellten an Frauen die zusätzliche Anforderung, trotz dieser Zumutung dafür Sorge zu tragen, daß noch ein erträgliches Arbeitsklima hergestellt werden konnte.

Die jungen Frauen wurden im Betrieb sexuell belästigt. Unter sexueller Belästigung sollen hier nicht nur Formen direkter sexueller Übergriffe gefaßt werden, die für die jungen Frauen bedrohlich wurden und ihre physische Integrität verletzten. Solche Übergriffe kommen vor, waren aber eher die Ausnahme (7).

Viel häufiger waren Verhaltensweisen von Kollegen, die umgangssprachlich als "Anmache" bezeichnet werden. Zum Beispiel wurden junge Frauen mit Pornobildern konfrontiert und verglichen, ihre sexuellen Vorzüge wurden Gegenstand kollegialer Frühstücksgespräche, sie konnten nie scheinbar unausgeschlafen im Betrieb erscheinen, ohne eingehend nach der vergangenen Nacht befragt zu werden, es wurde gejohlt und gepfiffen, wenn sie durch den Betrieb gingen, sie wurden angefaßt usw. Sie konnten sich demnach im Betrieb nicht bewegen, ohne die Aufmerksamkeit der Männer auf sich zu ziehen und von ihnen als Frau bewertet zu werden.

Ein solches Verhalten von Männern im Betrieb kann nicht als deren Versuch gesehen werden, für die Frauen unerwünschte sexuelle Kontakte herzustellen. Vielmehr geht es Männern darum, Frauen in der Arbeitssituation durch Reduzierung auf ihren Status als Sexualobjekt zu verunsichern und deutlich zu machen, daß sie als Frau sozial immer noch unter jedem Mann plaziert sind und als solche von Männern bewer-

tet werden können. Und diese Bewertung enthält auch eine Zurechtweisung, wie sie sich als Frau im Betrieb zu verhalten haben.

Ein Beispiel:

Eine junge Frau übernimmt eine körperlich schwere Arbeit. Während
sie damit beschäftigt ist, kommt ein Kollege auf sie zu und ruft,
für alle in der Werkhalle arbeitenden Männer deutlich hörbar, 'Laß
das mal die Arbeit, Mädchen, dein Freund will heute abend doch keinen
Muskelprotz im Bett'.

Ein anderer Aspekt dieser "Anmache" ist die Herstellung von Öffentlichkeit für diese Bewertungen und Zurechtweisungen. Die jungen
Frauen bewegen sich in einer Männeröffentlichkeit, wo sie die soziale Minderheit darstellen. Die Kommunikationsregeln der Männer
sind nicht von ihnen bestimmt und für sie gilt als implizite Ver-
haltensmaßregel, sich diesen Regeln anzupassen und das heißt für
eine Frau, das Prinzip männlicher Überlegenheit nicht anzugreifen.
Über "Anmache" wird dieses Prinzip durch Männer demonstriert und
dies ist oft nur dann sinnvoll, wenn solche Maßregelungen gegen
Frauen in der (Männer-)Öffentlichkeit erfolgen. "Anmache" ist demnach eine "ritualisierte Behauptung von Macht und Dominanz" (8).

Dies wird auch am folgenden Beispiel deutlich.

Einer jungen Frau wird im Kollegenkreis von einem Mann auf den Hintern geschlagen. Sie versetzt diesem Kollegen eine Ohrfeige. Wegen
dieser Ohrfeige bekommt sie mit allen Kollegen Schwierigkeiten, weil
diese zwar einerseits nicht akzeptieren, daß ein Mann einer Kollegin auf den Hintern schlägt, andererseits aber ihre Reaktion als
unangemessen ansehen.

Ein Mann demonstriert hier öffentlich seine Überlegenheit gegenüber
dieser Kollegin. Er verletzt dabei zumindest für einige umstehende
Männer die Form. Die Kollegin, so vermuten wir, verletzt ein Prinzip. Sich gegen "Anmache" gleich welcher Form als Frau agressiv
zur Wehr zu setzen bedeutet, das Prinzip geschlechtlicher Kommunikationsformen nicht zu akzeptieren, in denen ein Mann grundsätzlich
das Recht hat, Frauen zu bewerten und zurechtzuweisen.

Das Beispiel macht auch deutlich, wie schwierig es für die jungen
Frauen war, sich in solchen Situationen der Verunsicherung zu verhalten. Sie konnten das Verhalten von Männern so nicht immer hinnehmen, gerade weil sie mit dem Anspruch in die Ausbildung und Berufstätigkeit eingetreten waren, gleiche Bedingungen und Chancen
für sich durchzusetzen. Über "Anmache" sollten sie als Person und
in ihren beruflichen Ansprüchen verunsichert werden, sie mußten sich
zur Wehr setzen. Und dabei mußte jede Frau je individuell abwägen,
welches Verhalten Kollegen provoziert, welche Reaktionen auf "Anmache" den kollegialen Beziehungen angemessen sind und diese nicht
gefährden, wie Situationen vermieden werden können, in denen Kollegen die Chance nutzen "anzumachen" usw. Schafften sie es nicht,
sich angemessen auf die Regeln betrieblicher Kommunikation einzustellen, liefen sie Gefahr, im Kollegenkreis isoliert zu werden und

damit auch ihre Ansprüche an qualifizierte Ausbildung und Arbeit zu gefährden.

Sexismus im Betrieb stellt ein erhebliches Problem dar. Ich habe versucht, dies an den Ergebnissen der Modellversuche aufzuzeigen. Eines seiner problematischsten Aspekte ist seine Individualisierung. Zum Ausdruck kommt dies auch, wenn die jungen Frauen des Modellversuchs darüber reden, wie die Frauen sein müßten, die sich im Betrieb erfolgreich durchsetzen können.

Eine solche Frau muß fähig sein, alle Zweifel an ihrer Leistungsfähigkeit selbstbewußt zurückzuweisen, allen Anforderungen möglichst ohne Schwierigkeiten, ohne Fehler und auch ohne Hilfe nachzukommen, allen "Anmacheversuchen" schlagfertig zu begegnen und das immer im richtigen Ton, um sich einerseits nichts durch Männer gefallen zu lassen, andererseits aber auch die Kommunikation mit Männern nicht zu verunmöglichen. Dies ist wohl im Kern eine höchst unrealistische Forderung an die Person einer Frau, die einen Männerberuf lernen und ausüben möchte.

Als Folge einer versuchten Annäherung an diesen Idealtyp von durchsetzungsfähiger Frau schilderten einige junge Frauen des Modellversuchs erhebliche persönliche Probleme. Sie kamen nicht mehr damit zurecht, sowohl privat als auch beruflich ein Außenseiterdasein zu führen. Sie gewannen den Eindruck, daß ihnen zur Facharbeit das richtige Geschlecht fehlt und als Frau die notwendige Bereitschaft zur Zurückhaltung, zu Verständnis und zur Unterordnung.

Nach unseren bisherigen empirischen Arbeiten können wir nichts darüber aussagen, welche Bedeutung sexistische Erfahrung für die Gruppe jener Frauen hatte, die die Facharbeit dann tatsächlich aufgaben. Wir wissen auch nicht, ob solche Erfahrungen z.B. ein Motiv sind, sich als Facharbeiterin auf berufliche Positionen zu beschränken, in denen es zwar keine Augstiegsmöglichkeiten gibt, wo aber die Zweifel an der Leistungsfähigkeit von Frauen eher geringer sind.

Allerdings würde ich hier die Behauptung aufstellen, daß Sexismus im Betrieb eine Verunsicherungsstrategie ist, die selektive Wirkung hat. Es ist unbedingt erforderlich, diesen Aspekt beruflicher Erfahrung von Frauen als Strukturmerkmal von weiblicher Erwerbstätigkeit in berufssoziologische und in industriesoziologische Untersuchungen einzubeziehen.

Anmerkungen

1) Vgl. zu Anlage und Umfang der Modellversuche Glöß u.a., Frauen in Männerberufen, Gewerblich-technische Ausbildung - eine Chance für Frauen?, Frankfurt/Main 1981. Es handelt sich hierbei um die Veröffentlichung von ersten Zwischenergebnissen aus den im Landesinstitut Sozialforschungsstelle Dortmund wissenschaftlich begleiteten Modellversuchen.

2) Vgl. Der deutsche Mann. Eine Untersuchung über die Selbstbilder von Männern in der Bundesrepublik und ihre Bilder von der Frau, von Prof. Helge Pross und der Zeitschrift Brigitte, Hamburg 1977.

3) Vgl. hierzu auch die Definition von Carol Hagemann-White, in: Johanna Beyer, Franziska Lanott und Birgit Mayer, (Hg.), Frauenhandlexikon, München 1983, S.260 ff.

4) Welche Bedeutung dies auch gerade für die Ausbildung in gewerblich-technischen Berufen hat, wird an den Gründen für Ausbildungsabbrüche junger Frauen sehr deutlich. Vgl. hierzu P. Glöß, J. Kühne, Nicht geeignet? Ausbildungsabbrüche: Versagen die Frauen oder versagt die Berufsausbildung?, in: Christine Meyer u.a., (Hg.), Mädchen und Frauen, Beruf und Biographie, München 1984, S.164 ff.

5) Damit will ich zu dieser Stelle nicht vertreten, daß Frauen in beruflichen Aufstiegspositionen von Sexismus weniger hart betroffen sind. Die Situation dieser Frauen unterscheidet sich aber dadurch, daß sie i.a.R. längere berufliche Erfahrungen haben und damit auch ein höheres Maß an Selbstbewußtsein über ihre Leistungsfähigkeit. Ganz wesentlich ist aber auch, daß berufliche Aufstiegspositionen nur der bzw. diejenige erreicht, die bzw. der bereits berufliche Leistungsfähigkeit bewiesen hat. Für Frauen, die den beruflichen Aufstieg geschafft haben, bleiben sicher immer noch die Erfahrungen mit sexistischem Verhalten, nur sie haben dem anderes entgegenzusetzen als Frauen in der Berufsausbildung! Vgl. hierzu, Cornelia Edding, Einbruch in den Herrenclub, Hamburg 1983.

6) Vgl. Andreas Tielmann, Mädchen und Frauen in gewerblich-technischen Facharbeiterberufen - Ein Beitrag aus der Sicht der Arbeitswissenschaft, in: Christel Alt u.a., Werkstattberichte aus den Modellversuchen zur Erschließung gewerblich-technischer Ausbildungsberufe für Mädchen. Modellversuche für berufliche Bildung, Heft 10, Berlin 1982, S.239 ff.

7) Aussagen über das Ausmaß sexueller Übergriffe, die den Tatbestand von Nötigung, versuchter bzw. vollendeter Vergewaltigung erfüllen, sind m.E. trotz der Untersuchung von Plogstest und Bode nur sehr schwer zu machen. Wie diese Autorinnen bin auch ich der Überzeugung, daß hier die "Dunkelziffer" sehr hoch ist und daß auch für die jungen Frauen aus unserer Begleituntersuchung gilt, daß dies Erfahrungen sind, über die sie nicht - und schon gar nicht in einer sozialwissenschaftlichen Untersuchung zu ihren Berufschancen - reden würden. Diese latente Bedrohung mit sexuellen Übergriffen läuft "heimlich" ab, weil i.d.R. der Mann und die Frau allein sind und der Nachweis dieser Übergriffe für die Frauen schwierig wird. Obwohl i.d.R. im Betrieb bekannt ist, welche Kollegen die Frauen nicht "in Ruhe" lassen. Sexistischer Umgang mit Frauen und sexuelle Übergriffe, wie ich sie beschreibe, sind gerade öffentlich, weil sie der Zurechtweisung und Verunsicherung

dienen. Sie sind für jeden wahrnehmbar, es fehlt aber jedes Bewußtsein für "Unrecht". Sie erfüllen keinen Straftatbestand. Frauen reden oft deshalb nicht darüber, weil solche Erfahrungen so normal sind, daß die Betroffenheit durch sie ihnen selber als Defizit gilt, sie sind nicht selbstbewußt genug, um solche Bemerkungen auszuhalten. Frauen nehmen auch an, daß sie selber verantwortlich sind für solches männliches Verhalten. Vgl. Sybille Plogstedt, Katleen Bode, Übergriffe - Sexuelle Belästigung in Büros und Betrieben, Hamburg 1984.

8) Cheryl Bernard, Edith Schlaffer, Der Mann auf der Straße, Hamburg 1980, S.60.

Dagmar Schultz

SEXISMUS AN DER HOCHSCHULE

Klaus Dörner (1) schrieb vor mehr als 20 Jahren, daß Männer das Eindringen von Frauen in den Universitätsbereich, d.h. in den "Männern als Monopol ureigenen Leistungsbereich" als Gefahr sehen. Er (Dörner) griff (in seinem Aufsatz "Der Zwang zur Dissoziation von Lust und Leistung") den Kommentar eines Studenten "Studentinnen sind geschlechtslose Arbeitstiere oder arbeitslose Geschlechtstiere" auf und stellte fest, daß Männer an Universitäten Frauen entweder unter das Leistungsprinzip beugen, d.h. zum "Arbeitstier" machen, oder sie indirekt dem Leistungsprinzip dienstbar machen, d.h. zum "Geschlechtstier" erklären. (Die Ursache dieses Verhaltens von Männern sah er in der Trennung von Leistung und Lust, der Trennung von der Arbeits- und der Geschlechtspersönlichkeit.) Nach Dörner erklärt sich die sexistische Behandlung von Frauen aus der Angst der Männer vor der Entlarvung, daß das patriarchalische Selbstbewußtsein, die Herrschaft des Mannes, selbst auf der Unterjochung des Lustprinzips durch das Leistungsprinzip beruht. Indem Frauen als einseitige Wesen behandelt werden, soll verhindert werden, daß der Verlust der eigenen Ganzheitlichkeit und Intaktheit sichtbar wird. (Dörner 1962)

Harriet Farwell Adams, Professorin in den USA, die kürzlich zu diesem Thema einen Aufsatz veröffentlichte, beschreibt den Lunchraum für Professoren an ihrer Universität als einen Ort, wo Männer ihre Universitätsgeschäfte abschließen, Abstimmungen vor der Senatssitzung ausmauscheln, während sie die weibliche Bedienung beliebäugeln und der neuen jungen Kollegin den Hof machen, die jedoch aus unerfindlichen Gründen weiterhin keine elektrische Schreibmaschine zugeteilt bekommt. Sie sieht diesen Klub als eine "primitive männliche Gesellschaft, in der die Präsenz einer jeden Frau eine Invasion und die Gefahr von Verunreinigung darstellt," vor der man(n) sich durch die Ausübung von Sanktionen schützen muß. Um die Reinheit und Unantastbarkeit des Männerklubs zu garantieren, müssen die Grenzen zwischen ihm und den Kräften, die ihn entweihen könnten, ständig aufrechterhalten werden. Dies gilt insbesondere für Frauen, die die orthodoxe, von Generation zu Generation weitergereichte Autorität des Klubs durch unorthodoxe Forschungsthemen und Abweichen von traditionellen Verhaltensweisen herausfordern. Die Autorin sieht das Dilemma vieler Frauen darin, daß die gesetzten Grenzen für sie immer in ihrer optimistischen Unschuld sichtbar bleiben und sie daher häufig die Sanktionen als persönlich gemeinte interpretieren - mit Überlegungen wie "ich bin häßlich, ich bin hübsch, verheiratet, nicht verheiratet, zu radikal, zu konservativ, unterrichte zu gut, nicht gut genug." (S.7) Farwell Adams erklärt die Reaktionen von Männern auf Frauen und die Sanktionen gegen Frauen damit, daß Männer eine dem Patriarchat eng verbundene und dienliche Institution in ihren ursprünglichen Formen und Inhalten gegen jegliche Infragestellung und Veränderung verteidigen wollen. (Adams 1983)

Dörner hat mit seiner Analyse einen wichtigen Aspekt der Hochschul-
kultur erfaßt. Hinter sexistischem Verhalten und sexueller Belästigung Frauen gegenüber steht jedoch noch mehr als die verdrängte oder
verlorene Verbindung von Arbeit und Lust und auch noch mehr als die
von Farwell Adams benannte Verteidigung der patriarchalischen Institution Universität. Ich sehe darin auch das vitale Interesse von
Männern, die Kleinfamilie und geschlechtsspezifische Arbeitsteilung
aufrechtzuerhalten. Wenn Frauen in die Sphäre des Wissenschaftsbe-
triebs und damit hochqualifizierter Berufe eindringen, so bedeutet
dies für Männer eine Infragestellung dieser Grundstrukturen der
patriarchalischen Gesellschaft. Frauen immer wieder auf ihre Geschlechtszugehörigkeit und ihren Status als Sexualobjekt hinzuwei-
sen heißt in diesem Zusammenhang, ihnen immer wieder die Grenzen
aufzuzeigen, innerhalb derer sie sich auch als Akademikerinnen bewegen sollten. Diese Tatsache wird u.a. an zwei vorläufigen Ergebnissen meiner Forschung über Frauen und Männer im Hochschuldienst
deutlich: viele Frauen erfahren eine Förderung von Männern, wenn
überhaupt, nur bis zur Dissertation und fast alle Männer vertraten
den Standpunkt, daß der Hochschullehrerberuf von verheirateten
Frauen mit Kindern nicht ausgeübt werden könnte. Schließlich soll
die Entente zwischen der Universität und ihrer Dienstleistungsin-
stitution Familie erhalten bleiben.

Der alltägliche Sexismus an der Universität

Macht über Frauen wird immer noch an Macht über den Geist und den
Körper von Frauen gemessen. Kontrolle über männliche Institutionen
und männliche Kultur zu behalten bedeutet, diesen Machtanspruch immer wieder zum Ausdruck zu bringen - sei es in sexistischen Lehrin-
halten, in der Trivialisierung von Frauenstudien, in sexistischen
Witzen, in Anzüglichkeiten oder im Versuch, auf Frauen Druck auszuüben, Sexualität als Tauschmittel gegen akademischen Erfolg einzusetzen.

Sexistische Äußerungen und Verhaltensweisen, d.h. Verhalten, das be-
zweckt, Frauen ihre angebliche Minderwertigkeit zu demonstrieren

1 - schaffen Ausbildungsbedingungen und ein Arbeitsklima, in denen
    Frauen an ihrem intellektuellen Fortschritt gehindert werden;

2 - stellen eine ständige psychische Belastung dar, der männliche
    Studenten nicht ausgesetzt sind;

3 - stellen einen Eingriff in den Privatbereich dar, den männliche
    Studenten nicht erfahren;

4 - dienen der beruflichen Sozialisation von Männern im negativen
    Sinn, da männlichen Studenten von ihren Rollenmodellen sexistisches
    Verhalten vorgespielt wird;

5 - vermitteln Frauen, daß sie nicht in derselben Weise wie Männer
    zur "academic community" gehören; gleichzeitig weisen sie ihnen
    die Zusatzaufgabe zu, eine angenehme, erotisierte Arbeitsatmosphäre
    zu schaffen.

Einschüchterung und intellektuelle Abwertung auf verbaler Ebene

Sexuelle Belästigung findet ihren Nährboden in der frauenverachtenden Grundeinstellung mancher Professoren. Diese Grundeinstellung kommt in Vorlesungen und Seminaren auf verschiedenste Weise zum Ausdruck. Häufig werden Frauen dabei als Gruppe angesprochen. Dies wird in den USA als "gender harassment" eingeordnet, d.h. Diskriminierung gegen Individuen, die der Angreifer aufgrund ihrer Geschlechtszugehörigkeit geringwertiger einschätzt. Im Laufe einer Reihe von Gerichtsfällen in den USA, die sich mit sexueller Belästigung am Arbeitsplatz und an der Universität befaßten, wurde die Definition sexueller Diskriminierung und Übergriffe zunehmend dahingehend erweitert, daß die Arbeits- bzw. Ausbildungsatmosphäre mit einbegriffen werden. Dementsprechend wird ein "gesundes Arbeitsklima", in dem sich Studentinnen ihren Studien in dem Vertrauen, daß ein Interesse an ihren intellektuellen Fortschritten besteht, widmen können, ernsthaft in Frage gestellt, wenn Professoren von Frauen mit vorurteilsgeladenen Stereotypen sprechen. Einige Beispiele aus Berlin sollen dies verdeutlichen:

An der Freien Universität ist es bekannt, daß Hermann Blei, Professor des Strafrechts, in seinen Falldarstellungen Namensschöpfungen wie "Frau Bumske", Frieda "Lüstlein", Frau "Emanz", die Prostituierte "Freudenreich" etc. verwendet. Die Fallbeschreibungen enthalten häufig frauenfeindliche Klischees, so wenn die Bürogehilfin "Armanda" mit dem Geschlechtsverkehr mit ihrem Chef, dem Rechtsanwalt "Lüstlein" bereitwillig einverstanden ist, oder Herr "Trunk" angeheitert heimkehrt und seine Frau wie üblich zum Besen greift. Diese und andere Beispiele sind in den Büchern des Professors festgehalten. Jurastudentinnen haben in einem Aufsatz beschrieben, in welcher Weise sie sich angegriffen fühlen, wenn Männer und leider auch Frauen über diese Fallbeschreibungen lachen. (Fraueninfo 1983)

In den USA läuft z.Zt. die Diskussion darüber, ob diese Art von Diskriminierung durch das Gesetz des Rechts auf freie Rede geschützt ist oder von der Gesetzgebung über sexuelle Diskriminierung und sexuelle Belästigung erfaßt werden kann - eine Diskussion, an die bei uns noch gar nicht zu denken ist.

Nicht nur verbale Diskriminierung kann Studentinnen verunsichern und dazu führen, daß sie ihre Arbeit in Frage stellen, sondern auch Mimik und Gestik. So z.B. die Situation, in der eine Studentin ein Referat hält und der Professor ihr dabei nicht ins Gesicht guckt, sondern seinen Blick ständig auf ihre Brüste richtet.

Diese Art des Lächerlichmachens von Frauen und der unterschwelligen oder offensichtlichen Frauenfeindlichkeit können Studentinnen in allen Fachbereichen erleben, obwohl sie in einigen stärker hervortreten. Schülerinnen in den USA prägten für solche Situationen den Begriff "minirape". Sie führen dazu, daß Frauen der Eindruck vermittelt wird, sie gehören nicht in derselben Weise wie Männer zu der "academic community", sie seien ungeeignet für diese Ausbildung, sie seien vornehmlich "Fleisch". Sie beeinflussen auch die Möglichkeiten von Frauen, konzentriert und in dem Bewußtsein, daß ihre Arbeit wichtig genommen wird, ihren Studien nachzugehen.

Nach Kathleen Barry, (Autorin des Buches Sexuelle Versklavung von Frauen) können wir sexuelle Belästigung als Perversion bezeichnen. Barry schreibt: "Perversion ist nicht einfach das, was falsch, schlecht oder unrecht ist, sondern das, was den Menschen in seiner Existenz in Zeit und Raum entstellt, entwertet, entpersönlicht, verzerrt und zerstört." (Barry 1983, S.301) Genau diese Entwertung, Entpersönlichung erfahren Frauen, wenn sie im Rahmen einer Bildungsinstitution von einem Mann als Sexualobjekt behandelt werden, dessen eigentliche Aufgabe es ist, ihre intellektuelle Entwicklung zu fördern und zu prüfen. Die Auswirkung wird im folgenden Kommentar einer Studentin deutlich:

> "Aussehen und Kleidung sind unheimlich wichtig. Die Kombination 'Kopf und Körper' kommt am besten an. Das war schlimm für mich, weil ich nicht wußte, ob ich meine guten Noten aufgrund meines Kopfes oder meines Körpers bekommen hatte - auch und manchmal gerade bei linken Dozenten." (Schultz 1978, S.128-129)

Für Männer muß das Bewußtsein von der eigenen Körperlichkeit bzw. dessen Abwesenheit trotz der Trennung von Körper und Geist, Lust und Leistung nicht zum Problem werden. Frauen hingegen wird ihr Körper und ihre Sexualität als Problem oktroyiert: gleichgültig wie sie aussehen, sich bewegen, kleiden - sie müssen immer mit einer Reaktion, einer kritischen Einschätzung rechnen und häufig mit einer, die konträr zu dem angestrebten Selbstbild verläuft.

Ein solches Verhalten vermittelt, daß bei Frauen ihr privater, persönlicher Bereich in einer Weise öffentlich gemacht und benutzt werden kann, wie dies bei Männern nicht geschieht. Solche Erfahrungen bedeuten eine ständige psychische Belastung und können das Selbstwertgefühl der Frau(en) negativ beeinflussen.

Sexuelle Belästigung und sexuelle Dienstleistungen als Tauschware

Sexistische Verhaltensweisen beinhalten gewöhnlich die Reduzierung von Frauen auf Körperlichkeit oder bestimmte als weiblich definierte Eigenschaften und das Absprechen intellektueller Fähigkeiten. Sexuelle Belästigung, d.h. die "unerwünschte Auferlegung sexueller Forderungen innerhalb einer Beziehung, die auf ungleichen Machtverhältnissen beruht" (MacKinnon 1979, S.1) stellt einen Teilbereich sexistischen Verhaltens dar. Entsprechende Richtlinien, die in den USA an verschiedenen Institutionen einschließlich Universitäten übernommen wurden, beinhaltet sexuelle Belästigung: (Project on the Status and Education of Women 1978, S.2)

- verbale Belästigung oder Mißbrauch

- unterschwelliger Druck zu sexuellen Aktivitäten

- anzügliche Bemerkungen über die Kleidung, den Körper oder die "Erotik" einer Frau
- unnötige Berührungen, Tätscheln, Kneifen, etc.
- Beliebäugeln oder lüsternes Anstarren eines Frauenkörpers
- ständiges Streifen des Körpers einer Frau
- direkte Forderungen sexueller "Gefälligkeiten", die gleichzeitig von impliziten oder ausdrücklichem Druck oder Drohungen hinsichtlich Arbeitsstelle, Zensuren, Empfehlungsbriefen etc. begleitet sind
- körperlicher Angriff
(Project on the Status and Education of Women, 1978, S.2)

Bei sexuellen Übergriffen haben wir mit einer Form von sexueller Belästigung zu tun, die gegen eine individuelle Frau gerichtet ist und bei der die Bedürfnisbefriedigung des Professors im Vordergrund steht. Das Erlebnis des Ausgeliefertseins als Abhängige wird für die Studentin oft zu einem bleibendem Trauma. Sexuelle Belästigung einer Studentin durch einen Professor ist bei uns noch völlig tabuiert. In den USA ergaben Untersuchungen, daß sexuelle Belästigung an Hochschulen zwar nicht so häufig vorkommt wie an anderen Arbeitsplätzen, aber einen durchaus ernstzunehmenden Tatbestand darstellt.

Eine der neuesten Untersuchungen, deren Ergebnisse sich mit vorherigen weitgehend decken, berichtet, daß fast ein Drittel aller Studentinnen von einem oder mehreren Hochschullehrern sexuell belästigt worden sind. (Die Untersuchung verwendete die o.a. Definition von sexueller Belästigung.) 2.2% gaben an, daß sie offene Forderungen nach sexuellen Aktivitäten erfahren hatten; 11% berichteten, daß sie von einem oder mehreren Professoren in wenigstens einer der vier schwerwiegendsten Formen belästigt worden waren (körperlicher Angriff, direkte Forderung sexueller "Gefälligkeiten", subtiler Druck oder unerwünschte Berührungen.) Die meisten der Studentinnen, die sexuelle Belästigung erlebt hatten, berichteten von nur einem Vorfall. (Wilson and Kraus, 1983)

In der Bundesrepublik und West-Berlin verfügen wir bisher nur über individuelle Aussagen von Frauen. Die hier beschriebenen Geschehnisse ereigneten sich in den letzten zehn Jahren an verschiedenen Universitäten und unterschiedlichen Fachbereichen.

Das erste Beispiel betrifft eine Frau, die über mehrere Semester von einem Professor unter Druck gesetzt wurde, mit ihm Geschlechtsverkehr zu haben unter der Drohung, daß er sie sonst bei Prüfungen durchfallen lassen würde (Schultz, 1978, S.121 ff.).

1982, ca. sechs Jahre später, gelangten Informationen über ca. 10 weitere Fälle, die diesen Professor betrafen, schließlich zum Landeskultusministerium. Zunächst sah es aus, als ob ein Prozeß gemacht werden sollte. Alle, außer der Studentin, verweigerten schließlich doch die Aussage. Das Verfahren endete damit, daß dem Professor nahegelegt wurde, sich frühzeitig pensionieren zu lassen.

Der nächste Bericht stammt von einer ehemaligen Studentin. Vor 10 Jahren befand sie sich im ersten Studiensemester in Anglistik und hatte ein Seminar bei einem Dozenten belegt, der auch heute noch für sein fragwürdiges Verhalten insbesondere mit jungen Studentinnen bekannt ist.

Dieser Dozent suchte sie unangemeldet zu Hause auf und versuchte sofort, sie anzufassen und zu küssen. Sie konnte ihn schließlich genügend abwehren, daß er ging. Die Folgen dieses Erlebnisses waren eine schwere Depression und der Wechsel des Studienfaches. Die Frau sagte:

> Lange hatte ich Schamgefühle und wies mir die Schuld zu, fragte mich, ob ich ihn irgendwie provoziert hatte, etwas getan hatte, das ihm den Eindruck vermittelte, er könnte bei mir landen. Aus meinem Respekt vor Lehrpersonen heraus konnte ich mir ein solches Verhalten seitens eines Professors nicht erklären. Ich lebte mit einem Gefühl des total Ausgeliefertseins, wie als Kind. Gleichzeitig fühlte ich mich zutiefst gedemütigt und fragte mich immer wieder, was ich diesem Professor überhaupt als Studentin bedeuten könnte, wenn er sich so mir gegenüber verhalten hatte. Erst durch die Frauenbewegung wurde es mir möglich, das Erlebnis anders einzuordnen und es als das zu sehen, was es war: die rücksichtslose und skrupellose sexuelle Ausnutzung einer Abhängigen seitens eines Hochschullehrers. (Interview 1984)

Sexuelle Übergriffe treten häufig in Zusammenhang mit Situationen auf, in denen Zensurengebung oder Hilfestellung bei der akademischen Arbeit im Vordergrund stehen. Dies ging auch aus einer Umfrage hervor, die Studentinnen an der Technischen und Freien Universität Berlin 1983 machten. Eine Studentin berichtete von einer Kommilitonin im Fachbereich Psychologie, die zur Besprechung ihrer Hausarbeit einen Termin im Haus des Dozenten erhielt. Nachdem er sich zwei Stunden hilfreich und freundlich mit Rat und Tat um die Hausarbeit gekümmert habe, hätte er ihr zum Schluß so eher beiläufig erklärt, daß sie auch bei ihm übernachten könnte. Die Frau lehnte ab, worauf er sie auf eine solche Weise in ein Gespräch verwickelte, daß sie eine halbe Stunde lang das Gefühl hatte, sich für diesen Entschluß rechtfertigen zu müssen. Sie konnte aber dann gehen und er sei auch immer nett zu ihr - soviel hätte ihm ihre Verweigerung auch wieder nicht ausgemacht. (Müller, Winterhalder, 1983)

Hier wiederholt sich das Paradigma für eine Vielzahl von Interaktionen von Männern und Frauen in unserer Gesellschaft - das des Austausches von Geld bzw. ökonomischer Sicherheit für sexuelle Dienstleistungen (Silvermann, 1981) - in einer für die Hochschule spezifischen Variante: die Studentin sollte für Wissensvermittlung mit Sexualität bezahlen. Sie mußte sich dann für ihre Verweigerung rechtfertigen und durfte erleichtert feststellen, daß sie für diese Verweigerung nicht mit Repressalien bestraft wurde.

Im Zusammenhang mit der Untersuchung über "Die Arbeitssituation von Frauen und Männern im Hochschuldienst aus der Sicht der Betroffenen", die ich gegenwärtig mit Kolleginnen durchführe, wurde mir auch von Professorenseite bestätigt, daß es immer wieder Fälle gäbe, in denen Professoren sexuelle Beziehungen mit Studentinnen nicht nur, aber auch in Prüfungszusammenhängen haben. Die Breite der hier beschriebenen Verhaltensweisen reicht von dem Professor, der der Studentin sagt, er würde sie durchfallen lassen, wenn sie sich ihm nicht sexuell verfügbar macht, über den, der ein näheres Kennenlernen auf einer Parisreise als Voraussetzung für ein gutes Examen nennt, zu dem Professor, der sich auf dem therapeutischen Weg sexuelle Dienstleistungen holt. So sagte ein Professor über einen Kollegen "er wird hier als sehr lieber Kollege von uns allen akzeptiert, er schläft mit den Studentinnen bevorzugt in der Prüfungsphase. Das mag aber damit zu tun haben, daß das auch eine intimere Stimmung gibt, weil er zu denen gehört, die sich ganz intensiv um die Studenten kümmern während der Prüfungszeit." (Dies ruft Assoziationen zu Berichten über Therapeutenverhalten hervor.)

Über 80% der ca. 50 befragten Professor/innen antworteten, daß sie sexuelle Verhältnisse zwischen Professoren und Studentinnen erlebt, davon gehört hätten, bzw. deren Vorkommen nicht ausschließen würden. Mehr als 50% berichteten von konkreten Fällen in ihrer Umgebung. Die meisten sprachen sich nicht unbedingt gegen Erotik, aber gegen Sexualität zwischen Hochschullehrer/innen und Student/innen aus, wobei die Begründungen für diese Einstellung sehr unterschiedlich waren.

Bei den Männern steht die Besorgnis, das Betriebsklima und der Arbeitsablauf könnten gestört werden, im Vordergrund. Angst vor der Bedrohung der Existenz durch mögliche Folgen wird nur selten erwähnt, was nicht verwundert, da kaum Fälle je aktenkundig geworden sind. Nur ein Mann ging auf die komplexen Folgen für Studentinnen ein, die er als Zerstörung, Zusammenbrüche, Vertrauenskrisen, Arbeitsverzweiflung beschrieb.

Bei den Frauen bestimmen emotionale Komplikationen, die solches Verhalten für die Betroffenen, einschließlich ihrer selbst, bringen würden, ihre Ablehnung.

Die Tatsache, daß Professoren in Prüfungssituationen oder auch sonst "reihenweise mit ihren Studentinnen schlafen" können, und daß dieses Verhalten allen Mitarbeiter/innen, die nicht absichtlich die Augen davor verschließen, bekannt ist, zeigt, daß sexuelle Übergriffe weiterhin zum schweigend akzeptierten Verhaltenskodex des Hochschullehrers gehören.

Die zusätzliche Belastung durch Doppelnormen

Im Zusammenhang mit der Frage nach der Bedeutung von Erotik und Sexualität argumentierten die männlichen Professoren häufig, daß

hübsche Studentinnen und Assistentinnen, die "nicht wie graue Mäuse
aussehen", zum Betriebsklima und der angenehmen Arbeitsatmosphäre
beitrügen. Hier wird der double-bind, dem Frauen auch an der Universität ausgesetzt sind, deutlich: sie sollen sexuell anziehend
aussehen, andererseits kann ihnen jederzeit vorgeworfen werden,
daß sie ihr Aussehen angeblich dazu verwenden, einen Professor
von der realistischen Einschätzung ihrer intellektuellen Fähigkeiten
abzuhalten. Offensichtlich ist die Vorgabe, Männer seien ihren
sexuellen Trieben ausgeliefert, auch für den Hochschullehrer kein
Manko, sondern ein positives männliches Attribut. Dieser ganze
Komplex wird in Auszügen der Antwort eines (C4) Professors deutlich:

"Ein Positives könnte ich höchstens darin sehen, daß , wenn sich
meine Helferinnen attraktiv machen, und meinetwegen ihren Sex
etwas raushängen lassen, meinetwegen mir gegenüber oder so, daß
ich das lieber sehe als irgendwelche verschlampten völlig asexuel-
len oder sonstige neutralen Wesen. Und dann kann natürlich vielleicht, wenn Sie das so wollen, das förderlich sein, im Betriebsklima. Sicher ist man den Gefahren ausgesetzt. Da sind ein paar
verflucht hübsche Studentinnen, dafür bin ich ein Mann, da kann
ich nichts für, und wenn der Frühling kommt, dann empfinde ich
das vielleicht noch ein bißchen mehr als im Winter. Das ist ganz
klar. Aber man weiß sich ja noch zusammenzureißen, das sind ja
auch immer nur ganz kleine Augenblicke, Sekunden, wo man denkt,
na, die könntest du auch noch vernaschen, verstehen Sie? Da
sind ein paar rassige Mädchen schon da, mit denen ich auch mal
fünf Minuten verleben könnte, aber in Frage kommt das überhaupt
nicht. Was mir schon angeboten ist durch eine offene Bluse oder
sonst was beim Testieren, nur um den Blick von der schlechten
Arbeit abzuwenden, da könnte ich Bücher drüber schreiben.
B ü c h e r !

- Aber das, was Sie über Studentinnen beim Testieren sagten, sind
sie da erfolgreich mit?

In großen Teilen sind sie sicher erfolgreich damit, es wird keiner
aus einer 5 eine 3 machen, nicht, aber aus einer 4 eine 3, vielleicht eine 2 und so, bin ich schon überzeugt, wenn eine nett
aussieht, das sie das leichter hat, wenn ein Mann testiert."

Auch Hochschullehrerinnen sind den Doppelnormen ausgesetzt. Eine Professorin, die berichtete, daß ein Dekan ihr zur Begrüßung bei einem
Abteilungsfest an die Brust faßte, meinte, sie habe nicht zu seinem
Verhalten beigetragen, außer daß sie eine relativ junge Kollegin
ohne Buckel sei, in aller Regel auch freundlich und lächelnd.

Frauen sollen somit den von Dörner beschriebenen Verlust des Lustprinzips wettmachen, indem sie eine angenehme, vielleicht auch eroti-
sierte Arbeitsatmosphäre schaffen oder sogar sexuell verfügbar sind.
Ein Professor beschrieb bedauernd die Trennung von Erotik "im geistigen Sinne bis hin zum Verlust des Bewußtseins" und von Sexuali-

tät. Er beklagte, daß wir z.Zt. keine Kultur haben, in der die möglicherweise "enormen pädagogischen Chancen" inzestuöser Verhältnisse und Verhältnisse zwischen Lehrer und Studentinnen zur Geltung kommen könnten. In einem Sinn hat er Recht: Erotik, insbesondere als schöpferische Energie in kreativer Arbeit, wie sie Audre Lorde (1983, S.187-194) beschreibt, ist an unseren Institutionen zu Perversion und Pornographie verkümmert, zu einem Austausch, der weitgehend von den gängigen männlichen Vorstellungen von Erotik und Sexualität bestimmt wird.

Auswirkungen für Studenten und Studentinnen

Professoren, die in Vorlesungen Frauen lächerlich machen, stellen häufig ein eindeutiges Bündnis zwischen sich und männlichen Studenten her. Männliche Studenten, die sexistisches Verhalten von Professoren vorgeführt bekommen oder auch sexuelle Verhältnisse zwischen Professoren und Studentinnen beobachten, können sich für ein ähnliches Verhalten vorbereiten. Im Fall sexueller Beziehungen werden sie auch zynisch und verärgert auf den angeblich privilegierten Status der Kommilitoninnen reagieren. (Franklin u.a. 1981) Studentinnen, die keine solche Beziehung eingehen wollen, werden ebenfalls mit Bitterkeit darauf reagieren, daß an der Hochschule, dem vermeintlichen Ort intellektueller Emanzipation, der Doppelstandard fortgesetzt wird und sie wieder auf sexistische Stereotypen zurückgeworfen werden. Für die Studentin, die sich weigert, "in den Handel auf dem sexuellen Markt einzusteigen", wird der Professor "ein Problem". Sie muß nun "ihren Status als Studentin" neu verhandeln. (Benson and Thomson 1979, S.8) Studentinnen in den USA und hier haben berichtet, daß dies schwierig und oft unmöglich ist.

Studentinnen, die Affairen mit Professoren haben, sind letztendlich selten glücklich mit dem Ergebnis. Sie zweifeln am Wert ihrer Arbeit oder finden auch, daß ihre Karriere stark behindert wird. In mehreren Fällen wurde in den USA berichtet, daß frühere Liebhaber einer Kommission Mitteilung über ihre vergangenen Beziehungen zu der Bewerberin machten und sie damit von der Liste gestrichen war. (Der umgekehrte Fall einer Professorin, die einen männlichen Bewerber ausschaltet, weil sie mit ihm eine Affaire hatte, ist unvorstellbar.)

Sollten Frauen wirklich von solchen Beziehungen profitieren, so ist dies nur ein weiterer Grund, das sogenannte Leistungssystem zu überprüfen. (Franklin u.a. 1981, S.26-27)

Wie gehen Studentinnen mit sexueller Belästigung um?

Die Frage stellt sich, wieso dieser Tatbestand so wenig Öffentlichkeit erhalten hat und wieso es Frauen so schwer fällt, sich solchen Übergriffen zu entziehen, bzw. sich ihrer laut und offensiv zu erwehren. Es gibt eine Reihe von psychischen, institutionellen und gesellschaftlichen Gründen.

Banalisierung. - Die erste Reaktion auf Berichte sexueller Übergriffe ist meistens, daß dies krasse Einzelfälle sein müssen, Fälle
von krankhaften Persönlichkeiten. Die Betroffenen selbst verwenden
dieses Argument (sowohl Schülerinnen, die ich für mein Buch inter-
viewte (Schultz 1978), wie Studentinnen und Professorinnen sprachen
von Lehrpersonen, die sie belästigt hatten, als "krank", "kaputt"
oder "gestört"). Sollte dies zutreffen,wäre zu fragen, ob in dieser
Weise "kranke" Personen Lehrstellen innehaben sollten. Vielleicht
gibt das Argument des "gestörten" Einzelfalls den Betroffenen die
Möglichkeit, die persönliche Verletzung weniger stark zu erleben,
bewirkt jedoch auch, daß das Problem nicht als ein institutionelles
angesehen wird.

Hilflosigkeit.- Die meisten Frauen reagieren zunächst mit Hilflosigkeit in einer solchen Situation (auch Professorinnen zeigen Reak-
tionshemmungen). Bei vielen Frauen beruht die Hilflosigkeit auf
der Befürchtung, selbst etwas zu dem Verhalten des Mannes beigetragen zu haben - ein Ergebnis unserer Sozialisation. Auch Erfah-
rungswerte von Frauen sind zu nennen: Studentinnen haben guten
Grund anzunehmen, daß ihnen bei einer öffentlichen Anschuldigung
weniger Glauben geschenkt wird als einem Professor. Neben dem Sta-
tusunterschied kommt hier die verbreitete Ansicht, daß es ja Studentinnen sind, die "hilflose" Professoren bewußt und berechnend ver-
führen, zu ihrer Wirkung.

Beide Momente werden in folgenden Äußerungen einer Studentin über
einen Professor, der sie sexuell belästigt hatte, deutlich: .

"Was habe ich getan, daß ihm den Eindruck hätte geben können, ich
wäre nicht nur im professionellen Sinn am ihm interessiert? Ich
bin offen und rede gern; könnte das falsch interpretiert werden?
Ich stellte fest, wie total verletzlich ich in einer solchen
Situation war. Er ist eine unerhört machtvolle Person mit vielen
Kontakten und wenn ich ihn beleidige, hat er hunderte von Möglichkeiten, mir und meiner Karriere zu schaden. Alles, was sich
ereignete, würde zu seinen Gunsten interpretiert, wenn es je
öffentlich würde. Man würde sagen, daß ich falsch verstanden hätte,
daß er wirklich daran interessiert war, mir bei meiner Karriere zu
helfen. Mir wurde klar, daß wenn er versuchen würde, mein berufliches Fortkommen aufgrund dieser Situation negativ zu beeinflussen, es keine Person oder formalen Weg gäbe, um meine Beschwerde
wirksam zu machen, keine Person, die wirklich Macht hätte, mir
zu helfen. Ich fühlte mich unendlich frustriert und hilflos ..."
(Project on the Status and Education of Women, 1978, S.3)

Ambivalenz.- Zu der double-bind Situation, der sich Frauen an allen
Arbeitsplätzen ausgesetzt sehen, kommt an der Hochschule ein wei-
Moment hinzu: Die Identifikation mit der Person des Hochschullehrers
über von ihm vertretene Inhalte ist hier - wie auch an Schulen -
ein wahrscheinlich sehr viel stärkeres Moment als an anderen Arbeitsplätzen. Eine Professorin sprach von dieser Situation als einer,

in der die Studentin in gewisser Weise naiv ist und nicht durch-
schaut, welche sexuellen Komponenten längst schon in der Kommunikation mit dem Professor enthalten sind. Die Studentin käme dann in
eine Situation, in der sie sich wenig schützen könnte, z.T. weil
auch ein Stück ihrer Identität in ihrem Verhältnis zu dem Professor
und in der Identifikation mit bestimmten Inhalten mit drin stecke.

Beziehungen, die auf dieser Ambivalenz beruhen, werden offensichtlich
am häufigsten in den künstlerischen Fächern entwickelt, wo Professoren über Jahre mit einer oder mehreren Studentinnen sexuelle Verhältnisse haben, sie sich aufgrund der Ausnutzung der individuellen
Bindung an den bewunderten "Meister" ergeben.

Wir wollen hier nicht ignorieren, daß es durchaus Studentinnen gibt,
die aus verschiedenen Gründen erotische oder sexuelle Beziehungen
mit Professoren akzeptieren oder suchen. Gemäß der Definition sexueller Belästigung als unerwünschter sexueller Übergriffe sind dies
jedoch nicht die Beziehungen, von denen wir hier sprechen.

Die pseudo-progressive angebliche Aufgabe von Machtansprüchen, ein
scheinbares Klima von Gleichheit und sogenannter sexueller Befreiung
bedeutet jedenfalls für Frauen auch an der Universität einen frag-
würdigen "Fortschritt". Ein extremer Auswuchs dieses Anspruchs war
ein Aufsatz in päd extra (Görischk 1982, S.424), der als Porno dekla-
riert war und unter dem Titel "Sexualforschungsempirie" mit dem Untertitel "Es geht in diesem Prosatext um Hochschule, wissenschaftlichen
Nachwuchs, Sexualerziehung, Frau-Mann-Verhältnis, Lecken hinten und
vorn" veröffentlicht wurde. Worum es wirklich ging war die detail-
lierte Beschreibung einer Parkplatzaffaire zwischem einem Dozenten
und einer Studentin, die das Ganze natürlich initiiert hatte.

Ignorieren der Problematik als Selbstschutz. - Dierdre Silvermann
schreibt in einem Aufsatz über sexuelle Belästigung, daß Frauen mit
Klassen- und/oder Bildungsprivilegien eher dazu neigen, die Relevanz
sexueller Belästigung zu verneinen, weil sie sich vielleicht am meisten von der Vorstellung bedroht fühlen, daß sogar sie als Sexual-
objekte beurteilt werden könnten.

> "Die Tatsache, daß die sexuelle Belästigung, die diese Frauen er-
> fahren, öfter rein verbal und subtiler als die gegen Frauen aus
> der Arbeiterklasse gerichteten sind, mag zu ihrer Bereitschaft
> führen, sie als irrelevant zu sehen." (Silvermann 1981, S.90)

Mit dem Ignorieren wird die Universität als Männerklub, die männliche
Kultur der Hochschule und die ihr innewohnende Macht über Frauen
weiterhin bestätigt und verstärkt. Ich denke, daß wir Frauen uns bewußt als Außenseiterinnen in dieser Kultur begreifen müssen, so wie
Adrienne Rich es in ihrem Aufsatz "Denken wie Männer: die Funktion
der Alibifrau - Mut zum Ketzertum: die Vision der Außerseiterin" beschreibt.(Rich 1983, S.128-137) Erst dann können wir Widerstandsformen und alternative Umgangsformen mit Menschen und mit Wissenschaft
entwickeln und beginnen, diese männliche Kultur durch eine neue zu

ersetzen. Sexuelle Belästigung offenlegen und sich dagegen wehren ist ein unerläßlicher Bestandteil dieses Prozesses.

Was tun?

Frauen müssen zunächst damit beginnen, der resignativen Haltung entgegenzuarbeiten, daß solche Vorgänge unweigerlich zu unserem Frauenalltag gehören und wir "eben irgendwie damit fertig werden" müssen. Wie in anderen Prozessen wachsender Selbstbestimmung ist es auch hier wichtig, daß wir anfangen, über das zu reden, was uns ein Gefühl des Unwohlseins, der Erniedrigung, der Hilflosigkeit vermittelt, um dann gemeinsam Strategien zu entwickeln. Dazu gehört auf jeden Fall, daß die Situation öffentlich gemacht werden muß, daß das Schweigen gebrochen wird. Der Tatbestand sollte mit Untersuchungen, speak-outs etc. belegt werden. Für solche Untersuchungen sollten Gelder gefordert werden, ebenso wie für Anlauf- und Beratungsstellen.

An die Institution Hochschule können eine Reihe weiterer Forderungen gestellt werden, z.B. die Herausgabe von Richtlinien bezüglich sexueller Belästigung für das Lehr- und Verwaltungspersonal. Eine rechtliche Auskunft, die ich zu diesem Punkt einholte, besagte, daß dies in der Bundesrepublik unmöglich sei, da Hochschullehrer sich als Beamte über einen solchen Hinweis ihres Dienstherren empören würden. Ich denke, daß dieses Argument an dem Punkt unhaltbar wird, wo Frauen eine Öffentlichkeit herstellen und die Universitäten es eher mit einigen empörten Professoren aufnehmen werden als mit einer Serie von Disziplinarverfahren. Solche Richtlinien haben sich jedenfalls in den USA als sehr wirksam erwiesen, da sie das Problem Professoren bewußt machten und eine Hemmschwelle zu unangebrachtem Verhalten schufen. (Weiteres zu Handlungsmöglichkeiten für Studentinnen in: Freiburger Frauenzeitung 8, 1984, S.26).

Anmerkungen

1) Ich danke Dr. Wilma Mohr für den Hinweis auf Dörners Aufsatz

Literatur:

Adams, Harriet Farwell, 1983: "Work in the interstices: woman in academe," Women's Studies International Forum 6,2, S.149-157.

Anger, Hans, 1960: Probleme der deutschen Universität, Tübingen.

Barry, Kathleen, 1983: Sexuelle Versklavung von Frauen, Berlin, sub rosa Frauenverlag.

Benson, Donna Jean, Thomson, Gregg E., 1979: "Sex, Gender and Power: Sexual Harassment on an University Campus". Unveröffentlichtes Manuskript, Univ. of California Berkeley, zitiert in: Phyllis Franklin et al., Sexual and Gender Harassment in the Academy, New York, Modern Language Association 1981.

Dörner, Klaus, 1962: Der Zwang zur Dissoziation von Lust und Leistung, Argument Nr. 23, Okt./Nov.

Franklin, Phyllis, et al., 1981: Sexual and Gender Harassment in the Academy, New York, Modern Language Association.

Lorde, Audre, 1983: Vom Nutzen der Erotik: Erotik als Macht, in: Dagmar Schultz, Hg., Macht und Sinnlichkeit. Ausgewählte Texte von Audre Lorde und Adrienne Rich, Berlin, sub rosa Frauenverlag

MacKinnon, Catharine, 1979: Sexual Harassment of Working Women. A Case of Sex Discrimination, New Haven and London, Yale Univ. Press.

Müller, Angela, Winterhalder, Antonia, 1983: Sexuelle Belästigung an der Universität: Erfahrungsberichte von Frauen an der FU und TU Berlin und ein Bericht über die Entwicklung in den USA, Seminararbeit, Freie Univ. Berlin 1983, siehe auch Dagmar Schultz und Angela Müller, 1984: Sexualität zwischen Lehrenden und Lernenden an der Hochschule - sexuelle Belästigung oder sexuelle Befreiung?, in: Wollen wir immer noch alles? Frauenpolitik zwischen Traum und Trauma, Dokumentation der 7.Sommeruniversität für Frauen, Berlin.

Project on the Status and Education of Women, 1978: Sexual Harassment A Hidden Issue, Washington D.C., Association of American Colleges.

Rich, Adrienne, 1983: Denken wie Männer: die Funktion der Alibifrau - Mut zum Ketzertum: die Vision der Außenseiterin, in: Dagmar Schultz, Hg., Macht und Sinnlichkeit. Ausgewählte Texte von Audre Lorde und Adrienne Rich, Berlin, sub rosa Frauenverlag.

Schultz, Dagmar, 1978: Ein Mädchen ist fast so gut wie ein Junge - Sexismus in der Erziehung, Bd.1, Berlin, sub rosa Frauenverlag.

Schultz, Dagmar, 1982: Erotik im Klassenzimmer - im Spiegel patriarchaler Machtstrukturen, in: Ilse Brehmer (Hg.), Sexismus in der Schule, Beltz Verlag.

Wilson, Kenneth, R., Kraus, Linda, A., 1983: Sexual Harassment in the University, Journal of College Student Personnel, 24,3.

Maria S. Rerrich

BEITRÄGE IN VERANSTALTUNGEN ANDERER SEKTIONEN - EINLEITUNG

Bei den folgenden Beiträgen handelt es sich um Referate, die in Veranstaltungen anderer Sektionen gehalten wurden. Wie in früheren Dokumentationen der Sektion Frauenforschung, sind sie auch in dieser Dokumentation aufgenommen, weil wir annehmen, daß auch daran Interesse besteht, was Sektionsfrauen außerhalb der Sektionssitzungen vorbringen. Und gerade "verstreute" Referate sind sonst schwer zugänglich.

Die ersten drei Referate von Giselind Grottian, Christine Holste und Helgard Rohrmoser beruhen auf empirischen Forschungsprojekten, die sich mit unterschiedlichen Aspekten von Fertilität und Weiblichkeit im Leben türkischer Migrantinnen befassen. Giselind Grottian zeigt auf, wie die Erfahrung und Bedeutung von Schwangerschaft und Geburt sich für türkische Frauen mit den veränderten Lebensbedingungen in Berlin verändern - aber auch punktuell gleichbleiben. Auch Christine Holste betont Kontinuität und Wandel als charakteristische Erfahrung in dem besonderen weiblichen Lebenszusammenhang türkischer Migrantinnen. Sie untersucht unerwünschte Schwangerschaften und geht der Frage nach, in welchem spezifischen Kontext die Entscheidung zum Schwangerschaftsabbruch fällt. Helgard Rohrmoser fragt danach, wie türkische Frauen mit Familienplanung und Geburtenregelung umgehen. Ihr Beitrag macht deutlich, daß der Wunsch, Kinder zu bekommen und die Zahl der Kinder zu begrenzen, von einem komplexen Zusammenspiel von sozialen, wirtschaftlichen, religiösen und kulturellen Faktoren abhängt.

In der letzten Arbeit greife ich die theoretische Frage auf: Welche impliziten Konzepte von "richtiger" Vaterschaft sind in familiensoziologischen Untersuchungen unterschiedlicher Herkunft erkenntnisleitend? Hier klingt wieder die Frage an, die Margrit Brückner und Lerke Gravenhorst (in diesem Band) formulieren: Welches Männerbild braucht Frauenforschung?

Giselind Grottian

SCHWANGERSCHAFT UND GEBURT ALS SICH WANDELNDER ERWARTUNGS- UND ERFAHRUNGSPROZESS VON FRAUEN AUS DER TÜRKEI

In Berichten über Frauen aus der Türkei werden sie nicht selten als defizitäre Wesen beschrieben: Frauen mit Kopftuch, die in ihrer Heimat keine Schule besucht und keinen Beruf erlernt haben, denen es an Selbstbewußtsein mangelt. Als Erklärung für die gesellschaftliche Stellung der türkischen Frau wird häufig der Einfluß des Islam, die andere Kultur angeführt. Weitgehend unberücksichtigt bleiben meist die sozioökonomischen Bedingungen, die das Leben der Frauen, insbesondere auf dem Land, bestimmen. In den Dörfern ist die Familie zugleich Produktions- und Konsumtionsgemeinschaft, in diesem sozialen Gefüge haben die Familienmitglieder ihre definierte Position und ihre Aufgaben. Die Stabilität dieser Strukturen ist für die bäuerliche Familie lebenswichtig.

Schwangerschaft und Geburt bei türkischen Frauen sind eingebettet in den Kontext der Familie. Durch die Migration verändern sich die Lebensumstände der Familien und damit auch der Frauen erheblich. Ich möchte daher der Frage nachgehen, ob sich mit dem Leben in einer anderen Kultur, Einstellungen und Verhalten zu Schwangerschaft und Geburt wandeln und/oder ob Modifikationen im Rollenverständnis zu gewandelten Erwartungen und einer anderen Bewertung von Erfahrungen führen. Es handelt sich im wesentlichen um Teilergebnisse eines von der Stiftung Volkswagenwerk geförderten Forschungsprojektes zu Gesundheit und Lebensverhältnissen türkischer Frauen in Berlin' (1). Je nach Stellung und dem Zeitpunkt der Migration im Lebenszusammenhang der Frauen - so ist zu erwarten - werden ihre Erfahrungen von den kulturellen Traditionen im Heimatland in unterschiedlicher Weise beeinflußt.

Schwangerschaft und Geburt stellen sowohl ein sehr persönliches, als auch ein Ereignis von ausgeprägter gesellschaftlicher Dimension dar. (Akkent 1982, S.40) Von türkischen Frauen wird häufig auf die Bedeutung verwiesen, die ihre Gebärfähigkeit für sie hat. Während ihre ökonomische Stellung durch Heirat und Arbeitsvermögen gesichert wird, wird ihre soziale Stellung durch ihr Alter und die Zahl der Kinder (möglichst Söhnen) bestimmt, da diese als Arbeitskräfte in der Familie bleiben. Die Hochzeit gilt als Höhepunkt der Entwicklung eines Mädchens, weil sie den sozioökonomischen Rahmen schafft, indem sich die biologische Funktion einer Frau entfalten kann. (Mansur 1978, S.126)

Für Frauen sind daher Schwangerschaft und Geburt Quelle von Selbstbewußtsein und Identität.

Selbstverständlich vollzieht sich auch in der Türkei mit zunehmender Industrialisierung, Urbanisierung und auch der Migration ein erheblicher Wandel in den Familienformen. Entgegen dem Klischee von der türkischen Großfamilie - als Mehrgenerationenfamilie - stellt auch in ländlichen Regionen die Kernfamilie die überwiegende Lebensform (60%) dar. (Timur 1978, S.231)

Die interne Familienstruktur, die Rollen, das Entscheidungsverhalten, ändern sich dagegen langsam, sieht man einmal von der großstädtischen Oberschicht ab. Nicht nur für die etwa 70% der Frauen, die auf dem Lande leben und arbeiten, auch für gut ausgebildete und berufstätige Frauen in den Städten gilt es nach sozialwissenschaftlichen Untersuchungen als gesellschaftlich höchst anerkannt, eine gute Hausfrau und Mutter zu sein. (Mansur 1978, S.128; Magnarella 1972, S.369) (2)

Welches Bild ergibt sich für die Frauen, die nach Deutschland gekommen sind, deren Lebensalltag sich drastisch verändert hat? Die Berufstätigkeit ist für fast alle Frauen eine neue Erfahrung gewesen und stellt sie vor bis dahin unbekannte Anforderungen, was die Organisation des Haushaltes, besonders was die Betreuung der Kinder während der Arbeitszeit angeht. 'Kinder zu haben' gehört für die Mehrzahl der von uns besuchten Frauen zum Frausein an sich. Alle verheirateten Frauen hatten oder äußerten den Wunsch nach Kindern, unabhängig von Alter, städtischer oder ländlicher Herkunft oder ihrer Aufenthaltsdauer in der Bundesrepublik.

Anders dagegen ist die Situation einer kleinen Gruppe von jungen Frauen, die meist als Kinder oder Jugendliche ihren Eltern gefolgt sind, eine Schule abgeschlossen und eine qualifizierte Ausbildung gemacht haben oder machen. Der Wunsch ein Kind zu haben, rangiert gleichrangig neben der Möglichkeit, einen Beruf zu erlernen und auszuüben und damit eine selbständige Existenzgrundlage zu haben.

Deutlichen Einfluß hat das Leben in der Migration auf das Verhältnis der Geschlechter. Das Zusammenleben in kleinen Wohnungen, das ökonomische und emotionale Angewiesensein der Eheleute aufeinander, stellt für sie eine neue Erfahrung dar. In der Türkei war das Leben durch getrennte soziale Sphären für Männer und Frauen bestimmt; Purdah umschreibt diesen Tatbestand der gesellschaftlichen Segmentierung nach Geschlecht und Alter (Dobkin 1972). Männer stehen über Frauen, idealtypisch entscheidet der Patriarch über ökonomische und persönliche Belange der Familie, er regelt zusammen mit den übrigen männlichen Familienmitgliedern die Außenbeziehungen. Davon sind - mit Ausnahme der städtischen Oberschicht - Frauen weitgehend ausgeschlossen. (3) Traditionell herrscht bei der Eheschließung Patrilokalität, d.h. die Braut zieht zu der Familie ihres Mannes. Dieses Bild entspricht weitgehend der Großfamilie, wie sie auch vornehmlich für ländliche Regionen beschrieben wird. Das scheint in gewissem Widerspruch zu der oben zitierten Fetstellung vom Überwiegen der Kernfamilie in der Türkei auch auf dem Lande zu stehen. Der Widerspruch klärt sich jedoch auf, wenn man die Familienform zum Zeitpunkt der Eheschließung betrachtet. Aus ökonomischen Gründen (Besitz, Brautpreis) (4) bleiben 2/3 der jungen Familien zunächst einige Jahre im Haushalt der Eltern, bevor sie sich selbständig machen können. (Timur 1978, S.235)

Im Gegensatz dazu wird unter den Wohnbedingungen einer deutschen Großstadt (in der Türkei gilt dies in geringerem Umfang auch) bei Frauen, die hier heiraten, das Prinzip der Patrilokalität weitgehend zurückgedrängt. In den wenigen Fällen, von denen uns berichtet wurde, wo junge Frauen in Berlin zu den Schwiegereltern gezogen sind, geschah es aus

Not, keine eigene Wohnung finden zu können. Und auch in der Türkei versuchen die Frauen das Leben im Haushalt der Schwiegereltern zu vermeiden, z.B. wenn der Ehemann zum Militärdienst dorthin geht und hier keine weiteren Angehörigen leben.

Die Geschlechtertrennung im Alltag der Türkei hat ganz klare Formen. Männer und Frauen arbeiten getrennt, halten sich in verschiedenen Räumen auf und nehmen auch die Mahlzeiten getrennt ein, besonders auf dem Lande. Frauen, die in der Bundesrepublik aufgewachsen sind, sind mit diesen Bräuchen aus eigener Erfahrung nicht mehr vertraut und bei Besuchen in der Türkei, in den Ferien, kommt es gelegentlich zu Konflikten etwa über die Sitzordnung bei Tisch. Z.B. berichtet eine 20-jährige, die seit 12 Jahren in Berlin lebt, daß sie nach heftigen Vorwürfen und Auseinandersetzungen mit ihrer Schwiegermutter sich einen Platz am Tisch erkämpft hat. Sie ißt jetzt zusammen mit dem Großvater ihres Mannes, dem Familienoberhaupt.

Traditionsgemäß sprechen Frauen über Dinge, die ihren Körper betreffen, nicht mit Männern. Besonders gilt dies für Schwangerschaftszeichen. Diese Beschwerden, also Dickerwerden des Bauches, Übelkeit und Schwindelgefühle sind vor Männern, insbesondere dem Schwiegervater, geheimzuhalten. (Örnek 1977) Die Scham, über solche Themen zu sprechen, erstreckt sich jedoch nicht nur auf männliche Familienmitglieder. Mehrere Frauen, die aus ländlichen Gebieten stammten und als Ehefrau eingereist sind, berichteten uns, daß sie Hemmungen hatten, mit der Schwiegermutter oder anderen weiblichen Verwandten darüber zu sprechen. "Mit der Schwiegermutter, bei der ich gelebt habe, konnte ich überhaupt nicht darüber sprechen, ich habe mich geschämt und wollte auch meinen Bauch verbergen."

In Deutschland machen auch die räumliche Enge, das Fehlen der weiblichen Bezugsgruppe das Aufrechterhalten dieser geschlechtsspezifischen Lebensbereiche beinahe unmöglich. So ist es auch nicht überraschend, daß Ehemänner hier häufig über die körperlichen Belange ihrer Frauen sehr wohl informiert sind. Nicht zuletzt, weil sie bei Arztbesuchen oder auch im Krankenhaus als Vermittler tätig werden.

Da Schwangerschaft und Geburt zusammen mit der Erziehung der Kinder der Lebensinhalt für die meisten türkischen Frauen ist, wird es als beunruhigend empfunden, wenn eine junge Frau ein Jahr nach der Hochzeit noch nicht schwanger ist. Wenn auch nicht mehr ganz uneingeschränkt, so scheint vor allen Dingen in ländlichen Gebieten dies noch weitgehend Gültigkeit zu haben. Unfruchtbarkeit wird als Problem der Frau angesehen, d.h. sie muß Abhilfe schaffen. In der Türkei existieren verschiedene Wege.

Zum einen gibt es magisch-religiöse Mittel. Die Frau geht zu einem Hodscha oder Magier. Dieser kann ihr Früchte geben, die vorher mit Koran-Suren besprochen worden sind, etwa einen Apfel oder er gibt ihr ein Amulett (Muska), das sie dann trägt. Sie kann auch heilige Grabstätten aufsuchen und dort Opfer bringen.

Als zweite Möglichkeit werden diverse volksmedizinische Mittel angewendet, die sich allerdings regional stark unterscheiden. Mit Hilfe von alten Frauen oder Hebammen werden verschiedene Kräuter zusammen-gekocht, die Frau setzt sich dann auf den Sud und trinkt auch manchmal davon. Dadurch soll die Unterleibsmuskulatur gelockert werden. Manch-mal werden auch Pflanzenzubereitungen (Ingwer oder Zwiebel) in die Scheide oder auch in die Gebärmutter eingeführt. (Örnek 1977) Die Auf-zählung ließe sich noch fortsetzen. Daß diese Mittel so vielfältig und so weit verbreitet sind, hängt auch mit dem Mangel an medizini-scher Versorgung, besonders in nichtstädtischen Gebieten zusammen. Ärztliche Hilfe steht in vielen Fällen kaum zur Verfügung, sei es, daß der Arzt nicht erreichbar oder aber nicht bezahlbar ist. (5) Auch wenn sich die Wirkung dieser Maßnahmen nicht beurteilen läßt, etwas bewirken sie sicher: Sie geben der Frau das Gefühl, das für sie Mög-liche und sozial Akzeptierte getan zu haben - und damit ein Gefühl des Geborgenseins.

Neben religiösen und volksmedizinischen Heilmitteln gibt es natürlich auch noch die Möglichkeit bei Ärzten, Hebammen oder in Krankenhäusern um Rat zu fragen. Abgesehen von den oben genannten Hindernissen scheint dies jedoch erst in Frage zu kommen, wenn andere Versuche nicht zum Ziel geführt haben. Vor allem aber wird vorausgesetzt, daß die Familie in der Lage ist ,die Aufwendung für eine Fahrt in die Großstadt, evtl. sogar nach Istanbul oder Ankara und die Kosten für eine Konsultation zu übernehmen.

Für Frauen, die in der Bundesrepublik leben, verlieren diese Behand-lungsmethoden an Bedeutung. Vor allem junge Frauen, die keine eigenen Erfahrungen in der Türkei gemacht haben, suchen Hilfe beim Arzt. Wie bereits erwähnt, sind in unserer Untersuchungsgruppe zwei der ver-heirateten Frauen der zweiten Generation kinderlos und haben deswegen schon alle möglichen Ärzte aufgesucht. Für sie ist es selbstverständ-lich, daß sie zum Gynäkologen gehen. Eine von ihnen schließt jedoch - nach mehrjähriger erfolgloser Behandlung - nicht aus, daß sie, wenn es weiterhin so bleibt, auch mal 'etwas anderes' versuchen will.

Viele Frauen sind als Ehefrauen ihrem Mann nachgezogen, d.h. sie ha-ben ihre Kinder oder einen Teil ihrer Kinder bereits in der Türkei be-kommen. Einige von ihnen berichten, daß sie volksmedizinische Mittel probiert haben. Frau Yalcin beschreibt es folgendermaßen: "Von meinem ersten Mann, der krank war und starb, bin ich gleich schwanger gewor-den. Vom Vater dieser Kinder nicht gleich. Eine Dorfhebamme hat ver-sucht, mir zu helfen. Sie hat z.B. dunkle Kürbisse ausgehöhlt, Teer heißgemacht und in den Kürbis gefüllt. Das wurde mir dann auf den Un-terleib gelegt. Es hat aber nichts genützt." Obwohl sie durchaus einen Zusammenhang mit ihrem jeweiligen Mann andeutet, ist es für sie selbst-verständlich, daß sie es ist, die etwas unternehmen muß. Es ist nahe-liegend, daß diese Praktiken bis auf weiteres in Gegenden ihre Bedeu-tung behalten, wo medizinische Versorgungsangebote - seien es Gesund-heitszentren, Mutter-Kind-Stationen oder auch Arztpraxen - fehlen. So haben wir vornehmlich auch von Frauen darüber erfahren, die aus noch sehr traditionell geprägten Gebieten - wie der Schwarzmeerregion - oder aus unterversorgten Gegenden - etwa Südostanatolien - stammen. Schwanger zu sein - ablesbar am Ausbleiben der Regel - ist für Frauen wichtig. Abgesehen von den bereits erwähnten sozialen Gründen sehen sie eine enge Verbindung von Fruchtbarkeit und ihrem Gesundheitszustand. Nach traditionellem Verständnis wird angenommen, daß, bevor die Frau schwanger ist, der Körper mit Menstruationsblut verunreinigt ist, daher in schlechter Verfassung ist. Außerdem nimmt man an, daß der Uterus bei jungen Frauen noch besser in der Lage ist, den Samen aufzunehmen und das Kind auszutragen. Mit zunehmendem Alter der Frau wird er trocken und verliert seine Stärke. Nach dieser Vorstellung stellt die Frau bei der Konzeption lediglich das Gefäß - den Uterus -, in das der Samen gelegt wird. (s. Koran)

Die Kenntnisse über die physiologischen Vorgänge zu Konzeption und Schwangerschaft sind jedoch verschieden. Es ist bekannt, daß türkische Frauen nur geringe Körperkenntnisse haben sollen. Die Gründe werden in der Tabuisierung des Sexualbereichs gesehen und häufig noch verstärkt durch fehlende Schulbildung. Das gilt im wesentlichen auch für die Frauen, die wir getroffen haben. Wir haben jedoch auch einige wenige türkische Arbeiterinnen gesprochen, die über detailliertes Wissen verfügten. Sie haben in der Türkei eine gute Schulausbildung absolviert. Diejenigen jungen Frauen, die hier den größten Teil der Schulzeit verbracht haben, sind, wie sie sagen, in der Schule 'aufgeklärt' worden. Mitunter haben sie sich ihr Wissen aus Zeitschriften, Büchern oder Videokassetten angeeignet.

Das Bemühen, etwas 'Gutes für das Kind' zu tun, war für die von uns interviewten türkischen Frauen das Motiv, zur Schwangerenvorsorge zu gehen. Zumindest für die meisten: Wir sind keiner Frau begegnet, die in Berlin entbunden hätte und nicht von dieser Möglichkeit wußte. Bis auf wenige waren sie regelmäßig einmal pro Monat beim Gynäkologen oder im Krankenhaus zur Untersuchung. Besonders jüngere Frauen, die hier aufgewachsen sind oder kürzlich nach Berlin geheiratet haben, hielten die Untersuchungen für wichtig. Lediglich drei Frauen gingen unregelmäßig bzw. gar nicht zur Schwangerenvorsorge. Sie haben in der Türkei schon mehrere Kinder geboren, bevor sie nach Deutschland gekommen sind, um hier die Familie zu versorgen. Zum Teil sind es Zeitgründe, etwa das Problem, die übrigen Kinder während des Arztbesuches nicht allein lassen zu können, die einer regelmäßigen Inanspruchnahme entgegenstehen. Daneben spielen jedoch auch andere Faktoren eine Rolle. Zum einen die Erfahrung, daß es sich um ein Geschehen handelt, das man kennt, das bereits mehrfach ohne zusätzliche Maßnahmen bewältigt wurde, bzw. daß auch medizinische Intervention keinen Einfluß auf das Ergebnis haben muß.

Frau Dilic, eine 45jährige Kurdin, hat in ihrem Heimatdorf in Südostanatolien sieben Kinder geboren, bevor sie nach Berlin kam. Drei Kinder sind am Leben. Ein Junge starb kurz nach der Geburt, bei zwei Säuglingen, die tot geboren wurden, hat sie vorher festgestellt, daß 'etwas nicht stimmte'. Allerdings hatte niemand ihren Beobachtungen geglaubt. Bei der 7.Schwangerschaft in der Türkei ging sie dann zum Arzt. Der versicherte ihr, daß alles in Ordnung sei, obwohl sie sicher war, daß das Kind nicht mehr lebte. Es kam tot zur Welt. Ihre jüngste Tochter wird in Berlin geboren. Auf die Frage, ob sie denn hier zur Vorsorgeuntersuchung war, meint sie: "Nein, was sollte ich denn dort, ich war doch gesund. Warum sollte ich denn dahin gehen...

In der Türkei war ich ja jeden Tag beim Arzt, habe ihn auch noch teuer bezahlt und dann sind die Kinder trotzdem gestorben."

Trotz der Angst vor einer weiteren Totgeburt orientiert sie ihr Verhalten an ihrer Erfahrung in der Türkei. Die Erfahrung mußte sie durch Selbstbeobachtung sammeln, denn erklärt wurde ihr niemals, was mit ihr vorging. Obwohl ihre Erfahrungen von der Umwelt - einer Nachbarin und dem Arzt - nicht akzeptiert werden, fühlt sie sich im nachhinein bestätigt. Warum soll sie sich dann hier nicht mehr darauf verlassen?

Große Unterschiede im Vergleich zur Türkei sind beim Verlauf der Entbindung festzustellen. Die vorherrschende Form dort ist die Hausgeburt. Das ist naheliegend besonders bei Frauen, die aus ländlichen, abgelegenen Regionen kommen, aber auch mehrere Frauen aus Städten bzw. Großstädten haben zu Hause entbunden. Die Anwesenheit einer ausgebildeten Hebamme oder Krankenschwester ist bei diesen Geburten die Ausnahme.

Die medizinische Unterversorgung der nicht-städtischen Gebiete der Türkei ist bekannt, ebenso das deutliche West-Ost-Gefälle. Zur Illustration - es gab 1975 in der Türkei ca. 13.000 Hebammen und etwa 15.000 Krankenschwestern. Bis 1980 hat sich die Zahl der Krankenschwestern beinahe verdoppelt, die der Hebammen ist allerdings nur um 3.000 gestiegen. (Länderbericht Türkei 1982, S.19) Im Vergleich dazu gab es 1975 in Berlin ca. 11.000 Kranken- und Kinderkrankenschwestern. (Jahresgesundheitsbericht 1975, S.11) Die Unterschiede in der Erreichbarkeit medizinischer Hilfe sind erheblich. Die Frauen, die mit einer Hebamme entbunden haben, lebten entweder im Westen der Türkei bzw. in relativ gesicherten Verhältnissen, z.B. wenn der Ehemann als Offizier krankenversichert war.

Meist fand die Geburt jedoch mit der Unterstützung einer angelernten Hebamme, einer erfahrenen Frau aus dem Dorf, zu Hause statt. Gelegentlich war auch eine Nachbarin oder die Schwiegermutter dabei. Frauen, die in der Landwirtschaft arbeiten, tun dies manchmal noch bis kurz vor ihrer Niederkunft. So passiert es, daß ein Kind auf dem Feld zur Welt kommen kann. Wir hörten davon bei jungen Frauen, die sich schämen, darüber zu reden. Eine heute 47jährige erzählte uns: "Bei der ersten Geburt arbeitete ich auf dem Feld mit anderen Frauen. Als die Wehen anfingen, habe ich mich geschämt es zu sagen. Ich sagte, ich habe Kopfschmerzen. Meine Tante wollte mich mit dem Pferdewagen nach Hause schicken. Bis der Wagen kam, war das Kind schon da."

Im Krankenhaus haben in der Türkei nur wenige entbunden, bevorzugt Frauen aus Großstädten. Die Erfahrungen mit Entbindungen in der Türkei sind nicht einheitlich. Die vertraute Umgebung verleiht emotionale Unterstützung, wenn die Geburt ohne Komplikationen verläuft. Eine Kurdin beschreibt das folgendermaßen: "Ich kriege sehr leicht Kinder. Ich kriege etwas Bauchschmerzen, mache einmal die Augen zu, dann fallen sie schon raus." So glatt geht es nur selten. Häufiger sprechen die Frauen von schweren oder lang dauernden Geburten. Sehr deutlich sieht eine andere Kurdin auch die Risiken für Mutter und Kind. Sie erzählt von ihren neun Geburten: "Ich hatte fast bei allen Geburten starke Schmerzen und habe mich sehr gequält. Es war auch nie eine Hebamme dabei. Viele Frauen im Dorf sind damals bei der Geburt gestorben. Und die Kinder auch, weil es keine Versorgung gab." Die beiden gerade zitierten Frauen stammen aus Südostanatolien, einem anerkanntermaßen schlecht versorgten Gebiet.

Offizielle Angaben zur Mütter- und Säuglingssterblichkeit in der Türkei sind rar. Da die Türkei keine Geburtenstatistik führt, beziehen sich die Angaben auf regionale Studien bzw. Schätzungen. Die Müttersterblichkeit für kleine und mittlere Städte ist für 1968 mit 11,4 auf 10.000 Lebendgeborenen angegeben, für die Dörfer soll sie um vieles höher liegen, nicht zuletzt, wenn man bedenkt, daß 92% der Entbingen zu Hause stattfinden, meist ohne medizinische Unterstützung. (Tezcan 1982, S.64)

Von 1.000 geborenen Säuglingen - schätzt die UN - sterben 150, der Anteil der Fehlgeburten liegt - dazu gibt es Untersuchungen - bei 17,2% auf 100 Lebendgeburten. (Tezcan 1982, S.67) Nimmt man diese Angaben zusammen, so wird deutlich, daß die Erwartungen der Türkinnen an die Gesundheitsversorgung in der Bundesrepublik hoch sind. Zahl und Ausstattung der Arztpraxen und Kliniken läßt bei ihnen die Hoffnung entstehen, daß hier alles viel besser sein muß. Es scheint mir daher auch nicht überraschend, daß im Gegensatz zu den Erfahrungen in der Türkei türkische Schwangere zur Geburt das Krankenhaus aufsuchen. Wir haben keine Frau getroffen, die die Möglichkeit einer Hausgeburt überhaupt in Betracht gezogen hätte. Eine andere Berliner Untersuchung zeigt auch, daß der Anteil türkischer Frauen bei Hausgeburten um etwa das Zweifache niedriger ist als bei Deutschen. Der Anteil der Hausgeburten zwischen 1970-1981 lag bei ca. 2%. (Burmeister et al. 1974, S.69)

Was äußern nun türkische Frauen über ihre Erfahrungen bei der Entbindung im Krankenhaus? Der Aufenthalt in Berliner Krankenhäusern stimmt nicht immer - wenn auch häufig - mit den positiven Erwartungen überein. Vor allen Dingen Frauen, die in der Türkei schwierige Geburten hinter sich haben, schätzen die Möglichkeit, durch Medikamente Entlastung von den Schmerzen zu bekommen. Während an den Ärzten weniger Kritik geübt wird, sind Klagen über das Pflegepersonal schon häufiger. Unfreundlich, voreingenommen gegenüber Ausländern lauten einige der Vorwürfe. So beschreibt eine Frau die Auseinandersetzung mit einer Hebamme vor der Geburt, die ihr verbieten will, zu schreien; oder die Bemerkung einer Schwester als geklingelt wurde: "Kinder könnt ihr kriegen, aber aufstehen wollt ihr nicht."

Besonders Frauen, die gar nicht oder sehr wenig deutsch können, leiden an der Einsamkeit im Krankenhaus. (6) Jedoch nicht nur die landläufig bekannten Analphabetinnen aus Anatolien leiden darunter, auch junge Frauen mit bestem deutschen Sprachvermögen. Auch sie erleben das Alleinsein im Kreißsaal, das Ausgeliefertsein an die Technik besonders schlimm in einer Situation, wo Trost und Nähe am nötigsten wären. Kaum anders beschreiben sie ihre Empfindungen an den darauffolgenden Tagen im Krankenhaus.

Als weiteren Grund für das Unbehagen während des Krankenhausaufenthalts nennen türkische Frauen Zeitdruck. Während in der Türkei die geburtsbegleitenden Handlungen im wesentlichen darauf gerichtet sind, Spannungen zu lösen, beschreiben einige Frauen, daß sie sich hier in der Klinik unter Druck gesetzt fühlen, leise und auch zur rechten Zeit zu gebären. Ein Beispiel soll dies verdeutlichen: "Alle sind immer in Eile. Die Hebamme sagte zu mir: 'Warum kommen sie denn jetzt noch, ich habe doch gleich Dienstschluß.'"

Im Gegensatz dazu ist die Geburt in der Türkei von diversen Ritualen begleitet: So erhofft man z.B. durch Massage, bestimmte Speisen, aber auch das Lösen von Zöpfen und Spangen, der Schwangeren symbolisch eine leichte Geburt zu ermöglichen. In jedem Fall ist sie aber nicht allein. Nach traditionellem Verständnis darf eine Wöchnerin 40 Tage nach der Geburt nicht allein gelassen werden, um böse Geister von ihr fernzuhalten. Dagegen schützt z.B. die blaue Perle oder Fatmas Auge. (Mansur 1972, S.120) Am 40. Tag nimmt die Wöchnerin ein Bad und wird damit wieder rein. In der Zeit vorher ist sie tabu. Über 40 Tage Enthaltsamkeit nach der Geburt als gängige Regel wird von allen Frauen berichtet, unabhängig von Alter oder Audenthaltsdauer in der Bundesrepublik. Über magische Praktiken, z.B. die Abwehr des bösen Blickes - von dem besonders Kinder, Schöne und Reiche, bedroht sind - wurde uns gegenüber nur aus der Türkei berichtet.

Ebenfalls auf die knappe Zeit führen mehrere junge Frauen ihre Schwierigkeiten mit dem Stillen zurück. Es ist niemand da, der ihnen in Ruhe zeigt, wie es gemacht wird. Es klappt dann auch nicht. In der Türkei ist Stillen selbstverständlich. Jungen werden manchmal bis zu zwei Jahren, Mädchen eineinhalb Jahre gestillt. Die Wöchnerin wird aus dem Kreis der Verwandten, aus der Nachbarschaft, aus dem sozialen Bezugssystem damit vertraut gemacht. Wenn eine junge Mutter Schwierigkeiten damit hat, hilft in den ersten Tagen eine andere Frau aus, die sog. Milchmutter.

Im Zusammenhang mit der Entbindung in der Bundesrepublik wird von einigen Frauen ein Gesichtspunkt erwähnt, der auch als Hinweis auf eine Veränderung im Rollenverständnis türkischer Männer zu sehen ist. Ich meine die Teilnahme bei der Geburt. Während nach der Tradition die Entbindung unter Ausschluß der Männer stattzufinden hat, berichteten einige junge Frauen der zweiten Generation, daß ihr Mann während der Geburt dabei war und ihnen damit 'sehr geholfen' habe.

Betrachtet man zusammenfassend die Bedingungen, den familiären Rahmen, in dem Schwangerschaft und Geburt sich in der Türkei und der Bundesrepublik abspielen, so werden einige Veränderungen sichtbar. Neben dem Zurückdrängen der Patrilokalität in eine allmähliche Auflockerung der Geschlechtsrollen - was Innen- und Außendarstellung, sowie was die Äußerung von Körperzuständen gegenüber Männern betrifft - zu beobachten. Es ist jedoch genau zu betrachten, in welchen Gruppen, unter welchen Bedingungen diese Veränderungen gelten. Daraus den Schluß auf kulturelle Anpassung zu ziehen, wäre verfrüht. Ebenso plausibel ist es anzunehmen, daß zumindest bei Frauen, die Erfahrung in der Türkei und in der Bundesrepublik haben, die so erscheinende Anpassung z.B. an das hiesige Gesundheitssystem und die Zufriedenheit damit, weniger damit erklärbar ist, das alte kulturelle Werte aufgegeben werden und deutsche an deren Stelle treten, als vielmehr damit, daß die Möglichkeit, überhaupt eine medizinische Versorgung in Anspruch nehmen zu können, für sie eine eigene Qualität darstellt. Daß sie sich dabei auch auf andere äußere Formen einlassen, muß nicht als eine Abkehr von türkischen Vorstellungen interpretiert werden.

Anmerkungen

1) Im Rahmen einer qualitativen Studie wurden Hausbesuche bei Frauen aus der Türkei gemacht und diese zu verschiedenen Themenbereichen befragt. Einen besonderen Schwerpunkt bildeten Fragen zur Gesundheit. Dabei ging es primär um die subjektive Beschreibung und Interpretation der Frauen, z.B. ihres Gesundheitszustandes, ihrer Erfahrung im Gesundheitssystem etc. In einem zweiten Teil der Untersuchung wurden Interviews mit Angehörigen medizinischer Professionen durchgeführt.(Burmeister, I. et al. 1985)

2) Nach der neuesten Volkszählung der Türkei lebten 1980 etwa 56% der Bevölkerung auf dem Land. Die Geschlechterrelation läßt die vorliegende Statistik unerwähnt. (Länderbericht Türkei 1982, S.13)

3) Mit der allmählichen Zunahme außerhäuslicher bezahlter Arbeit auch bei Frauen der Unterschicht, z.B. aus den Gecekondus der Großstädte, deuten sich auch hierbei Änderungen an. So waren 1977 etwa 6% der Frauen aus den Gecekondus von Ankara und Istanbul erwerbstätig. (Senyapili 1982, S.279)

4) Mit den Veränderungen in der Agrarstruktur, z.B. der Mechanisierung der Landarbeit in einigen Regionen der westlichen Türkei, verliert der Brautpreis an Bedeutung. Langfristig ist zu befürchten, daß der Ersatz der weiblichen Arbeitskraft keine positiven Auswirkungen auf den Status der Frauen hat.

5) In der Türkei sind nur Lohnabhängige bzw. Beamte sozial-, d.h., auch krankenversichert. Die Landbevölkerung ist davon weitestgehend ausgeschlossen. Abgesehen von Besuchen in staatlichen Krankenhausambulanzen, müssen Arztbesuche und Medikamente privat bezahlt werden. Seit 1974 regelt das Sozialversicherungsgesetz den Mutterschutz für Industriearbeiterinnen. Sechs Wochen vor und nach der Entbindung darf nicht gearbeitet werden, außerdem soll die Schwangere keine Arbeit machen, die Mutter oder Kind gefährden. (Abadan-Unat 1978, S.32)

6) Vgl. dazu auch Akkent 1984, S.103 f.

Literatur:

Abadan, N., 1967: Turkey, in: Patai, R. (Hg.), Women in the Modern World, New York.

Abadan-Unat, N., 1978: Modernization of Turkish Women, in: Middle East, J.32.

Abadan-Unat, N. (Hg.), 1982: Türk Toplumunda Kadin (Die Frau in der türkischen Gesellschaft), Istanbul (2.erweiterte Fassung)

Akkent, M. et al., 1982: Türkische Frauen und ihre Kinder, in: Informationsdienst zur Ausländerarbeit 3.

Akkent, M., et al., 1984: Frühkindliche Erziehung ausländischer Kleinkinder, ISS Arbeitsheft 9, Frankfurt/M.

Burmeister, I. et al., 1984: Regionalanalyse von Totgeburtlichkeit und Säuglingssterblichkeit in Berlin/West von 1970-1980, Stuttgart, Mainz.

Dies., 1985: Gesundheit und Lebensverhältnisse türkischer Frauen - eine empirische Untersuchung in Berlin (West), unveröff. Endbericht, Berlin.

Dobkin, M., 1972: Social Ranking in the World of Purdah: The Turkish Example, in: Anthrop. Quart. 45, 14, S.65-72.

Esposito, J.L., 1975: Women's Rights in Islam, in: Islamic Studies 14, S.99-114.

Senator für Gesundheit und Umweltschutz Berlin (Hg.), 1977: Jahresgesundheitsbericht 1975.

Magnarella, P.J., 1972: Aspects of Kinship Changes in a Modernizing Turkish Town, in: Human Organization 31, 4, S.361-371.

Mansur, F., 1972: Bodrum. A Town in the Aegean, Leiden.

Mansur, Cosar, F., 1978: Women in Turkish Society, in: Beck, L., Keddie, N., Women in the Muslim World, Cambridge, Mass., London.

Örnek, T.V. (Hg.), 1977: Türk Halkbilimi 4 (Volkskundliche Kulturreihe 4), Ankara.

Statistisches Bundesamt (Hg.), 1983: Länderbericht Türkei 1982, Stuttgart, Mainz.

Senyapili, T., 1982: Ein neues Element in großstädtischen Regionen: Die Frauen aus den Gecekondus, in: Abadan-Unat, N., (Hg.), 1982, op cit.

Teczan, S., 1982: Türk Kadinin Saĝlik (Die Gesundheit türkischer Frauen), in: Abadan-Unat, N., (Hg.), 1982, op cit.

Timur, S., 1978: Determinants of Family Structure in Turkey, in: Allmann, J. (Hg.), Women's Status und Fertility in the Muslim World, New York.

Helgard Rohrmoser

TÜRKISCHE FRAUEN IN DER MIGRATION: FAMILIENPLANUNG UND GEBURTENRE-
GELUNG - ANPASSUNG ODER HEIMATORIENTIERUNG?

Der der amtlichen Statistik zu entnehmende Geburtenrückgang ausländischer Frauen, die in der Bundesrepublik leben, führt vor-
schnell zu der Annahme, daß diese sich in ihrem generativen Verhalten dem der deutschen Frauen weitgehend angleichen. Gleichzeitig sind in der Öffentlichkeit ebenso wie in medizinischen Publi-
kationsorganen Ansichten darüber verbreitet, daß vor allem türkische Frauen aus religiösen Bindungen heraus der Familienplanung
und der Geburtenregelung ablehnend gegenüberstehen. Unterstellt
wird, daß türkische Frauen ihre Vorstellungen über eine kleinere
Kinderzahl in der Migration entwickeln und demzufolge auch erst
in der Bundesrepublik mit einer gezielten Empfängnisverhütung
beginnen.

Die Ergebnisse in der Türkei durchgeführter epidemiologischer Studien und die Ergebnisse eigener Untersuchungen (Holste und Rohrmoser 1982) sprechen meines Erachtens eher dafür, daß die Vorstellungen türkischer Frauen über Kinderzahl und Empfängnisverhütung nicht auf erst im Einwandererland erworbenen Orientierungen
beruhen. Diese entwickelten sich vielfach in der Türkei und sind
von zahlreichen ökonomischen, sozialen, kulturellen und religiösen
Einflüssen und Lebensumständen abhängig, die noch heute in der
Türkei die Funktion der Geburtenregelung erfüllen und zumindest
das Verhütungsverhalten der Frauen beeinflussen, die in der ersten
Generation türkischer Migrantinnen in der Bundesrepublik leben.
So ergaben z.B. im Rahmen des Turkish Fertility Survey 1978 durch-
geführte Untersuchungen, daß türkische Frauen häufig mehr Kinder
gebären, als sie sich wünschen (1980, S.108). Auch türkische Jugendliche, die zum Thema Kinderwunsch befragt wurden, wollen
durchschnittlich weniger Kinder, als sie zu Hause Geschwister waren (Carpenter-Yaman und Poffenberger 1981, S.119).

Nach dem Inkrafttreten des Gesetzes zur Bevölkerungsplanung von 1965,
das den Verkauf gesetzlich zugelassener Verhütungsmittel erlaubt,
hat der Gebrauch sogenannter 'moderner' Methoden wie Pille und
Spirale zugenommen. 1978 wendeten durchschnittlich 50% aller in
der Türkei lebenden Frauen eine empfängnisverhütende Methode an:
davon 44% den schon seit Mohammed bekannten coitus interruptus
(c.i.), 16% die Pille, 11% Duschen und Spülungen, jeweils 8% das
IUD (Spirale) und Kondome; volksmedizinische Methoden wurden von
6% der Frauen benutzt. (Turkish Fertility Survey 1978, 1980, S.106
f.). Wie in vielen anderen weniger entwickelten Ländern, in denen
der Schwangerschaftsabbruch nicht legalisiert ist, werden in der
Türkei neben der Anwendung vorbeugender Verhütungsmaßnahmen auch
illegale Abtreibungen als 'nachsteuernde' Methode der Geburtenregelung durchgeführt. Während Fisek (1974, S.166) die Zahl der spon-
tanen und induzierten Aborte zwischen 1967 und 1968 auf rd. 270.000

schätzte, gehen andere Berechnungen nach wie vor von jährlich rd.
500.000 illegal durchgeführten Schwangerschaftsabbrüchen aus (Baade
und Kartsaklis 1970, S.42; Die Welt v. 20.04.1983).

Dennoch blieb die Geburtenrate in der Türkei hoch: 1978 hatte jede
türkische Frau durchschnittlich vier Kinder geboren, Frauen im Alter
vom 45. bis zum vollendeten 49. Lebensjahr sogar durchschnittlich
sechs Kinder (Turkish Fertility Survey 1980, S.102). Mitverantwortlich
für diesen Sachverhalt sind eine Reihe von Einflüssen
und Fakten, auf die ich im folgenden näher eingehen möchte. Zum
einen erübrigt sich für viele türkische Frauen die kontinuierliche
Anwendung empfängnisverhütender Methoden in den ersten Ehejahren.
Frauen verzichten z.B. während der in der Türkei üblichen langen
Stillzeiten aus der Erfahrung heraus, daß sie nicht schwanger werden
können, sehr bewußt auf die Anwendung von Verhütungsmethoden.
Auch die meist mehrjährige räumliche Trennung der Ehepartner als
Folge der Arbeitsmigration, oft nach der Geburt des ersten Kindes
und nur unterbrochen durch gelegentliche Heimatbesuche des in
der Bundesrepublik arbeitenden Partners, macht den Gebrauch empfängnisverhütender
Methoden überflüssig.

Darüber hinaus erfordert die in der Türkei noch immer sehr hohe
Säuglings- und Kindersterblichkeit zahlreiche Schwangerschaften und
Geburten, damit wenigstens einige Kinder das Erwachsenenalter erreichen.
Auch die traditionell geprägte Bevorzugung von Söhnen
gegenüber Töchtern scheint eine nicht unwesentliche Rolle für eine
größere als die gewünschte Kinderzahl zu spielen. Während die jungen
Männer sich durchschnittlich drei Kinder wünschen, möchten die
jungen Frauen im Durchschnitt nur zwei Kinder haben. Die Vorstellungen
über die zukünftige Familiengröße der männlichen befragten
Jugendlichen werden überwiegend von deren Wunsch nach Söhnen bestimmt,
der ursprünglich weniger individuell und emotional als sozial
und wirtschaftlich beeinflußt war. (Carpenter-Yaman und Poffenberger
1981, S.119)

Zum anderen hängt der regional unterschiedliche Gebrauch 'moderner'
und als 'sicher' eingestufter Kontrazeptiva nicht nur von den Einstellungen
und den Wünschen türkischer Frauen bezüglich Empfängnisverhütung
und Familiengröße ab, sondern auch von der unterschiedlichen
Erreichbarkeit der Mittel und der noch weitgehend vorherrschenden
sozialen Trennung der Geschlechter. Anders als in der
Stadt setzt die Anwendung von Pille und Spirale auf dem Land eine
intensive Kommunikation zwischen den Eheleuten voraus. In den
medizinisch unterversorgten Regionen der Türkei mangelt es nicht
nur an Drogerien und Apotheken sowie an Mutter-Kind-Gesundheitsdiensten,
die Pille und Spirale häufig kostenlos verteilen; der
Bevölkerung auf dem Land fehlt oftmals auch das nötige Bargeld, um
Verhütungsmittel zu bezahlen. Darüber hinaus ist der Besuch in der
nächsten oft eine Tagesreise entfernt liegenden Stadt einer türkischen
Frau nur in Begleitung ihres Ehemannes oder einer anderen
vertrauten Person möglich. Frauen, die in der Stadt leben, sind

weniger auf das Einverständnis und die Unterstützung ihres Ehemannes angewiesen. Sie können z.B. ohne sein Wissen einen Arzt aufsuchen und die Pille heimlich benutzen. (Olson-Prather 1976, S.384)

Empfängnisverhütung und Abtreibungen dienen türkischen Frauen vorwiegend zur Begrenzung der Kinderzahl und weniger zur Bestimmung des Geburtsabstandes. Die Mehrzahl der türkischen Frauen beginnt mit einer gezielten Verhütung erst dann, wenn sie die gewünschte Kinderzahl geboren hat. Abgesehen von der Anwendung des coitus interruptus kannten nur wenige der Frauen, die wir im Rahmen eines zweijährigen Forschungsprojekts befragten (Holste und Rohrmoser 1982) traditionelle oder volksmedizinische Verhütungsmethoden. Das mag u.a. darin begründet sein, daß die meisten von ihnen ihre Heimat sehr jung verließen und zu diesem Zeitpunkt noch keine endgültigen Vorstellungen über die Größe ihrer Familie entwickelt hatten. In der Migration müssen sie außerdem auf den Erfahrungsaustausch mit älteren Frauen verzichten, die ihre Erfahrungen mit Schwangerschaft, Geburt und Verhütung an jüngere Frauen weitergeben.

Ihre Verhütungspraxis mit 'modernen' Methoden beginnen türkische Frauen in aller Regel mit der Pille. Der Gebrauch dieser Methode führt zu einem neuen Rollenverständnis zwischen den Partnern. Denn es verschieben sich Aktivität und Verantwortung für das Gelingen der Verhütung, die bei der Praktizierung des coitus interruptus einseitig beim Mann liegen, auf die Frau und damit definiert sich auch ihr Verhältnis zum Ehemann neu. Überdies kann die tägliche Einnahme der Pille bei den Frauen, die an einen kontinuierlichen Medikamentenkonsum nur selten gewöhnt sind, Widerstände gegen eine Verhütung aktualisieren, die losgelöst von praktizierter Sexualität erfolgen muß.

Mit zunehmender 'Medikalisierung' bzw. 'Medizinierung' wird Empfängnisverhütung - ähnlich wie Schwangerschaft und Geburt - darüber hinaus zu einem medizinisch-technischen Problem. Die kontinuierliche Anwendung der Pille, die der Dauer- bzw. Langzeitmedikation bei chronischen Krankheiten vergleichbar ist, erfordert die Inanspruchnahme professionalisierter Beratungs- und Gesundheitsdienste. Ihre Entscheidung für oder gegen eine empfängnisverhütende Methode treffen türkische Frauen in der Migration ebenso wie in der Türkei allerdings überwiegend innerhalb des weiblichen Laiensystems. Aus Mangel an Informationen und an fehlenden eigenen Vergleichsmöglichkeiten folgen sie den Empfehlungen und Ratschlägen solcher Frauen, die positive (oder negative) Erfahrungen mit einer ihnen bisher unbekannten Methode machten.

Mit der weltweiten Verbreitung hormoneller Kontrazeptiva bekam das Leitbild der Sicherheit zwar Vorrang vor weiteren wünschenswerten Eigenschaften der Kontrazeptiva. Doch türkische Frauen setzen ebenso wie deutsche Frauen die Pille ab, sobald sie mit Nebenwirkungen und Unverträglichkeiten wie Schwindel, Überlkeit, Kopf- und Magenschmerzen reagieren, weil sie diese ursächlich der Wirkungsweise der

Pille anlasten. Nur selten konsultieren sie vor dem Absetzen einen Arzt. Einfluß auf die Akzeptanz moderner Empfängnisverhütung haben neben gesundheitlichen Überlegungen auch unter Anwendung der Pille auftretende Menstruationsunregelmäßigkeiten. Werden regelmäßige Blutungen in der gewohnten Stärke als Zeichen für eine gute Gesundheit betrachtet, so gilt das Geringerwerden oder gänzliche Ausbleiben der monatlichen Regelblutung als Hinweis auf Krankheiten und Störungen und veranlaßt viele türkische Frauen, die Pille abzusetzen. Verantwortlich für solche Einstellungen scheinen Vorschriften des islamischen Katechismus zu sein, nach denen die Frauen als "versehrt" gelten, deren monatliche Blutung "weniger als drei Tage bzw. länger als zehn Tage" dauert (Kleiner islamischer Katechismus 1979, S.35).

Die Ablehnung solcher Kontrazeptiva, die das Menstruationsgeschehen verändern sowie die eindeutige Entscheidung türkischer Frauen zugunsten ihres gesundheitlichen Wohlbefindens bestätigen die Erkenntnis, daß die Qualifikation einer Methode als 'sicher' oder 'unsicher' nicht ausschließliches Kriterium für die Akzeptanz einer Verhütungsmethode sein kann. Desweiteren bewirkt die Trennung von Sexualität und Verhütung sowie ungenaues Wissen über Wirkungsweise und Funktion hormoneller Kontrazeptiva, daß türkische Frauen die Pille 'bei Bedarf' zeitweilig absetzen, z.B. dann, wenn einer der beiden Partner in die Türkei reist, oder daß sie die Pille nur nehmen, wenn sie mit ihrem Mann schlafen. Wechseln Frauen aus unterschiedlichen Gründen von der Pille zur Spirale und wirkt diese Maßnahme zu ihrer Zufriedenheit, so können sie die Verhütung anders als unter Anwendung der Pille über lange Zeit vergessen.

Grundlage für die eingangs vorgestellte weitverbreitete Annahme, daß ausländische Frauen sich in ihrem generativen Verhalten dem der deutschen Frauen anpassen, bilden die erst seit 1975 für Deutsche und für Ausländer getrennt nach Nationalitäten berechneten 'zusammengefaßten Geburtenziffern', die einen leichten Rückgang der Geburtenzahlen ausländischer Frauen aufweisen. (vgl. z.B. Wi/STa 2/82, S.94). In diese Daten gehen ausschließlich die in der Bundesrepublik geborenen Kinder ein. Unberücksichtigt bleiben Kinder, die ausländische Frauen in der Heimat geboren haben sowie die unterschiedliche Aufenthaltsdauer der Frauen in der BRD. (Münscher 1982, S.12)

Die genannten Kriterien beeinflussen in gewissem Umfang auch das Familienplanungshandeln der Frauen unserer Untersuchungsgruppe (Rohrmoser 1984, S.77). Türkische Frauen, die die Zugangsbarrieren zu ihnen bisher weitgehend ungewohnten professionalisierten Beratungsangeboten überwunden haben, gehören mehrheitlich der ersten Migrantinnengeneration an. Sie sind verheiratet, zwischen 25 und 40 Jahre alt und haben überwiegend drei bis fünf Kinder; etwa die Hälfte von ihnen hat ein Kind oder mehrere Kinder in der Türkei geboren. Frauen dieser Generation orientieren sich an unterschied-

lichen Problemlösungsstrategien. Entweder vermeiden sie - bisher
ohne jede Abbrucherfahrung - weitere Schwangerschaften mit Hilfe
von Verhütungsmitteln wie Pille und Spirale. Oder sie reagieren
eher 'nachsteuernd' auf eine ungewollte Schwangerschaft und wünschen einen Schwangerschaftsabbruch durchführen zu lassen. Die
wenigen sehr jungen Frauen der zweiten Einwanderergeneration entscheiden sich bereits nach der Geburt eines ersten oder zweiten
Kindes für eine wirksame Kontrazeption oder einen Abbruch. Anders
als die Generation ihrer Mütter machten sie vor Inanspruchnahme
der Beratungsstelle zwar noch keine Erfahrungen im Umgang mit
Verhütungsmethoden. Doch ihre Vorstellungen über Kinderzahl und
Geburtenplanung können sie in der Bundesrepublik aller Wahrschein-
lichkeit nach leichter verwirklichen als Frauen in der Türkei dies
tun können. Die bei diesen Frauen abzulesende Tendenz einer frühen
gezielten Geburtenregelung mag sich langfristig in abnehmenden
Geburtenzahlen niederschlagen. Für die Frauen der ersten Generation
lassen sich - zumindest auf Basis unserer Daten - solche Entwicklungen nicht nachweisen.

Wollen wir das Verhalten und Handeln türkischer Frauen über eine
Beschreibung hinaus auch erklären und Familienplanungsberatung
den Bedürfnissen dieser Frauen entsprechend gestalten, so gilt es,
die gesellschaftlichen Möglichkeiten und Bedingungen der Geburtenregelung im Heimatland ebenso zu berücksichtigen, wie den kulturell
bestimmten Umgang mit Familienplanungsmethoden. 'Familienplanung'
als umfassender Begriff offiziell meist gleichgesetzt mit Lebensplanung hat die "bewußte" und "verantwortungsvolle" Elternschaft
zum Ziel und umfaßt alle Versuche, die Zahl der Kinder und den
Zeitpunkt ihrer Geburt durch planendes, vorausschauendes Handeln
zu bestimmen. Die Beschäftigung mit der Verhütungspraxis türkischer
Frauen zeigt, daß Empfängnisverhütung sich nicht allein auf die
Anwendung bzw. Nichtanwendung unterschiedlicher Kontrazeptiva reduzieren läßt, weil neben vorbeugenden Maßnahmen von türkischen
Frauen der ersten wie der zweiten Generation auch Abtreibungen als
'nachsteuernde' Maßnahmen der Geburtenregelung praktiziert werden.
Gleichzeitig wird deutlich, daß Familienplanung kein "kontinuier-
liches lebensbegleitendes Geschehen" ist und sein kann. Das Motiv
türkischer Frauen, Kinder zu bekommen und ihr gleichzeitiger
Wunsch, die Zahl der Kinder begrenzen zu wollen, sind vielmehr
eingebettet in den biographischen Verlauf von Schwangerschaft und
Geburt und werden mitbestimmt von sozialen, ökonomischen, kulturellen und religiösen Faktoren, wie z.B. der räumlichen Trennung
infolge der Migration, der regionalen Ungleichverteilung von Ge-
sundheitsdiensten, der vorherrschenden Geschlechterpräferenz und
Vorschriften des Korans.

Literatur:

Baade, F., und Kartsaklis, R., 1970: Probleme der Familienplanung in Entwicklungsländern, in: Sonderheft 6 der Vierteljahresberichte: Probleme der Entwicklungsländer, Hannover, S.42-56.

Carpenter-Yaman, C.E., und Poffenberger, T., 1981: Family-Size Attitudes of Rural Turkish Youths, in: Intern. Fam.Plann. Perspectives, Vol.7, No.3, S.118-121.

Fisek, N.H., 1974: Abortion in Turkey, in: Abortion Research, Toronto, London, S.163-169.

Holste, C., und Rohrmoser, H., 1982: Familienplanungsberatung für die türkische Bevölkerung Berlins unter besonderer Berücksichtigung präventiver gesundheitlicher Aspekte, Forschungsbericht.

Kleiner islamischer Katechismus, 1979: Ankara.

Münscher, A., 1982: "Kinder - ist schwer in Deutschland" - Ausländische Frauen in der Bundesrepublik - Geburtenhäufigkeit und generatives Verhalten, in: Sexualpädagogik und Familienplanung, Heft 3, S.8-25.

Olson-Prather, E., 1979: Family Planning and Husband-Wife Relationship in Turkey, in: Journ. of Marriage and the Family 38, Nr.2, S.379-385.

Rohrmoser, H., 1984: Familienplanung und Verhütungspraxis türkischer Frauen, in: Kentenich, H. u.a. (Hg.), Zwischen zwei Kulturen. Was macht Ausländer krank?, Berlin, S.73-85.

Turkish Fertility Survey, 1978, First Rep., Vol.I, 1980: Methodology and Findings, Ankara.

Die Welt v. 20.04.1982.

Wirtschaft und Statistik, 1982, Heft 2, S.94.

Christine Holste

TÜRKISCHE FRAUEN IN DER MIGRATION - KULTURSPEZIFISCHE EINFLUSS-
FAKTOREN AUF DIE ENTSCHEIDUNG ZUM SCHWANGERSCHAFTSABBRUCH

Beratung zur Familienplanung ist, will sie ihrer Klientel gerecht
werden, immer auch dazu aufgefordert, ihre Kenntnisse über den
gesellschaftlich vermittelten Umgang mit Sexualität und Schwangerschaft zu erweitern und ihrem praktischen Beratungswissen einzu-
gliedern. Die Beratung ausländischer Klienten stellt dabei eine
besondere Herausforderung dar. Hinter Sprachbarrieren, die die
Beratungschancen vordergründig einschränken können, verbergen sich
oft ein anders geartetes Gesundheitswissen auf seiten der Klientin,
eine stärkere Eingebundenheit in die Familie und deren innenorien-
tierte Dynamik und schließlich auch die generellen Schwierigkeiten
der für das Migrantendasein typischen "doppelten Lebensplanung":
Wird einerseits für die Kinder eine verbesserte Ausbildung durch
den Verbleib in der Bundesrepublik gewünscht, so trifft man andererseits oft noch Vorsorge für eine Alterssicherung in der Heimat.
Familienplanung und die Entscheidung zum Schwangerschaftsabbruch
spielen sich mitten in diesem Feld doppelter Lebensplanung ab.

Unter der Leitfrage, wie kulturell variant das Phänomen des Schwangerschaftsabbruchs anzusehen ist und in welche Richtung eine Phä-
nomenologie der Abtreibung bei türkischen Frauen formuliert werden
könnte, wird zu zeigen sein, welchen Stellenwert der Schwangerschaftsabbruch in ihrem Erfahrungsraum bisher eingenommen hat. Dabei
soll nicht die These vertreten werden, daß die Abtreibungsquote
bei türkischen, häufig mit dem Verdrängungsetikett der Problemgruppe versehenen Klientinnen überproportional höher liegt als in anderen sozialen Schichten. Erstens lassen sich für diese Annahme bisher keine glaubwürdigen Statistiken erbringen. Zweitens: gibt nicht
die in jüngster Zeit mutig nachgewiesene Tatsache, daß bei einer
Spontanbefragung von 167 auf einem Kongreß versammelten Gynäkologen
20% von sich aus angaben, bereits ein- oder zweimal abgetrieben zu
haben, wobei nur ein Viertel der Befragten eine sichere Methode
der Empfängnisverhütung praktizierte (Schumann/Wollmann 1984) zu
denken über unsere eigene Einstellung zu dem Thema? Läßt nicht der
Umstand, daß selbst 1982 noch 18.000 Abbrüche in den Niederlanden
und England durchgeführt wurden (Müller-Bonn 1984) Zweifel aufkommen, ob wir die Frage des Schwangerschaftsabbruchs an Problemgrup-
pen wegdelegieren können? Ich möchte hier, angeregt von der interessanten Arbeit von G. Smaus (1983) zur gesellschaftlichen Überde-
terminiertheit der Entscheidung zum Schwangerschaftsabbruch, zunächst die Situation der illegalen Abbrüche in der Türkei verdeutlichen.

Laut türkischen Zeitungsmeldungen wurden noch 1980 in der Türkei
täglich 60 Todesfälle aufgrund rechtswidriger Abtreibungen regi-
striert, (zum Vergleich: 8.000 wurden jährlich um 1925 in Deutsch-

land gezählt, während es in der Türkei heute noch 21.900 sind) und
eine Gesamtsumme von 270.000 spontan und induzierten Aborten ge-
schätzt (Fisek 1974). Eine Revision strafrechtlichen Denkens war
mit diesen alarmierenden Zahlen seit längerer Zeit ebenso über-
fällig wie die Veränderung der pronatalistischen Bevölkerungspoli-
tik, die die Türkei bis Mitte der 60er Jahre verfolgt hatte. Doch
trotz der bereits 1979 durch die Republikanische Volkspartei auf-
gestellten Forderung nach vollständiger Legailsierung der Abtreibung - nur sie hätte die Sphäre des Klandestinen von diesem Thema
nehmen und den Schwangerschaftsabbruch als "soziale Tatsache" und
zugleich als Indikator für die Mängel der gesundheitspolitischen
Versorgung offenbar machen können - ließ sich nach 1980 nur eine
Teilreform durchsetzen. Dabei hatte Fisek schon 1974 zur Frage der
illegal induzierten Abtreibung in der Türkei die Schlußfolgerung
gezogen, daß verschiedene Modernisierungsfaktoren wie Urbanisierung,
Modernität von Wertvorstellungen (gemessen z.B. am Erziehungsideal
für die Töchter), Ausbildungsniveau, Familieneinkommen und beruflicher Status die Prävalenz eines Abbruches beeinflussen. So liegt
die Abbruchrate in den entwickelten Gebieten des Westens wesentlich höher als im Osten; Stadt-Land-Differenzen von 13:100 in den
Dörfern gegenüber 97:100 in den großen Städten unterstreichen
diese Tendenz.

Ein Aufwärtstrend zeigt sich bei den über 30jährigen Frauen. Die
höchste Abbruchrate ist bei Frauen von Geschäftsleuten und Angestellten anzutreffen (109:100), die zweithöchste bei Frauen von
Klerikern und die niedrigste bei Landfrauen (13:100). Fisek mißt
dabei dem Islam keine besondere Bedeutung bei. Wichtig ist noch,
daß die Abbruchrate zwei- bis fünfmal höher liegt bei Frauen, die
Kontrazeption praktizieren, gegenüber Frauen ohne Verhütungser-
fahrungen. (Fisek 1974)

Beschreibende sind keine erklärenden Variablen, und Fiseks Ergebnisse werfen eine Fülle von Fragen auf: Sollen wir z.B. schlußfol-
gern, daß die hohe Abtreibungsquote der direkte Preis des Funktions-
wandels der Familie in der Türkei ist? Dann bliebe immer noch offen,
wie und in welche Richtung sich dieser vollzog, und ob sich die
bis dahin dominante Familienorientierung zugunsten einer Wohl-
stands- oder partnerschaftlichen Ehe- bzw. Kleinfamilienorientierung
westlicher Prägung veränderte. Was können uns psychosoziale Erklärungsansätze zur Identitätskrise der Familie für das Problem
des Schwangerschaftsabbruchs bieten? Oder geht es nicht vielmehr
um den Spezialfall der Auflösung und Transformation ländlicher
Wirtschaftsgesellschaften innerhalb einer peripheren Entwicklungs-
gesellschaft, die zu neuartigen Verstädterungs- und Familienformen
(Shanin 1980) führte?

Daß an dieser Urbanisierungsentwicklung mit den eben angedeuteten
Folgen jedenfalls ein lebhaftes staatliches Interesse besteht, be-
legt das 1983 verabschiedete "Gesetz über Bevölkerungsplanung"
Nr. 2872 (Oehring 1984), das eine Fristenlösung bis zur zehnten

Schwangerschaftswoche vorsieht, doch hier die Einwilligung des Ehemannes, im Unterschied zu dem Entwurf von 1979, wieder fordert; es ist zu vermuten, daß diese Konzession an den islamischen Klerus - denn auf Wählerstimmen mußte die Militärregierung ja seit September 1980 keine Rücksichten mehr nehmen - erneut zu Lasten der religiös geprägten unterprivilegierten Schichten geht, in denen die Einwilligung des Ehemannes wohl seltener, die Illegalität mit den oben beschriebenen Folgen der häufiger gesuchte Ausweg bleiben wird. (Insofern scheint mir Fisek den objektiven Einfluß des Islam zu unterschätzen, wenn er ihm aufgrund seiner Befragungsergebnisse keine direkte Bedeutung zuschreibt.) So leistet das neue Gesetz über Bevölkerungsplanung, das in seiner Formulierung geschickt staatsinterventionistische Interessen mit dem individuellen Recht auf Familienplanung zu verbinden wußte, nicht mehr als eine Teilreform.

Daß sich die von den Migranten erträumte Welt nicht mit den bei uns vorgefundenen Zuständen deckt, dafür liegt inzwischen eine Flut von Zeugnissen vor. Seltsam hölzern bis bestenfalls zaghaft philantropisch, mit einem verschwommenen Bild von kultureller Differenz hat die Ausländerpolitik bisher darauf reagiert. Oft braucht man lang, bis man überhaupt erfährt, was ein Migrant ist. Die bei weitem überzeugendste Beschreibung des Migrationsphänomens unter historischer und analytischer Perspektive läßt sich bei Shanin (1980) nachlesen:

"Industrialisierung war immer auch ein Prozeß der Verdrängung von Bauern ... Daß Bauern verfügbar waren, um "strukturell desintegriert" und ausgepreßt zu werden, war zentral für die Industrialisierung und Kapitalakkumulation; sie waren billige widerstandsfähige Arbeiter, die bis aufs äußerste ausgebeutet werden konnten und deren Reproduktionskosten anderswo aufgebracht werden mußten (nämlich in ihren eigenen Dörfern)... Während der letzten zwei Jahrhunderte hat sich eine neue Entwicklungsstufe der bäuerlichen Migration mit der schrittweisen Schließung des "offenen Siedlungsgebietes" und dem Anwachsen der Industrialisierung ergeben, so daß Bauern zunehmend in ausländische Städte "umgeleitet" wurden. Bäuerliche Migranten haben viele ihrer alten Merkmale noch in dieses neue Stadium mitgenommen: die spezifische Selbst-Selektion derer, die wegziehen, den Gruppencharakter der Migranten an den neuen Orten, den Traum von der Rückkehr ... Betrachtet man das wirtschaftliche Verhalten, so weisen diese Sub-Proletarier die höchste Sparrate innerhalb der Gesellschaft, in der sie leben, auf - eine völlige Ausnahme für Proletarier..."

Theorien, die bisher versuchten, Migration als stadienweisen Prozeß zu analysieren oder Thesen zur target-worker-Wanderung stehen nicht im Widerspruch zu Shanins Analyse, bleiben aber auf der phänomenologischen Ebene stehen.

Indem wir Shanin folgen, kehren wir allmählich zu unserer Ausgangsfragestellung, Familienplanung und Schwangerschaftsabbruch im Kontext der Migration zurück: In ganz besonderer Weise trifft für Migranten der Bruch mit der Beständigkeit traditioneller Erfahrungsräume zu. Dies gilt nicht nur für die Vorbereitung des Migrationsprozesses selbst, sondern um so mehr für den in der fremden Umgebung notwendigen neuen Organisationsaufwand für die Bewältigung des Alltags. Doppelte Lebensplanung erfordert ein ungeheures Maß an Rationalität, ein Balancieren von Investitionen in zwei verschiedenen Sphären: Gilt es,in der Bundesrepublik mit einer zunächst völlig ungewohnten Menge an Bargeld einen Großstadthaushalt zu finanzieren und - sofern es gelingt, die eigene Familie nachziehen zu lassen - den Kindern eine erhöhte Bildungschance zu ermöglichen, so müssen gleichzeitig verwandtschaftliche Bande mit der Heimat aufrecherhalten, Sparanlagen in Landkauf und Häuserbau im Heimatland umgesetzt oder auf örtlichen Banken gewinnbringend angelegt werden (Kudat 1975). Eine Form der Bewältigung dieser Situation ist der von Shanin oben erwähnte gruppenmäßige Zusammenschluß der bäuerlichen Migranten in der neuen Umgebung, der übrigens auch in den Großstädten der Türkei anzutreffen ist (Koptagel-Ilal 1980). Ich möchte diesen Sachverhalt an einem kleinen Beispiel illustrieren, das nicht mehr als das relative Festhalten an traditionellen Verhaltensweisen deutlich macht (Schiffauer 1980):

> Die Kontakte, die die Familie (Kemal, seit 1968 in Deutschland) hat, beschränken sich auf zwei oder drei Familien, die aus der gleichen Provinz stammen - Herr Kemal hat sie, als er nach Berling kam, über seinen Frisör kennengelernt. Die Familien besuchen sich gegenseitig und unterstützen sich in Schwierigkeiten. Sie haben gemeinsame Interessen und Gesprächsthemen, was bei Menschen aus unterschiedlichen Provinzen nicht vorausgesetzt werden kann. "Wenn ich mit jemandem aus einer anderen Stadt zusammenkomme, dann will er über seine Stadt sprechen, aber was geht mich das an? Oder ich spreche über meine Stadt, und er interessiert sich nicht." Sonst geht Herr Kemal nicht aus. Er meidet türkische Lokale, weil seiner Meinung nach die traditionellen Umgangsformen dort nicht beachtet werden, und die deutschen, weil er Schwierigkeiten mit der Sprache hat.

Doch nicht allen Familien gelingt es, sich in der neuen Umgebung einen vertrauten Zusammenhalt zu schaffen, der immer auch ein Schutz gegenüber der staatlichen Bürokratie bedeutet. Isoliert bleiben vor allem Hausfrauen und Angehörige von Schichtarbeitern, Mädchen unterliegen einer besonderen familiären Überwachung, ein Ausdruck für die anhaltende Sanktionierung von Sexualität auf den ehelichen Bereich. Schwierigkeiten der Alltagsbewältigung tragen mit dazu bei, daß die Scheidungsrate in der Migration um einiges höher liegt als in der Türkei selbst (Kudat (1975) gibt insgesamt 5% an, eine eher niedrige Schätzung).

Wird die oben beschriebene, der bäuerlichen Sparsamkeitsmentalität entsprechende Rationalität des Verhaltens um den Preis einer hohen Selbstausbeutung erkauft, so zeigen Erzählungen von Frauen, die gleich zu Beginn der Migration abgetrieben haben, allein um die Möglichkeit einer gemeinsamen Arbeitsaufnahme in Deutschland mit ihrem Ehemann zu bekommen, wie rücksichtslos bürokratische Regelungen in die Privatsphäre des Einzelnen eingreifen. Diese Erfahrungen des Zugriffs der Bürokratie auf den Einzelnen, wie er sich in restriktiven Aufenthalts-, Familiennachzugs-, Arbeitserlaubnisregelungen und Wohngebietszuzugssperren kontinuierlich dokumentiert, ist wohl auch dafür verantwortlich, daß in der Frage des Schwangerschaftsabbruchs die legale, sozialbürokratisch verwaltete Regelung der 'Notlagenindikation' nicht von vornherein als Chance für einen gesundheitlich unschädlichen Eingriff erkannt wird. Unsystematische Beobachtungen sprechen eher dafür, daß zahlreiche Frauen auf Empfehlungen ihrer Freundinnen eine gewisse Zeit lang noch immer riskante, mit Haus- oder mechanischen Mitteln selbstinduzierte Abbrüche praktizieren. Auch begegnet man des öfteren Frauen, die schildern, zunächst zu einem Arzt ihres Vertrauens gegangen zu sein, wobei sie gehofft haben mögen, durch eine Spritze die Abtreibung herbeiführen zu können. Oft ist es gerade dieser Arzt, der ihnen dann den Weg zu einem legalen Abbruch bahnt. Es scheint also, daß bei türkischen Frauen häufiger noch als bei deutschen, eine positive Vorselektion stattfindet, wenn sie legal eine Schwangerschaft abbrechen wollen: daß sie entweder besonders gut vorinformiert sein oder über regelmäßige Arztkontakte oder solche zu einer Familienplanungsberatungsstelle verfügen müssen, um über die gesetzliche Regelung des § 218 informiert zu werden. Daß manche von ihnen bereits langjährige kontrazeptive Erfahrungen mit modernen Methoden haben, gilt hier nicht anders als in der Türkei und wäre an anderer Stelle zu analysieren. Feststellen läßt sich, daß der Zeitaufwand, mit dem sie den Instanzenweg durchlaufen, etwa 1/12 länger dauert als bei deutschen Frauen. Diesen Instanzen gegenüber werden - wie wir in unserem Projekt zeigen konnten (Holste/Rohrmoser 1983) - bei der Begründung zum Schwangerschaftsabbruch vor allem die äußeren Schwierigkeiten der Lebensführung und Wohnsituation angegeben. Erst in privaten Gesprächen erfährt man etwas von den Nöten der eigenen Lebensplanung, die den eben mühsam erkämpften Aufstieg - gesehen aus der Perspektive der in der Heimat gebliebenen Familienangehörigen - durch ein weiteres Kind gefährden würden.

Als Orientierungsrahmen seien hier kurz einige Daten zur Situation des Schwangerschaftsabbruchs in der Bundesrepublik zusammengefaßt (Wilkitski/Lauritzen 1981, S.16): Die Gesamtzahl der legalen Eingriffe lag in den ersten Jahren nach dem 2.Weltkrieg relativ hoch, nahm nach 1950 ab und stieg dann in den 60er Jahren wieder an.

Erst 1972 wurde wieder der ungefähre Stand von 1950 (ca. 10.000) erreicht. Von 1972 bis 1975 verdoppelte sich diese Zahl, bis 1979 stieg sie auf das Achtfache. Das Verhältnis zwischen Geburten und gemeldeten Abbrüchen lag 1980 bei etwa 8:1 (gegenüber 23:1 im 2.Halbjahr 1976). Am häufigsten sind Abbrüche bei 25-30jährigen Frauen aufgetreten, wobei 52% von ihnen verheiratet und 4o% ledig waren.

Literatur:

Fisek Nusret H., 1974: Abortion in Turkey, in: Abortion Research, Toronto, London, S.163-169.

Höllein, Emil, 1931: Gebärzwang und kein Ende, 3.Aufl., Berlin.

Holste, Christine, 1983: Schwangerschaftsabbrüche bei türkischen Migrantinnen in Berlin, in: Informationsdienst zur Ausländerarbeit 1, S.65-68.

Holste, Christine, Rohrmoser, Helgard, 1982: Familienplanungsberatung für die türkische Bevölkerung Berlins unter besonderer Berücksichtigung präventiver Aspekte, Forschungsbericht.

Kudat, Ayse, 1975: Stability and Change in the Turkish Family at home and abroad, Berlin.

Müller-Bonn, Elisabeth, 1984: Kleiner Bericht zur Lage der Nation, in: Die Neuen Moralisten,Susanne v. Paczensky, Renate Sadrozinski, Hg., Reinbek bei Hamburg, S.36-45.

Oehring, Otmar, 1984: Bevölkerungsplanung in der Türkischen Republik. Das Gesetz über Bevölkerungsplanung Nr. 2872 vom 24.05. 1983, in: Verfassung und Recht in Übersee, 17.Jg., 2.Quartal, S.243-253.

Ozbay, F., Shorter, F.C., 1970: Turkey: Changes in Birth Control Practices 1963-1968, in: Studies in Family Planning, Nr.51, S.1-7.

Shanin, Theodor, 1980: Die Bauern kommen: Migranten, die arbeiten, Bauern, die reisen und Marxisten, die schreiben, in: "Dritte Welt" in Europa - Probleme der Arbeitsimmigration, Jochen Blaschke, Kurt Greussing, Hg., Frankfurt, S.72-85.

Smaus, Gerlinda,: § 218 STGB - Frauen als Täter und Opfer einer strafrechtlichen Regelung, in: § 218 STGB - Dimensionen einer Reform, Heike Jung, Heinz Müller-Dietz, Heidelberg, S.43-76.

Schiffauer, Werner, 1980: Die Gewalt der Ehre, in: Kursbuch 62, Vielvölkerstaat Bundesrepublik, Berlin, S.1-6.

Schumann, C., Wollmann, V., 1984: Kontrazeption. Abruptio und Sterilisation: Eigene Erfahrungen der Frauenärzte/Frauenärztinnen: Ergebnisse einer "Blitzumfrage", in: Psychosomatische Probleme in der Gynäkologie und Geburtshilfe, Viola Frick-Bruder, P. Platz, Berlin, Heidelberg, New York, S.110-116.

Wilkitski, P., Lauritzen, Ch., 1981: Schwangerschaftsabbruch in der Bundesrepublik Deutschland, Heidelberg.

Maria S. Rerrich

ALLE REDEN VOM VATER - ABER WEN MEINEN SIE DAMIT?
ZUR DIFFERENZIERUNG DES VATERBILDES

Während der Vater bis Anfang der siebziger Jahre das Stiefkind der Familienforschung war, ist er im letzten Jahrzehnt zunehmend auf Interesse gestoßen. Vor allem im angloamerikanischen Sprachraum, aber neuerdings auch in der Bundesrepublik ist Vaterschaft als Forschungsthema entdeckt worden (für einen Überblick vgl. Fthenakis 1984 sowie Fthenakis 1985). Alle reden - so hat es den Schein - plötzlich vom Vater. Aber wen genau meinen sie damit?

Empirische Forschungsergebnisse zum Thema Vaterschaft zeichnen ein widersprüchliches Bild. Auf der einen Seite wird festgestellt, die Vaterrolle sei für Männer in der familialen Alltagspraxis faktisch noch immer eine Nebenrolle (vgl. Pross 1978 und Ryffel-Gericke 1983); es könne keine Rede davon sein, daß sich Männer in der Kindererziehung besonders engagieren. Auf der anderen Seite lassen sich Hinweise finden, daß junge Väter in den letzten Jahren in Erfahrungsbereiche in der Familie vordringen, die bisher vor allem Müttern vorbehalten bzw. zugeschrieben waren. (1) Die Forschungsergebnisse einiger Autoren legen sogar nahe, daß sich ein grundlegender Wandel im väterlichen Selbstverständnis durchsetzt. So stellen Fisch et al. fest: "traditionelle Rollenvorstellungen der Arbeitsteilung in der Familie zwischen Väter und Mütter (lösen sich) weitgehend (auf)".(Fisch/Ugarte/Lüscher, 1982, S.3).

Auf theoretischer Ebene finden sich ebenso widersprüchliche Aussagen. Es wird sowohl von der "Krise des Paternalen" als auch von der "neuen Väterlichkeit" gesprochen (s. Tellenbach 1978, aber Bopp 1984) Alle reden vom Vater - aber meinen alle denselben?

Im folgenden soll gezeigt werden, wie unterschiedliche und zum Teil unverträgliche Vaterbilder in der sozialwissenschaftlichen Familienforschung miteinander konkurrieren.

Diese Vaterbilder bleiben zumeist implizit und sind m.E. mit dafür verantwortlich, daß vorliegende Forschungsergebnisse zum Thema Vaterschaft inkonsistent und unbefriedigend geblieben sind.

Zum zweiten soll gezeigt werden, daß den konkurrierenden Vaterentwürfen auf gesellschaftlicher Ebene die Ausdifferenzierung von Vaterschaft entspricht, sowohl im Hinblick auf familiale Normen, als auch hinsichtlich der familialen Alltagspraxis. Schließlich sollen einige Konsequenzen für die weitere Forschung über Vaterschaft zur Diskussion gestellt werden.

I.

Derzeit findet man in der Familienforschung m.E. mindestens drei verbreitete Konzepte von Vaterschaft. Das erste Konzept ist jenes, das

bis Mitte der sechziger Jahre Allgemeingültigkeit beanspruchen konnte
- der traditionelle Vater von im einzelnen so unterschiedlichen Autoren wie Bowlby, Parsons und Mitscherlich. (2)

Der traditionelle Vater wird entworfen als Oberhaupt der Familie, als
Vertreter innerfamilialer Angelegenheiten nach außen und Vermittler
gesellschaftlicher Angelegenheiten nach innen. Dieser Vater kommt seinen familialen Aufgaben vorwiegend nach, in dem er sich außerhalb der
Familie engagiert und durch seinen Gelderwerb die finanzielle Grundlage
für das Familienleben sichert. Voraussetzung für den traditionellen
Vater ist die ebensolche Familie, mit der klar umrissenen Figur der
expressiven Mutter, die dichotom und ergänzend zum Vater entworfen ist.
Deren Aufgabe besteht darin, im Innenbereich des Haushalts sorgend für
Mann und Kind da zu sein und den emotionalen Mittelpunkt der Familie
zu bilden. In dieser Perspektive ist der Vater symbolisch v.a. bedeutsam, um Macht, Autorität und öffentliche Kompetenz zu repräsentieren.

Alltagspraktisch besteht sein wichtigster Beitrag darin, neben dem
Gelderwerb die Mutter in der Erfüllung der familienpflegerischen Arbeit
emotional zu unterstützen.

In dieser traditionellen Perspektive sind eine Reihe von Grundannahmen
enthalten, die mehr oder minder explizit gemacht werden. Die wichtigsten lauten:

1. Die Mutter-Kind-Bindung ist biologisch vorgegeben. Sie begründet,
   daß Kinderpflege Sache der Mutter ist.

2. Adäquate Kinderversorgung setzt die ständige Anwesenheit der
   Mutter voraus.

3. Die Bedürfnisse von Mutter und Kind sind komplementär, die Beziehung zwischen Mann, Frau und Kinder hierarchisch nach Alter
   und Geschlecht gegliedert.

4. Als Oberhaupt der Familie ist der Vater für das Kind vor allem
   indirekt von Bedeutung, als Ernährer und Beschützer der Mutter-
   Kind-Dyade.

Die in der Familienhierarchie zwar dominante, aber alltagspraktisch
eher randständige Bedeutung des Vaters in dieser Perspektive führte
dazu, daß gelebte Vaterschaft für die empirische Familienforschung
lange keinen eigenständigen Forschungsgegenstand darstellte. Insbesondere die direkte Vater-Kind-Interaktion wurde aufgrund der Dominanz
der traditionellen Perspektive bis in die späten sechziger Jahre praktisch kaum untersucht.

Das zweite Konzept, im Rahmen dessen Vaterschaft thematisiert wird,
setzt genau hier an, als der unmittelbaren Beziehung zwischen Vätern
und ihren Kindern.Diese Perspektive kommt verstärkt Anfang der siebziger Jahre auf und ist verbunden mit Namen wie Biller, Lamb und Pross.

In dieser partnerschaftlichen Perspektive liegt die Betonung weniger
auf väterlicher Autorität oder auf der inhaltlichen Bestimmung genuin
väterlicher Aufgaben als auf der Notwendigkeit des Vaters per se für
gelungene kindliche Entwicklung.

Der Großteil der umfangreichen Forschung über die Auswirkungen von Vaterabwesenheit auf die moralische, kognitive und Geschlechtsrollenentwicklung des Kindes steht in dieser Tradition. (Für einen Überblick siehe Lamb 1981)

Die symbolische Bedeutung des Vaters in dieser Tradition wird ebensosehr auch darin gesehen, Vorbild, Förderer und Interaktionspartner für das Kind zu sein. Alltagspraktisch ist er nicht nur als Ernährer und Stütze der Mutter von Bedeutung, sondern auch als Freizeitkamerad, Spielgefährte und aktiver Erzieher seiner Kinder.

Die impliziten Grundannahmen einer partnerschaftlichen Perspektive unterscheiden sich an wichtigen Punkten von denen des traditionellen Konzepts. Es wird angenommen:

1. Die Grundlage der Mutter-Kind-Beziehung ist zwar biologisch begründet, aber sozial überformt. Kinderpflege ist zwar in den ersten Lebensjahren in der Regel weitgehend Sache der Mutter. Aber auch eine andere feste Bezugsperson, insbesondere der Vater, kann diese Aufgabe erlernen und adäquat erfüllen.

2. Grundsätzlich ist die Sorge für die Kinder Sache beider Eltern. Beide Eltern sind für gelungene kindliche Entwicklung gleichermaßen wichtig.

3. Die Bedürfnisse von Vater, Mutter und Kind sind komplementär, die Beziehungen zwischen Mann und Frau partnerschaftlich. Die Hauptaufgaben sind zwar nach Geschlecht zugeteilt, aber Überschneidungen sind möglich.

4. Die Bedeutung des Vaters besteht nicht nur darin, den Lebensunterhalt zu sichern, sondern darin, für sein Kind für alltägliche Interaktionen zur Verfügung zu stehen.

Die partnerschaftliche Konzeptualisierung von Vaterschaft wird in den siebziger Jahren vorherrschend und entsteht nicht zuletzt als Reaktion auf veränderte Familienstrukturen, die mit dem traditionellen Modell nur schwer in Einklang zu bringen sind.

Eine dritte Perspektive schließlich, die in den späten siebziger Jahren aufkommt, nimmt veränderte Familienstrukturen als gegeben an und richtet die Aufmerksamkeit auf eine Dimension von Vaterschaft, die in den beiden erstgenannten ausgespart bleiben, nämlich auf die Bedeutung von Vaterschaft für die Väter selbst. Nicht kindliche Entwicklung, schon gar nicht väterliche Autorität stehen hier im Mittelpunkt, sondern die Erfahrung und der Umgang mit Kindern aus der Sicht der Männer. Diese Perspektive wird als androgyn bezeichnet, weil die Grenzen zwischen Frauenrolle und Männerrolle darin tendenziell aufgehoben sind. Gerade die klassisch "weiblichen" Erfahrungsbereiche in der Familie - Schwangerschaft, Entbindung, Säuglingspflege - sind diejenigen, die in der androgynen Perspektive bevorzugt aufgegriffen und in ihrer Bedeutung für Männer untersucht werden. Hier wären die Arbeiten etwa von McKee und O'Brien, Beail und McGuire zu nennen.

Die symbolische Bedeutung des Vaters in dieser Perspektive läßt sich nicht eindeutig bestimmen. Einige Autor(inn)en, die vor allem auf die Gleichberechtigung zwischen Frauen und Männern abheben, thematisieren keinen genuin männlichen Beitrag zur kindlichen Sozialisation. Andere dagegen bemühen sich um die Konturen einer "neuen Väterlichkeit", die inhaltlich klar von Mütterlichkeit abgegrenzt werden soll.

In der alltagspraktischen Bedeutung des Vaters wird - von biologischen Vorgegebenheiten abgesehen - kein Unterschied zwischen Vater und Mutter gemacht.

Die impliziten Grundannahmen der androgynen Perspektive unterscheiden sich nun ganz wesentlich sowohl von der traditionellen als auch von der partnerschaftlichen Konzeptualisierung. Sie lauten:

1. Die Bindungen zwischen Eltern und Kindern sind ausschließlich sozial determiniert. Abgesehen von den unterschiedlichen biologischen Funktionen Zeugung, Schwangerschaft und Geburt, sind Vater und Mutter für alle Aufgaben in gleicher Weise geeignet.

2. Das Kind braucht Pflege, Ernährer, Beschützer und Interaktionspartner. Wie diese Rollen verteilt werden, ist Aushandlungssache der einzelnen Familie. Als wünschenswert gilt die Aufhebung der traditionellen Zuständigkeiten.

3. Für gelungene kindliche Entwicklung ist ein stabiler emotionaler Bezugsrahmen für das Kind wichtig. Vater, Mutter und auch andere können sich die Kinderpflege teilen, wenn diese Voraussetzung erfüllt ist.

4. Aufgrund des gegenwärtigen Geschlechterverhältnisses sind heterogene Interessenlagen von Mann, Frau und Kind gegeben. Daher ist es anzunehmen, daß die Bedürfnisse von Mann, Frau und Kind häufig konträr sein werden.

Ich habe diese drei Perspektiven auf Vaterschaft nacheinander dargestellt. Es wäre aber verkehrt, deshalb eine chronologische Aufeinanderfolge von Vaterschafts-Konzepten in der Familienforschung anzunehmen. Die traditionelle Perspektive wird zwar in den letzten Jahren nicht mehr so häufig eingenommen, die partnerschaftliche dominiert und die androgyne ist erst in letzter Zeit häufiger vorgebracht worden. Dennoch beanspruchen m.E. alle drei "Vaterbilder" derzeit parallel Gültigkeit.

So steht das umfangreichste deutschsprachige Sammelwerk über Vaterschaft, die vier Bände Tellenbachs über das Vaterbild, voll in der traditionellen Perspektive.

"So wichtig die Kenntnis solcher Daten ist (bezieht sich auf Ausführungen über Sonderrollen des Vaters), so ragt nur eine aus dem sozialpsychologischen Vater-Relief heraus: das notwendig stärkere Engagement des Vaters mit dem Klein-Kind, wenn die Mutter berufliche Aufgaben übernimmt und die Ehe den Charakter einer sogenannten Partnerschaft erhält. Ob diese neue Gewichtung, die dem Vater Valenzen nimmt, die potentiell seiner geistigen Entfaltung verfügbar sein sollten, welche andererseits die Mutter in ihrer höchsten schöpferischen Leistung schmälern, in der Stiftung des Atmosphärischen dem Vater wie dem Kind die Bestimmtheit des Daseins zu spenden - ob diese Gewichtung den Vater in eine echte Wandlung seiner Seinsweise von Väterlichkeit entfaltet: dafür spricht wenig." (Tellenbach 1978, S.15)

Dagegen argumentiert Pross in der partnerschaftlichen Perspektive:

"(Die Deutungen der befragten Väter) sind von Vorurteilen durchsetzt, die es dem Rolleninhaber erlauben, die Ansprüche an sich selbst niedrig zu halten: das Vorurteil, ein Mann habe es grundsätzlich schwerer, enge Beziehungen zu kleinen Kindern zu gewinnen; das Vorurteil, Männer seien für die Erziehung von Haus aus nicht so qualifiziert. (...) Es wäre zu einfach, die Inaktivität der Väter allein einer Neigung zur Bequemlichkeit zuzuschreiben. (...) Ernster scheint die starre Definition des Männlichen, die das Denken vieler Männer und vieler Frauen beherrscht: der Mann als derjenige, der für die Außenwelt zuständig ist und daher für die Kinder nur eine begrenzte Verantwortung hat." (Pross 1978, S.135 f.).

McKee und O'Brien kommen aus androgyner Perspektive zu einem erheblich radikalerem Ergebnis bei ihrer Einschätzung der Problematik heutiger Vaterschaft. Theoretisch zentral ist für sie der Begriff des Patriarchats, verstanden als duale Unterdrückung von Kindern und Frauen. Nicht "Umdenken", schon gar nicht "Sich-Rückbesinnen auf die Valenz des Paternalen", sondern politisches und alltägliches Engagement gegen Sexismus in der Erziehung und in der Gesellschaft ist ihr Ziel. Denn:

"(We) hope that 'When men share housework and child care with women, important mechanisms of patriarchy are threatened!'". (McKee/O'Brien 1982, S.23)

Es sollte deutlich geworden sein: Hier wird überall vom Vater geredet, aber es ist jeweils ein ganz anderer Mann gemeint. In der Reinform, in der hier idealtypisch überspitzt drei Perspektiven herausgearbeitet wurden, ist jedes dieser drei Vaterbilder nur in Ausnahmefällen forschungsleitend. Dennoch führt die Nähe zu den Grundannahmen der einen oder anderen Perspektive zwangsläufig dazu, daß sehr unterschiedliche Aspekte von Vaterschaft ins Blickfeld geraten, unterschiedliche Fragen an Väter gerichtet werden und vor allem sehr unterschiedliche Kriterien angelegt werden, an denen gelungene Vaterschaft gemessen wird, z.B. im Hinblick auf "viel" oder "wenig" väterliches Engagement in der Erziehung.

Wer in der partnerschaftlichen Perspektive forscht, wird beispielsweise der väterlichen Beteiligung an der Hausarbeit eine zentrale Rolle beimessen, mit der impliziten Botschaft: viel Beteiligung ist wünschenswert, während in der traditionellen Perspektive das Thema Hausarbeit als selbstverständliche Aufgabe der Mutter in Zusammenhang mit Vaterschaft gar nicht auftaucht. In der androgynen Perspektive wird z.B. väterliche Autorität höchstens kritisch thematisiert, weil väterliche Autorität als Wert zugunsten der Beziehung mit dem Kind ausgetauscht worden ist.

227

Sieht man sich nun empirische Arbeiten über Vaterschaft an, kann - obwohl dies in den seltensten Fällen explizit gemacht wird - ebensogut der "Herr Papa" der traditionellen Perspektive, der "Papi" der partnerschaftlichen Perspektive oder der "Mappi"(Bopp 1984) der androgynen Perspektive gemeint sein. Es ist dann auch nicht weiter verwunderlich, daß sich kein einheitlicher Eindruck ergibt, ob sich Väter heute nun "mehr" oder "weniger" in der Familie engagieren, "besser" oder "schlechter" mit Kindern zurecht kommen usw. Ein einheitliches Konzept von Vaterschaft, oder auch nur ein Konsens darüber, welche die wichtigsten Dimensionen sind, die es zu untersuchen gilt, scheint nicht mehr zu existieren.

II.

Wie ist es dazu gekommen? M.E. mußte das einheitliche Konzept von Vaterschaft aufbrechen, weil in den letzten Jahren die Einheit von Familienformen und familialen Normen in einem bisher ungekannten Ausmaß aufgebrochen ist. Das Bild des traditionellen Vaters hatte in der Familienforschung deshalb so lange keine Konkurrenten, weil es auf der Ebene der gesellschaftlichen Realität keine wirkliche Konkurrenz für die traditionelle Familie gab. Selbstverständlich gab es auch in den fünfziger Jahren Familien, die dieser Form nicht entsprachen und selbstverständlich wurden diese Familien auch in der Wissenschaft thematisiert. Aber auf der Ebene der Normen blieb das Ideal unangetastet, Familien, die ihm nicht entsprachen galten als "Sonderformen". Selbst in Mitscherlichs berühmtem Werk über die "vaterlose Gesellschaft" bleibt das Leitbild des traditionellen Vaters intakt: die Äußerungen über das, was fehlt, enthalten die Sicherheit darüber, was gültig oder wünschenswert sein könnte.

Neu ist, daß wir heute nicht mit Sicherheit angeben können, wie die "Normalfamilie" aussieht. Die "klassische Familie" - berufstätiger Vater, Ehefrau, Hausfrau und Mutter und zwei oder mehr Kinder - ist zu einer unter mehreren Möglichkeiten geworden, Kinder in dieser Gesellschaft großzuziehen. Die Ausdifferenzierung der wissenschaftlichen Perspektiven auf Vaterschaft entspricht der Pluralisierung von gelebter Vaterschaft, die in den letzten Jahren und Jahrzehnten stattgefunden hat. Geschiedene Väter, Väter von Einzelkindern, alleinerziehende Väter, uneheliche Väter, ausländische Väter, Stiefväter. arbeitslose Väter, Hausmänner, Väter in Wohngemeinschaften, Wochenendväter, Väter mit einer berufstätigen Ehefrau in all den Varianten von Karrierefrau bis zur schwarzarbeitenden Putzfrau - all diese Formen, Vaterschaft alltagspraktisch zu leben, haben in den letzten Jahren erheblich zugenommen (vgl. Rerrich 1984). Und das sind nur Differenzierungen, die gewissermaßen von den strukturellen Eckdaten der Familien herkommen, ohne Unterscheidung nach Schicht, Arbeitssituation, Region usw.

Die strukturelle Ausdifferenzierung der Familienformen wird begleitet von Differenzierungen und z.T. Polarisierungen hinsichtlich der Wertvorstellungen über Familie, und diese machen auch vor Sozialwissenschaftlerinnen und Sozialwissenschaftlern nicht halt. Damit kommt es zu einer punktuellen Neuinterpretation ehemals als "abweichend" empfundener Rahmenbedingungen für kindliche Sozialisation. So ist beispielsweise die Wohngemeinschaft eine Haushaltsform, die auch in der Nachkriegszeit aufgrund kriegsbedingter Raumknappheit verbreitet war. Sie wurde damals aber keineswegs als optimaler Rahmen für Kindererziehung interpretiert. Heute dagegen wird dieser Wohnform von einer kleinen Gruppe von Familien freiwillig der Vorzug gegeben. Ebenso kommt es in bestimmten Bevölkerungsgruppen zu einer Neubewertung der unehelichen Mutterschaft. Vor kurzem noch eine Schande, wird sie heute von manchen Frauen freiwillig gewählt. Ein weitaus verbreiteteres Beispiel: die Berufstätigkeit der Mutter, auch ohne ökonomische Notwendigkeit, die für viele Familien heute selbstverständlich geworden ist.

Die Neubewertung ehemals "abweichender" Familienformen betrifft allerdings nicht alle Bevölkerungsgruppen. Nachwievor werden die dem traditionellen Familientyp nicht konformen Familien von manchen Gruppen sanktioniert und z.T. vehement bekämpft. Die ehemaligen Sonderformen sind nur zu subkulturell konsensfähigen, nicht zu gesellschaftlich konsensfähigen Normen geworden. Sie führen (bislang?) nicht dazu, daß sich eine neue einheitliche Norm von Familie konstituiert. Stattdessen kommt es m.E. zu einer Individualisierung und Polarisierung von Lebenslagen, Wertvorstellungen und Versuchen, für sich und die Familie das Richtige zu machen, begleitet vom dissonanten Chor der Experten, die für "gelungenes" Familienleben je nach impliziten Grundannahmen sehr unterschiedliche Maßstäbe vorgeben.

III.

Die eingangs skizzierten Perspektiven auf Vaterschaft haben bei aller Unterschiedlichkeit eine zentrale Gemeinsamkeit. Sie gehen alle davon aus, es könnte möglich sein, trotz dieser strukturellen und normativen Vielfalt zu allgemeingültigen Aussagen über den Vater zu kommen. M.E. ist das derzeit und auch in absehbarer Zeit nicht möglich. So wie heute nicht von der Familie, sondern von den Familien ausgegangen werden muß, finden wir gesellschaftlich die Väter im Plural vor.

Für zukünftige Forschung über Vaterschaft folgt daraus m.E.:

1. Wir sollten die Versuche aufgeben, a priori zu konzeptualisieren, was "der Vater" ist und wie "der Vater" sein sollte. Denn damit wird der Blick für die Lebensrealität "der Väter" versperrt und wichtige Dimensionen gelebter Vaterschaft bleiben außen vor. Wir benötigen theoretische Konzepte, die Vielfalt und Unterschiedlichkeit nicht nur zulassen, sondern annehmen.
Ich möchte stattdessen für einen neuen Zugang bei der Untersuchung des Beitrags der Männer zur Familie plädieren.

2. Wir sollten m.E. das Augenmerk zunächst einmal darauf richten, welche materiellen und immateriellen Leistungen überhaupt in Familien erbracht werden, aufspüren, was "gemeinsame Sache" (vgl. Ostner/

Pieper 1980 sowie Pieper 1984) von Familien ist, wie sie hergestellt wird, in welchem Kontext sie entsteht - und erst dann danach fragen, wer welchen Beitrag erbringt. Was Vaterschaft alltäglich ausmacht und wie Vaterschaft gelebt und erlebt wird, ist in diesem Verständnis zu einem guten Teil das Ergebnis von komplexen und konfliktträchtigen Aushandlungsprozessen zwischen Mann, Frau und Kindern. Die Verhandlungen werden täglich geführt und sie hören nicht auf, solange Familie besteht.

Es ist anzunehmen, daß wir auch bei von außen betrachtet sehr ähnlich strukturierten Familien sehr verschiedene Muster, Vaterschaft zu leben, finden werden. Denn die Verhandlungsbedingungen in den Familien hängen von viel mehr ab, als von den objektiven Rahmenbedingungen, in denen sich das Familienleben abspielt. Daraus folgt,

3. daß Vaterschaft erst durch das systematische Einbeziehen der Sicht der Subjekte zugänglich wird. Die Perspektive der Subjekte einzunehmen hieße methodisch, mit den Personen "mitzugehen", nachzuzeichnen, wie versucht wird, mit unterschiedlichen Erwartungen, Anforderungen, Erfahrungen, Arbeitsweisen zurechtzukommen. (s. hierzu Bolte/Treutner 1983).

Dieses Mitgehen bedeutet auch, die Personen nicht - wie es in den meisten empirischen Untersuchungen, die nur den Vater thematisieren üblich ist - für die Wissenschaft zu portionieren, indem man nur einen ganz begrenzten Ausschnitt ihres Lebens ins Visier nimmt. Vaterschaft ist zwar ein Thema der Familiensoziologie. Die Aufteilung der Wissenschaft in Bindestrichdisziplinen sollte uns aber dafür nicht blind machen, was Väter außerhalb der häuslichen vier Wände erleben, wie sie dadurch geprägt und sozialisiert werden. Theoretisch gewendet hieße das:

4. Vaterschaft ist nicht isoliert zu sehen, sondern im Kontext des männlichen Lebenszusammenhangs zu thematisieren. Bei der Thematisierung von Frauen ist das schon längst selbstverständlich, und eigentlich ist es verwunderlich, daß bei der Untersuchung von Männern, die im Berufsleben ja viel stärker integriert sind, dieser Aspekt bislang vernachlässigt wurde.

5. Ebenso bin ich der Ansicht, daß es nützlich sein könnte, Veränderungen von Vaterschaft in der Verschränkung mit der Veränderung von Mutterschaft und der Veränderung von Kindheit zu untersuchen. Studien, die sich mit familialer Interaktion befassen, machen darauf aufmerksam, wie unterschiedlich die Perspektiven der einzelnen Familienmitglieder auf Familie sind. Ein solcher systematischer Perspektivenwechsel, einmal Vaterschaft aus der Sicht des Vaters, dann aus der Sicht der Mutter, dann aus der Sicht des Kindes, könnte m.E. auf auf theoretischer Ebene nachvollzogen werden. Es wäre wahrscheinlich aufschlußreich für die Verortung möglicher typischer Konfliktpunkte.

Es ist klar: Die hier erhobenen Forderungen an künftige Forschung über Väter ergeben zusammengenommen ein Mammutprogramm. Viel weniger klar ist, wie die einzelnen Schritte, die hier nur angedeutet werden konnten, sich im einzelnen umsetzen lassen. M.E. wird man aber daran nicht vorbeikommen, sich mit diesen Fragen auseinanderzusetzen, wenn geklärt werden soll, was und wen wir nun eigentlich meinen, wenn in der Familienforschung vom Vater die Rede ist.

Anmerkungen

Diese Arbeit ist im Rahmen des DFG-Projekts "Elternschaft und gesellschaftliche Individualisierungsprozesse" entstanden. Für Anregungen und Kritik danke ich Elisabeth Beck-Gernsheim, Johanna Beyer, Heinrich Bollinger, Lerke Gravenhorst, Karin Jurczyk und Carmen Tatschmurat.

1) Beispielsweise ist die Anwesenheit des Vaters bei der Entbindung heute die Regel, während sie vor einem Jahrzehnt noch die Ausnahme war, wie in der Bayerischen Perinatalstudie festgestellt werden konnte.

2) Um einem möglichen Mißverständnis vorzubeugen:
Es geht mir hier nicht um die Gegenüberstellung von real vorgefundenen väterlichen Verhaltensweisen, sondern um das Herausarbeiten von impliziten, z.T. vortheoretischen Grundannahmen in der Vaterforschung, im Sinne einer Ideologiekritik. Selbstverständlich wurden bereits in den fünfziger Jahren, etwa von Wurzbacher, unterschiedliche väterliche Erziehungsstile konstatiert. Dennoch blieb bis Mitte der sechziger Jahre auf konzeptueller Ebene der traditionelle Vater forschungsleitend. Und noch heute finden sich Arbeiten in dieser Tradition.

Literatur:

Beail, N., McGuire, J., (Hg.), 1982: Fathers - Psychological Perspectives, London.

Biller, H., 1971: Child and Sex Role, Lexington, Mass.

Biller, H., Meredith, D., 1974: Father Power, New York.

Bolte, K.M., Treutner, E., (Hg.), 1983: Subjektorientierte Arbeits- und Berufssoziologie, Frankfurt, New York.

Bopp, J., 1984: Die Mamis und die Mappis. Zur Abschaffung der Vaterrolle, in: Kursbuch 76, S.53-74.

Bowlby, J., 1951: Maternal Care and Mental Health, Geneva.

Fisch, R., Ugarte, W., Lüscher, K., 1982: Erleichterungen und Erschwernisse junger Familien, Arbeitsbericht 12, Konstanz, Juni.

Fthenakis, W.E., 1984: Die Vaterrolle in der neueren Familienforschung, in: Psychologie, Erziehung, Unterricht, 31.Jg., Januar.

Fthenakis, W.E., 1985: Vater-Kind-Beziehung, München: Urban & Schwarzenberg, im Druck.

Lamb, M.E., (Hg.), 1976: The Role of the Father in Child Development, New York.

Lamb, M.E., 1981: Fathers and Child Development. An Integrative Overview, in: Lamb, M.E.: The Role of the Father in Child Development, Second Edition, New York, Chichester, Brisbane, Toronto, Singapore.

McKee, L., O'Brien, M. (Hg.), 1982: The Father Figure, London, New York.

Mitscherlich, A., 1963: Auf dem Weg zur vaterlosen Gesellschaft, München.

Ostner, I., Pieper, B. (Hg.), 1980: Arbeitsbereich Familie. Umrisse einer Theorie der Privatheit, Frankfurt, New York.

Parsons, T., Bales, R.F., 1955: Family, Socialization and Interaction Process, Glencoe, Ill.

Pieper, B., 1984: Familie im Urteil ihrer Therapeuten. Eine soziologische Analyse zur Problemstruktur von familialer Arbeit, Frankfurt, New York: Campus, im Druck.

Pross, H., 1978: Die Männer. Eine repräsentative Untersuchung über die Selbstbilder von Männern und ihre Bilder von der Frau. Reinbek bei Hamburg.

Rerrich, M.S., 1984: Familie heute - was ist das?, in: Zeitschrift für Evangelische Ethik, im Druck.

Ryffel-Gericke, C., 1983: Männer in Familie und Beruf, Diessenhofen/ Schweiz.

Tellenbach, H. (Hg.), 1978: Das Vaterbild im Abendland, Band I., Stuttgart, Berlin, Köln, Mainz.

Aßfalg, Margarete, 1950 geboren; Studium des konstruktiven Ingenieur-
baus an der technischen Fachhochschule Berlin; Mitarbeiterin im Forschungsprojekt: "Dorfalltag von Frauen im Wandel der industriellen
Gesellschaft"; derzeit 1. Staatsexamen als Studienrätin an der Technischen Universität Berlin.

Beer, Ursula, Dr. phil, Studium der Politikwiss., Soziologie und
Volkswirtschaft in Frankfurt; wiss. Mitarbeiterin an der Universität
Bielefeld, Fakultät für Soziologie; Arbeitsgebiet: Wirtschaftssozio-
logie (Haus- und Erwerbsarbeit von Frauen); derzeit Sprecherin der
Sektion Frauenforschung.

Beyer, Johanna; Dipl.Soz.; wissenschaftl. Hilfskraft an der Hochschule
der Bundeswehr 'Beratung und Intervention'; Dozentin für Soziologie in
der Berufsaus- und fortbildung für Krankenpflegepersonal u. Bay. Be-
amtenfachschule für Sozialverwaltung; Mitherausgabe von "Frauenhandlexikon".

Brückner, Margrit; Jahrgang 1946; Studium der Soziologie in Frankfurt,
London und Berkeley; arbeitet als Professorin an der Fachhochschule
Frankfurt; aktiv in der Frauenbewegung; für ihre Arbeit "Die Liebe der
Frauen" erhielt sie 1984 den Elisabeth-Selbert-Preis.

Clemens, Bärbel; Diplom-Sozialwirtin; wiss. Mitarbeiterin am Institut
für Politische Wissenschaft der Universität Hannover; Arbeitsgebiete:
Theorie und Politik der bürgerlichen Frauenbewegung in Deutschland;
Institutionalisierung von Frauenforschung und Frauenförderung an den
Hochschulen.

Gebbert, Christa; geb. 1941; Erstausbildung als phys.-techn. Assistentin
und Berufspraxis in der Elektroindustrie; danach Studium der Soziologie
und Lehrtätigkeit an der FU Berlin; führt seit 1978 an der Sozialforschungsstelle Dortmund Begleitforschung und Beratung zum HdA-Projekt:
"Neue Arbeitsstrukturen in der Bekleidungsindustrie" durch.

Gensior, Sabine, Dr. rer. pol.; Berliner Institut für Sozialforschung
und sozialwissenschaftliche Praxis e.V. (Vorstand und Geschäftsführung)
sowie Wissenschaftszentrum Berlin; Arbeitsgebiete: Frauenerwerbsarbeit,
technische Entwicklung und Entwicklungsbedingungen der Arbeitsmärkte;
industriesoziologische und arbeitsmarktpolitische Fragestellungen.

Glöß, Petra; Dipl.-Sozialwirtin; arbeitete als Berufsschullehrerin und
seit 1978 wissenschaftliche Mitarbeiterin am Landesinstitut Sozialforschungsstelle Dortmund; hier Arbeiten zur Erschließung gewerblich-technischer Berufe für Frauen, zur Problematik ungeschützter Beschäftigungsverhältnisse und zum Thema "Sexismus am Arbeitsplatz".

Gravenhorst, Lerke; 42 Jahre; hat Sozialwissenschaften an den Universitäten Frankfurt (Dipl.Soz.) und Minnesota (Ph.D.) studiert. Sie hat in der Psychiatrie-, Familien- und Frauenforschung gearbeitet. Ihre wissenschaftl. Arbeiten der letzten Jahre gehören zu einer subjektivitätsorientierten Familienforschung in feministischer Perspektive. Sie gehört zu den Initiatorinnen der Sektion Frauenforschung in den Sozialwissenschaften der Deutschen Gesellschaft für Soziologie und des Vereins zur Gründung der Frauenakademie München.

Grottian, Giselind; geb. 1943; Dipl.Soz.; Studium der Pharmazie und der Soziologie in Berlin und Bielefeld; Arbeitsgebiete: Frauengesundheitsforschung, Gesundheit ausländischer Familien und Frauen und neue Reproduktionstechnologien.

Hagemann-White, Carol; Dr.; seit 1967 Priv.Doz. für Soziologie an der Freien Universität Berlin, seit 1984 im Berliner Institut für Sozialforschung und sozialwissenschaftliche Praxis e.V.; theoretische Arbeiten über Gesellschaftstheorie, Sozialisationsforschung, Sozialcharaktere der Geschlechter; empirische Forschung über Gewalt gegen Frauen, geschlechtsspezifische Hochschulsozialisation, Frauen und Politik; Begleitforschung zu sozialpädagogischen Projekten.

Holste, Christine; geb. 1952; Studium der Soziologie, Geschichte, Politologie in Heidelberg und Berlin; Arbeit an mehreren Projekten der Pro Familie in Frankfurt/Main zur Familienplanung ausländischer Klientinnen, zwischen 1980 und 1982 auch an der FU Berlin; derzeit Studienaufenthalt in Italien zum Thema "Familienplanung im Mittelmeerraum".

Janshen, Doris; Dr.; 1946 geboren; akadmische Doppelausbildung in Literatur- und Sozialwissenschaften; Arbeitsschwerpunkte: Frauenforschung, Technik- und Alltagssoziologie; derzeit an der Technischen Universität Berlin beschäftigt.

Jurczyk, Karin; geb. 1952; Studium der Soziologie und Politologie in München; seit 1979 Mitarbeiterin des Sonderforschungsbereichs 101 der Uni München; Interessen: Frauenarbeit in Familie und Beruf, Frauenpolitik, Lebensformen, z.Zt. insbesondere Umverteilungstendenzen zwischen verschiedenen Formen von Arbeit.

Krüger, Helga; Dr. phil.; Professorin für Familiensoziologie, familiale und berufliche Sozialisation; seit 1974 an der Universität Bremen; Leiterin (zus. m. W.R. Heinz) des Forschungsprojekts "Berufsfindung und Arbeitsmarkt" (1978-1983); Mitglied der Sachverständigen-Kommission zur Erstellung des 6. Jugendberichtes (Verbesserung der Chancengleichheit von Mädchen in der Bundesrepublik Deutschland) von 1980-1982; war vorher wissenschaftliche Oberrätin am Soziologischen Institut der Universität Hamburg, davor an der Soziologischen Fakultät der Universität Bielefeld; Studium der Fächer Romanistik, Pädagogik, Sport und Soziologie an den Universitäten Marburg und Kiel; Mitorganisatorin der "Hochschultage Berufliche Bildung" (1980 in Bremen, 1982 in Hannover, 1984 in Berlin).

Müller, Ursula; Dr.; Dipl.-Soziologin; studierte in Köln und Frankfurt a.M. Sozialwissenschaften; wissenschaftliche Mitarbeiterin am Landesinstitut Sozialforschungsstelle Dortmund; Arbeiten zur Facharbeiterausbildung in Großbetrieben, zur Ausbildungs- und Arbeitssituation von Verkäuferinnen und zur Theorie und Methodologie der Frauenforschung.

Ostner, Ilona; Dr. phil.; Soziologin; Prof. an der Fachhochschule Fulda; 1974-83 Mitarbeiterin am SFB 101 der Universität München "Berufs- und Arbeitskräfteforschung", Veröffentlichungen u.a. aus diesem Bereich.

Rerrich, Maria S.; geb. 1952; nach der Beschäftigung mit unterschiedlichen Aspekten von Mutterschaft im Rahmen der DFG-Projekte "Ein-Kind-Familien" und "Elternschaft und gesellschaftliche Individualisierungsprozesse", promoviere ich z.Zt. über Vaterschaft und arbeite als wissenschaftliche Mitarbeiterin an der Universität Bamberg.

Rohrmoser, Helgard; geb. 1938; Sozialarbeiterin; Dipl.-Soziologin; Berlin; Forschungsschwerpunkte: Gesundheitsforschung; seit 1979 Frauengesundheitsforschung (Familienplanung und Schwangerschaftsabbruch, insbesondere bei türkischen Frauen; Frauen und Rauchen); z.Zt. im Bereich gesundheitliche Selbsthilfe und Gesundheitserziehung beim Senator für Gesundheit Berlin beschäftigt.

Schultz, Dagmar; Hochschulassistentin; John-F.-Kennedy Institut für Nordamerikastudien, Sozialisationsforschung; gegenwärtig Forschungsprojekt über Hochschullehrer/innen; Autorin von "Ein Mädchen ist fast so gut wie ein Junge. Sexismus in der Erziehung (Bd.I u. II), Hexengeflüster; Hg. von Macht und Sinnlichkeit; ausgew. Texte v. Audre Lorde und Adrienne Rich , German Feminism: Readings in Politics and Literature.

Tatschmurat, Carmen; geb. 1950; 1979 Promotion in Soziologie; arbeitet im SFB 101 der Uni München u.a. über Veränderungen personaler Anforderungsstrukturen im Beruf, Verschiebung von Arbeit und Arbeitszeit zwischen Lohn- und Privatarbeit; Lebensentwürfe an den Grenzen (zwischen Frauen- und Männerwelt, Wissenschaft und Politik etc.).

Ulshoefer, Helgard; geb. 1945; Studium der Wirtschafts- und Sozialwiss. in Hamburg, Tübingen, München, Münster; seit 1966 in Berlin Referentin für Sozialpädagogik am Pädagogischen Zentrum; Arbeitsschwerpunkte: Situation berufstätiger Mütter und ihrer Kinder; Bildungsbeteiligung von Mädchen (Forschungsprojekte); zur Zeit: Mehr Chancen für Mädchen in der beruflichen Erstausbildung.

Weg, Marianne; Dipl.Oec.; Arbeitsschwerpunkte: Arbeitsmarkt und Konjunkturtheorie und -politik, 1979-1982 Arbeitsstab Frauenpolitik im Bundesministerium für Jugend, Familie und Gesundheit, Frauenforschung zu Themen in Sozialpolitik, Berufsbildungspolitik und Frauenförderung; Mitarbeiterin in der Sozialforschungsstelle Dortmund, Mitglied im UNESCO-Fachausschuß "Status der Frau".

Wegehaupt-Schneider, Ingeborg; langjährige Mitarbeiterin des Soziologischen Forschungsinstituts in Göttingen (SOFI); z.Zt. tätig an der Universität Hannover, Zentrale Einrichtung für Weiterbildung; befaßt mit der Konzeption, Planung und Durchführung von Seminarkursen, insbesondere in den Themenbereichen "Frauen" und "Technischer Wandel".

Wetterer, Angelika; geb. 1949; Studium der Germanistik und Soziologie in Hamburg und Freiburg; 1979 Promotion in Germanistik; seit 1980 Lehrbeauftragte am Institut für Soziologie der Uni Freiburg; und seit 1981 wissenschaftliche Mitarbeiterin der GESOMED, eines medizinsoziologischen Forschungsinstituts.